中级会计学

主编 李长青 刘 梅

东南大学出版社
·南京·

图书在版编目(CIP)数据

中级会计学 / 李长青,刘梅主编. —南京:东南大学出版社,2013.1 (2015.8 重印)
ISBN 978-7-5641-4087-8

Ⅰ.①中… Ⅱ.①李… ②刘… Ⅲ.①会计学 Ⅳ.①F230

中国版本图书馆 CIP 数据核字(2013)第 015109 号

中级会计学

出版发行:东南大学出版社
社　　址:南京市四牌楼 2 号　邮编:210096
出 版 人:江建中
责任编辑:史建农
网　　址:http://www.seupress.com
电子邮箱:press@seupress.com
经　　销:全国各地新华书店
印　　刷:南京京新印刷厂
开　　本:787mm×1092mm　1/16
印　　张:21.5
字　　数:523 千字
版　　次:2013 年 1 月第 1 版
印　　次:2015 年 8 月第 2 次印刷
书　　号:ISBN 978-7-5641-4087-8
印　　数:3001~5000 册
定　　价:43.00 元

本社图书若有印装质量问题,请直接与营销部联系。电话:025-83791830

前　言

中级会计学课程的教学目的主要是为企事业单位培养具有扎实的专业知识与一定职业判断能力的应用型会计人才,课程的核心任务就是向学生清楚地阐述企业会计准则关于会计要素及经济业务的确认、计量与披露方面的相关规定。同时,该课程也是经济管理类专业人才培养及培训中的主要课程之一。教材是基于新颖性和务实性而编写的。本书对重点内容和难点内容,在细致阐述的基础上,通过举例演示以便学生掌握。中级会计学是与企业对外报送的会计信息质量关系最密切的学科,也是受会计准则实施与改革影响最大、最直接的学科。《中级会计学》是在学生学完《初级会计学》的基础上,在掌握了会计的基本理论、基本方法之后,对财务会计理论和方法的进一步深化。本书以企业会计准则为依据,理论联系实际,适当吸收西方成熟市场经济条件下的会计理论与方法,为学生将来从事会计管理的实际工作或科学研究奠定良好的理论基础。同时,本教材力图体现财务会计的教学规律,体现学生的认知规律,使本课程易教、易学。

本书在编写过程中突出以下特点:

第一,以会计的基本理论为基础,着重论述各会计要素确认、计量与披露的基本原则,从理论上讲清楚各类经济业务的处理方法,使学生不但"知其然",更应该"知其所以然"。

第二,注重理论联系实际。本书注重理论与企业的实际的生产经营活动相结合,各章的例题均以制造企业的会计实务为基础,结合具体会计准则加以说明。

本书由李长青、刘梅担任主编。第1、2、3、4、5、10、12、13、14、15、16章由李长青老师编写;第6、7、8、9、11章由刘梅老师编写。

由于存在对会计事项及会计处理理解程度和角度上的差异,教材中可能有不妥之处,敬请读者批评指正。

本书适合作为会计学、财务管理专业"中级会计学"课程的教材,也可作为财会、财经从业人员学习企业财务会计的参考书。

编者
2012.12

目 录

第一章　导论 ··· 1
　第一节　财务报告目标 ··· 1
　第二节　会计信息质量要求 ·· 4
　第三节　会计要素与计量原则 ··· 7
第二章　货币资金 ··· 14
　第一节　库存现金的会计处理 ··· 14
　第二节　银行存款的会计处理 ··· 17
　第三节　其他货币资金的会计处理 ··· 24
第三章　应收及预付款项 ·· 30
　第一节　应收票据的会计处理 ··· 30
　第二节　应收账款的会计处理 ··· 34
　第三节　预付及其他应收款的会计处理 ···································· 37
　第四节　应收款项减值的会计处理 ··· 39
第四章　金融资产 ··· 45
　第一节　交易性金融资产的会计处理 ·· 45
　第二节　持有至到期投资的会计核算 ·· 48
　第三节　可供出售金融资产的会计处理 ···································· 57
第五章　存货 ·· 63
　第一节　存货概述 ·· 63
　第二节　原材料的会计处理 ·· 70
　第三节　周转材料的会计处理 ··· 76
　第四节　委托加工物资的会计处理 ··· 80
　第五节　库存商品的会计处理 ··· 83
　第六节　存货清查的会计处理 ··· 84
　第七节　存货的期末计量的会计处理 ·· 86
第六章　长期股权投资 ·· 92
　第一节　长期股权投资的初始计量 ··· 92
　第二节　长期股权投资持有期间的会计处理 ···························· 97

第三节　共同控制经营和共同控制资产 …………………………………… 108
　　第四节　长期股权投资减值的会计处理 …………………………………… 110
第七章　固定资产 ……………………………………………………………………… 112
　　第一节　固定资产概述 ……………………………………………………… 112
　　第二节　取得固定资产的会计处理 ………………………………………… 114
　　第三节　固定资产后续计量的会计处理 …………………………………… 118
　　第四节　固定资产清查的会计处理 ………………………………………… 125
　　第五节　固定资产减值及处置的会计处理 ………………………………… 127
第八章　投资性房地产 ………………………………………………………………… 136
　　第一节　投资性房地产概述 ………………………………………………… 136
　　第二节　投资性房地产取得的会计处理 …………………………………… 138
　　第三节　投资性房地产后续计量的会计处理 ……………………………… 139
　　第四节　投资性房地产的转换 ……………………………………………… 144
　　第五节　投资性房地产处置的会计处理 …………………………………… 147
第九章　无形资产及其他资产 ………………………………………………………… 149
　　第一节　无形资产的确认和初始计量 ……………………………………… 149
　　第二节　内部研究与开发支出的会计处理 ………………………………… 154
　　第三节　无形资产的后续计量的会计处理 ………………………………… 158
　　第四节　无形资产的处置与报废的会计处理 ……………………………… 162
　　第五节　其他资产的会计处理 ……………………………………………… 163
第十章　流动负债 ……………………………………………………………………… 166
　　第一节　短期借款的会计处理 ……………………………………………… 166
　　第二节　应付及预收款项的会计处理 ……………………………………… 167
　　第三节　应付职工薪酬的会计处理 ………………………………………… 173
　　第四节　应交税费的会计处理 ……………………………………………… 178
　　第五节　应付股利及其他应付款的会计处理 ……………………………… 189
第十一章　非流动负债 ………………………………………………………………… 191
　　第一节　长期借款的会计处理 ……………………………………………… 191
　　第二节　应付债券的会计处理 ……………………………………………… 192
　　第三节　长期应付款的会计处理 …………………………………………… 206
　　第四节　借款费用的会计处理 ……………………………………………… 212
第十二章　所有者权益 ………………………………………………………………… 219
　　第一节　实收资本的会计处理 ……………………………………………… 219
　　第二节　资本公积的会计处理 ……………………………………………… 224

| 第三节 | 留存收益的会计处理 | 227 |

第十三章 收入 … 231
第一节	销售商品收入的会计处理	231
第二节	提供劳务收入的会计处理	248
第三节	让渡资产使用权收入的会计处理	253
第四节	政府补助收入的会计处理	254

第十四章 费用 … 261
第一节	营业成本的会计处理	261
第二节	营业税金及附加的会计处理	265
第三节	期间费用的会计处理	266

第十五章 利润 … 271
第一节	营业外收支的会计处理	271
第二节	所得税费用的会计处理	275
第三节	本年利润的会计处理	277

第十六章 财务报告 … 281
第一节	财务报告概述	281
第二节	资产负债表	284
第三节	利润表	290
第四节	现金流量表	292
第五节	所有者权益变动表	296
第六节	财务报表附注	300
第七节	主要财务指标分析	302
第八节	综合举例	310

参考文献 … 336

第一章

导 论

第一节 财务报告目标

会计是以货币为主要计量单位，核算与监督特定单位经济活动的信息系统。企业的会计工作主要反映企业的财务状况、经营成果和现金流量，并对企业经营活动和财务收支进行监督。

一、财务报告目标

企业财务会计的目的是向企业外部会计信息使用者提供信息，帮助使用者作出相关决策。承担这一功能的载体是企业的财务报告，它是企业会计行为的最终成果，是企业管理层与外部信息使用者之间沟通的桥梁和纽带。因此，财务报告目标的定位是具有决定性意义的。财务报告目标定位决定着财务报告应当向谁、提供什么会计信息，这是编制企业财务报告的出发点；财务报告目标定位决定着财务报告所提供会计信息的质量标准，决定着会计要素的确认和计量原则，是财务会计系统的核心与灵魂。

一般认为财务报告目标由受托责任和决策有用两种观念构成。在受托责任观下，会计信息更多地强调可靠性，反映企业经营者的受托责任。在会计行为中的会计计量主要采用历史成本模式；在决策有用观下，会计信息更多地强调相关性，反映信息的有用程度。如果在会计行为中的会计计量采用其他计量属性能够提供更多相关信息，会计行为将会更多地采用除历史成本之外的其他计量属性，但是可能损失会计的可靠性。

我国《企业会计准则——基本准则》规定"财务报告的目标是向财务报告使用者提供与企业财务状况、经营成果和现金流量等有关的会计信息，反映企业管理层受托责任履行情况，有助于财务报告使用者作出经济决策。"准则是将两种观念结合在一起的，这主要反映我国现实企业的存在、发展状态和调整管理宏观经济、配置全社会有限经济资源的要求。

财务报告的使用者包括内部和外部两个方面。

财务报告外部使用者主要包括投资者、债权人、政府及其有关部门和社会公众等。

投资者是企业的主人，将投资者作为企业财务报告的首要使用者，凸显投资者的地位，满足投资者的信息需要是企业财务报告编制的首要出发点，体现了保护投资者利益的要求。如果企业在财务报告中提供的会计信息与投资者的决策无关，那么财务报告就失去了其编制的意义。根据投资者决策有用目标，财务报告所提供的信息应当如实反映企业所拥有或者控制的经济资源、对经济资源的要求权及其变化情况，如实反映企业的各项收入、费用、利润和损失的金额及其变动情况，如实反映企业生产经营活动、投资活动和筹资活动等所形成的现金流入和现金流出情况等，从而有助于现在的或者潜在的投资者正确、恰当地评价企业的资产结构与质量、偿债能力、盈利能力和营运能力等,有助于投资者根据会计信息作出相关的决策,有助于投资者评估与投资有关的未来现金流量的金额、时间和风险等。

企业的债权人主要包括向企业提供贷款的银行与非银行金融机构和向企业提供商品或劳务的供应商。从广义的产权角度看,债权人也是企业财产的产权所有者之一,因为它们提供了企业生产经营活动所需的部分财产。只是这种"债权人产权"与"投资者产权"在法律等方面具有一定差别。向企业提供贷款的银行以及类似银行的金融机构,主要关心其提供给企业的贷款本金与贷款利息能否按期得到偿还和支付;向企业提供商品或劳务的供应商等商业债权人,主要关心企业所欠款项能否如期偿还。作为企业的债权人,主要通过会计信息了解企业的偿债能力、债务支付能力等情况来判断其债权受偿程度。

政府可能具有两种职能,一是"社会管理者",为确保整个国家的社会与经济活动的正常秩序,其必须履行社会管理的职能;二是如果政府为企业出资,则成为企业的投资者,此时,政府便以企业的投资者身份而享有投资者的一切权益并承担相应的义务。对于政府没有出资的企业,政府仅仅具有"社会管理者"身份,不享有投资者的权益。就企业而言,政府的社会管理职能主要体现在社会经济资源的优化配置。通过企业提供的有关经济活动的全部会计信息,政府及其经济监管部门可以判别企业的经济行为是否合法、是否有效。除监管企业的经济活动以外,企业提供的会计信息还可以作为政府决定经济政策、统计国民收入等的信息基础。

财务报告内部使用者主要是指企业经营管理者。

企业经营管理者包括企业的高级管理人员和一般管理人员。企业的高级管理人员群体被称为企业的"高管层",包括企业的总经理和副总经理等。以总经理为首的企业管理层的主要职责是实施董事会作出的有关经营、投资与筹资活动的重大决策,并负责管理企业日常的生产经营活动。企业管理人员的素质、能力与行为直接影响企业的经济活动,影响经济资源的配置效率,从而影响企业的经济效益和企业价值的提升。

除投资者、债权人、政府及其经济监管部门、企业管理层外,社会公众、顾客、证券分析师、企业一般员工等同样与企业有现实或潜在的利益关系,他们也是企业会计信息的使用者。

二、会计假设

会计假设又称会计基本前提,是会计确认、计量和报告的前提,是对会计核算所处时间、空间环境等所作的合理设定。只有满足会计基本假设条件,会计核算才能正常地进行下去。为保证会计信息的可比性和符合财务报告的目标,财务会计要在一定的假设条件下才能确认、计量、记录和报告会计信息,所以会计假设也称为会计核算的基本前提。

1. 会计主体

意大利人唐·安杰洛·彼得拉(Don Angelo Pietas)在1586年撰写的《最有秩序的教育》一书中最先提出会计主体。他"明确地将所有者和经济活动主体分别看待"。会计主体是指会计工作为其服务的特定单位或组织,是会计人员进行会计核算时采取的立场以及在空间范围上的界定。我国著名的会计学家葛家澍认为,会计信息系统所处理的数据、所提供的信息,不是漫无边际的,而是要严格限定在每一个经营上或经济上具有独立性或相对独立地位的单位或主体之内,会计信息系统所接收和所处理的数据以及所输出的信息,都不应该超出这些单位的界限。每一个具有独立性的单位，就是"会计主体"，会计信息系统在设计、运行时，要以每一个主体为空间界限，即"会计主体假设"。

2. 持续经营

企业会计确认、计量和报告应当以持续经营为前提。持续经营是指会计主体的生产经营活动将无限期地继续下去，在可预见的将来，不会倒闭、不会缩减生产规模及进行清算。在持续经营前提下，要求企业在进行财务会计核算时，要以企业持续正常的业务经营活动为前提，企业拥有的资产应按预定的目标耗用、出售、转让、折旧等，企业所承担的各种债务也要按原计划如期偿还。例如，以持续经营为前提，企业取得固定资产时，按取得成本而非清算价格予以计价，并且在持续经营期间视其可用年限将其价值分配转移，将购置固定资产的成本分摊到各个会计期间。

持续经营前提认定企业在生产经营活动中的资产以原定的用途被使用、消耗。倘若持续经营前提不存在，历史成本计价基本原则，以及一系列的会计准则和会计方法也将失去存在的基础。

3. 会计分期

会计分期是指将会计主体持续不断的经营活动人为地划分为相等的、较短的会计期间，以便分期考核其经营活动的成果。企业以持续经营为理念，但是债权人和投资人乃至经营者却不能等到经营活动完全结束才知道经营成果，这种需要促使企业将经营活动人为地划分成等距离的会计期间，分期记录经济业务、结算账目、编制财务报告，即反映一定期间的财务状况和一定期间的经营成果。

会计分期的意义在于界定了会计信息的时间段落，产生了本期与非本期的区别，为历史成本计价、权责发生制、可比性等原则奠定了基础。会计期间分为年度和中期。中期是指短于一个完整的会计年度的报告期间，如半年、季度、月度报告。我国的会计年度自公历1月1日起至12月31日止。

4. 货币计量

货币计量，是指会计主体在会计确认、计量和报告时以货币计量，并以此反映会计主体的生产经营活动。

在会计的确认、计量和报告过程中之所以选择货币为基础进行计量，是由货币的本身属性决定的。货币是商品的一般等价物，是衡量一般商品价值的共同尺度，具有价值尺度、流通手段、贮藏手段和支付手段等特点。其他计量单位，如重量、长度等，只能从一个侧面反映企业的生产经营情况，无法在量上进行汇总和比较，不便于会计计量和经营管理，只有选择货币尺度进行计量，才能充分反映企业的生产经营情况。所以，《企业会计准则——基本准则》规定，会计确认、计量和报告选择货币作为计量单位。

三、会计基础

企业会计的确认、计量和报告应当以权责发生制为基础。权责发生制是以权利和责任的发生来决定收入和费用归属的一种计算基础。权责发生制也称应计制，是指凡是当期已经实现收入和已经发生或应当负担的费用，不论款项是否收付，都应当作为当期的收入和费用。例如，本期使用借款应该负担的利息，不在本期交纳，但本期应确认为费用；再如，收到下半年度的租金，不能计为本期收入。权责发生制可以合理地确定企业在一定会计期间的财务成果,可将经济业务所引起的权利和责任在会计资料中反映出来,是最重要的会计核算基础,故企业应当以权责发生制为基础进行会计确认、计量和报告。

权责发生制记账基础,具体可以分解为如下四种类型:
(1) 凡应当记入当期的收入,即使该款项还没有收到,也应当作为当期的收入处理。
(2) 凡不应当记入当期的收入,即使该款项已经收到,也不应当作为当期的收入处理。
(3) 凡应当记入当期的费用,即使该款项还没有支付,也应当作为当期的费用处理。
(4) 凡不应当记入当期的费用,即使该款项已经支付,也不应当作为当期的费用处理。

目前,企业会计采用权责发生制作为记账基础。

在实务中,企业交易或者事项的发生时间与相关货币收支时间有时并不完全一致。例如,款项已经收到,但销售并未实现;或者款项已经支付,但并不是为本期生产经营活动而发生的。收付实现制是与权责发生制相对应的一种会计基础,它是以收到或支付的现金及其时点作为确认收入和费用等的依据。为了更加真实、公允地反映特定会计期间的财务状况和经营成果,基本准则明确规定,企业在会计确认、计量和报告中应当以权责发生制为基础。

第二节 会计信息质量要求

会计信息质量要求是对企业财务报告中所提供会计信息质量的基本要求,是使财务报告中所提供的会计信息对投资者等信息使用者决策有用应具备的基本特征,它主要包括可靠性、相关性、可理解性、可比性、实质重于形式、重要性、谨慎性和及时性等。

一、可靠性

可靠性要求企业应当以实际发生的交易或者事项为依据进行确认、计量和报告,如实反映符合确认和计量要求的会计要素及其他相关信息,保证会计信息真实可靠、内容完整。

会计信息要有用,必须以可靠为基础,如果财务报告所提供的会计信息是不可靠的,就会对投资者等使用者的决策产生误导甚至带来损失。为了贯彻可靠性要求,企业应当做到:

(1) 以实际发生的交易或者事项为依据进行确认、计量将符合会计要素定义及其确认条件的资产、负债、所有者权益、收入、费用和利润等如实反映在财务报表中。

(2) 在符合重要性和成本效益原则的前提下,保证会计信息的完整性,其中包括应当编报的报表及其附注内容等应当保持完整,不能随意遗漏或者减少应予披露的信息。

(3) 包括在财务报告中的会计信息应当是中立的、公正的。如果企业在财务报告中为了达到事先设定的结果或效果,通过选择或列示有关会计信息以影响决策和判断的,这样的财务报告信息就不是中立的。

二、相关性

相关性要求企业提供的会计信息应当与投资者等财务报告使用者的经济决策需要相关,有助于投资者等财务报告使用者对企业过去、现在或未来的情况作出评价或者预测。

会计信息是否有用,是否具有价值,关键看其与使用者的决策需要是否相关,是否有助于决策或者提高决策水平。相关的会计信息应当能够有助于使用者评价企业过去的决策，证实或者修正过去的有关预测，因而具有反馈价值。相关的会计信息还应当具有预测价值，有助于使用者根据财务报告所提供的会计信息预测企业未来的财务状况、经营成果和现金流量。例如，区分收入和利得、费用和损失，区分流动资产和非流动资产、流动负债和非流动负债以及适度引入公允价值等，都可以提高会计信息的预测价值，进而提升会计信息的相关性。

会计信息质量的相关性要求，需要企业在确认、计量和报告会计信息的过程中，充分考虑使用者的决策模式和信息需要。但是，相关性是以可靠性为基础的，两者之间并不矛盾，不应将两者对立起来。也就是说，会计信息在可靠性前提下，尽可能地做到相关，以满足投资者等财务报告使用者的决策需要。

三、可理解性

可理解性要求企业提供的会计信息应当清晰明了，便于投资者等财务报告使用者理解和使用。

企业编制财务报告、提供会计信息的目的在于使用，而要想让使用者有效使用会计信息，就应当让其了解会计信息的内涵，弄懂会计信息的内容，这就要求财务报告所提供的会计信息应当清晰明了，易于理解。只有这样，才能提高会计信息的有用性，实现财务报告的目标，满足向投资者等财务报告使用者提供决策有用信息的要求。

会计信息是一种专业性较强的信息，在强调会计信息的可理解性要求的同时，还应假定使用者具有一定的有关企业经营活动和会计方面的知识，并且愿意付出努力去研究这些信息。对于某些复杂的信息，如交易本身较为复杂或者会计处理较为复杂，但如其与使用者的经济决策相关，企业就应当在财务报告中充分披露。

四、可比性

可比性要求企业提供的会计信息应当相互可比，主要包括两层含义：

（一）同一企业不同时期可比

为了便于投资者等财务报告使用者了解企业财务状况、经营成果和现金流量的变化趋势，比较企业在不同时期的财务报告信息，全面、客观地评价过去、预测未来，从而作出决策，会计信息质量的可比性要求同一企业不同时期发生的相同或者相似的交易或者事项，应当采用一致的会计政策，不得随意变更。但是，满足会计信息可比性要求，并非表明企业不得变更会计政策，如果按照规定或者在会计政策变更后可以提供更可靠、更相关的会计信息的，可以变更会计政策。有关会计政策变更的情况，应当在附注中予以说明。

（二）不同企业相同会计期间可比

为了便于投资者等财务报告使用者评价不同企业的财务状况、经营成果和现金流量及其变动情况，会计信息质量的可比性要求不同企业同一会计期间发生的相同或者相似的交易或者事项，应当采用规定的会计政策，确保会计信息口径一致、相互可比，以使不同企业按照一致的确认、计量和报告要求提供有关会计信息。

五、实质重于形式

实质重于形式要求企业应当按照交易或者事项的经济实质进行会计确认、计量和报告,不仅仅以交易或者事项的法律形式为依据。

企业发生的交易或者事项在多数情况下其经济实质和法律形式是一致的。但在有些情况下会出现不一致。例如,以融资租赁方式租入的资产,虽然从法律形式来讲企业并不拥有其所有权,但是由于租赁合同中规定的租赁期相当长,往往接近于该资产的使用寿命;租赁期结束时承租企业有优先购买该资产的选择权;在租赁期内承租企业有权支配资产并从中受益等,从其经济实质来看,企业能够控制融资租入资产所创造的未来经济利益,在会计确认、计量和报告上就应当将以融资租赁方式租入的资产视为企业的资产,列入企业的资产负债表。

六、重要性

重要性要求企业提供的会计信息应当反映与企业财务状况、经营成果和现金流量有关的所有重要交易或者事项。

在实务中,如果某会计信息的省略或者错报会影响投资者等财务报告使用者据此作出决策的,该信息就具有重要性。重要性的应用需要依赖职业判断,企业应当根据其所处环境和实际情况,从项目的性质和金额大小两方面加以判断。

七、谨慎性

谨慎性要求企业对交易或者事项进行会计确认、计量和报告应当保持应有的谨慎,不应高估资产或者收益和低估负债或者费用。

在市场经济环境下,企业的生产经营活动面临着许多风险和不确定性,如应收款项的可收回性、固定资产的使用寿命、无形资产的使用寿命、售出存货可能发生的退货或者返修等。会计信息质量的谨慎性要求,需要企业在面临不确定性因素的情况下作出的职业判断,应当保持应有的谨慎,充分估计到各种风险和损失,既不高估资产或者收益,也不低估负债或者费用。例如,要求企业对可能发生的资产减值损失计提资产减值准备、对售出商品可能发生的保修义务等确认预计负债等,就体现了会计信息质量的谨慎性要求。

八、及时性

及时性要求企业对于已经发生的交易或者事项,应当及时进行确认、计量和报告,不得提前或延后。

会计信息的价值在于帮助所有者或者其他方面作出经济决策,具有时效性。即使是可靠、相关的会计信息,如果不及时提供,就失去了时效性,对于使用者的效用就大大降低,甚至不再具有实际意义。在会计确认、计量和报告过程中贯彻及时性,一是要求及时收集会计信息,即在经济交易或者事项发生后,及时收集整理各种原始单据或者凭证;二是要求及时处理会计信息,即按照会计准则的规定,及时对经济交易或者事项进行确认或者计量,并编制财务报告;三是要求及时传递会计信息,即按照国家规定的有关时限及时地将编制的财务报告传递给财务报告使用者,便于其及时使用和决策。

在实务中,为了及时提供会计信息,可能需要在有关交易或者事项的信息全部获得之前即进行会计处理,从而满足会计信息的及时性要求,但可能会影响会计信息的可靠性;反之,如果企业等到与交易或者事项有关的全部信息获得之后再进行会计处理,这样的信息披露可能会由于时效性问题,对于投资者等财务报告使用者决策的有用性将大大降低。这就需要在及时性和可靠性之间作相应权衡,以最好地满足投资者等财务报告使用者的经济决策需要为判断标准。

第三节 会计要素与计量原则

会计要素是根据交易或者事项的经济特征所确定的财务会计对象和基本分类。会计要素按照其性质分为资产、负债、所有者权益、收入、费用和利润。其中,资产、负债和所有者权益要素侧重于反映企业的财务状况,收入、费用和利润要素侧重于反映企业的经营成果。

一、资产

(一) 资产的定义

资产是指企业过去的交易或者事项形成的,由企业拥有或者控制的,预期会给企业带来经济利益的资源。根据资产的定义,资产具有以下几个方面的特征:

1. 资产预期会给企业带来经济利益

资产预期会给企业带来经济利益,是指资产直接或者间接导致现金或现金等价物流入企业的潜力。这种潜力可以来自企业日常的生产经营活动,也可以是非日常活动;带来的经济利益可以是现金或者现金等价物,或者是可以转化为现金或者现金等价物的形式,或者是可以减少现金或者现金等价物流出的形式。

预期能为企业带来经济利益是资产的重要特征。例如,企业采购原材料、购置固定资产等可以用于生产经营过程制造商品或者提供劳务,对外出售后收回货款,货款即为企业所获得的经济利益。如果某一项目预期不能给企业带来经济利益,那么就不能将其确认为企业的资产。前期已经确认为资产的项目,如果不能再为企业带来经济利益的,也不能再确认为企业的资产。

2. 资产应为企业拥有或者控制的资源

资产作为一项资源,应当由企业拥有或者控制,具体是指企业享有某项资源的所有权,或者虽然不享有某项资源的所有权,但该资源能被企业所控制。

企业享有资产的所有权,通常表明企业能够排他性地从资产中获取经济利益。通常在判断资产是否存在时,所有权是考虑的首要因素。在有些情况下,资产虽然不为企业所拥有,即企业并不享有其所有权,但企业控制了这些资产,同样表明企业能够从资产中获取经济利益,符合会计上对资产的定义。如果企业既不拥有也不控制资产所能带来的经济利益,就不能将其作为企业的资产予以确认。

3. 资产是由企业过去的交易或事项形成的

资产应当由企业过去的交易或者事项所形成,过去的交易或者事项包括购买、生产、建造行为或者其他交易或者事项。只有过去的交易或者事项才能产生资产,企业预期在未来发生的交易或者事项不形成资产。例如企业有购买某项存货的意愿或计划,但是购买行为尚未发生,就不符合资产的定义,不能因此而确认存货为资产。

（二）资产的确认条件

将一项资源确认为资产,需要符合资产的定义,还应同时满足以下两个条件:

1. 与该资源有关的经济利益很可能流入企业

从资产的定义可以看到,能带来经济利益是资产的一个本质特征。但在现实生活中,由于经济环境瞬息万变,与资源有关的经济利益能否流入企业或者能够流入多少实际上带有不确定性。因此,资产的确认还应与经济利益流入的不确定性程度的判断结合起来。如果根据编制财务报表时所取得的证据,判断与资源有关的经济利益很可能流入企业,那么就应当将其作为资产予以确认;反之,不能确认为资产。

2. 该资源的成本或者价值能够可靠地计量

可计量性是所有会计要素确认的重要前提,资产的确认也是如此。只有当有关资源的成本或者价值能够可靠地计量时,资产才能予以确认。在实务中,企业取得的许多资产都需要付出成本。例如,企业购买或者生产的存货、企业购置的厂房或者设备等。对于这些资产,只有实际发生的成本或者生产成本能够可靠计量,才能视为符合了资产确认的可计量条件。在某些情况下,企业取得的资产没有发生实际成本或者发生的实际成本很小。例如,企业持有的某些衍生金融工具形成的资产,对于这些资产,尽管它们没有实际成本或者发生的实际成本很小,但是如果其公允价值能够可靠计量的话,也被认为符合了资产可计量性的确认条件。

二、负债

（一）负债的定义

负债是指企业过去的交易或者事项形成的,预期会导致经济利益流出企业的现时义务。根据负债的定义,负债具有以下几个方面的特征:

1. 负债是企业承担的现时义务

负债必须是企业承担的现时义务,这里的现时义务是指企业在现行条件下已承担的义务。未来发生的交易或者事项形成的义务,不属于现时义务,不应当确认为负债。

这里所指的义务可以是法定义务,也可以是推定义务。其中,法定义务是指具有约束力的合同或者法律、法规规定的义务,通常在法律意义上需要强制执行。例如,企业购买原材料形成应付账款、企业向银行贷入款项形成借款、企业按照税法规定应当交纳的税款等,均属于企业承担的法定义务,需要依法予以偿还。推定义务是指根据企业多年来的习惯做法、公开的承诺或者公开宣布的经营政策而导致企业将承担的责任,这些责任也使有关各方形成了企业将履行义务承担责任的合理预期。例如,华厦公司多年来制定有一项销售政策,对于售出商品提供一定期限内的售后保修服务,预期将为售出商品提供的保修服务就属于推定义务,应当将其确认为一项负债。

2. 负债预期会导致经济利益流出企业

预期会导致经济利益流出企业也是负债的一个本质特征,只有在履行义务时会导致经济利益流出企业的,才符合负债的定义。在履行现时义务清偿负债时,导致经济利益流出企业的形式多种多样。例如,用现金偿还或以实物资产形式偿还;以提供劳务形式偿还;部分转移资产、部分提供劳务形式偿还;将负债转为资本等。

3. 负债是由企业过去的交易或者事项形成的

负债应当由企业过去的交易或者事项所形成。换句话说,只有过去的交易或者事项才形成负债,企业将在未来发生的承诺、签订的合同等交易或者事项,不形成负债。

(二)负债的确认条件

将一项现时义务确认为负债,需要符合负债的定义,还需要同时满足以下两个条件:

1. 与该义务有关的经济利益很可能流出企业

从负债的定义可以看到,预期会导致经济利益流出企业是负债的一个本质特征。在实务中,履行义务所需流出的经济利益带有不确定性,尤其是与推定义务相关的经济利益通常需要依赖于大量的估计。因此,负债的确认应当与经济利益流出的不确定性程度的判断结合起来,如果有确凿证据表明,与现时义务有关的经济利益很可能流出企业,就应当将其作为负债予以确认;反之,如果企业承担了现时义务,但是导致企业经济利益流出的可能性很小,就不符合负债的确认条件,不应将其作为负债予以确认。

2. 未来流出的经济利益的金额能够可靠地计量

负债的确认在考虑经济利益流出企业的同时,对于未来流出的经济利益的金额应当能够可靠计量。对于与法定义务有关的经济利益流出金额,通常可以根据合同或者法律规定的金额予以确定。考虑到经济利益流出的金额通常在未来期间,有时未来期间较长,有关金额的计量需要考虑货币时间价值等因素的影响。对于与推定义务有关的经济利益流出金额,企业应当根据履行相关义务所需支出的最佳估计数进行估计,并综合考虑有关货币时间价值、风险等因素的影响。

三、所有者权益

(一)所有者权益的定义

所有者权益是指企业资产扣除负债后,由所有者享有的剩余权益。公司的所有者权益又称为股东权益。所有者权益是所有者对企业资产的剩余索取,它是企业的资产扣除债权人权益后应由所有者享有的部分,既可反映所有者投入资本的保值增值情况,又体现了保护债权人权益的理念。

(二)所有者权益的来源构成

所有者权益的来源包括所有者投入的资本、直接计入所有者权益的利得和损失、留存收益等,通常由股本、资本公积、盈余公积和未分配利润等构成。

所有者投入的资本是指所有者所有投入企业的资本部分,它既包括构成企业注册资本或者股本的金额,也包括投入资本超过注册资本或股本部分的金额,即资本溢价或股本溢价,这部分投入资本作为资本公积反映。

直接计入所有者权益的利得和损失,是指不应计入当期损益、会导致所有者权益发生增减变动的、与所有者投入资本或者向所有者分配利润无关的利得或者损失。其中,利得是指由企业非日常活动所形成的、会导致所有者权益增加的、与所有者投入资本无关的经济利益的流入。损失是指由企业非日常活动所发生的、会导致所有者权益减少的、与向所有者分配利润无关的经济利益的流出,直接计入所有者权益的利得和损失主要包括可供出售金融资产的公允价值变动额、现金流量套期中套期工具公允价值变动额(有效套期部分)等。

留存收益是企业历年实现的净利润留存于企业的部分,主要包括盈余公积和未分配利润。

(三)所有者权益的确认条件

所有者权益体现的是所有者在企业中的剩余权益,因此,所有者权益的确认主要依赖于其他会计要素,尤其是资产和负债的确认;所有者权益金额的确定也主要取决于资产和负债的计量。例如,企业接受投资者投入的资产,在该资产符合资产确认条件时,就相应地符合了所有者权益的确认条件;当该资产的价值能够可靠计量时,所有者权益的金额也就可以确定。

四、收入

(一)收入的定义

收入是指企业在日常活动中形成的、会导致所有者权益增加的、与所有者投入资本无关的经济利益的总流入。根据收入的定义,收入具有以下几方面的特征:

1. 收入是企业在日常活动中形成的

日常活动是指企业为完成其经营目标所从事的经常性活动以及与之相关的活动。例如,工业企业制造并销售产品即属于企业的日常活动。明确界定日常活动是为了将收入与利得相区分,因为企业非日常活动所形成的经济利益的流入不能确认为收入,而应当计入利得。

2. 收入是与所有者投入资本无关的经济利益的总流入

收入应当会导致经济利益的流入,从而导致资产的增加。例如,企业销售商品,应当收到现金或者有权在未来收到现金,才表明该交易符合收入的定义。但是在实务中,经济利益的流入有时是所有者投入资本的增加所导致的,所有者投入资本的增加不应当确认为收入,应当将其直接确认为所有者权益。

3. 收入会导致所有者权益的增加

与收入相关的经济利益的流入应当会导致所有者权益的增加,不会导致所有者权益增加的经济利益的流入不符合收入的定义,不应确认为收入。例如,企业向银行借入款项,尽管也导致了企业经济利益的流入,但该流入并不导致所有者权益的增加,反而使企业承担了一项现时义务。企业对于因借入款项所导致的经济利益的增加,不应将其确认为收入,应当确认为一项负债。

(二)收入的确认条件

企业收入的来源渠道多种多样,不同收入来源的特征有所不同,其收入确认条件也往往存在差别,如销售商品、提供劳务、让渡资产使用权等。一般而言,收入只有在经济利益很可能流入从而导致企业资产增加或者负债减少,且经济利益的流入额能够可靠计量时才能予以确认。

收入的确认至少应当符合以下条件:
(1) 与收入相关的经济利益应当很可能流入企业。
(2) 经济利益流入企业的结果会导致资产的增加或者负债的减少。
(3) 经济利益的流入额能够可靠计量。

五、费用

(一) 费用的定义

费用是指企业在日常活动中发生的、会导致所有者权益减少的、与向所有者分配利润无关的经济利益的总流出。根据费用的定义,费用具有以下几方面的特征:

1. 费用是企业在日常活动中形成的

费用必须是企业在其日常活动中所形成的,这些日常活动的界定与收入定义中涉及的日常活动的界定相一致。日常活动所产生的费用通常包括销售成本(营业成本)、职工薪酬、折旧费、无形资产摊销等。将费用界定为日常活动所形成的,目的是为了将其与损失相区分,企业非日常活动所形成的经济利益的流出不能确认为费用,而应当计入损失。

2. 费用是与向所有者分配利润无关的经济利益的总流出

费用的发生应当会导致经济利益的流出,从而导致资产的减少或者负债的增加,其表现形式包括现金或者现金等价物的流出,存货、固定资产和无形资产等的流出或者消耗等。企业向所有者分配利润也会导致经济利益的流出,而该经济利益的流出属于所有者权益的抵减项目,不应确认为费用,应当将其排除在费用的定义之外。

3. 费用会导致所有者权益的减少

与费用相关的经济利益的流出应当会导致所有者权益的减少,不会导致所有者权益减少的经济利益的流出不符合费用的定义,不应确认为费用。

(二) 费用的确认条件

费用的确认除了应当符合定义外,还应当满足严格的条件,即费用只有在经济利益很可能流出从而导致企业资产减少或者负债增加,且经济利益的流出额能够可靠计量时才能予以确认。

费用的确认至少应当符合以下条件:
(1) 与费用相关的经济利益应当很可能流出企业。
(2) 经济利益流出企业的结果会导致资产的减少或者负债的增加。
(3) 经济利益的流出额能够可靠计量。

六、利润

(一) 利润的定义

利润是指企业在一定会计期间的经营成果。通常情况下,如果企业实现了利润,表明企业的所有者权益将增加;反之,如果企业发生亏损(即利润为负数),表明企业的所有者权益将减少。因此,利润往往是评价企业管理层业绩的一项重要指标,也是投资者等财务报告使用者进行决策时的重要参考。

（二）利润的来源构成

利润包括收入减去费用后的净额、直接计入当期利润的利得和损失等。其中收入减去费用后的净额反映的是企业日常活动的业绩。直接计入当期利润的利得和损失，是指应当计入当期损益、最终会引起所有者权益发生增减变动的、与所有者投入资本或者向所有者分配利润无关的利得或者损失。企业应当严格区分收入和利得、费用和损失，以更加全面地反映企业的经营业绩。

（三）利润的确认条件

利润反映的是收入减去费用、利得减去损失后净额的概念。因此，利润的确认主要依赖于收入和费用以及利得和损失的确认，其金额的确定也主要取决于收入、费用、利得和损失金额的计量。

七、会计要素计量属性

会计计量是为了将符合确认条件的会计要素登记入账并列报于财务报表而确定其金额的过程。企业应当按照规定的会计计量属性进行计量，确定相关金额。会计的计量反映的是会计要素金额的确定基础，主要包括历史成本、重置成本、可变现净值、现值和公允价值等。

（一）历史成本

历史成本又称实际成本，是指取得或制造某项财产物资时所实际支付的现金或者其他等价物。在历史成本计量下，资产按照其购置时支付的现金或现金等价物的金额，或者按照购置资产时所付出的对价的公允价值计量。负债按照其因承担现时义务而实际收到的款项或者资产的金额，或者承担现时义务的合同金额，或者按照日常活动中为偿还负债预期需要支付的现金或者现金等价物的金额计量。

（二）重置成本

重置成本又称现行成本，是指按照当前市场条件，重新取得同样一项资产所需支付的现金或现金等价物金额。在重置成本下，资产按照现在购买相同或者相似资产所需支付的现金或者现金等价物的金额计量。负债按照现在偿付该项债务所需支付的现金或者现金等价物的金额计量。

（三）可变现净值

可变现净值，是指在生产经营过程中，以预计售价减去进一步加工成本和销售所必需的预计税费后的净额。在可变现净值计量下，资产按照其正常对外销售所能收到的现金或者现金等价物的金额扣减该资产至完工时估计将要发生的成本、估计的销售费用以及相关税金后的金额计量。

（四）现值

现值，是指对未来现金流量以恰当的折现率进行折现后的价值，是考虑货币时间价值因素等的一种计量属性。在现值计量下，资产按照预计从其持续使用和最终处置中所产生的未来现金流入量的折现金额计量。负债按照预计期限内需要偿还的未来净现金流出量的折现金额计量。

（五）公允价值

公允价值，是指在公平交易中，熟悉情况的交易双方自愿进行资产交换或者债务清偿的金额。在公允价值计量下，资产和负债按照在公平交易中，熟悉情况的交易双方自愿进行资产交换或者债务清偿的金额计量。

企业应当采用适当且可获得足够数据的方法来计量公允价值，而且要尽可能使用相关的可观察输入值，尽量避免使用不可观察输入值。

公允价值在计量时应分为三个层次：

第一层次是企业在计量日能获得相同资产或负债在活跃市场上报价的，以该报价为依据确定公允价值；

第二层次是企业在计量日能获得类似资产或负债在活跃市场上的报价，或相同或类似资产或负债在非活跃市场上的报价的，以该报价为依据做必要调整确定公允价值；

第三层次是企业无法获得相同或类似资产可比市场交易价格的，以其他反映市场参与者对资产或负债定价时所使用的参数为依据确定公允价值。

第二章 货币资金

货币资金是指企业在生产经营过程中,停留在货币形态的那部分资金。

货币资金是企业资产的重要组成部分,是企业资产中流动性较强的一种资产。任何企业要进行生产经营活动都必须拥有货币资金,持有货币资金是进行生产经营活动的基本条件,货币资金的核算在企业会计核算中占有重要的位置。

根据货币资金的存放地点及其用途的不同,货币资金分为库存现金、银行存款及其他货币资金。

第一节 库存现金的会计处理

一、库存现金概述

库存现金是指通常存放于企业财会部门、由出纳人员经管的货币,包括人民币和外币。库存现金是企业流动性最强的资产,企业应当严格遵守国家有关现金管理制度,正确进行现金收支的核算,监督现金使用的合法性与合理性。

1. 现金的使用范围

企业可用现金支付的款项有：

(1) 职工工资、津贴。

(2) 个人劳务报酬。

(3) 根据国家规定颁发给个人的科学技术、文化艺术、体育等各种奖金。

(4) 各种劳保、福利费用以及国家规定的对个人的其他支出。

(5) 向个人收购农副产品和其他物资的价款。

(6) 出差人员必须随身携带的差旅费。

(7) 结算起点以下的零星支出。

(8) 中国人民银行确定需要支付现金的其他支出。

属于上述现金结算范围的支出,企业可以根据需要向银行提取现金支付,不属于上述现金结算范围的款项支付,一律通过银行进行转账结算。

2. 现金的内部控制

在企业所拥有的资产中,现金的流动性最大,最容易被挪用或侵占,因此,企业必须加强对现金的管理,以提高其使用效率,保护其完整、安全。现金管理的主要方法是建立和健全现金管理的内部控制制度。

内部控制制度是企业的一种内部管理制度,它是规范和约束企业领导、职能部门、基层单位以及企业人员处理各种业务活动时相互联系、相互制约的管理体系。现金内部控制制度是企业内部控制制度的一个重要组成部分。现金的内部控制制度包括以下基本内容：

（1）建立现金管理的各项制度，指定专人负责收支现金。

（2）遵守库存现金限额。库存现金限额是指为保证各单位日常零星开支按规定允许留存的现金的最高数额。库存现金的限额，由开户银行根据开户单位的实际需要和距离远近等情况核定。其限额一般为三至五天的零星开支需要量。远离银行或交通不便的企业，银行最多以根据十五天的正常开支需要量来核定库存现金的限额。正常开支需要量不包括企业每月发放工资和不定期差旅费等大额现金支出。库存现金一经核定，要求企业必须严格遵守，不能任意超过，超过限额的现金应及时存入银行；库存现金低于限额时，可以签发现金支票从银行提取现金，补足限额。

（3）贯彻"九不准"规定。即不准以白条顶替现金、不准挪用现金、不准私人借用公款、不准单位之间套换现金、不准假造用途套取现金、不准将单位收入的现金以个人名义存储、不准用银行账户代其他单位存入或支取现金、不准保留账外现金、不准以任何票证代替现金。

（4）从开户银行提取现金，应当写明用途，由本单位财会部门负责人签字盖章，经开户银行审核后，予以支付现金。

（5）对现金收支应定期或者不定期进行清查，以做到账款相符。不得用"白条顶库"；不得谎报用途套取现金；不准用银行账户代其他单位和个人存入和支取现金；不准用单位收入的现金以个人名义存入储蓄（公款私存）；不准保留账外公款（小金库）。

二、库存现金的账务处理

库存现金收支的核算包括总分类核算和明细分类核算。现金收支的总分类核算是通过设置"库存现金"账户进行的。现金收支的明细分类核算是通过设置"现金日记账"进行的。"现金日记账"是按照现金业务发生的先后顺序逐日逐笔登记。每日终了，应根据登记的"现金日记账"结余数与实际库存数进行核对，做到账款相符。月份终了，"现金日记账"的余额必须与"库存现金"总账科目的余额核对相符。

企业发生每笔现金收入和现金支出业务，都必须根据审核无误的原始凭证编制记账凭证，然后据以记账。凡收入现金时，应借记"库存现金"账户，贷记有关账户；凡支出现金时，应借记有关账户，贷记"库存现金"账户。"库存现金"账户的余额反映库存现金的结存数额。

有外币现金的企业，应分别按人民币现金、外币现金设置"现金日记账"进行明细核算。

【例2-1】 华夏公司2012年10月份发生如下经济业务：

（1）10月6日，公司从工商银行提取现金3 000元。应根据现金支票存根。公司应作如下会计分录：

借：库存现金　3 000
　　贷：银行存款——工商银行　3 000

（2）10月8日，办公室主任出差，预借差旅费4 500元。以库存现金支付。公司应作如下会计分录：

借:其他应收款——办公室主任　4 500
　　贷:库存现金　4 500

(3) 10月15日,办公室主任出差回来,报销差旅费3 800元,余款收回。公司应作如下会计分录:

借:管理费用　3 800
　　库存现金　700
　　贷:其他应收款——办公室主任　4 500

三、备用金的账务处理

企业留存的现金,除了由财会部门集中保管的库存现金外,还有一部分是为满足企业内部经常使用现金的部门和人员日常零星开支的需要而由有关部门保管的现金。为了控制这部分零星而分散的现金支出,企业可以采用先领后用,用后报销的备用金核算办法。使用备用金的部门,按事先核定的备用金的数额由专人领出,按规定的用途使用,使用后凭单据按规定的手续报销,补足原定额。

实行定额备用金制度的企业,在账务处理上需设置"备用金"账户进行单独核算,或在"其他应收款——备用金"账户核算。领取备用金时,根据各部门的借款单,借记"备用金"账户,贷记"库存现金"或"银行存款"账户,定期凭有关单据向财会部门报销补足备用金定额时,借记"管理费用"等账户,贷记"库存现金"或"银行存款"账户。除了拨出或取消备用金外,使用或报销有关备用金支出时不再通过"备用金"账户核算。

【例2-2】 2012年1月1日,华夏公司财务部决定对后勤部门实行定额备用金制度,定额为4 000元。后勤部门第一次领取备用金时,公司应作如下会计分录:

借:备用金——后勤部门　4 000
　　贷:库存现金　4 000

2012年1月28日,上述后勤部门的备用金保管人员于当月末凭有关单据向财会部门报销,报销金额为3 800元,财务部门以现金补足定额。公司应作如下会计分录:

借:管理费用　3 800
　　贷:库存现金　3 800

四、库存现金清查的账务处理

现金清查的目的是加强对出纳工作的监督,以保证现金的安全、完整。现金清查的主要方法是实地盘点法,即由出纳人员和会计人员将库存现金的实有数与账存余额数进行核对。每日终了要结算现金收支。现金清查中发现的有待查明原因的现金短缺或溢余,应通过"待处理财产损益"账户核算。属于现金短缺的,应按实际短缺的金额,借记"待处理财产损益——待处理流动资产损益"账户,贷记"库存现金"账户;属于现金溢余的,按实际溢余的金额,借记"库存现金"账户,贷记"待处理财产损益——待处理流动资产损益"账户。无论是现金短缺还是现金溢余,待查明原因后,要分别进行处理。

如现金短缺,属于应由责任人赔偿部分,借记"其他应收款——应收现金短缺款(××个人)"或"库存现金"账户,贷记"待处理财产损益——待处理流动资产损益"账户;属于应由保险公司赔偿部分,借记"其他应收款——应收保险赔偿款"账户,贷记"待处理财产损益——待处理流动资产损益"账户;属于无法查明的其他原因,根据管理权限,经批准后处理,借记"管理费用——现金短缺"账户,贷记"待处理财产损益——待处理流动资产损益"账户。

如现金溢余,属于支付过程中的差错或领款人未能及时领取款项的,借记"待处理财产损益——待处理流动资产损益"科目,贷记"其他应付款——债权人(××个人)";属于无法查明原因的,借记"待处理财产损益——待处理流动资产损益"科目,贷记"营业外收入——现金溢余"。

【例2-3】 2012年1月31日,华厦公司清查现金时,发现现金短缺100元。公司应作如下会计分录:

借:待处理财产损益——待处理流动资产损益　100
　　贷:库存现金　100

若发现现金溢余100元,应作相反会计分录:

借:库存现金　100
　　贷:待处理财产损益——待处理流动资产损益　100

现金短缺经查明原因,应由出纳员赔偿70元,其余30元经批准作为管理费用。公司应作如下会计分录:

借:其他应收款——应收现金短缺款(出纳员)　70
　　管理费用——现金短缺　30
　　贷:待处理财产损益——待处理流动资产损益　100

现金溢余100元,无法查明原因,应作营业外收入。公司应作如下会计分录:

借:待处理财产损益——待处理流动资产损益　100
　　贷:营业外收入——现金溢余　100

现金溢余100元,属于领款人未能领取,应作公司的负债。公司应作如下会计分录:

借:待处理财产损益——待处理流动资产损益　100
　　贷:其他应付款——××个人　100

第二节　银行存款的会计处理

银行存款是指企业存入银行或其他金融机构账户上的货币资金。按照国家有关规定,凡是独立核算的企业都必须在当地银行开设账户;企业在银行开设账户以后,除按核定的限额保留库存现金外,超过限额的现金必须存入银行;除了在规定的范围内可以用现金直接支付外,在经营过程中所发生的一切货币收支业务,都必须通过银行存款账户进行结算。

一、银行存款管理制度

(一)银行存款账户的分类

企业银行存款账户依据用途不同可以分为基本存款账户、一般存款账户、临时存款账户、专用存款账户等。

1. 基本存款账户

基本存款账户是指企业办理日常结算和现金收付的账户。企业的工资、奖金等现金的支取,只能通过该账户办理。

2. 一般存款账户

一般存款账户是指企业在基本存款账户以外的银行借款转存、与基本存款账户的企业不在同一地点的附属非独立核算单位开立的账户。本账户只能办理转账结算和现金缴存,但不能支取现金。

3. 临时存款账户

临时存款账户是指企业临时生产经营活动的需要而开立的账户,企业可以通过本账户办理转账结算和根据国家现金管理规定办理现金收付。企业暂时性的转账、现金收付业务可以通过本账户结算,如异地产品展销、临时性采购资金等。

4. 专用存款账户

专用存款账户是指企业因特定用途需要所开立的账户,如基建专款等。

企业在银行开立账户后,可到开户银行购买各种银行往来使用的凭证(如现金支票、转账支票、进账单、送款簿等),用以办理银行存款的收付。

(二) 设立银行存款账户的原则

一个企业只能选择一家银行的一个营业机构开立一个基本存款账户,不得在多家银行开立基本存款账户;不得在同一家银行的几个分支机构开立一般存款账户。

(三) 银行存款账户的使用和管理

企业通过银行存款账户办理资金收付时,必须做到以下几点:

(1) 企业银行存款账户,只供本企业业务经营范围内的资金收付,不准出租或出借给其他单位或个人使用。

(2) 各种收付款凭证,必须如实填写款项来源或用途,不得巧立名目,弄虚作假;不得套取现金,套购物资;严禁利用账户搞非法活动。

(3) 在办理结算时,不准签发没有资金保证的票据或远期支票,套取银行信用;不准签发、取得和转让没有真实交易和债权债务的票据,套取银行和他人资金;不准无理拒付、任意占有他人资金;不准无理拒付、任意占有他人资金;不准违规开立和使用账户。

(4) 及时、正确地记录银行往来账务,并及时的与银行寄来的对账单进行核对,发现不符,尽快查对清楚。

二、银行结算方式的种类

根据中国人民银行有关支付结算办法的规定,目前企业发生的货币资金收付业务可以采用以下几种结算方式,通过银行办理转账结算。

(一) 银行汇票

银行汇票是汇款人将款项交存当地开户银行,由银行签发给汇款人持往异地办理转账结算或支取现金的票据。银行汇票具有使用灵活、票随人到、兑现性强等特点。适用于先收取后发货或钱货两清的商品交易。单位和个人向异地支付的各种款项均可使用银行汇票。

银行汇票可以用于转账,填明"现金"字样的银行汇票也可以用于支取现金。银行汇票一律记名,付款期为1个月。逾期银行汇票,兑付银行不予办理,汇票人可持汇票到签发银行办理退款手续。银行汇票在票据交换区域内可以背书转让。遗失了可以支取现金的银行汇票,应立即办理挂失;而不能提取现金的银行汇票,银行不予挂失。

采用银行汇票结算方式的账务处理方法是:收款单位对于收到的银行汇票,应连同进账单一并送交银行办理转账,根据银行盖章退回的进账单第一联和有关的原始凭证编制收款凭证,借记"银行存款"账户,贷记有关账户。付款单位对于开出的银行汇票,应根据有关的原始凭证编制付款凭证,借记有关账户,贷记"其他货币资金——银行汇票存款"账户。

(二) 银行本票

银行本票是申请人将款项交存银行,由银行签发给其凭以办理转账结算或支取现金的票据。由于银行本票是由银行签发并保证兑付,所以具有见票即付、信用高、支付能力强的特点。单位或个人在同一票据交换区域支付各种款项,都可以使用银行本票。

银行本票分为定额和不定额两种,一律记名,自出票日起最长不得超过2个月,在付款期内见票即付。定额银行本票面额为1 000元、5 000元、10 000元和50 000元。申请人或收款人为单位的,银行不予签发现金银行本票。银行本票的付款期限为自出票日起最长不超过2个月,在付款期内银行本票见票即付。逾期银行本票,兑付银行不予受理,申请人可持本票到签发银行办理退款手续。银行本票见票即付,不予挂失;银行本票在同一票据交换区域内可以背书转让。

采用银行本票结算方式的账务处理方法是:收款单位对于收到的银行本票,应连同进账单一并送交银行办理转账,根据银行盖章退回的进账单第一联和有关的原始凭证编制收款凭证,借记"银行存款"账户,贷记有关账户。付款单位对于开出的银行本票,应根据有关的原始凭证编制付款凭证,借记有关账户,贷记"其他货币资金——银行本票存款"账户。

(三) 支票

支票是银行的存款人签发给收款人办理结算或委托开户银行将款项支付给收款人的票据。支票由银行统一印制,分为现金支票、转账支票和普通支票。印有"现金"字样的为现金支票,现金支票只能用于支取现金,现金支票付款期限为10天。印有"转账"字样的为转账支票,转账支票只能用于转账。未印有"现金"或"转账"字样的为普通支票,普通支票既可以用于支取现金,又可以用于转账;在普通支票左上角划两条平行线为划线支票,划线支票只能用于转账,不得支取现金。

单位和个人在同一票据交换区域的各种款项结算均可使用支票。支票的付款期限为自出票起10日内,中国人民银行另有规定的除外。支票在同一票据交换区域内可以背书转让。

企业财会部门在签发支票前,出纳人员应该认真查明银行存款的账面结余金额,防止签发超过存款余额的空头支票。签发空头支票,银行除退票外,还按照票面金额处以5%但不低于1 000元的罚款。持票人有权要求出票人赔偿支票金额2%的赔偿金。

采用支票结算方式的账务处理方法是:收款单位对于收到支票,应连同进账单一并送交银行办理转账,根据银行盖章退回的进账单第一联和有关的原始凭证编制收款凭证,借记"银行存款"账户,贷记有关账户。付款单位对于开出的支票,应根据支票存根和有关的原始凭证编制付款凭证,借记有关账户,贷记"银行存款"账户。

(四) 商业汇票

商业汇票是收款人或付款人签发,由承兑人承兑,并于到期日向收款人或持票人支付款项的票据。承兑是指票据付款人承诺在票据到日支付票据金额的票据行为,是票据中所特有的。商业汇票使商业信用票据化,具有稳定、可靠、兑付性强的特点。

同城或异地在银行开立存款账户的法人与其他组织之间,订有购销合同的商品交易的款项结算才能使用商业汇票。采用商业汇票结算方式时,承兑人即付款人有到期无条件支付票款的责任。商业汇票的付款期限由双方商定,但最长不得超过 6 个月。其提示付款期为汇票到期前 10 日内。付款人应当自收到提示承兑的汇票之日超 3 日内承兑或拒绝承兑,付款人拒绝承兑必须出具拒绝承兑的证明。商业汇票一律记名,允许背书转让,但背书应连续。符合条件的商业汇票的持票人可持未到期的商业汇票连同贴现凭证一并送交银行,向银行申请贴现。

按承兑人的不同,商业汇票分为商业承兑汇票和银行承兑汇票。

1. 商业承兑汇票

商业承兑汇票是由收款人签发经付款人承兑或付款人签发并承兑的票据。商业承兑汇票由银行以外的付款人承兑,商业承兑汇票的付款人为承兑人。商业承兑汇票按双方约定签发。由收款人签发的商业承兑汇票应交付款人承兑,由付款人签发的商业承兑汇票应经本人承兑。承兑时,付款人应在汇票正面记载"承兑"字样、承兑日期并签字。承兑不得附有条件,否则视为拒绝承兑。汇票到期时,购货企业的开户银行凭票将票款划给销货企业或贴现银行。销货企业应在提示付款期限内通过开户银行委托收款或直接向付款人提示付款。对异地委托收款的,销货企业可以匡算邮程,提示通过开户银行委托收款。汇票到期时,如果购货企业的存款不足支付票款,开户银行应将汇票退还销货企业,银行不负责付款,由购销双方自行处理。

2. 银行承兑汇票

银行承兑汇票是由收款人或承兑申请人签发,由承兑申请人向开户银行申请,经银行审查同意承兑的票据。银行承兑汇票由银行承兑,承兑银行按票面金额向出票人收取万分之五的手续费。

购货企业应于汇票到期前将票款足额交存开户银行,以备承兑银行在汇票到期日或期日后的见票当日支付票款。销货企业应在到期时将汇票连同进账单送交开户银行以便转账收款。承兑银行凭汇票将承兑款项无条件转给销货企业,如果购货企业于汇票到期日未能足额交存票款时,承兑银行除凭汇票向持票人无条件付款外,对出票人尚未支付的汇票金额按照每天 0.5‰ 计收罚息。

商业承兑汇票和银行承兑汇票既有区别又有联系。商业承兑汇票是购销双方的票据交易行为,是一种商业信用,银行只作为清算的中介。而银行承兑汇票是银行的一种信用业务,体现购、销及银行三方关系,银行既是商业汇票的债务人,同时又是承兑申请人的债权人。银行承兑汇票由于有银行保证无条件付款,因而有较高信誉。

采用商业汇票结算方式的财务处理方法是:收款单位对于要到期的商业汇票连同填制的邮划或电划委托收款凭证,一并送交银行办理转账,根据银行的收账通知编制收款凭证,借记"银行存款"账户,贷记"应收票据"账户。付款单位在收到银行的付款通知时,应根据有关原始凭证编制付款凭证,借记"应付票据"账户,贷记"银行存款"账户。

(五) 信用卡

信用卡是指商业银行向个人和单位发行的,凭其向特约单位购物、消费和向银行存取现金,具有消费信用的特制载体卡片。信用卡按使用对象分为单位卡和个人卡,按信用等分为金卡和普通卡。凡在中国境内金融机构开立基本存款账户的单位可申领单位卡。单位卡账户的资金一律从基本存款账户转账存入。在使用过程中,不得交存现金;不得直接将销货收入存入卡内;不得用于10万元以上的商品交易、劳务供应款项的结算;不得支取现金;不得出租或转借信用卡;不得将单位的款项存入个人账户。

采用信用卡结算方式,通过"其他货币资金——信用卡存款"账户进行会计处理。

(六) 汇兑

汇兑是汇款人委托银行将款项汇给外地收款人的结算方式。适用于单位和个人异地之间各种款项的结算。

汇兑分为信汇、电汇两种,由汇款人选择使用。信汇是指汇款人委托银行通过邮寄方式将款项划给收款人。电汇是指汇款人委托银行通过电报将款项划转给收款人。

采用汇兑结算方式的账务处理方法是:收款单位对于汇入的款项,应在收到银行的收款通知时,据以编制收款凭证,借记"银行存款"账户,贷记有关账户。付款单位对于汇出的款项,应在向银行办理汇款后,根据汇款回单编制付款凭证借记有关账户,贷记"银行存款"账户。

(七) 委托收款

委托收款是收款人委托银行向付款人收取款项的结算方式。委托收款在同城、异地均可以办理,不受金额起点限制。它分为邮寄和电报划回两种,由收款人选择。委托收款适用于收取电话费、电费等付款人众多、分散的公用事业费等有关款项的收取。

企业委托银行收款时,应填写银行印制的委托收款凭证和有关债务证明。银行受理后,将有关委托收款凭证寄交付款单位开户银行,并由付款单位开户银行通知付款单位,付款单位应在3天内审核,然后通知银行付款或出具拒付理由书通知开户银行拒付。

采用委托收款结算方式的账务处理方法是:收款单位对于托收款项,应在收到银行的收款通知时,据以编制收款凭证,借记"银行存款"账户,贷记"应收账款"账户。付款单位在收到银行转来的委托收款凭证后,根据委托收款凭证的付款通知和有关原始凭证,据以编制付款凭证,借记"应付账款"账户,贷记"银行存款"账户。如果在付款期满前提前付款,应于通知银行付款之日,编制付款凭证。如拒绝付款,不作账务处理。

(八) 托收承付

托收承付是指根据购销合同由收款人发货后委托银行向异地付款人收取款项,由付款单位向银行承认付款的结算方式。它适用于异地单位之间有购销合同的商品交易或劳务供应等款项的结算。结算金额起点为10 000元。

托收承付款项的划回方式为邮寄和电报两种。销货单位按购销合同发货后,填写托收承付凭证,盖章后连同发运证件或其他有关证明和交易单证送交开户银行办理托收手续。销货单位开户银行接受委托后,将有关凭证寄往购货单位开户银行,由购货单位开户银行通知购货单位付款。购货单位应立即对有关凭证进行审查。承付货款分为验单付款和验货付款两种,承付期分别为3天和10天。对于符合规定的情况,付款人不得无理拒付。

采用托收承付结算方式的账务处理方法是:收款单位对于托收款项,应在收到银行的收款通知时,根据收款通知和有关原始凭证,编制收款凭证,借记"银行存款"账户,贷记"应收账款"账户。付款单位对于承付的款项,应于承付时根据托收承付结算凭证的承付支款通知和有关原始凭证,据以编制付款凭证,借记"物资采购"等账户,贷记"银行存款"账户。如全部拒绝付款,不作账务处理。属于部分拒绝付款的,付款部分按上述规定处理,拒付部分不作账务处理。

(九)信用证

信用证是指开证行依照申请人的申请开出的,凭符合信用证条件的单据支付的付款承诺,并明确规定该信用证为不可撤销、不可转让的跟单信用证。

信用证结算方式是国际结算的一种主要方式。经中国人民银行批准经营结算业务的商业银行总行,以及经商业银行总行批准开办信用证结算业务的分支机构,也可以办理国内企业之间商品交易的信用证结算业务。

企业使用信用证办理国际结算和国内结算,应当填写开证申请书、信用证申请人承诺书连同有关购销合同一并提交开证行,开证行受理开证业务后,企业需向开证行交存一定金额的保证金;开证行开立信用证并以邮寄或电传方式将其发送通知行,通知行将信用证转交受益人;受益人收到信用证并审核无误后,即备货装运,持跟单汇票连同信用证一同送交当地议付行;议付行审核后扣除利息,垫付货款,之后将跟单汇票寄交开证行索回垫款;开证行收到跟单汇票后,通知申请人验单付款,赎单提货。

采用信用证结算方式的账务处理方法是:受益人根据议付单据及议付行退还的信用证等编制收款凭证,借记"银行存款"账户,贷记有关账户。申请人在收到开证行的备款赎单通知时,根据付款赎回的有关单据编制付款凭证,借记有关账户,贷记"其他货币资金——信用证存款账户"。

上述各种结算方式的运用,必须严格遵守银行的结算纪律。

三、银行存款的账务处理

(一)银行存款收支

银行存款收支的核算包括总分类核算和明细分类核算。银行存款收支的总分类核算是通过设置"银行存款"账户进行的。该账户属于资产类,企业将款项存入银行或其他金融机构时,借记"银行存款",贷记"库存现金"或有关账户;提取或支付存款时,借记"库存现金"或有关账户,贷记"银行存款"账户。期末借方金额表示银行存款的实有数额。企业在银行的其他存款,如外埠存款、银行汇票存款、银行本票存款、信用证存款等,在"其他货币资金"账户核算,不通过"银行存款"账户核算。

"银行存款"总账与"库存现金"总账一样,应由不从事出纳工作的会计人员负责登记。登记时,既可以根据银行存款收付款凭证逐笔登记,也可以定期编制汇总收付款凭证总登记,还可以根据多栏式银行存款日记账汇总登记。

【例2-4】 2012年4月10日,华夏公司签发转账支票一张,支付前欠先锋公司的购货款16 000元。公司应作如下会计分录：

借：应付账款——先锋公司　16 000
　　贷：银行存款——工商银行　16 000

【例2-5】　2012年4月14日，华厦公司收到工商银行转来的委托收款结算收款通知，收到速达公司支付的货款15 000元。公司应作如下会计分录：

借：银行存款——工商银行　15 000
　　贷：应收账款——速达公司　15 000

银行存款收支的明细分类核算是通过设置银行存款日记账进行的。银行存款日记账是由出纳人员按照银行存款业务发生的先后顺序逐日逐笔登记。企业在不同的结算方式发生的每笔银行存款收入或支出业务，都应当根据有关的原始凭证编制银行存款的收付款凭证，并进行相应的账务处理。

（二）银行存款的清查

为了防止银行存款账面发生差错，准确掌握银行存款实际金额，企业应按期对账。银行存款日记账的核对主要包括三个环节：一是银行存款日记账与银行存款收款、付款凭证要互相核对，做到账证相符；二是银行存款日记账与银行存款总账要互相核对，做到账账相符；三是银行存款日记账与银行开出的银行存款对账单要相互核对，以便准确地掌握企业可动用的银行存款实有数。

为了避免银行存款账目发生差错，企业应经常与银行核对存款账目，即将银行存款日记账的记录同银行对账单进行逐笔核对。核对时如发现双方余额不一致，除记账错误外，还可能是由于未达账项引起的。

未达账项是指企业与银行之间，由于凭证传递上的时间差，一方已登记入账，而另一方尚未入账的账项。由于企业、银行间存款收支凭证的传递需要一定时间，因而同一笔业务企业和银行各自入账的时间不一定相同，在同一日期，企业账上银行存款的余额与银行账上企业存款的余额往往不一致。这种差别具体来说有如下四种情况：

（1）银行已记作企业存款增加，而企业尚未接到收款通知，因而尚未记账的款项。
（2）银行已记作企业存款减少，而企业尚未收到付款通知，因而尚未记账的款项。
（3）企业已记作银行存款增加，而银行尚未办妥入账手续。
（4）企业已记作银行存款减少，而银行尚未支付入账的款项。

在核对账目中，发现未达账项，应编制"银行存款余额调节表"进行调节。调节后，双方余额如果不等，表明记账有差错，需要进一步查对，找出原因，更正错误的记录；双方余额如果相等，一般说明双方记账没有错误。

【例2-6】　2012年4月30日，华厦公司银行存款日记账余额为785 000元，银行转来对账单的余额为1 355 000元，经逐笔核对，发现以下未达账项：

（1）企业送存转账支票680 000元，并已登记银行存款增加，但银行尚未记账。
（2）企业开出转账支票450 000元，但持票单位尚未到银行办理转账，银行尚未记账。
（3）企业委托银行代收某企业购货款830 000元，银行已收妥并登记入账，但企业尚未收到收款通知。
（4）银行代企业支付养路费30 000元，银行已登记企业银行存款减少，但企业未收到银行付款通知,尚未记账。

根据上述资料编制银行存款余额调节表见表2-1。

表2-1　银行存款余额调节表　　　　　　　　　　　　　　　单位:元

项　目	金　额	项　目	金　额
企业银行存款日记账余额	785 000	银行对账单余额	1 355 000
加:银行已收企业未收	830 000	加:企业已收银行未收	680 000
减:银行已付企业未付	30 000	减:企业已付银行未付	450 000
调节后的存款余额	1 585 000	调节后的存款余额	1 585 000

需要注意的是,"银行存款余额调节表"的作用是用来核对企业与银行双方的记账有无差错,并不是更改账簿记录,对于未达账项,必须待结算凭证到达变成已达账项后方可进行相应账务处理。对于长期搁置的未达账项,应及时查阅凭证和有关资料,及时和银行联系,查明原因及时解决。

第三节　其他货币资金的会计处理

一、其他货币资金

其他货币资金是指企业除现金和银行存款以外的其他各种货币资金,即存放地点和用途均与现金和银行存款不同的货币资金。包括银行汇票存款、银行本票存款、信用卡存款、信用证保证金存款、存出投资款和外埠存款等。

1. 银行汇票存款

企业为取得银行汇票,按照规定存入银行的款项。企业向银行提交"银行汇票委托书"并将款项交存银行,取得银行汇票时,应当根据银行盖章的委托书存根联进行会计处理。

银行汇票是指由出票银行签发的,由其见票时按照实际结算金额无条件付给收款人或者持票人的票据。银行汇票的出票银行为银行汇票的付款人。

银行汇票一式四联,第一联为卡片,为承兑行支付票款时作付出传票;第二联为银行汇票,与第三联解讫通知一并由汇款人自带,在兑付行兑付汇票后,此联做银行往来账付出传票;第三联解讫通知,在兑付行兑付后随报单寄签发行,由签发行做余款收入传票;第四联是多余款通知,并在签发行结清后交汇款人。

单位和个人各种款项的结算,均可使用银行汇票。银行汇票可以用于转账,填明"现金"字样的银行汇票也可以用于支取现金。申请人或者收款人为单位的,不得在"银行汇票申请书"上填明"现金"字样。

汇款单位(申请人)使用银行汇票时,应向出票银行填写"银行汇票申请书",填写收款人名称、汇票金额、申请人名称、申请日期等事项并签章,签章是其预留银行的签章。出票银行受理银行汇票申请书,收妥款项后签发银行汇票,并用压数机压印出票金额,将银行汇票和解讫通知一并交给申请人。申请人应将银行汇票和解讫通知一并交付给汇票上记明的收款人。收款人受理申请人交付的银行汇票时,应在出票金额以内,根据实际需要的款项办理结算,并将实际结算的金额和多余金额准确、清晰地填入银行汇票和解讫通知的有关栏内,到银行办理款项入账手续。收款人可以将银行汇票背书转让给被背书人。银行汇票的背书转让以不超过出票金额的实际结算金额为准。未填写实际结算金额或实际结算金额超过出票金额的银行汇票,不得背书转让。银行汇票的提示付款期限为自出票日起1个月,持票人超过付款期限提示付款的,银行将不予受理。持票人向银行提示付款时,必须同时提交银行汇票和解讫通知,缺少任何一联,银行不予受理。

银行汇票丧失,失票人可以凭人民法院出具的其享有票据权利的证明,向出票银行请求付款或退款。

2. 银行本票存款

企业为取得银行本票按规定存入银行的款项。企业向银行提交"银行本票申请书"并将款项交存银行,取得银行本票时,应当根据银行盖章退回的申请书存根联进行会计处理。

银行本票分为不定额本票和定额本票两种。定额本票面额为1 000元、5 000元、10 000元和50 000元。银行本票的提示付款期限自出票日起最长不得超过2个月。在有效付款期内,银行见票付款。持票人超过付款期限提示付款的,银行不予受理。

申请人使用银行本票,应向银行填写"银行本票申请书"。申请人或收款人为单位的,不得申请签发现金银行本票。出票银行受理银行本票申请书,收妥款项后签发银行本票,在本票上签章后交给申请人。申请人应将银行本票交付给本票上记明的收款人。收款人可以将银行本票背书转让给被背书人。

申请人因银行本票超过提示付款期限或其他原因要求退款时,应将银行本票提交到出票银行并出具单位证明。根据银行盖章退回的进账单第一联,借记"银行存款"科目,贷记"其他货币资金——银行本票"科目。出票银行对于在本行开立存款账户的申请人,只能将款项转入原申请人账户;对于现金银行本票和未到本行开立存款账户的申请人,才能退付现金。

银行本票丧失,失票人可以凭人民法院出具的其享有票据权利的证明,向出票银行请求付款或退款。

3. 信用卡存款

企业申领信用卡,按规定填制申请表,并按银行要求交存备用金。

凡在中国境内金融机构开立基本存款账户的单位可申领单位卡。单位卡可申领若干张,持卡人资格由申领单位法定代表人或其委托的代理人书面指定和注销。单位卡账户的资金一律从其基本存款账户转账存入,不得交存现金,不得将销货收入的款项存入其账户。持卡人可持信用卡在特约单位购物、消费,但单位卡不得用于100 000元以上的商品交易、劳务供应款项的结算,不得支取现金。特约单位在每日营业终了,应将当日受理的信用卡签购单汇总,计算手续费和净计金额,并填写汇(总)计单和进账单,连同签购单一并送交收单银行办理进账。

信用卡按是否向发卡银行交存备用金分为贷记卡、准贷记卡两类。贷记卡是指发卡银行给予持卡人一定的信用额度,持卡人可在信用额度内先消费、后还款的信用卡。准贷记卡是指持卡人须先按发卡银行要求交存一定金额的备用金,当备用金账户余额不足支付时,可在发卡银行规定的信用额度内透支的信用卡。

准贷记卡的透支期限最长为60天,贷记卡的首月最低还款额不得低于其当月透支余额的10%。

4. 信用证保证金存款

信用证保证金存款是指采用信用证结算方式的企业为开具信用证而存入银行信用证保证金专户的款项。企业向银行申请开出信用证,用于支付境外供货单位的购货款项。

5. 存出投资款

存出投资款是指企业已存入证券公司但尚未进行短期投资的现金。

6. 外埠存款

外埠存款指企业到外地进行临时或零星采购时,汇往采购地银行开立采购专户的款项。

企业将款项汇往外地时,应填写汇款委托书,委托开户银行办理汇款。汇入地银行以汇款单位名义开立临时采购账户,该账户的存款不计利息、只付不收、付完清户,除了采购人员可从中提取少量现金外,一律采用转账结算。

二、其他货币资金的账务处理

1. 银行汇票

企业填写"银行汇票申请书",将款项交存银行时,借记"其他货币资金——银行汇票"科目,贷记"银行存款"科目;收取的手续费和邮电费,借记"财务费用"科目,贷记"现金或银行存款"科目;企业持银行汇票购货、收到有关发票账单时,借记"材料采购"或"原材料"、"库存商品"、"应交税费——应交增值税(进项税额)"等科目,贷记"其他货币资金——银行汇票"科目;采购完毕收回剩余款项时,借记"银行存款"科目,贷记"其他货币资金——银行汇票"科目。

销货企业收到银行汇票、填制进账单到开户银行办理款项入账手续时,根据进账单及销货发票等,借记"银行存款"科目,贷记"主营业务收入"、"应交税费——应交增值税(销项税额)"等科目。

【例2-7】 2012年4月12日,华厦公司为增值税一般纳税人,向工商银行申请办理银行汇票用以购买原材料,将款项400 000元,交存银行转作银行汇票存款。根据银行盖章返回的申请书存根联,公司应作如下会计分录:

借:其他货币资金——银行汇票　400 000
　　贷:银行存款——工商银行　400 000

对于银行按规定收取的手续费和邮电费,汇款单位应根据银行出具的收费收据,公司应作如下会计分录:

借:财务费用
　　贷:库存现金或银行存款

2012年4月14日,华厦公司购入原材料一批,取得的增值税专用发票上的原材料价款为300 000元,增值税税额为51 000元,已用银行汇票办理结算,多余款项49 000元,返回开户银行,公司已收到开户银行转来的工商银行汇票第四联(多余款收账通知)。公司应作如下会计分录:

(1) 原材料验收入库:

借:原材料　300 000
　　应交税费——应交增值税(进项税额)　51 000

贷:其他货币资金——银行汇票　351 000
　(2) 多余款项退回:
　借:银行存款——工商银行　49 000
　　贷:其他货币资金——银行汇票　49 000

2. 银行本票

　　企业填写"银行本票申请书",将款项交存银行时,借记"其他货币资金——银行本票"科目,贷记"银行存款"科目;企业持银行本票购货、收到有关发票账单时,借记"材料采购"或"原材料"、"库存商品"、"应交税费——应交增值税(进项税额)"等科目,贷记"其他货币资金——银行本票"科目。

　　销货企业收到银行本票、填制进账单到开户银行办理款项入账手续时,根据进账单及销货发票等,借记"银行存款"科目,贷记"主营业务收入"、"应交税费——应交增值税(销项税额)"等科目。

　【例 2-8】　2012 年 4 月 5 日,华厦公司为取得银行本票,向工商银行填交"银行本票申请书",并将 50 000 元银行存款转作银行本票存款。公司取得银行本票后,根据银行盖章返回的银行本票申请书存根联,应作如下会计分录:
　借:其他货币资金——银行本票　50 000
　　贷:银行存款——工商银行　50 000

　【例 2-9】　2012 年 4 月 15 日,华厦公司用银行本票购买办公用品 23 000 元。根据发票账单等有关凭证。公司应作如下会计分录:
　借:管理费用　23 000
　　贷:其他货币资金——银行本票　23 000

3. 信用卡

　　企业应填制"信用卡申请表",连同支票和有关资料一并送存发卡银行,根据银行盖章退回的进账单第一联,借记"其他货币资金——信用卡"科目,贷记"银行存款"科目;企业用信用卡购物或支付有关费用,收到开户银行转来的信用卡存款的付款凭证及所附发票账单,借记"管理费用"等科目,贷记"其他货币资金——信用卡"科目。

　　企业信用卡在使用过程中,需要向其账户续存资金的,应借记"其他货币资金——信用卡"科目,贷记"银行存款"科目;企业的持卡人如不需要继续使用信用卡时,应持信用卡主动到发卡银行办理销户,销卡时,信用卡余额转入企业基本存款户,不得提取现金,借记"银行存款"科目,贷记"其他货币资金——信用卡"科目。

　【例 2-10】　2012 年 4 月 5 日,华厦公司向工商银行申领信用卡,将 50 000 元存入申请银行。4 月 6 日,公司用信用卡向洪阳宾馆支付招待费 6 000 元。公司应作如下会计分录:
　(1) 存入款项,申领信用卡:
　借:其他货币资金——信用卡　50 000
　　贷:银行存款——工商银行　50 000
　(2) 信用卡消费:
　借:管理费用　6 000
　　贷:其他货币资金——信用卡　6 000

4. 信用证

企业填写"信用证申请书",将信用证保证金交存银行时,应根据银行盖章退回的"信用证申请书"回单,借记"其他货币资金——信用证保证金"科目,贷记"银行存款"科目;企业接到开证行通知,根据供货单位信用证结算凭证及所附发票账单,借记"材料采购"或"原材料"、"库存商品"、"应交税费——应交增值税(进项税额)"等科目,贷记"其他货币资金——信用证保证金"科目;将未用完的信用证保证金存款余额转回开户银行时,借记"银行存款"科目,贷记"其他货币资金——信用证保证金"科目。

【例2-11】 2012年4月15日,华厦公司向工商银行申请开具信用证,用于支付境外采购材料价款,企业已向银行存入1 700 000元信用证保证金,并收到银行盖章返回的进账单第一联。公司应作如下会计分录:

借:其他货币资金——信用证保证金　1 700 000
　　贷:银行存款——工商银行　1 700 000

【例2-12】 2012年4月25日,华厦公司收到银行转来的境外销货单位信用证结算凭证以及所附发票账单、海关进口增值税专用缴款书等有关凭证,材料价款1 200 000元,增值税税额为204 000元。公司应作如下会计分录:

借:原材料　1 200 000
　　应交税费——应交增值税(进项税额)　204 000
　　贷:其他货币资金——信用证保证金　1 404 000

【例2-13】 2012年5月5日,华厦公司收到工商银行收款通知,对该境外销货单位开出的信用证余款296 000元,已经转回银行账户。公司应作如下会计分录:

借:银行存款——工商银行　296 000
　　贷:其他货币资金——信用证保证金　296 000

5. 存出投资款

企业向证券公司划出资金时,应按实际划出的金额,借记"其他货币资金——存出投资款"科目,贷记"银行存款"科目。

【例2-14】 2012年10月28日,华厦公司通过工商银行向证券公司存入100 000元,用于购买二级市场上流通的股票,11月2日买入平安股份,共计支出股票款89 000元。公司应作如下会计分录:

(1) 10月28日存入款项时:

借:其他货币资金——存出投资款　100 000
　　贷:银行存款——工商银行　100 000

(2) 11月2日买入有价证券时:

借:交易性金融资产——平安股份　89 000
　　贷:其他货币资金——存出投资款　89 000

6. 外埠存款

企业将款项汇往外地开立采购专用账户时,根据汇出款项凭证,编制付款凭证,进行会计处理,借记"其他货币资金——外埠存款"科目,贷记"银行存款"科目;收到采购人员转来供应单位发票账单等报销凭证时,借记"材料采购"或"原材料"、"库存商品"、"应交税费——应交增值税(进项税额)"等科目,贷记"其他货币资金——外埠存款"科目;采购完毕收回剩余款项时,根据银行的收账通知,借记"银行存款"科目,贷记"其他货币资金——外埠存款"科目。

【例2-15】 2012年8月20日,华厦公司派采购员到异地采购原材料,公司委托开户银行汇款200 000元,到采购地设立采购专户。根据收到的工商银行汇款凭证回单联。公司应作如下会计分录:

借:其他货币资金——外埠存款　200 000
　　贷:银行存款——工商银行　200 000

【例2-16】 2012年8月26日,采购员交来从采购专户付款购入M2材料的有关凭证,增值税专用发票上的原材料价款为140 000元,增值税税额为23 800元。公司应作如下会计分录:

借:原材料——M2材料　140 000
　　应交税费——应交增值税(进项税额)　23 800
　　贷:其他货币资金——外埠存款　163 800

【例2-17】 2012年8月30日,收到开户银行的收款通知,该采购专户中的结余款项已经转回。根据工商银行收账通知,公司应作如下会计分录:

借:银行存款——工商银行　36 200
　　贷:其他货币资金——外埠存款　36 200

第三章 应收及预付款项

应收及预付款项是指企业在日常生产经营过程中发生的各项债权,包括应收款项和预付款项。应收款项包括应收票据、应收账款和其他应收款等;预付款项则是指企业按照合同规定预付的款项,如预付账款等。

第一节 应收票据的会计处理

一、应收票据概述

应收票据是指企业因销售商品、提供劳务等而收到的商业汇票。商业汇票是一种由出票人签发的,委托付款人在指定日期无条件支付确定金额给收款人或者持票人的票据。

商业汇票的付款期限,最长不得超过六个月。定日付款的汇票付款期限自出票日起计算,并在汇票上记载具体到期日;出票后定期付款的汇票付款期限自出票日起按月计算,并在汇票上记载;见票后定期付款的汇票付款期限自承兑或拒绝承兑日起按月计算,并在汇票上记载。商业汇票的提示付款期限,自汇票到期日起10日。符合条件的商业汇票的持票人,可以持未到期的商业汇票连同贴现凭证向银行申请贴现。

根据承兑人不同,商业汇票分为商业承兑汇票和银行承兑汇票。商业承兑汇票是指由付款人签发并承兑,或由收款人签发交由付款人承兑的汇票。商业承兑汇票的付款人收到开户银行的付款通知,应在当日通知银行付款。付款人在接到通知日的次日起三日内(遇法定休假日顺延)未通知银行付款的,视同付款人承诺付款。银行将于付款人接到通知日的次日起第四日(遇法定休假日顺延),将票款划给持票人。付款人提前收到由其承兑的商业汇票,应通知银行于汇票到期日付款。银行在办理划款时,付款人存款账户不足支付的,银行应填制付款人未付票款通知书,连同商业承兑汇票邮寄持票人开户银行转交持票人。

银行承兑汇票是指由在承兑银行开立存款账户的存款人(这里也是出票人)签发,由承兑银行承兑的票据。企业申请使用银行承兑汇票时,应向其承兑银行按票面金额的$0.5‰$交纳手续费。银行承兑汇票的出票人应于汇票到期前将票款足额交存其开户银行,承兑银行应在汇票到期日或到期日后的见票当日支付票款。银行承兑汇票的出票人于汇票到期前未能足额交存票款时,承兑银行除凭票向持票人无条件付款外,对出票人尚未支付的汇票金额按照每天$0.5‰$计收利息。

二、应收票据的账务处理

为了反映和监督应收票据取得、票款收回等经济业务,企业应当设置"应收票据"科目,借方登记取得的应收票据的面值,贷方登记到期收回票款或到期前向银行贴现的应收票据的票面余额,期末余额在借方,反映企业持有的商业汇票的票面金额。本科目可按照开出、承兑商业汇票的单位进行明细核算,并设置"应收票据备查簿",逐笔登记商业汇票的种类、号数和出票日、票面金额、交易合同号和付款人、承兑人、背书人的姓名或单位名称、到期日、背书转让日、贴现日、贴现率和贴现净额以及收款日和收回金额、退票情况等资料。商业汇票到期结清票款或退票后,在备查簿中应予注销。

1. 取得应收票据和收回到期票款

应收票据取得的原因不同,其会计处理亦有所区别。因债务人抵偿前欠货款而取得的应收票据,借记"应收票据"科目,贷记"应收账款"科目;因企业销售商品、提供劳务等而收到开出、承兑的商业汇票,借记"应收票据"科目,贷记"主营业务收入"、"应交税费——应交增值税(销项税额)"等科目。商业汇票到期收回款项时,应按实际收到的金额,借记"银行存款"科目,贷记"应收票据"科目。

【例3-1】 2012年3月1日,华厦公司向常山公司销售一批产品,货款为300 000元,尚未收到,已向工商银行办妥托收手续,适用的增值税税率为17%。公司应作如下会计分录:

借:应收账款——常山公司　351 000
　　贷:主营业务收入　300 000
　　　　应交税费——应交增值税(销项税额)　51 000

【例3-2】 2012年3月15日,华厦公司收到常山公司寄来的一张3个月期的银行承兑汇票,面值为351 000元,抵付产品货款。公司应作如下会计分录:

借:应收票据——常山公司　351 000
　　贷:应收账款——常山公司　351 000

在本例中,常山公司用银行承兑汇票抵偿前欠的货款351 000元,应借记"应收票据"科目,贷记"应收账款"科目。

【例3-3】 2012年6月15日,华厦公司上述应收票据到期,收回票面金额351 000元,存入工商银行。公司应作如下会计分录:

借:银行存款——工商银行　351 000
　　贷:应收票据——常山公司　351 000

应收票据到期不能收回时,应转入"应收账款"科目核算,如果是带息应收票据,期末不再计提利息,其所包含的利息,在有关备查簿中进行登记,待实际收到时再冲减收到当期的财务费用。

【例3-4】 仍以例3-2为例,2012年6月15日,假设华厦公司没有收到常山公司承兑的商业汇票的货款。公司应作如下会计分录:

借:应收账款——常山公司　351 000
　　贷:应收票据——常山公司　351 000

2. 应收票据的转让

会计实务中,企业可以将自己持有的商业汇票背书转让。背书是指在票据背面或者粘单上记载有关事项并签章的票据行为。背书转让的,背书人应当承担票据责任。通常情况下,企业将持有的商业汇票背书转让以取得所需物资时,按应计入取得物资成本的金额,借记"材料采购"或"原材料"、"库存商品"等科目,按专用发票上注明的可抵扣的增值税税额,借记"应交税费——应交增值税(进项税额)"科目,按商业汇票的票面金额。贷记"应收票据"科目。如有差额,借记或贷记"银行存款"等科目。

【例3-5】 承例3-2,2012年4月15日,假定华厦公司将上述应收票据背书转让,以取得生产经营所需的M7材料,该材料价款为100 000元,适用的增值税税率为17%。公司应作如下会计分录:

借:原材料——M7材料　100 000
　　应交税费——应交增值税(进项税额)　17 000
　　贷:应收票据——常山公司　117 000

三、应收票据的贴现

企业收到商业汇票,如在票据未到期前需要提前取得资金,可以持未到期的商业汇票向银行申请贴现。贴现是指企业将未到期的商业汇票经过背书,交给银行,银行受理后,从票面金额中扣除按银行的贴现率计算确定的贴现息后,将余额付给贴现企业。票据贴现实质上是一种融通资金的行为。在贴现中,企业给银行的利息称为贴现息,所用的利率称为贴现率,票据到期值与贴现息之差称为贴现所得。用应收票据向银行申请贴现时,企业会计制度规定,如果是带息票据,由于受票面载明的利率与银行贴现率的差异和贴现期的影响,其贴现所得与票面金额会产生差异,在会计上作为利息收支处理;如果是不带息票据,其贴现所得与票面金额产生的差异,在会计上作为利息支出处理。

1. 应收票据的贴现分类

(1)带追索权贴现

所谓追索权,是指企业在转让应收款项的情况下,接受方在应收款项拒付或逾期支付时,向应收款项转让方索取应收金额的权利。带追索权贴现时,贴现企业因背书而在法律上负有连带偿债责任,这种责任可能发生,也可能不发生;可能是部分的,也可能是全部的。

(2)不带追索权贴现

不带追索权贴现时,票据一经贴现,企业将应收票据上的风险(不可收回账款的可能性)和未来经济利益全部转让给银行,企业贴现所得收入与票据账面价值之间的差额,计入当期损益。

商业承兑应收票据的贴现带有追索权,银行承兑应收票据的贴现不带有追索权。按照现行会计制度规定的方法,贴现后直接转销"应收票据"科目,不再单独设置会计科目反映或有负债,而是将这项潜在的债务责任在资产负债表附注中加以说明。

2. 应收票据贴现的核算

应收票据贴现的计算过程可概括为以下四个步骤:

第一步:计算应收票据到期值

其中,带息应收票据的到期值,是其面值加上按票据载明的利率计算的票据全部期间的利息;不带息应收票据的到期值就是其面值。

第二步:计算贴现利息

$$贴现利息 = 到期值 \times 贴现率 \div 360 \times 贴现日数$$

其中　　　　贴现日数 = 票据期限 − 已持有票据期限

票据到期日的计算分两种情形:

(1) 约定在若干月后支付的(以"月数"表示)票据。

① 月末出票的,不论月份大小,以到期月份的月末日为到期日。例如:5月30日出票,三个月到期,则到期日为8月31日。

② 月中出票的,以到期月的同一日为到期日。例如:2012年5月20日出票,三个月到期,则到期日为8月20日。

(2) 约定在若干天后支付(以"天数"表示)的票据,应收票据的到期日计算为"算头不算尾"或"算尾不算头",按照实际天数计算到期日。例如:7月18日出票60天到期,计算到期日。

① "算头不算尾":7月份(31−18+1)14天,8月份31天,9月份15天,合计60天。

② "算尾不算头":7月份(31−18)13天,8月份31天,9月份16天,合计60天,所以到达期日为9月16日。

第三步:计算贴现收入

$$贴现收入 = 到期值 - 贴现利息$$

另外,需要提请注意的是,如果承兑人在异地的,贴现、转贴现和再贴现的期限以及贴现利息的计算应另加3天的划款日期。

第四步:编制会计分录

借:银行存款(贴现收入)
　　财务费用(贴现收入小于票据面值的差额)
　贷:应收票据(票据面值)
　　　财务费用(贴现收入大于票据面值的差额)

【例3-6】 2012年4月1日,华厦公司将2月1日开出并承兑的面值为200 000元、年利率8%、5月1日到期的商业承兑汇票(常山公司)向工商银行贴现,贴现率为10%。公司应作如下会计分录:

带息票据到期值 $= 200\,000 \times (1 + 8\% \times 3/12) = 204\,000$ 元

贴现息 $= 204\,000 \times 10\% \times 1/12 = 1\,700$ 元

贴现所得 $= 204\,000 - 1\,700 = 202\,300$ 元

借:银行存款——工商银行　202 300
　贷:应收票据——常山公司　200 000
　　　财务费用　2 300

【例3-7】 仍沿用上例,假定该票据为不带息的票据。公司应作如下会计分录:

票据到期值 $= 200\,000$ 元

贴现息 $= 200\,000 \times 10\% \times 1/12 = 1\,667$ 元

贴现所得 $= 200\,000 - 1\,667 = 198\,333$ 元

借:银行存款——工商银行　198 333
　　财务费用　1 667
　贷:应收票据——常山公司　200 000

3. 已贴现应收票据到期不能收回时

应收票据到期不能收回时,应转借记"应收账款"科目,减少企业的银行存款或由于企业的银行存款不能足够支付票据款项,增加企业的短期借款负债,贷记"银行存款或短期借

款"科目核算,如果是带息应收票据,期末不再计提利息,其所包含的利息,在有关备查簿中进行登记,待实际收到时再冲减收到当期的财务费用。

【例3-8】 仍沿用例3-6为例,假定该票据到期不能收到款项。公司应作如下会计分录:

　　借:应收账款——常山公司　200 000
　　　　贷:短期借款(银行存款)　200 000

第二节　应收账款的会计处理

一、应收账款的内容

应收账款是指企业因销售商品、提供劳务等经营活动,应向购货单位或接受劳务单位收取的款项,主要包括企业销售商品或提供劳务等应向有关债务人收取的价款及代购货单位垫付的包装费、运杂费等。

二、应收账款的账务处理

为了反映和监督应收账款的增减变动及其结存情况,企业应设置"应收账款"科目。不单独设置"预收账款"科目的企业,预收账款可以在"应收账款"科目核算。"应收账款"科目的借方登记应收账款的增加,贷方登记应收账款的收回及确认的坏账损失,期末余额一般在借方,反映企业尚未收回的应收账款;如果期末余额在贷方,则反映企业预收的账款。

【例3-9】 2012年6月10日,华厦公司采用托收承付结算方式向常山公司销售商品一批,货款600 000元,增值税税额102 000元,以工商银行存款代购货单位垫付运杂费用6 000元,已办理托收手续。公司应作如下会计分录:

　　借:应收账款——常山公司　708 000
　　　　贷:主营业务收入　600 000
　　　　　　应交税费——应交增值税(销项税额)　102 000
　　　　　　银行存款——工商银行　6 000

需要说明的是,企业代购货单位垫付包装费、运杂费也应计入应收账款,通过"应收账款"科目核算。公司实际收到款项时,公司应作如下会计分录:

　　借:银行存款——工商银行　708 000
　　　　贷:应收账款——常山公司　708 000

企业应收账款改用应收票据结算,在收到承兑的商业汇票时,借记"应收票据"科目,贷记"应收账款"科目。

【例3-10】 2012年6月11日,华厦公司收到中山公司交来商业承兑汇票一张,面值100 000元,用以偿还其前欠货款。公司应作如下会计分录:

　　借:应收票据——中山公司　100 000
　　　　贷:应收账款——中山公司　100 000

三、应收账款转让的账务处理

应收账款转让分为两种,即以应收账款抵借和应收账款让售。应收账款让售后,假如出现应收账款拖欠或客户无力清偿,企业无需承担任何责任,信贷机构不能向企业追索。应收账款让售实质上是一种融资,不过,转让了应收账款也就转让了风险。这样,应收账款让售也有了抵御坏账的风险,又由于及时回笼了资金,自然也没有了汇率风险,只能自己追索或承担损失。

1. 应收账款抵借

应收账款抵借是指持有应收账款的企业与信贷机构或代理商订立合同,以应收账款作为担保品,在规定的期限内企业有权以一定额度为限借用资金的一种融资方式。合同明确规定信贷机构或代理商借给企业资金所占应收账款的比率,一般为应收账款的70%~90%不等,借款企业在借款时,除以应收账款为担保外,还需按实际借款数据出具票据。如果作为担保品的应收账款中某一账款到期收不回来,银行有权向借款企业追索。

在应收账款抵借业务中,取得和偿还抵借款通过"短期借款"会计科目进行核算。

【例3-11】 华厦公司2012年1月1日以应收账款10 000元向中国银行借得7 000元,借款月利率为8‰。2012年4月1日,公司收到抵借账款中一客户账款4 000元,公司于当日将账款4 000元连同利息一起归还银行。借款合同规定:已抵借应收账款仍由公司进行收账工作。公司应作如下会计分录:

(1) 2012年1月1日,公司取得借款时:

借:银行存款　7 000
　　贷:短期借款——中国银行　7 000

(2) 2012年4月1日,公司收到客户的账款时:

借:银行存款　4 000
　　贷:应收账款　4 000

(3) 公司归还银行借款和利息时:

借:短期借款——中国银行　4 000
　　财务费用(7 000×8‰×3)　168
　　贷:银行存款　4 168

2. 应收账款让售

无追索权让售是指应收账款购买方即金融机构要承担收取应收账款的风险,即承担应收账款的坏账损失,而出售方则承担销售折扣、销售折让或销售退回的损失。为此,金融机构在购买应收账款时一般要按一定比例预留一部分余款,以备抵让售方应承担的销售折扣、折让或退回的损失,待实际发生销售折扣、折让或退回时,再予以冲销。因此,在会计处理上,出售方企业应按实际收到的款项增加货币资金,支付的手续费计入财务费用,金融机构预留的款项计入其他应收款,并冲减应收账款的账面价值,待金融机构实际收到应收账款时,再根据实际发生的销售折扣、折让或退回的具体情况,同出售方企业进行最后结算。

【例3-12】 2012年2月1日,华厦公司销售一批商品给水电公司,开出的增值税专用发票上注明的销售价款为150 000元,增值税销项税额为25 500元,款项尚未收到。双方约定,水电公司应于2012年10月31日付款。2012年6月4日,经与招商银行协商后约定:

公司将应收水电公司的货款出售给招商银行,价款为141 625元,在应收水电公司货款到期无法收回时,招商银行不能向公司追偿。公司根据以往的经验,预计该批商品将发生的销售退回金额为11 700元,其中,增值税销项税额为1 700元,成本为6 500元,实际发生的销售退回由公司承担。2012年8月3日,公司收到水电公司退回的商品,价款为11 700元。无其他事项发生。

假定:
(1) 2012年8月3日,公司收到水电公司退回的商品,价款为11 700元。
(2) 2012年8月3日,公司收到水电公司退回的商品,价款为5 850元。
(3) 2012年8月3日,公司收到水电公司退回的商品,价款为17 550元。

要求:
(1) 做出应收债权出售的相关账务处理。
(2) 做出企业实际收到退回商品的账务处理。

公司应作如下会计分录:

(1) 2012年6月4日,出售应收债权:
借:银行存款　141 625
　　财务费用(175 500－141 625－11 700)　22 175
　　其他应收款　11 700
　　贷:应收账款　175 500

(2) 2012年8月3日,收到退回的商品

① 2012年8月3日,实际收到退回:
借:主营业务收入　10 000
　　应交税费——应交增值税(销项税额)　1 700
　　贷:其他应收款　11 700
借:库存商品　6 500
　　贷:主营业务成本　6 500

② 2012年8月3日,实际收到的退回:
借:主营业务收入　5 000
　　应交税费——应交增值税(销项税额)　850
　　贷:其他应收款　5 850
借:银行存款　5 850
　　贷:其他应收款　5 850
借:库存商品　3 250
　　贷:主营业务成本　3 250

③ 2012年8月3日,实际退回:
借:主营业务收入　15 000
　　应交税费——应交增值税(销项税额)　2 550
　　贷:其他应收款　11 700
　　　　其他应付款　5 850
借:其他应付款　5 850

贷:银行存款　5 850
　　借:库存商品　9 750
　　　贷:主营业务成本　9 750

第三节　预付及其他应收款的会计处理

一、预付账款的账务处理

(一)预付账款

预付账款是指企业按照购货合同规定预付给供应单位的款项。预付账款按实际付出的金额入账,如预付的材料、商品采购货款、必须预先发放的、在以后收回的农副产品预购定金等。对购货企业来说,预付账款是一项流动资产。

设置"预付账款"科目,核算预付账款的增减变动及其结存情况。按供应单位设置明细账,进行明细核算。科目期末借方余额,反映企业实际预付的款项;期末如为贷方余额,反映企业尚未补付的款项。

预付账款业务不多的企业,可以不设置"预付账款"科目,而直接通过"应付账款"科目核算。

(二)预付账款的账务处理

企业根据购货合同的规定向供应单位预付款项时,借记"预付账款"科目,贷记"银行存款"科目;企业收到所购物资,按应计入购入物资成本的金额,借记"材料采购"或"原材料"、"库存商品"科目,按相应的增值税进项税额,借记"应交税费——应交增值税(进项税额)"等科目,贷记"预付账款"科目;当预付货款小于采购货物所需支付的款项时,应将不足部分补付,借记"预付账款"科目,贷记"银行存款"科目;当预付货款大于采购货物所需支付的款项时,对收回的多余款项,应借记"银行存款"科目,贷记"预付账款"科目。

企业的预付账款,如有确凿证据表明其不符合预付账款性质,或者因供货单位破产、撤销等原因已无望再收到所购货物的,应将原计入预付账款的金额转入其他应收款。企业应按预计不能收到所购货物的预付账款账面余额,借记"其他应收款——预付账款转入"科目,贷记"预付账款"科目。

除转入"其他应收款"科目的预付账款外,其他预付账款不得计提坏账准备。

【例3-13】 2012年6月14日,华厦公司向常山公司采购M8材料10 000公斤,每公斤单价20元,所需支付的款项总额200 000元。按照合同规定向常山公司预付货款的50%,验收货物后补付其余款项。公司应作如下会计分录:

(1) 公司预付货款时:
　　借:预付账款——常山公司　100 000
　　　贷:银行存款　100 000

(2) 2012年6月18日,华厦公司收到常山公司发来的M8材料10 000公斤,验收无误,增值税专用发票记载的货款为200 000元,增值税税额为34 000元,以银行存款补付所欠款项134 000元。公司应作如下会计分录:

① 公司收到材料,减少债权:

借:原材料　200 000
　　应交税费——应交增值税(进项税额)　34 000
　　贷:预付账款——常山公司　234 000

② 公司补付预付账款的差额:

借:预付账款——常山公司　134 000
　　贷:银行存款　134 000

二、其他应收款的账务处理

(一) 其他应收款

其他应收款是企业应收款项的另一重要组成部分,是指企业除应收票据、应收账款和预付账款以外的各种应收、暂付款项。其他应收款通常包括暂付款,是指企业在商品交易业务以外发生的各种应收、暂付款项。主要包括:

(1) 应收的各种赔款、罚款,如因企业财产等遭受意外损失而应向有关保险公司收取的赔款等。

(2) 应收的出租包装物租金。

(3) 应向职工收取的各种垫付款项,如为职工垫付的水电费、应由职工负担的医药费、房租费等。

(4) 存出保证金,如租入包装物支付的押金。

(5) 其他各种应收、暂付款项。

(二) 其他应收款的账务处理

为了反映和监督其他应收账款的增减变动及其结存情况,企业应当设置"其他应收款"科目进行核算。"其他应收款"科目的借方登记其他应收款的增加,贷方登记其他应收款的收回,期末余额一般在借方,反映企业尚未收回的其他应收款项。按债务人设置明细核算。

【例3-14】 2012年6月17日,华厦公司在采购过程中发生M2材料毁损,按平安保险合同的规定,应由保险公司赔偿损失40 000元,赔款尚未收到。公司应作如下会计分录:

借:其他应收款——平安保险公司　40 000
　　贷:材料采购——M2材料　40 000

【例3-15】 承例3-14,上述保险公司赔款如数收到,存入工商银行。公司应作如下会计分录:

借:银行存款——工商银行　40 000
　　贷:其他应收款——平安保险公司　40 000

【例3-16】 2012年6月12日,华厦公司以工商银行存款替王丽总经理垫付应由其个人负担的医疗费6 000元,拟从其工资中扣留。公司应作如下会计分录:

(1) 垫付医疗费时:

借:其他应收款——王丽　6 000
　　贷:银行存款——工商银行　6 000

(2) 扣款时:

借：应付职工薪酬——工资　6 000
　　贷：其他应收款——王丽　6 000

【例3-17】　2012年7月18日,华厦公司租入包装物一批,以工商银行存款向出租方支付押金20 000元。公司应作如下会计分录：

借：其他应收款——存出保证金　20 000
　　贷：银行存款——工商银行　20 000

【例3-18】　承例3-17,租入包装物按期如数返回,华厦公司收到出租方退还的押金20 000元,已存入工商银行。公司应作如下会计分录：

借：银行存款——工商银行　20 000
　　贷：其他应收款——存出保证金　20 000

第四节　应收款项减值的会计处理

一、应收账款减值概述

企业的各项应收款项,可能会因购货人拒付、破产、死亡等原因而无法收回。这类无法收回的应收款项就是坏账。因坏账而遭受的损失为坏账损失。坏账是指企业无法收回或收回的可能性极小的应收款项。企业应当在资产负债表日对应收款项的账面价值进行检查,有客观证据表明应收款项发生了减值的,应当将该应收款项的账面价值减记至预计未来现金流量现值,减记的金额确认为减值损失,计提坏账准备。坏账准备计提后,可以转回。

一般说来,企业的应收款项符合下列条件之一时,应确认为坏账：

(1) 债务人死亡,以其遗产清偿后仍然无法收回。

(2) 债务人破产,以其破产财产清偿后仍然无法收回。

(3) 债务人较长时期内未履行其偿债义务,并有足够的证据表明无法收回或收回的可能性极小。

二、坏账准备的计提范围

现行会计规范规定,除了应收账款应计提坏账准备外,其他应收款项也应计提坏账准备。同时规定企业的预付账款如有确凿证据表明不符合预付账款性质,或者因供货单位破产、撤销等原因已无法再收到所购货物的,应当将原计入预付账款的金额转入其他应收款,并按规定计提坏账准备。企业持有的未到期应收票据,如有确凿证据表明不能收回或收回的可能性不大时,应将其账面余额转入应收账款,并计提坏账准备。也就是说,会计实务中,计提坏账准备的范围包括应收账款、其他应收款,但不包括应收票据(转入其他应收款的除外)。

对于单项金额较大的应收款项,应单独进行减值测试,有客观证据表明其发生了减值的,应当根据其未来现金流量现值低于账面价值的差额,确认减值损失,计提坏账准备。坏账准备计提后,可以转回。

三、坏账准备的计算方法

坏账准备的计提方法和计提比例由企业自行确定。提取的方法一经确定,不能随意变更;如需变更,应在会计报表附注中说明。具体方法有:应收账款余额百分比法、账龄分析法、销货百分比法等。

(一) 余额百分比法

余额百分比法是指按照期末应收账款余额的一定百分比估计坏账损失的方法。坏账百分比由企业根据以往的资料或经验自行确定。在余额百分比法下,企业应在每个会计期末根据本期末应收账款的余额和相应的坏账率估计出期末坏账准备账户应有的余额,它与调整前坏账准备账户已有的余额的差额,就是当期应提的坏账准备金额。采用余额百分比法计提坏账准备的计算公式如下:

(1) 首次计提坏账准备的计算公式:

$$当期应计提的坏账准备 = 期末应收账款余额 \times 坏账准备计提百分比$$

(2) 后续计提坏账准备的计算公式:

当期应计提的坏账准备=当期按应收账款计算应计提的坏账准备金额+(或-)坏账准备账户借方余额(或贷方余额)

【例3-19】 华夏公司2011年末应收账款余额为800 000元,公司根据风险特征估计坏账的提取比例为应收账款余额的0.4%。2012年确认实际发生常山公司的坏账4 000元,该年末应收账款余额为980 000元。假设2013年确认实际发生坏账损失3 000元,2012年已冲销的坏账中有2 000元2013年度又收回。该年度末应收账款余额为600 000元。若坏账准备科目在2011年初余额为0,则公司各年的坏账准备计提的数额是多少?

(1) 2011年应提坏账准备=800 000×0.4%=3 200元

(2) 2012年年末计提坏账前坏账准备账户的借方余额为:4 000-3 200=800元,而要使坏账准备的余额为贷方980 000×0.4%=3 920元,则2012年应提坏账准备(贷方)=3 920+800=4 720元。

(3) 2013年年末计提坏账前坏账准备的(贷方)金额为-800+4 720-3 000+2 000=2 920元。

而要使坏账准备的贷方余额为600 000×0.4%=2 400元,则应冲销坏账准备2 920-2 400=520元,即2013年应提坏账准备-520元。

(二) 账龄分析法

这是根据应收账款账龄的长短来估计坏账损失的方法。通常而言,应收账款的账龄越长,发生坏账的可能性越大。为此,将企业的应收账款按账龄长短进行分组,分别确定不同的计提百分比估算坏账损失,使坏账损失的计算结果更符合客观情况。

采用账龄分析法计提坏账准备的计算公式如下:

(1) 首次计提坏账准备的计算公式:

$$当期应计提的坏账准备 = \sum (期末各账龄组应收账款余额 \times 各账龄组坏账准备计提百分比)$$

(2) 以后计提坏账准备的计算公式:

当期应计提的坏账准备
＝当期按应收账款计算应计提的坏账准备金额＋(或－)坏账准备账户借方余额(或贷方余额)

【**例 3-20**】 华厦公司坏账准备核算采用账龄分析法,对未到期、逾期半年内和逾期半年以上的应收账款分别按 1％、5％、10％ 估计坏账损失。该公司 2012 年 12 月 31 日,有关应收款项账户的年末余额如表 3-1 所示。按照类似信用风险特征将这些应收款项划分为若干组合,具体情况如表 3-1。

表 3-1　公司应收账款期末余额账龄分析表　　　　　　　　单位:元

账　户	期末余额	账　龄
应收账款—宏远公司	2 000 000(借方)	逾期 3 个月
应收账款—宁沪公司	500 000(贷方)	未到期
预收账款—滨海公司	400 000(借方)	逾期 6 个月

若公司"坏账准备"账户 2012 年年初贷方余额为 60 000 元。公司应作如下会计分录:

分析案例资料:

(1) 案例资料中给出了各个明细账的情况,则根据应收账款明细账户的借方余额合计数和预收账款明细账科目的借方余额合计数再加上其他应收款明细科目的借方余额合计数计提。

(2) 预收账款的借方余额具有应收账款的性质,要计提坏账准备。

(3) 企业的预付账款如有确凿证据表明其不符合预付账款性质,或者因供货单位破产、撤销等原因已无望再收到所购货物的,应当将原计入预付账款的金额转入其他应收款,并按规定计提坏账准备。

(4) 企业持有的未到期应收票据,如有确凿证据证明不能够收回或收回的可能性不大时,期末应考虑计提坏账准备。

综合以上分析,公司 2012 年 12 月 31 日,确认的坏账损失为:2 000 000×5％＋500 000×1％＋400 000×10％＝145 000 元。即"坏账准备"科目贷方余额为 145 000 元。

计提坏账准备计入"资产减值损失"科目的金额＝145 000－60 000＝85 000 元。

账龄分析法和余额百分比法一样在计提坏账准备时,考虑到了该账户原有的余额再做出调整。这两种方法都是从资产负债表的观点来估计坏账,注重的是期末坏账准备应有的余额,使资产负债表中的应收账款能更合理地按变现价值评价。但是,期末的应收账款并不都是本期的赊销产生的,可能含有以往年度销售产生的账款,采用这两种方法计算出的坏账费用就不能完全与本期的销售收入配合,在实务上,账龄分析法也使得账务处理的成本有所提高。

(三) 销货百分比法

销货百分比法是根据企业销售总额的一定百分比估计坏账损失的方法。百分比按本企业以往实际发生的坏账与销售总额的关系结合生产经营与销售政策变动情况测定。在实际工作中,企业也可以按赊销百分比估计坏账损失。

采用销货百分比法计提坏账准备的计算公式如下:

(1) 首次计提坏账准备的计算公式:

当期应计提的坏账准备＝本期销售总额（或赊销额）×坏账准备计提比例

（2）以后计提坏账准备的计算公式：

当期应计提的坏账准备
＝当期按应收账款计算应计提的坏账准备金额＋（或－）坏账准备账户借方余额（或贷方余额）

采用销货百分比法，在决定各年度应计提的坏账准备金额时，并不需要考虑坏账准备账户上已有的余额。从利润表的观点看，由于这种方法主要是根据当期利润表上的销货收入数字来估计当期的坏账损失，因此坏账费用与销货收入能较好地配合，比较符合配比概念。但是由于计提坏账时没有考虑到坏账准备账户以往原有的余额，如果以往年度出现坏账损失估计错误的情况就不能自动更正，资产负债表上的应收账款净额也就不一定能正确的反映其变现价值。因此，采用销货百分比法还应该定期地评估坏账准备是否适当，及时做出调整，以便能更加合理地反映企业的财务状况。

四、坏账准备的账务处理

企业应当设置"坏账准备"账户，核算应收款项坏账准备的计提、转销等情况。"坏账准备"账户的贷方登记当期计提的坏账准备金额，借方登记实际发生的坏账损失金额和冲减的坏账准备金额，期末余额一般在贷方，反映企业已计提但尚未转销的坏账准备。

确定应收款项减值有两种方法，即直接转销法和备抵法，我国《企业会计准则》规定采用备抵法确定应收款项的减值。

（一）坏账准备的直接转销法

采用直接转销法时，日常核算中应收款项可能发生的坏账损失不予考虑，只有在实际发生坏账时，才能作为损失计入当期损益，同时冲销应收款项，即借记"资产减值损失"科目，贷记"应收账款"科目。

【例3-21】 2012年6月30日，华厦公司2008年发生的一笔20 000元的应收账款，因债务人宏图公司破产，无法收回，公司将其确认为坏账。公司应作如下会计分录：

借：资产减值损失——坏账损失　20 000
　　贷：应收账款——宏图公司　20 000

这种方法的优点是会计处理简单、实用，其缺点是不符合权责发生制和收入与费用相互配比的会计原则。在这种方法下，只有坏账已经发生时，才能将其确认为当期费用，导致各期收益不实；另外，在资产负债表上，应收账款是按其账面余额而不是按净额反映，这在一定程度上歪曲了期末的财务状况。所以，一般不采用直接转销法。

（二）坏账准备的备抵法

1. 备抵法

备抵法是采用一定的方法按期估计坏账损失，计入当期费用，同时建立坏账准备，待坏账实际发生时冲销已提的坏账准备和相应的应收款项。采用这种方法，坏账损失计入同一期间的损益，体现了配比原则的要求，避免了企业明盈实亏；在报表上列示应收款项净额，使报表使用者能了解企业应收款项的可变现金额。

在备抵法下，企业应当根据实际情况合理估计当期坏账损失金额。由于企业发生坏账损失带有很大的不确定性，所以只能以过去的经验为基础，参照当前的信用政策、市场环境和行业惯例,准确地估计每期应收款项未来现金流量现值,从而确定当期减值损失金额,计入当期损益。企业在预计未来现金流量现值的同时,合理选择折现率。折现率可以使用初始确认该项应收款项时计算确定的实际利率。对于采用浮动利率的应收款项,可以采用合同规定的现行实际利率作为折现利率。即使合同条款因债务方发生财务困难而重新商定或修改,在确认坏账损失时,仍用条款修改以前所计算的应收款项的原实际利率计算。短期应收款项的预计未来现金流量与其现值相差很少的,在确认相关减值时,可不对其预计未来现金流量进行折现。

2. 坏账准备金额的确认

企业应当设置"坏账准备"科目,用来核算应收款项的坏账计提、转销等情况。企业当期计提的坏账准备应当计入资产减值损失。"坏账准备"科目的贷方登记当期计提的坏账准备金额,借方登记实际发生的坏账损失金额和冲减的坏账准备金额,期末余额一般在贷方,反映企业已计提但尚未转销的坏账准备。

企业计提坏账准备时,借记"资产减值损失——计提坏账准备"科目,贷记"坏账准备"科目。冲减多计提的坏账准备时,借记"坏账准备"科目,贷记"资产减值损失——计提坏账准备"科目。

【例3-22】 仍以例3-19为例,公司应作如下会计分录:

(1) 2011年,计提坏账准备时:

2011年应提坏账准备=800 000×0.4‰=3 200元

借:资产减值损失——计提坏账准备 3 200
　　贷:坏账准备 3 200

(2) 2012年,发生坏账损失时:

借:坏账准备 4 000
　　贷:应收账款——常山公司 4 000

(3) 2012年年末,计提坏账准备:

2012年年末计提坏账前坏账准备账户的(借方)余额为:4 000−3 200=800元,而要使坏账准备的余额为贷方980 000×0.4‰=3 920元,则2012年应提坏账准备(贷方)=3 920+800=4 720元。

借:资产减值损失——计提坏账准备 4 720
　　贷:坏账准备 4 720

(4) 2013年,发生坏账损失时:

借:坏账准备 3 000
　　贷:应收账款——常山公司 3 000

(5) 2013年,收回已冲销的应收账款时:

① 恢复公司的债权:

借:应收账款——常山公司 2 000
　　贷:坏账准备 2 000

② 公司的债权收回:

借:银行存款 2 000
　　贷:应收账款——常山公司 2 000

(6) 2013年年末计提坏账准备：

2013年年末计提坏账前坏账准备的(贷方)金额为－800＋4 720－3 000＋2 000＝2 920元。

而要使坏账准备的余额为贷方600 000×0.4‰＝2 400元，则应冲销坏账准备2 920－2 400＝520元，即2013年年末应提坏账准备－520元。

借：坏账准备　520
　　贷：资产减值损失——计提坏账准备　520

第四章

金融资产

金融资产主要包括库存现金、应收账款、应收票据、贷款、垫款、其他应收款、应收利息、债权投资、股权投资、基金投资及衍生金融资产等。企业在取得一项金融资产时，若可确定其不属于货币资金和长期股权投资类，应当结合自身业务特点和风险管理要求，根据企业管理当局持有该资产的能力及意图将取得的金融资产分类核算。

金融资产在会计上分为以下三类：
(1) 交易性金融资产。
(2) 持有至到期投资。
(3) 可供出售金融资产。

第一节 交易性金融资产的会计处理

一、交易性金融资产的概念

交易性金融资产主要是指企业为了近期内出售而持有的金融资产，如企业以赚取差价为目的从二级市场购入的股票、债券、基金等。

该类资产以赚取差价为目的，确认后以公允价值计量且其变动计入当期损益。会计准则规定，该类资产一经确定不允许再划分为其他类别，其他类别也不得再确认为该类资产。

主要包括以下两种情况：
(1) 企业为短期获利目的而持有。企业从证券市场买入的股票，仅以赚取差价为目的，就属于这种情况。
(2) 企业明确指定该资产为交易性金融资产。

二、交易性金融资产的账务处理

为了核算交易性金融资产的取得、收取现金股利或利息、处置等业务，企业应当设置"交易性金融资产"、"公允价值变动损益"、"投资收益"等科目。

"交易性金融资产"科目，用来核算企业为交易目的所持有的债券投资、股票投资、基金投资等交易性金融资产的公允价值。借方登记交易性金融资产的取得成本、资产负债表日其公允价值高于账面余额的差额等；贷方登记资产负债表日其公允价值低于账面余额的差额，以及企业出售交易性金融资产时结转的成本和公允价值变动损益。企业应当按照交易性金融资产的类别和品种，分别设置"成本"、"公允价值变动"等明细科目进行核算。

"公允价值变动损益"科目，用来核算企业交易性金融资产等公允价值变动而形成的应计入当期损益的利得或损失。借方登记资产负债表日企业持有的交易性金融资产等的公允价值低于账面余额的差额；贷方登记资产负债表日企业持有的交易性金融资产等的公允价值高于账面余额的差额。

"投资收益"科目，用来核算企业持有交易性金融资产期间内取得的投资收益以及处置交易性金融资产等实现的投资收益或投资损失。借方登记企业出售交易性金融资产等发生的投资损失；贷方登记企业出售交易性金融资产等实现的投资收益。

（一）交易性金融资产的取得

企业取得交易性金融资产时，应当按照该金融资产取得时的公允价值作为其初始确认金额，记入"交易性金融资产——成本"科目。取得交易性金融资产所支付价款中包含了已宣告但尚未发放的现金股利或已到付息期但尚未领取的债券利息的，应当单独确认为应收项目，记入"应收股利"或"应收利息"科目。

公允价值是指"在公平交易中，熟悉情况的交易双方自愿进行资产交换或债务清偿的金额"。其最大的特征是公平交易的市场决定公允价值，是参与市场交易的独立双方充分考虑了市场上的信息后所达成的共识，这种达成共识的市场交易价格即为公允价值。可以从以下几方面进行理解：

（1）虽然公允价值必须在公平交易的不受干扰的市场中才能产生，但若无相反的证据证明所进行的交易是不公正的或非自愿的，市场交易价格即为公允价值。

（2）计量客体的价值凡不是在市场上达成的，而是其他不同主体的主观价值判断形成的都不能视作公允价值，因为不同主体得出的价值信息缺乏可比性。

（3）在某些事项不存在实际交易的情况下，则可在市场上寻找相类似的交易价格作为其公允价值的计量基础。

（4）有时在市场上也寻找不出相类似的交易价格，则必须在允当、合理的基础上估计相关的计量属性，除非市场上存在相反的证据证明该估计是非确当的。

取得交易性金融资产所发生的相关交易费用应当在发生时计入投资收益。交易费用是指可直接归属于购买、发行或处置金融工具新增的外部费用，包括支付给代理机构、咨询公司、券商等的手续费和佣金及其他必要支出。

【例4-1】 2012年1月20日，华厦公司委托民族证券公司从上海证券交易所购入苏洁上市公司股票2 000 000股，并将其划分为交易性金融资产。该股票投资在购买日的公允价值为20 000 000元。另支付相关交易费用金额为50 000元。公司应作如下会计分录：

(1) 2012年1月20日，购买苏洁公司股票时：

借：交易性金融资产——成本   20 000 000
　　贷：其他货币资金——存出投资款   20 000 000

(2) 支付相关交易费用时：

借：投资收益   50 000
　　贷：其他货币资金——存出投资款   50 000

在本例中，取得交易性金融资产所发生的相关交易费用50 000元，应当在发生时计入当期损益（投资收益）。

（二）交易性金融资产的现金股利或利息

企业持有交易性金融资产期间对于被投资单位宣告发放的现金股利或企业在资产负

债表日按分期付息、一次还本债券投资的票面利率计算的利息收入,应当确认为应收项目,记入"应收股利"或"应收利息"科目,并计入投资收益。

【例4-2】 2012年1月8日,华夏公司购入建设银行发行的企业债券,债券于2011年7月1日发行,面值总额为5 000万元,票面利率为4%。上年债券利息于下年初支付。公司将其划分为交易性金融资产,支付债券价款为5 200万元,其中包含已宣告发放的债券利息100万元,另支付交易费用60万元。2012年2月5日,公司收到债券利息100万元。2013年初,公司收到2012年债券利息200万元。以上款项均于建设银行收付。公司应作如下会计分录:

(1) 2012年1月8日,购入企业债券时:
借:交易性金融资产——成本　51 000 000
　　应收利息——建设银行　1 000 000
　　投资收益　600 000
　　贷:银行存款——建设银行　52 600 000

(2) 2012年2月5日,收到债券利息时:
借:银行存款——建设银行　1 000 000
　　贷:应收利息——建设银行　1 000 000

(3) 2012年12月31日,确认债券利息收入时:
借:应收利息——建设银行　2 000 000
　　贷:投资收益　2 000 000

(4) 2013年年初,收到债券利息时:
借:银行存款——建设银行　2 000 000
　　贷:应收利息——建设银行　2 000 000

在本例中,取得交易性金融资产所支付价款中包含了已宣告但尚未发放的债券利息1 000 000元,应当记入"应收利息"科目,而不记入"交易性金融资产"科目。

(三) 交易性金融资产的期末计量

资产负债表日,交易性金融资产应当按照公允价值计量,公允价值与账面余额之间的差额计入当期损益。企业应当在资产负债表日按照交易性金融资产公允价值与其账面余额的差额,借记或贷记"交易性金融资产——公允价值变动"科目,贷记或借记"公允价值变动损益"科目。

【例4-3】 承例4-2,2012年6月30日,假定华夏公司购买的债券的市价为5 180万元,2012年12月31日,公司购买的该笔债券的市价为5 160万元。公司应作如下会计分录:

(1) 2012年6月30日,确认公允价值变动损益时:
借:交易性金融资产——公允价值变动　800 000
　　贷:公允价值变动损益　800 000

(2) 2012年12月31日,确认公允价值变动损益时:
借:公允价值变动损益　200 000
　　贷:交易性金融资产——公允价值变动　200 000

在本例中,2012年6月30日,该笔债券的公允价值为5 180万元,账面余额为5 100万元,公允价值大于账面余额80万元,应记入"公允价值变动损益"科目的贷方;2012年12月31日,该笔债券的公允价值为5 160万元,账面余额为5 180万元,公允价值小于账面余额20万元,应记入"公允价值变动损益"科目的借方。

(四) 交易性金融资产的处置

出售交易性金融资产,应当将该金融资产出售时的公允价值与其账面余额之间的差额确认为投资收益,同时调整公允价值变动损益。

企业应按实际收到的金额,借记"银行存款"等科目,按该金融资产的账面余额,贷记"交易性金融资产"科目,按其差额,贷记或借记"投资收益"科目。同时,将原计入该金融资产的公允价值变动转出,借记或贷记"公允价值变动损益"科目,贷记或借记"投资收益"科目。

【例4-4】 承例4-2,2013年1月15日,假定华夏公司出售了所持有的建设银行债券,售价为5 165万元。公司应作如下会计分录:

借:银行存款——建设银行　51 650 000
　　贷:交易性金融资产——成本　51 000 000
　　　　　　　　　　　　——公允价值变动　600 000
　　　　投资收益　50 000

同时:

借:公允价值变动损益　600 000
　　贷:投资收益　600 000

在本例中,企业出售交易性金融资产,还应将原计入该金融资产的公允价值变动转出,即出售交易性金融资产时,应按"公允价值变动"明细科目的贷方余额600 000元,借记"公允价值变动损益"科目,贷记"投资收益"科目。

第二节　持有至到期投资的会计核算

一、持有至到期投资的概念

持有至到期投资是指到期日固定、回收金额固定或可确定的,且企业有明确意图和能力持有至到期的非衍生金融资产。通常情况下,企业持有的、在活跃市场上有公开报价的国债、企业债券、金融债券等,可以划分为持有至到期投资。

持有至到期投资的特征:

(1) 到期日固定、回收金额固定或可确定

到期日固定、回收金额固定或可确定,是指相关合同明确了投资者在确定的期间内获得或应收取现金流量(例如投资利息和本金等)的金额和时间。因此,从投资者角度看,如果不考虑其他条件,在将某项投资划分为持有至到期投资时可以不考虑可能存在的发行方重大支付风险。其次,由于要求到期日固定,从而权益工具投资不能划分为持有至到期投资。再者,如果符合其他条件,不能由于某债务工具投资是浮动利率投资而不将其划分为

持有至到期投资。

(2) 有明确意图持有至到期

有明确意图持有至到期,是指投资者在取得投资时意图就是明确的,除非遇到一些企业所不能控制、预期不会重复发生且难以合理预计的独立事件,否则将持有至到期。

存在下列情况之一的,表明企业没有明确意图将金融资产投资持有至到期:

① 持有该金融资产的期限不确定。

② 发生市场利率变化、流动性需要变化、替代投资机会及其投资收益率变化、融资来源和条件变化、外汇风险变化等情况时,将出售该金融资产。但是,无法控制、预期不会重复发生且难以合理预计的独立事项引起的金融资产出售除外。

③ 该金融资产的发行方可以按照明显低于其摊余成本的金额清偿。

④ 其他表明企业没有明确意图将该金融资产持有至到期的情况。

(3) 有能力持有至到期

有能力持有至到期,是指企业有足够的财力资源,并不受外部因素影响将投资持有至到期。

存在下列情况之一的,表明企业没有能力将具有固定期限的金融资产投资持有至到期:

① 没有可利用的财务资源持续地为该金融资产投资提供资金支持,以使该金融资产投资持有至到期。

② 受法律行政法规的限制,使企业难以将该金融资产投资持有至到期。

二、持有至到期投资的账务处理

(一) 企业取得的持有至到期投资

持有至到期投资应当按取得时的公允价值和相关交易费用之和作为初始确认金额。支付的价款中包含的已到付息期但尚未领取的债券利息,应单独确认为应收项目。企业取得的持有至到期投资时,借记"持有至到期投资——成本(面值)"、"应收利息(已到付息期但尚未领取的利息)"、"持有至到期投资——利息调整(差额,也可能在贷方)"科目,贷记"银行存款"等科目。

【例4-5】 2012年1月1日,华厦公司支付价款1 000元,从活跃市场上购入长江公司5年期债券,面值1 250元,票面年利率4.72%,按年支付利息,本金最后一次支付。合同约定,该债券的发行方在遇到特定情况时可以将债券赎回,且不需要为提前赎回支付额外款项。公司在购买该债券时,预计发行方不会提前赎回。公司将购入的该公司债券划分为持有至到期投资,且不考虑所得税、减值损失等因素。公司应作如下会计分录:

根据上述数据,公司的有关会计处理如下:

2012年1月1日,购入债券:

借:持有至到期投资——成本　1 250
　　贷:银行存款　1 000
　　　　持有至到期投资——利息调整　250

(二) 持有至到期投资的后续计量

持有至到期投资的后续计量采用实际利率法,按摊余成本计量。

1. 实际利率法

实际利率法,是指按照金融资产或金融负债(含一组金融资产或金融负债)的实际利率计算其摊余成本及各期利息收入或利息费用的方法。

(1) 实际利率,是指将金融资产或金融负债在预期存续期间或适用的更短期间内的未来现金流量,折现为该金融资产或金融负债当前账面价值所使用的利率。

(2) 企业在初始确认以摊余成本计量的金融资产或金融负债时,就应当计算确定实际利率,并在相关金融资产或金融负债预期存续期间或适用的更短期间内保持不变。

在确定实际利率时,应当在考虑金融资产或金融负债所有合同条款(包括提前还款权、看涨期权或类似期权等)的基础上预计未来现金流量,但不应考虑未来信用损失。

金融资产或金融负债合同各方之间支付或收取的、属于实际利率组成部分的各项收费、交易费用及溢价或折价等,应当在确定实际利率时予以考虑。金融资产或金融负债的未来现金流量或存续期间无法可靠预计时,应当采用该金融资产或金融负债在整个合同期内的合同现金流量。

2. 摊余成本

金融资产的摊余成本,是指该金融资产初始确认金额经下列调整后的结果:

(1) 扣除已偿还的本金。

(2) 加上或减去采用实际利率法将该初始确认金额与到期日金额之间的差额进行摊销形成的累计摊销额。

(3) 扣除已发生的减值损失。

【例4-6】 仍以例4-5资料为例,公司应作如下会计分录:

公司在初始确认时,计算确定该债券的实际利率:

设该债券的实际利率为r,则可列出如下等式:

$$59 \times (1+r)^{-1} + 59 \times (1+r)^{-2} + 59 \times (1+r)^{-3} + 59 \times (1+r)^{-4} + (59+1\,250) \times (1+r)^{-5} = 1\,000$$

采用插值法,可以计算得出$r=10\%$,由此可编制利息调整计算见表4-1所示。

表4-1 利息调整计算 单位:元

年 份	期初摊余成本(1)	实际利息 (2)=(1)×10%	现金流入(3)	利息调整 (4)=(2)−(3)	期末摊余成本 (5)=(1)+(2)−(3)
2012年	1 000	100	59	41	1 041
2013年	1 041	104	59	45	1 086
2014年	1 086	109	59	50	1 136
2015年	1 136	114*	59	55	1 191
2016年	1 191	118**	59	59	1 250

* 数字四舍五入取整;

** 数字考虑了计算过程中出现的尾差。

3. 资产负债表日的会计处理

资产负债表日的会计处理,按票面利率计算的应收未收利息,借记"应收利息(分期付息债券按票面利率计算的利息)"、"持有至到期投资——应计利息(到期时一次还本付息债券按票面利率计算的利息)"科目,按实际利率与摊余成本计算的实际利息收入,贷记"投资收益(持有至到期投资摊余成本和实际利率计算确定的利息收入)",按其差额,借记或贷记"持有至到期投资——利息调整(差额,也可能在借方)"科目。

【例 4-7】 仍以例 4-5 资料为例,公司应作如下会计分录:

(1) 2012 年 12 月 31 日,确认实际利息收入:

借:应收利息　　59
　　持有至到期投资——利息调整　　41
　　　贷:投资收益　　100

(2) 2013 年 12 月 31 日,确认实际利息收入:

借:应收利息　　59
　　持有至到期投资——利息调整　　45
　　　贷:投资收益　　104

(3) 2014 年 12 月 31 日,确认实际利息收入:

借:应收利息　　59
　　持有至到期投资——利息调整　　50
　　　贷:投资收益　　109

(4) 2015 年 12 月 31 日,确认实际利息收入:

借:应收利息　　59
　　持有至到期投资——利息调整　　55
　　　贷:投资收益　　114

(5) 2016 年 12 月 31 日,确认实际利息收入:

借:应收利息　　59
　　持有至到期投资——利息调整　　59　　(250−41−45−50−55)
　　　贷:投资收益　　118

4. 收到利息的会计处理

借:银行存款
　　贷:应收利息(分期付息债券按票面利率计算的利息)

【例 4-8】 仍以例 4-5 资料为例,公司应作如下会计分录:
2012 年、2013 年、2014 年、2015 年、2016 年年初,收到票面利息的会计处理相同。

借:银行存款　　59
　　贷:应收利息　　59

(三) 处置持有至到期投资

处置持有至到期投资时,应按实际收入,借记"银行存款"等科目,按其账面价值,贷记"持有至到期投资——成本(面值)"、"持有至到期投资——利息调整(剩余部分,正常情况没有剩余)"、"持有至到期投资——应计利息(一次还本付息)",按其差额,借记或贷记"投资收益(差额,也可能在借方)"科目。已计提减值的,还应同时结转减值准备。

【例 4-9】 仍以例 4-5 资料为例,公司应作如下会计分录:

借:银行存款等　1 250
　　贷:持有至到期投资——成本　1 250

(四) 持有至到期投资的减值

企业应当在资产负债表日对以公允价值计量且其变动计入当期损益的金融资产以外的金融资产的账面价值进行检查,有客观证据表明该金融资产发生减值的,应当计提减值准备。

表明金融资产发生减值的客观证据,是指金融资产初始确认后实际发生的、对该金融资产的预计未来现金流量有影响,且企业能够对该影响进行可靠计量的事项。金融资产发生减值的客观证据,包括下列各项:

(1) 发行方或债务人发生严重财务困难。

(2) 债务人违反了合同条款,如偿付利息或本金发生违约或逾期等。

(3) 债权人出于经济或法律等方面因素的考虑,对发生财务困难的债务人作出让步。

(4) 债务人很可能倒闭或进行其他财务重组。

(5) 因发行方发生重大财务困难,该金融资产无法在活跃市场继续交易。

(6) 无法辨认一组金融资产中的某项资产的现金流量是否已经减少,但根据公开的数据对其进行总体评价后发现,该组金融资产自初始确认以来的预计未来现金流量确已减少且可计量,如该组金融资产的债务人支付能力逐步恶化,或债务人所在国家或地区失业率提高、担保物在其所在地区的价格明显下降、所处行业不景气等。

(7) 债务人经营所处的技术、市场、经济或法律环境等发生重大不利变化,使权益工具投资人可能无法收回投资成本。

(8) 权益工具投资的公允价值发生严重或非暂时性下跌。

(9) 其他表明金融资产发生减值的客观证据。

以摊余成本计量的金融资产发生减值时,应当将该金融资产的账面价值减记至预计未来现金流量(不包括尚未发生的未来信用损失)现值,减记的金额确认为资产减值损失,计入当期损益。

预计未来现金流量现值,应当按照该金融资产的原实际利率折现确定,并考虑相关担保物的价值(取得和出售该担保物发生的费用应当予以扣除)。原实际利率是初始确认该金融资产时计算确定的实际利率。

对单项金额重大的金融资产应当单独进行减值测试,如有客观证据表明其已发生减值,应当确认减值损失,计入当期损益。对单项金额不重大的金融资产,可以单独进行减值测试,或包括在具有类似信用风险特征的金融资产组合中进行减值测试。

单独测试未发生减值的金融资产(包括单项金额重大和不重大的金融资产),应当包括在具有类似信用风险特征的金融资产组合中再进行减值测试。已单项确认减值损失的金融资产,不应包括在具有类似信用风险特征的金融资产组合中进行减值测试。

对以摊余成本计量的金融资产确认减值损失后,如有客观证据表明该金融资产价值已恢复,且客观上与确认该损失后发生的事项有关(如债务人的信用评级已提高等),原确认的减值损失应当予以转回,计入当期损益。但是,该转回后的账面价值不应当超过假定不计提减值准备情况下该金融资产在转回日的摊余成本。

金融资产发生减值后,利息收入应当按照确定减值损失时对未来现金流量进行折现采用的折现率作为利率计算确认。

持有至到期投资的减值会计处理,借记"资产减值损失",贷记"持有至到期投资减值准备"科目;转回时作相反的分录。

【例4-10】 2009年1月3日,华厦公司购入常山公司2008年1月1日发行的五年期固定利率债券,该债券每年付息一次,最后一年还本金并付最后一次利息,票面年利率12%,债券面值1 000元,公司按1 050元价格购入800张,票款以银行存款付讫,不考虑交易费用。如果公司持有的常山公司债券在第四年,即2012年12月31日经检查,该批债券已发生减值,预计只能收回本金500 000元。公司应作如下会计分录:

(1) 投资时投资额(800×1 050)   840 000

  减:成本(800×1000)   800 000

债券溢价   40 000

借:持有至到期投资——成本   800 000

       ——利息调整   40 000

  贷:银行存款   840 000

(2) 持有期间按实际利率法计算利息调整额和投资收益

由于本例公司持有债券系分期付息债券,可根据"债券面值+债券溢价(或减去债券折价)=债券到期应收本金的贴现值+各期收取的债券利息的贴现值"公式,采用"插值法"计算确定实际利率如下:

根据上述公式,先按10%的利率测试:

$$800\ 000 \times 0.6209 + 96\ 000 \times 3.7908 = 860\ 637 > 840\ 000$$

再按11%的利率测试:

$$800\ 000 \times 0.5934 + 96\ 000 \times 3.6959 = 829\ 527 < 840\ 000$$

根据插值法计算实际利率 = $10\% + (11\% - 10\%) \times (860\ 637 - 840\ 000) \div (860\ 637 - 829\ 527) = 10.66\%$

采用实际利率法计算的各期利息调整额,见表4-2所示。

表4-2 利息调整计算表   单位:元

计息日期	应收利息 (1)=800 000×12%	投资收益 (2)=(4)×10.66%	利息调整 (3)=(1)-(2)	摊余成本 (4)=(4)-(3)
2008.01.01				840 000
2008.12.31	96 000.00	89 544.00	6 456.00	833 544.00
2009.12.31	96 000.00	88 855.79	7 144.21	826 399.79
2010.12.31	96 000.00	88 094.22	7 905.78	818 494.01
2011.12.31	96 000.00	87 251.46	8 748.54	809 745.47
2012.12.31	96 000.00	86 254.53	9 745.47	800 000.00
合计	480 000.00	440 000.00	40 000.00	—

*计算尾差调整

根据表 4-2 计算结果,各年年末公司应作如下会计分录:

① 2008 年 12 月 31 日,确认投资收益时:

借:应收利息　96 000
　　贷:持有至到期投资——利息调整　6 456
　　　　投资收益　89 544

② 收到利息时:

借:银行存款　96 000
　　贷:应收利息　96 000

比照 2009 年 12 月 31 日所作会计分录编制 2010 年、2011 年、2012 年年末的会计分录。

2012 年 12 月 31 日,公司应作如下会计分录:

该批债券预计未来现金流量现值 = 500 000/(1+10.66%) = 451 834.45 元
未提减值准备前持有至到期债券的账面价值 = 809 745.47 元
应计提减值准备 = 809 745.47 − 451 834.45 = 357 911.02 元
计提减值准备的会计处理:

借:资产减值损失　357 911.02
　　贷:持有至到期投资减值准备　357 911.02

2012 年 12 月 31 日(第五年末),应作如下处理:

应收利息 = 96 000 元。
按照实际利率计算的利息收益 = (809 745.47 − 357 911.02) × 10.66% = 48 165.55 元
差额 = 96 000 − 48 165.55 = 47 834.45 元

借:应收利息　96 000
　　贷:投资收益　48 165.55
　　　　持有至到期投资——利息调整　47 834.45

此时,持有至到期债券账面余额:80 9745.47 − 47 834.45 = 76 1911.02 元。同时,持有至到期债券减值准备科目有余额 35 7911.02 元,实际收到 500 000 元时。公司应作如下会计分录:

借:银行存款　500 000
　　持有至到期投资减值准备　357 911.02
　　持有至到期投资——利息调整　38 088.98
　　贷:持有至到期投资——成本　800 000
　　　　应收利息　96 000

【例 4-11】 仍以例 4-5 资料为例。假定在 2010 年 1 月 1 日,华夏公司预计本金的一半(即 625 元)将会在该年末收回,而其余的一半本金将于 2012 年年末付清。遇到这种情况时,公司应当调整 2010 年年初的摊余成本,计入当期损益。调整时采用最初确定的实际利率。

据此,调整上述表中相关数据后如表 4-3 所示。

第四章 金融资产

表 4-3 利息调整计算 单位:元

年 份	期初摊余成本(1)	实际利息 (2)=(1)×10%	现金流入(3)	期末摊余成本 (4)=(1)+(2)-(3)
2010 年	1 139*	114**	684	569
2011 年	569	57	30***	596
2012 年	596	59	655	0

* 1 139＝684×(1+10％)$^{-1}$＋30×(1+10％)$^{-2}$＋655×(1+10％)$^{-3}$(四舍五入)

** 114＝1 139×10％(四舍五入)

*** 30＝625×4.72％(四舍五入)

根据上述调整,公司的会计处理如下:

(1) 2010 年 1 月 1 日,调整期初摊余成本:

借:持有至到期投资——利息调整　53
　　贷:投资收益　53

(2) 2010 年 12 月 31 日,确认实际利息、收回本金等:

① 确认实际利息收入:

借:应收利息　59
　　持有至到期投资——利息调整　55
　　贷:投资收益　114

② 收到票面利息:

借:银行存款　59
　　贷:应收利息　59

借:银行存款　625
　　贷:持有至到期投资——成本　625

(3) 2011 年 12 月 31 日,确认实际利息等:

① 确认实际利息收入:

借:应收利息　30
　　持有至到期投资——利息调整　27
　　贷:投资收益　57

② 收到票面利息:

借:银行存款　30
　　贷:应收利息　30

(4) 2012 年 12 月 31 日,确认实际利息、收回本金等:

① 确认实际利息收入:

借:应收利息　30
　　持有至到期投资——利息调整　29
　　贷:投资收益　59

② 收到票面利息:

借:银行存款　30
　　贷:应收利息　30

③收到票面本金：

借：银行存款　625
　　贷：持有至到期投资——成本　625

【例 4-12】 仍以例 4-5 资料为例。假定华厦公司购买的债券不是分次付息，而是到期一次还本付息，且利息不是以复利计算。此时，华厦公司所购买债券的实际利率 r，可以计算如下：

$$(59+59+59+59+59+1250)\times(1+r)^{-5}=1\,000$$

由此得出 $r\approx 9.05\%$。

据此，调整上述表中相关数据后如表 4-4 所示。

表 4-4　利息调整计算　　　　　　　　　　　单位：元

年份	期初摊余成本(1)	实际利息 (2)=(1)×9.05%	现金流入(3)	期末摊余成本 (4)=(1)+(2)−(3)
2008 年	1 000.00	90.50	0	1 090.50
2009 年	1 090.50	98.69	0	1 189.19
2010 年	1 189.19	107.62	0	1 296.81
2011 年	1 296.81	117.36	0	1 414.17
2012 年	1 414.17	130.83 *	1 545	0

* 考虑了计算过程中出现的尾差 2.85 元。

根据上述数据，公司的有关会计处理如下：

(1) 2008 年 1 月 1 日，购入债券：

借：持有至到期投资——成本　1 250
　　贷：银行存款　1 000
　　　　持有至到期投资——利息调整　250

(2) 2008 年 12 月 31 日，确认实际利息收入：

借：持有至到期投资——应计利息　59
　　　　　　　　　　——利息调整　31.5
　　贷：投资收益　90.5

(3) 2009 年 12 月 31 日，确认实际利息收入：

借：持有至到期投资——应计利息　59
　　　　　　　　　　——利息调整　39.69
　　贷：投资收益　98.69

(4) 2010 年 12 月 31 日：

借：持有至到期投资——应计利息　59
　　　　　　　　　　——利息调整　48.62
　　贷：投资收益　107.62

(5) 2011 年 12 月 31 日，确认实际利息：

借：持有至到期投资——应计利息　59

　　　　　　——利息调整　　58.36
　　贷:投资收益　117.36
(6) 2012年12月31日,确认实际利息收入、收到本金和名义利息等:
① 确认实际利息收入:
借:持有至到期投资——应计利息　59
　　　　　　——利息调整　　71.83
　　贷:投资收益　130.83
② 收到票面利息及本金:
借:银行存款　1 545
　　贷:持有至到期投资——成本　　1 250
　　　　　　——应计利息　295

第三节　可供出售金融资产的会计处理

一、可供出售金融资产的概念

可供出售金融资产是指初始确认时即被指定为可供出售的非衍生金融资产,以及没有划分为持有至到期投资、贷款和应收款项、以公允价值计量且其变动计入当期损益的金融资产。通常情况下,划分为此类的金融资产应当在活跃市场上有报价,因此,企业从二级市场上购入的有报价的股票、债券、基金等,没有划分为以公允价值计量且其变动计入当期损益的金融资产或持有至到期投资等金融资产的,可以划分为可供出售金融资产。

二、可供出售金融资产的账务处理

(一) 取得可供出售金融资产时

可供出售金融资产的初始确认,应按公允价值计量,相关交易费用应计入初始入账金额。企业取得可供出售金融资产支付的价款中包含的已到付息期但尚未领取的债券利息或已宣告但尚未发放的现金股利,应单独确认为应收项目。

(1) 如果是股权投资,应按其公允价值与交易费用之和,借记"可供出售金融资产——成本"(买价－已宣告未发放的股利＋交易费用)、按支付价款中包含的已宣告但尚未发放的现金股利,借记"应收股利"科目,按实际支付的金额,贷记"银行存款"科目。

(2) 如果是债券投资,应按债券的面值,借记"可供出售金融资产——成本(面值)",按支付的价款中包含的已到付息期但尚未领取的利息,借记"应收利息"科目,按实际支付的金额,贷记"银行存款",按其差额,借记或贷记"可供出售金融资产——利息调整(溢折价时)"科目。

(二) 持有期间取得的利息或现金股利

可供出售金融资产持有期间取得的利息或现金股利,应当计入投资收益。资产负债表日,可供出售金融资产应当以公允价值计量,且公允价值变动计入资本公积(其他资本公积)。

(1) 持有期间被投资单位宣告分配利息或现金股利,借记"应收利息"或"可供出售金融资产——应计利息(一次付息)"科目,贷记"投资收益"。

(2) 取得利息收入,借记"银行存款"科目,贷记"应收利息"科目。

(三) 资产负债表日,按公允价值调整可供出售金融资产的价值

资产负债表日,都应按公允价值计量,但对于可供出售金融资产,公允价值变动不是计入当期损益,而通常应计入所有者权益(资本公积)。

(1) 如果是股权投资:①期末公允价值高于此时的账面价值时,借记"可供出售金融资产——公允价值变动"科目,贷记"资本公积——其他资本公积"科目;②期末公允价值低于此时的账面价值时,借记"资本公积——其他资本公积"科目,贷记"可供出售金融资产——公允价值变动"科目。

(2) 如果是债券投资:①期末公允价值高于摊余成本时,借记"可供出售金融资产——公允价值变动"科目,贷记"资本公积——其他资本公积"科目;②期末公允价值低于摊余成本时,借记"资本公积——其他资本公积"科目,贷记"可供出售金融资产——公允价值变动"科目。

需要特别注意的是,此公允价值的调整不影响每期利息收益的计算,即每期利息收益始终用期初摊余成本乘以当初的内含报酬率来测算。

(四) 可供出售金融资产减值的会计处理

可供出售金融资产发生的减值损失,应计入当期损益;如果可供出售金融资产是外币货币性金融资产,则其形成的汇兑差额也应计入当期损益。采用实际利率法计算的可供出售金融资产的利息,应当计入当期损益;可供出售权益工具投资的现金股利,应当在被投资单位宣告发放股利时计入当期损益。

(1) 可供出售金融资产发生减值时,即使该金融资产没有终止确认,原直接计入所有者权益中的因公允价值下降形成的累计损失,应当予以转出,计入当期损益。该转出的累计损失,等于可供出售金融资产的初始取得成本扣除已收回本金和已摊余金额、当前公允价值和原已计入损益的减值损失后的余额。

在活跃市场中没有报价且其公允价值不能可靠计量的权益工具投资,发生减值时,应当将该权益工具投资或衍生金融资产的账面价值,与按照类似金融资产当时市场收益率对未来现金流量折现确定的现值之间的差额,确认为减值损失,计入当期损益。与该权益工具挂钩并须通过交付该权益工具结算的衍生金融资产发生减值的,也应当采用类似的方法确认减值损失。

(2) 对于已确认减值损失的可供出售债务工具,在随后的会计期间公允价值已上升且客观上与原减值损失确认后发生的事项有关的,原确认的减值损失应当予以转回,计入当期损益。

(3) 可供出售权益工具投资发生的减值损失,不得通过损益转回。另外,在活跃市场中没有报价且其公允价值不能可靠计量的权益工具投资,或与该权益工具挂钩并须通过交付该权益工具结算的衍生金融资产发生的减值损失,不得转回。

可供出售金融资产的会计处理原则:

(1) 可供出售金融资产应当以公允价值加上交易费用构成其入账成本,并以公允价值

进行后续计量。

(2) 公允价值变动形成的利得或损失,应当计入所有者权益(资本公积——其他资本公积),在该金融资产终止确认时转出,计入当期损益(投资收益)。

(3) 可供出售外币货币性金融资产形成的汇兑差额,应当计入当期损益。

(4) 采用实际利率法计算的可供出售金融资产的利息,应当计入当期损益(投资收益等);可供出售权益工具投资的现金股利,应当在被投资单位宣告发放股利时计入当期损益(投资收益等)。

① 可供出售金融资产减值,借记"资产减值损失"科目,贷记"资本公积——其他资本公积(当初公允价值净贬值额)"、"可供出售金融资产——公允价值变动"科目;②转回时,借记"可供出售金融资产——公允价值变动"科目,贷记"资产减值损失"科目。

如果该可供出售金融资产为股票等权益工具投资的(不含在活跃市场上没有报价、公允价值不能可靠计量的权益工具投资),可供出售金融资产减值,借记"可供出售金融资产——公允价值变动"科目,贷记"资本公积——其他资本公积"科目。

(五) 将持有至到期投资重分类为可供出售金融资产

企业因持有意图或能力发生改变,使某项投资不再适合划分为持有至到期投资的,应当将其重分类为可供出售金融资产,并以公允价值进行后续计量。

持有至到期投资部分出售或重分类的金额较大,且不属于第十六条所指的例外情况,使该投资的剩余部分不再适合划分为持有至到期投资的,企业应当将该投资的剩余部分重分类为可供出售金融资产,并以公允价值进行后续计量。

重分类日,该投资剩余部分的账面价值与其公允价值之间的差额计入所有者权益,在该可供出售金融资产发生减值或终止确认时转出,计入当期损益。

将持有至到期投资重分类为可供出售金融资产的,应在重分类日按其公允价值,借记"可供出售金融资产——成本(面值)、——应计利息(利息调整)、——公允价值变动"等科目,按其账面余额,贷记"持有至到期投资——成本(面值)、——应计利息(利息调整)、——公允价值变动"科目,按其差额,贷记或借记"资本公积——其他资本公积"科目。已计提减值准备的,还应同时结转减值准备。

【例 4-13】 2012 年 1 月 1 日,华厦公司以银行存款支付价款 1 100 万元(含交易费用),从活跃市场购入微软公司当日发行的面值为 1 000 万元、5 年期的不可赎回债券。该债券票面年利率为 10%,利息按单利计算,到期一次还本付息,实际年利率为 6.4%。当日,公司将其划分为持有至到期投资,按年确认投资收益。2012 年 12 月 31 日,该债券未发生减值迹象。2013 年 1 月 1 日,该债券市价总额为 1 200 万元。当日,为筹集生产线扩建所需资金,公司出售债券的 80%,将扣除手续费 5 万元后的款项存入银行;该债券剩余的 20% 重分类为可供出售金融资产。公司应作如下会计分录(单位:万元):

(1) 2012 年 1 月 1 日,公司购入该债券:

借:持有至到期投资——成本　1 000
　　　　　　　　　　——利息调整　100
　贷:银行存款　1 100

(2) 计算 2012 年 12 月 31 日投资收益、应计利息和利息调整摊销额:

投资收益＝1 100×6.4％＝70.4(万元)
应计利息＝1 000×10％＝100(万元)
利息调整摊销额＝100－70.4＝29.6(万元)
借：持有至到期投资——应计利息　100
　　贷：投资收益　70.4
　　　　持有至到期投资——利息调整　29.6

(3) 售出债券：
借：银行存款　955(1 200×80％－5)
　　贷：持有至到期投资——成本　800(1 000×80％)
　　　　　　　　　　　——利息调整　56.32[(100－29.6)×80％]
　　　　　　　　　　　——应计利息　80(100×80％)
　　　　投资收益　18.68

(4) 重分类日：
剩余债券账面价值＝[1 000＋(100－29.6)＋100]×20％＝234.08(万元)
剩余债券市价＝1 200×20％＝240(万元)
差额＝240－234.08＝5.92(万元)
借：可供出售金融资产——成本　200(1000×20％)
　　　　　　　　　　——应计利息　20(100×20％)
　　　　　　　　　　——利息调整　14.08[(100－29.6)×20％]
　　　　　　　　　　——公允价值变动　5.92
　　贷：持有至到期投资——成本　200
　　　　　　　　　　——应计利息　20
　　　　　　　　　　——利息调整　14.08
　　　　资本公积——其他资本公积　5.92

(六) 出售可供出售金融资产

处置可供出售金融资产时，应将取得的价款与该金融资产账面价值之间的差额，计入投资损益；同时，将原直接计入所有者权益的公允价值变动累计额对应处置部分的金额转出，计入投资损益。

出售可供出售的金融资产，应按实际收到的金额，借记"银行存款"等科目，按其账面余额，贷记"可供出售金融资产"科目(成本、公允价值变动、利息调整、应计利息)，按应从所有者权益中转出的公允价值累计变动额，借记或贷记"资本公积——其他资本公积"科目，按其差额，贷记或借记"投资收益"科目。

(1) 如果是债券投资，借记"银行存款"、"资本公积——其他资本公积(持有期间公允价值的调整额或贷方)"科目，贷记"可供出售金融资产——成本"、"可供出售金融资产——公允价值变动(持有期间公允价值的调整额或借方)"、"可供出售金融资产——利息调整"、"可供出售金融资产——应计利息"、"投资收益(可能借方也可能贷方)"科目。

(2) 如果是股权投资，借记"银行存款"、"资本公积——其他资本公积(持有期间公允价值的调整额或贷方)"科目，贷记"可供出售金融资产——成本"、"可供出售金融资产——公允价值变动(持有期间公允价值的调整额或借方)"、"投资收益(可能借方也可能贷方)"科目。

【例4-14】 2011年3月1日,华夏公司从二级市场购入永新公司股票10 000股,每股市价19.6元。发生交易费用4 000元,款项均以银行存款支付,企业将其作为可供出售金融资产进行管理和核算。2011年6月30日,该股票市价为每股17元。2011年12月31日,该股票市价一直下跌,出现减值迹象,股票市价为每股15元,企业计提减值损失。2012年3月10日,企业以每股16.5元的价格将其出售,款项收到存入银行。公司应作如下会计分录:

(1) 2011年3月1日 购入股票:
借:可供出售金融资产——成本 200 000
　　贷:银行存款 200 000
(2) 6月30日,确认公允价值变动:
借:资本公积——其他资本公积 30 000
　　贷:可供出售金融资产——公允价值变动 30 000
(3) 12月31日,发生减值:
借:资产减值损失 50 000
　　贷:资本公积——其他资本公积 30 000
　　　　可供出售金融资产——公允价值变动 20 000
(4) 2012年3月10日,出售该股票:
借:银行存款 165 000
　　可供出售金融资产——公允价值变动 50 000
　　贷:可供出售金融资产——成本 200 000
　　　　投资收益 15 000

【例4-15】 2011年1月1日,华夏公司从证券市场上购入常山公司于2010年1月1日发行的债权作为可供出售金融资产,该债券5年期,票面年利率5%,每年1月5日支付上年度的利息。到期日为2016年1月1日,一次归还本金和最后一次利息。实际利率为4%。华夏公司购入债券的面值1 000万元,实际支付1 086.3万元,按年计提利息。2012年12月31日,该债券的公允价值为1 030万元。2012年12月31日,该债券估计未来现金流量为1 020万元。公司应作如下会计分录(单位:万元):

(1) 2011年初,购入可供出售金融资产时:
借:可供出售金融资产——成本 1 000
　　应收利息 50
　　可供出售金融资产——利息调整 36.3
　　贷:银行存款 1 086.3
(2) 1月5日收到利息时:
借:银行存款 50
　　贷:应收利息 50
(3) 2010年末,确认实际利息时:
实际利息=1 036.3×0.04=41.45万元

票面利息＝1 000×0.05＝50万元

借：应收利息　50
　　贷：投资收益　41.45
　　　　可供出售金融资产——利息调整　8.55

(4) 收到利息时：

借：银行存款　50
　　贷：应收利息　50

(5) 2011年末可供出售金融资产的会计处理：

可供出售金融资产公允价值变动＝1 030－(1 036.3－8.55)＝2.25万元

借：可供出售金融资产——公允价值变动　2.25
　　贷：资本公积——其他资本公积　2.25

(6) 2012年，可供出售金融资产确认实际利息时：

实际利息＝(1 036.3－8.55)×0.04＝41.11万元

借：应收利息　50
　　贷：投资收益　41.11
　　　　可供出售金融资产——利息调整　8.89

(7) 2012年末，确认可供出售金融资产减值时：

可供出售金融资产账面价值＝1 030－8.89＝1 021.11万元

由于2012年末预计未来现金流量＝1 020，则应确认可供出售金融资产减值。

可供出售金融资产减值＝1 020－1 021.11＝1.11万元

借：资本公积——其他资本公积　1.11
　　贷：可供出售金融资产——公允价值变动　1.11

第五章 存　货

第一节　存货概述

一、存货的内容

存货是指企业在日常活动中持有以备出售的产品或商品、处在生产过程中的在产品、在生产过程或提供劳务过程中耗用的材料或物料等，包括各类材料、在产品、半成品、产成品、商品以及包装物、低值易耗品、委托代销商品等。

1. 原材料

原材料是指企业在生产过程中经加工改变其形态或性质并构成产品主要实体的各种原料及主要材料、辅助材料、燃料、修理用备件（备品、备件）、包装材料、外购半成品（外购件）等。

2. 在产品

在产品是指企业正在制造尚未完工的生产物，包括正在各个生产工序加工的产品和已加工完毕但尚未检验或已检验但尚未办理入库手续的产品。

3. 半成品

半成品是指经过一定生产过程并已检验合格交付半成品仓库保管，但尚未制造完工成为产成品，仍需进一步加工的中间产品。

4. 产成品

产成品是指工业企业已经完成全部生产过程并已验收入库，可以按照合同规定的条件送交订货单位，或者可以作为商品对外销售的产品。企业接受来料加工制造的代制品和为外单位加工修理的代修品，制造和修理完成验收入库后，应视同企业的产成品。

5. 商品

商品是指商品流通企业外购或委托加工完成验收入库用于销售的各种商品。

6. 包装物

包装物是指为了包装本企业的商品而储备的各种包装容器，如桶、箱、瓶、坛、袋等。其主要作用是盛装、装潢产品或商品。

7. 低值易耗品

低值易耗品是指不能作为固定资产核算的各种用具物品，如工具、管理用具、玻璃器皿、劳动保护用品以及在经营过程中周转使用的容器等。其特点是单位价值较低，或使用期限相对于固定资产较短，在使用过程中保持其原有实物形态基本不变。包装物和低值易耗品构成了周转材料。周转材料是指企业能够多次使用，不符合固定资产定义，逐渐转移其价值但仍保持原有形态，不确认为固定资产的材料。

8. 委托代销商品

委托代销商品是指企业委托其他单位代销的商品。

二、存货成本的初始计量

存货应当按照成本进行初始计量。存货成本包括采购成本、加工成本和其他成本。

1. 存货的采购成本

存货的采购成本，包括购买价款、相关税费、运输费、装卸费、保险费以及其他可归属于存货采购成本的费用。

其中，存货的购买价款是指企业购入的材料或商品的发票账单上列明的价款，但不包括按照规定可以抵扣的增值税税额。

存货的相关税费是指企业购买存货发生的进口关税、消费税、资源税和不能抵扣的增值税进项税额以及相应的教育费附加等应计入存货采购成本的税金。

其他可归属于存货采购成本的费用是指采购成本中除上述各项以外的可归属于存货采购的费用，如在存货采购过程中发生的仓储费、包装费、运输途中的合理损耗、入库前的挑选整理费用等。

商品流通企业在采购商品过程中发生的运输费、装卸费、保险费以及其他可归属于存货采购成本的费用等进货费用，应当计入存货采购成本，也可以先进行归集，期末根据所购商品的存销情况进行分摊。对于已售商品的进货费用，计入当期损益；对于未售商品的进货费用，计入期末存货成本。企业采购商品的进货费用金额较小的，可以在发生时直接计入当期损益。

2. 存货的加工成本

存货的加工成本是指在存货的加工过程中发生的追加费用，包括直接人工以及按照一定方法分配的制造费用。

直接人工是指企业在生产产品和提供劳务过程中发生的直接从事产品生产和劳务提供人员的职工薪酬。

制造费用是指企业为生产产品和提供劳务而发生的各项间接费用。

3. 存货的其他成本

存货的其他成本是指除采购成本、加工成本以外的，使存货达到目前场所和状态所发生的其他支出。企业设计产品发生的设计费用通常应计入当期损益，但是为特定客户设计产品所发生的、可直接确定的设计费用应计入存货的成本。

存货的来源不同，其成本的构成内容也不同。原材料、商品、低值易耗品等通过购买而取得的存货的成本由采购成本构成；产成品、在产品、半成品等自制或需委托外单位加工完成的存货的成本由采购成本、加工成本以及使存货达到目前场所和状态所发生的其他支出构成。实务中具体按以下原则确定：

（1）购入的存货，其成本包括：买价、运杂费（包括运输费、装卸费、保险费、包装费、仓储费等）、运输途中的合理损耗、入库前的挑选整理费用（包括挑选整理中发生的工、费支出和挑选整理过程中所发生的数量损耗,并扣除回收的下脚废料价值)以及按规定应计入成本的税费和其他费用。

(2) 自制的存货,包括自制原材料、自制包装物、自制低值易耗品、自制半成品及库存商品等,其成本包括直接材料、直接人工和制造费用等的各项实际支出。

(3) 委托外单位加工完成的存货,包括加工后的原材料、包装物、低值易耗品、半成品、产成品等,其成本包括实际耗用的原材料或者半成品、加工费、装卸费、保险费、委托加工的往返运输费等费用以及按规定应计入成本的税费。

但是,下列费用不应计入存货成本,而应在其发生时计入当期损益:

(1) 非正常消耗的直接材料、直接人工和制造费用,应在发生时计入当期损益,不应计入存货成本。如由于自然灾害而发生的直接材料、直接人工和制造费用,由于这些费用的发生无助于使该存货达到目前场所和状态,不应计入存货成本,而应确认为当期损益。

(2) 仓储费用指企业在存货采购入库后发生的储存费用,应在发生时计入当期损益。但是,在生产过程中为达到下一个生产阶段所必需的仓储费用应计入存货成本。如某种酒类产品生产企业为使生产的酒达到规定的产品质量标准而必须发生的仓储费用应计入酒的成本,而不应计入当期损益。

(3) 不能归属于使存货达到目前场所和状态的其他支出,应在发生时计入当期损益,不得计入存货成本。

三、发出存货的计价方法

日常工作,企业发出的存货,可以按实际成本核算,也可以按计划成本核算。如采用计划成本核算,会计期末应调整为实际成本。

企业应当根据各类存货的实物流转方式、企业管理的要求、存货的性质等实际情况,合理地确定发出存货成本的计算方法,以及当期发出存货的实际成本。对于性质和用途相同的存货,应当采用相同的成本计算方法确定发出存货的成本。在实际成本核算方式下,企业可以采用的发出存货成本的计价方法包括个别计价法、先进先出法、月末一次加权平均法和移动加权平均法等。

1. 个别计价法

个别计价法,亦称个别认定法、具体辨认法、分批实际法,采用这一方法是假设存货具体项目的实物流转与成本流转相一致,按照各种存货逐一辨认各批发出存货和期末存货所属的购进批别或生产批别,分别按其购入或生产时所确定的单位成本计算各批发出存货和期末存货成本的方法。在这种方法下,是把每一种存货的实际成本作为计算发出存货成本和期末存货成本的基础。

个别计价法的成本计算准确,符合实际情况,但在存货收发频繁情况下,其发出存货成本分辨的工作量较大。因此,这种方法适用于一般不能替代使用的存货、为特定项目专门购入或制造的存货以及提供的劳务,如珠宝、名画等贵重物品。

【例5-1】 2012年5月,华夏公司的甲商品收入、发出及结存情况如表5-1所示。

表 5-1 甲商品购销明细账 单位:元

日期		摘要	收入			发出			结存		
月	日		数量	单价	金额	数量	单价	金额	数量	单价	金额
5	1	期初余额							150	10	1 500
	5	购入	100	12	1 200				150		
									100		
	11	销售				100					
						100			50		
	16	购入	200	14	2 800				50		
									200		
	20	销售				100			150		
	23	购入	100	15	1 500				150		
									100		
	27	销售				100			50		
									100		
	30	本期合计	400		5 500	400			100		
									50		

假设经过具体辨认,本期发出存货的单位成本如下:5月11日发出200件存货,其中100件系期初结存存货,单位成本为10元,100件为5日购入存货,单位成本为12元;5月20日发出的100件存货是16日购入,单位成本为14元;5月27日发出的100件存货中,50件为期初结存,单位成本为10元,50件为23日购入,单位成本为15元。则按照个别认定法,公司5月份甲商品收入、发出与结存情况如表5-2所示。

表 5-2　甲商品购销明细账（个别计价法）　　　　　　　　　　单位：元

日期		摘要	收入			发出			结存		
月	日		数量	单价	金额	数量	单价	金额	数量	单价	金额
5	1	期初余额							150	10	1 500
	5	购入	100	12	1 200				150	10	1 500
									100	12	1 200
	11	销售				100	10	1 000			
									50	10	500
						100	12	1 200			
									50	10	500
	16	购入	200	14	2 800						
									200	14	2 800
									50	10	500
	20	销售				100	14	1 400			
									100	14	1 400
									50	10	500
	23	购入	100	15	1 500				100	14	1 400
									100	15	1 500
	27	销售				50	10	500	100	14	1 400
						50	15	750	50	15	750
	30	本期合计	400		5 500	400		4 850	100	14	1 400
									50	15	750

从表中可知，公司本期发出存货成本及期末结存存货成本如下：

本期发出存货成本 $= 100 \times 10 + 100 \times 12 + 100 \times 14 + 50 \times 10 + 50 \times 15 = 4\ 850$ 元

期末结存存货成本 $=$ 期初结存存货成本 $+$ 本期购入存货成本 $-$ 本期发出存货成本
$\qquad\qquad\qquad = 150 \times 10 + 100 \times 12 + 200 \times 14 + 100 \times 15 - 4\ 850 = 2\ 150$ 元

2. 先进先出法

先进先出法是指以先购入的存货应先发出（销售或耗用）这样一种存货实物流动假设为前提，对发出存货进行计价的一种方法。采用这种方法，先购入的存货成本在后购入存货成本之前转出，据此确定发出存货和期末存货的成本。具体方法是：收入存货时，逐笔登记收入存货的数量、单价和金额；发出存货时，按照先进先出的原则逐笔登记存货的发出成本和结存金额。

先进先出法可以随时结转存货发出成本,但较繁琐。如果存货收发业务较多且存货单价不稳定时,其工作量较大。在物价持续上升时,期末存货成本接近于市价,而发出成本偏低,会高估企业当期利润和库存存货价值;反之,会低估企业存货价值和当期利润。

【例5-2】 在例5-1中,假设华厦公司甲商品本期收入、发出和结存情况如表5-3所示。从该表可以看出存货成本的计价顺序,如11日发出的200件存货,按先进先出法的流转顺序应先发出期初库存存货1 500(150×10)元,然后再发出5日购入的50件,即600(50×12)元,其他依次类推。从表中看出,使用先进先出法得出的发出存货成本和期末存货成本分别为4 800元和2 200元。

表5-3 甲商品购销明细账(先进先出法)　　　　　　　　单位:元

日期		摘要	收入			发出			结存		
月	日		数量	单价	金额	数量	单价	金额	数量	单价	金额
5	1	期初余额							150	10	1 500
	5	购入	100	12	1 200				150	10	1 500
									100	12	1 200
	11	销售				150	10	1 500			
						50	12	600	50	12	600
	16	购入	200	14	2 800				50	12	600
									200	14	2 800
	20	销售				50	12	600			
						50	14	700	150	14	2 100
	23	购入	100	15	1 500				150	14	2 100
									100	15	1 500
	27	销售				100	14	1 400	50	14	700
									100	15	1 500
	30	本期合计	400		5 500	400		4 800	50	14	700
									100	15	1 500

公司日常账面记录显示,甲商品期初结存存货为1 500(150×10)元,本期购入存货三批,按先后顺序分别为:100×12,200×14,100×15。假设经过盘点,发现期末库存150件,则本期发出存货为400件,发出存货成本为:

发出存货成本 = 150×10 + 50×12 + 50×12 + 50×14 + 100×14 = 4 800 元

期末存货成本为：

$$期末存货成本 = 50×14 + 100×15 = 2 200 元$$

3. 月末一次加权平均法

月末一次加权平均法是指以本月全部进货数量加上月初存货数量作为权数，去除本月全部进货成本加上月初存货成本，计算出存货的加权平均单位成本，以此为基础计算本月发出存货的成本和期末存货的成本的一种方法。计算公式如下：

存货单位成本=(月初库存存货+本月各批进货的实际单位成本×本月各批进货的数量)/(月初库存存货的数量+本月各批进货数量之和)

本月发出存货的成本=本月发出存货的数量×存货单位成本

本月月末库存存货成本=月末库存存货的数量×存货单位成本

或：

本月月末库存存货成本=月初库存存货的实际成本+本月收入存货的实际成本
－本月发出存货的实际成本

采用加权平均法只在月末一次计算加权平均单价，比较简单，有利于简化成本计算工作，但由于平时无法从账上提供发出和结存存货的单价及金额，因此不利于存货成本的日常管理与控制。

【例 5-3】 仍以前例资料为例。假设华厦公司采用加权平均法，则 5 月份甲商品的平均单位成本为：

5 月份甲商品的平均单位成本=(期初存货结存金额+本期购入存货金额)/(期初存货结存数量+本期购入存货数量)

5 月份甲商品的平均单位成本 = (150×10 + 100×12 + 200×14 + 100×15)/(150 + 100 + 200 + 100) = 12.727 元

5 月份甲商品的发出成本与期末结存成本分别为：

5 月份甲商品的发出成本 = 400×12.727 = 5 090.8 元

5 月份甲商品的期末结存成本 = 7 000 － 5 090.8 = 1 909.2 元

4. 移动加权平均法

移动加权平均法是指以每次进货的成本加上原有库存存货的成本，除以每次进货数量加上原有库存存货的数量，据以计算加权平均单位成本，作为在下次进货前计算各次发出存货成本依据的一种方法。计算公式如下：

存货单位成本=(原有库存存货的实际成本+本次进货的实际成本)/
(原有库存存货数量+本次进货数量)

本次发出存货的成本=本次发出存货数量×本次发货前存货的单位成本

本月月末库存存货成本=月末库存存货的数量×本月月末存货单位成本

采用移动平均法能够使企业管理当局及时了解存货的结存情况，计算的平均单位成本以及发出和结存的存货成本比较客观。但由于每次收货都要计算一次平均单价，计算工作量较大，对收发货较频繁的企业不适用。

【例 5-4】 假设华厦公司采用移动加权平均法核算企业存货，则甲商品本期收入、发出和结存情况如表 5-1 所示。从表中看出,存货的平均成本从期初的 10 元变为期中的 10.8 元、13.36 元,再变成期末的 14.016 元。各平均成本计算如下:

5 月 5 日购入存货后的平均单位成本=(150×10+100×12)/(150+100)=10.8 元

5 月 16 日购入存货后的平均单位成本=(50×10.8+200×14)/(50+200)=13.36 元

5 月 23 日购入存货后的平均单位成本=(150×13.36+100×15)/(150+100)=14.016 元

如表 5-4 所示,采用加权平均成本法得出的本期发出存货成本和期末结存存货成本分别为 4 897.6 元和 2 102.4 元。

表 5-4　甲商品购销明细账(移动加权平均法)　　　　　单位:元

日期		摘要	收入			发出			结存		
月	日		数量	单价	金额	数量	单价	金额	数量	单价	金额
5	1	期初余额							150	10	1 500
	5	购入	100	12	1 200				250	10.8	2 700
	11	销售				200	10.8	2 160	50	10.8	540
	16	购入	200	14	2 800				250	13.36	3 340
	20	销售				100	13.36	1 336	150	13.36	2 004
	23	购入	100	15	1 500				250	14.016	3 504
	27	销售				100	14.016	1 401.6	150	14.016	2 102.4
	30	本期合计	400		5 500	400		4 897.6	150	14.016	2 102.4

第二节　原材料的会计处理

原材料是指企业在生产过程中经过加工改变其形态或性质并构成产品主要实体的各种原料、主要材料和外购半成品,以及不构成产品实体但有助于产品形成的辅助材料。原材料具体包括原料及主要材料、辅助材料、外购半成品(外购件)、修理用备件(备品备件)、包装材料、燃料等。原材料的日常收发及结存,可以采用实际成本模式核算,也可以采用计划成本模式核算。

一、采用实际成本核算的账务处理

(本教材,若没有特别说明,企业购入材料采用实际成本模式核算)

1. 科目设置

材料按实际成本计价核算时,材料的收、发及结存,无论总分类核算还是明细分类核算,均按照实际成本计价。使用的会计科目有"原材料"、"在途物资"等,"原材料"科目的借方、贷方及余额均以实际成本计价,不存在成本差异的计算与结转问题。但采用实际成本核算,日常反映不出材料成本的节约与超支情况,从而不能反映和考核物资采购业务的经营成果。在实务工作中,对于材料收发业务较多并且计划成本资料较为健全、准确的企业,一般可以采用计划成本进行材料收发的核算。

"原材料"科目,用于核算库存各种材料的收、发与结存情况。在原材料按实际成本核算时,本科目的借方登记验收入库材料的实际成本,贷方登记发出材料的实际成本,期末余额在借方,反映企业库存材料的实际成本。按购入材料的品种、规格及供货单位设置明细分类核算。

"在途物资"科目,用于核算企业采用实际成本进行材料、商品等物资的日常核算、货款已付尚未验收入库的各种物资的采购成本,本科目应按供应单位和物资品种进行明细核算。本科目的借方登记企业购入的在途物资的实际成本,贷方登记验收入库的在途物资的实际成本,期末余额在借方,反映企业在途物资的采购成本。

"应付账款"科目,用于核算企业因购买材料、商品和接受劳务等经营活动应支付的款项。本科目的贷方登记企业因购入材料、商品和接受劳务等尚未支付的款项,借方登记已偿还的应付账款,期末余额一般在贷方,反映企业尚未支付的应付账款。

"预付账款"科目,用于核算企业按照合同规定预付的款项。本科目的借方登记预付的款项及补付的款项,贷方登记收到所购物资时根据有关发票账单记入"原材料"等科目的金额及收回多付款项的金额。期末余额在借方,反映企业实际预付的款项;期末余额在贷方,则反映企业应付或应补付的款项。预付款项情况不多的企业,可以不设置"预付账款"科目,而将此业务在"应付账款"科目中核算。

2. 购入材料的账务处理

由于支付方式不同,原材料入库的时间与付款的时间可能一致,也可能不一致,在会计处理上也有所不同。

(1) 货款已经支付或开出、承兑商业汇票,同时材料已验收入库

【例5-5】 2012年4月3日,华夏公司购入M3材料一批,增值税专用发票上记载的货款为600 000元,增值税税额102 000元,代购货方垫付包装费6 000元,全部款项已用工商银行转账支票付讫,材料已验收入库。公司应作如下会计分录:

借:原材料——M3材料　　606 000
　　应交税费——应交增值税(进项税额)　102 000
　　贷:银行存款——工商银行　708 000

本例属于发票账单与材料同时到达的采购业务,企业材料已验收入库,因此应通过"原材料"科目核算,对于增值税专用发票上注明的可抵扣的进项税额,应借记"应交税费——应交增值税(进项税额)"科目。

【例5-6】 2012年4月13日,华夏公司持银行汇票1 000 000元购入M4材料一批,增值税专用发票上记载的货款为800 000元,增值税税额136 000元,代购货方垫付包装费8 000元,材料已验收入库。公司应作如下会计分录:

借:原材料——M4材料　　808 000
　　应交税费——应交增值税(进项税额)　136 000
　　贷:其他货币资金——银行汇票　944 000

【例5-7】 2012年4月23日,华夏公司采用托收承付结算方式购入M5材料一批,货款140 000元,增值税税额23 800元,代购货方垫付包装费4 000元,款项在承付期内以银行存款支付,材料已验收入库。公司应作如下会计分录:

借:原材料——M5 材料　144 000
　　　　应交税费——应交增值税(进项税额)　23 800
　　　　贷:银行存款　167 800
　(2) 货款已经支付或已开出、承兑商业汇票,材料尚未到达或尚未验收入库

【例 5-8】　2012 年 4 月 30 日,华厦公司采用汇兑结算方式购入 M6 材料一批,发票及账单已收到,增值税专用发票上记载的货款为 200 000 元,增值税税额 34 000 元。支付保险费 5 000 元,材料尚未到达。华厦公司应作如下会计分录:

　　借:在途物资　205 000
　　　　应交税费——应交增值税(进项税额)　34 000
　　　　贷:银行存款　239 000

本例属于已经付款或已开出、承兑商业汇票,但材料尚未到达或尚未验收入库的采购业务,应通过"在途物资"科目核算;待材料到达、验收入库后,再根据收料单,由"在途物资"科目转入"原材料"科目核算。

【例 5-9】　承例 5-8,上述购入的 M6 材料已收到,并验收入库。公司应作如下会计分录:

　　借:原材料　205 000
　　　　贷:在途物资　205 000

　(3) 货款尚未支付,材料已经验收入库

【例 5-10】　2012 年 5 月 3 日,华厦公司采用托收承付结算方式向大地公司购入 M9 材料一批,增值税专用发票上记载的货款为 120 000 元,增值税税额 20 400 元,代购货方垫付包装费 2 000 元。银行转来的结算凭证已到,款项尚未支付,材料已验收入库。公司应作如下会计分录:

　　借:原材料——M9 材料　122 000
　　　　应交税费——应交增值税(进项税额)　20 400
　　　　贷:应付账款——大地公司　142 400

【例 5-11】　2012 年 5 月 11 日,华厦公司采用委托收款结算方式向龙山公司购入 M7 材料一批,材料已验收入库,月末发票账单尚未收到也无法确定其实际成本,暂估价值为 80 000 元。公司应作如下会计分录:

　　借:原材料——M7 材料　80 000
　　　　贷:应付账款——暂估应付账款(龙山公司)　80 000

下月初作红字的会计分录予以冲回:

　　借:原材料——M7 材料　80 000
　　　　贷:应付账款——暂估应付账款(龙山公司)　80 000

在这种情况下,发票账单未到也无法确定实际成本,期末应按照暂估价值先入账,但在下月初作相反的会计分录予以冲回,收到发票账单后再按照实际金额记账。即对于材料已到达并已验收入库,但发票账单等结算凭证未到,货款尚未支付的采购业务,应于期末按材料的暂估价值,借记"原材料"科目,贷记"应付账款——暂估应付账款"科目。下月初作相反的会计分录予以冲回,以便下月付款或开出、承兑商业汇票后,按正常程序,借记"原材

料"、"应交税费——应交增值税(进项税额)"科目,贷记"银行存款"或"应付票据"等科目。

【例 5-12】 承例 5-11,上述购入的 M7 材料于次月收到发票账单,增值税专用发票上记载的货款为 90 000 元,增值税税额 15 300 元,代购货方垫付保险费 3 000 元,已用工商银行存款付讫。公司应作如下会计分录:

借:原材料——M7 材料　93 000
　　应交税费——应交增值税(进项税额)　15 300
　　贷:银行存款——工商银行　108 300

(4) 货款已经预付,材料尚未验收入库。

【例 5-13】 2012 年 5 月 23 日,根据与南钢厂的购销合同规定,华厦公司为购买 M10 材料向该钢厂预付 200 000 元货款的 80%,已通过工商银行汇兑方式汇出。公司应作如下会计分录:

借:预付账款——南钢厂　160 000
　　贷:银行存款——工商银行　160 000

【例 5-14】 2012 年 5 月 21 日,华厦公司收到南钢厂发运来的 M10 材料,已验收入库。有关发票账单记载,该批 M10 材料的货款 200 000 元,增值税税额 34 000 元,代购货方垫付包装费 3 000 元,所欠款项以工商银行存款付讫。公司应作如下会计分录:

① 材料入库时:

借:原材料——M10 材料　203 000
　　应交税费——应交增值税(进项税额)　34 000
　　贷:预付账款——南钢厂　237 000

② 补付货款时:

借:预付账款——南钢厂　77 000
　　贷:银行存款——工商银行　77 000

3. 发出材料的账务处理

【例 5-15】 华厦公司根据"发料凭证汇总表"的记录,5 月份基本生产车间领用 M1 材料 800 000 元,辅助生产车间领用 M4 材料 60 000 元,车间管理部门领用 M6 材料 1 000 元,企业行政管理部门领用 M5 材料 2 000 元,合计 863 000 元。公司应作如下会计分录:

借:生产成本——基本生产成本　800 000
　　　　　　——辅助生产成本　60 000
　　制造费用　1 000
　　管理费用　2 000
　　贷:原材料——M1 材料　800 000
　　　　　　——M4 材料　60 000
　　　　　　——M6 材料　1 000
　　　　　　——M5 材料　2 000

二、采用计划成本模式核算的账务处理

1. 科目设置

材料采用计划成本核算时,材料的收发及结存,无论总分类核算还是明细分类核算,均

按照计划成本计价。使用的会计科目有"原材料"、"材料采购"、"材料成本差异"等。材料实际成本与计划成本的差异,通过"材料成本差异"科目核算。月末,计算本月发出材料应负担的成本差异并进行分摊,根据领用材料的用途计入相关资产的成本或者当期损益,从而将发出材料的计划成本调整为实际成本。

"原材料"科目,用于核算库存各种材料的收发与结存情况。在材料采用计划成本核算时,本科目的借方登记入库材料的计划成本,贷方登记发出材料的计划成本,期末余额在借方,反映企业库存材料的计划成本。

"材料采购"科目,借方登记采购材料的实际成本,贷方登记入库材料的计划成本。借方大于贷方表示超支,从本科目贷方转入"材料成本差异"科目的借方;贷方大于借方表示节约,从本科目借方转入"材料成本差异"科目的贷方;期末为借方余额,反映企业在途材料的采购成本。

"材料成本差异"科目,反映企业已入库各种材料的实际成本与计划成本的差异,借方登记超支差异及发出材料应负担的节约差异,贷方登记节约差异及发出材料应负担的超支差异。期末如为借方余额,反映企业库存材料的实际成本大于计划成本的差异(即超支差异);如为贷方余额,反映企业库存材料实际成本小于计划成本的差异(节约差异)。

2. 购入材料的账务处理

(1) 货款已经支付,同时材料验收入库

【例5-16】 2012年6月5日,华厦公司从黛琳公司购入M8材料一批,专用发票上记载的货款为5 000 000元,增值税税额850 000元,发票账单已收到,计划成本为5 200 000元,已验收入库,全部款项以工商银行存款支付。公司应作如下会计分录:

借:材料采购——M8材料　5 000 000
　　应交税费——应交增值税(进项税额)　850 000
　　贷:银行存款——工商银行　5 850 000

在计划成本法下,取得的材料先要通过"材料采购"科目进行核算,企业支付材料价款和运杂费等构成存货实际成本的,记入"材料采购"科目。

(2) 货款已经支付,材料尚未验收入库

【例5-17】 2012年6月15日,华厦公司采用汇兑结算方式从绿大地公司购入M8材料一批,专用发票上记载的货款为300 000元,增值税税额51 000元,发票账单已收到。计划成本280 000元,材料尚未入库,款项已用工商银行存款支付。公司应作如下会计分录:

借:材料采购——M8材料　300 000
　　应交税费——应交增值税(进项税额)　51 000
　　贷:银行存款——工商银行　351 000

(3) 货款尚未支付,材料已经验收入库

【例5-18】 2012年6月18日,华厦公司采用商业承兑汇票支付方式从宏图公司购入M2材料一批,专用发票上记载的货款为600 000元,增值税税额102 000元,发票账单已收到,计划成本610 000元,材料已验收入库。公司应作如下会计分录:

借:材料采购——M2材料　600 000
　　应交税费——应交增值税(进项税额)　102 000
　　贷:应付票据——宏图公司　702 000

【例 5-19】 2012 年 6 月 30 日,华厦公司从泰华公司购入 M4 材料一批,材料已验收入库,发票账单未到,月末应按照计划成本 700 000 元估价入账。公司应作如下会计分录:

借:原材料——M4 材料　700 000
　　贷:应付账款——暂估应付账款(泰华公司)　700 000

2012 年 7 月 1 日,作红字的会计分录予以冲回:

借:原材料——M4 材料　700 000
　　贷:应付账款——暂估应付账款(泰华公司)　700 000

在这种情况下,对于尚未收到发票账单的收料凭证,月末应按计划成本暂估入账,借记"原材料"等科目,贷记"应付账款——暂估应付账款"科目,下月期初作相反分录予以冲回,借记"应付账款——暂估应付账款"科目,贷记"原材料"科目。

企业购入验收入库的材料,按计划成本模式核算,借记"原材料"科目,贷记"材料采购"科目,按实际成本大于计划成本的差异,借记"材料成本差异"科目,贷记"材料采购"科目;实际成本小于计划成本的差异,借记"材料采购"科目,贷记"材料成本差异"科目。

【例 5-20】 承例 5-16、例 5-17、例 5-18,2012 年 6 月 30 日,华厦公司汇总本月已付款或已开出并承兑商业汇票的入库材料的计划成本 1 410 000 元(5 200 000＋280 000＋610 000)。公司应作如下会计分录:

借:原材料　1 410 000
　　贷:材料采购　1 410 000

上述入库材料的实际成本为 1 400 000(5 000 000＋300 000＋600 000)元,入库材料的成本差异为节约 10 000(1 400 000－1 410 000)元。

借:材料采购　10 000
　　贷:材料成本差异　10 000

企业会计实务中,关于成本差异的结转可以采用月末一次结转,也可以采用分次结转,即于验收入库时结转材料成本差异。

3. 发出材料的账务处理

月末,企业根据领料单等编制"发料凭证汇总表"结转发出材料的计划成本,应当根据所发出材料的用途,按计划成本分别记入"生产成本"、"制造费用"、"销售费用"。

【例 5-21】 2012 年 6 月 30 日,华厦公司根据"发料凭证汇总表"的记录,该月 M8 材料消耗的计划成本为:基本生产车间领用 7 000 000 元,辅助生产车间领用 300 000 元,车间管理部门领用 10 000 元,企业行政管理部门领用 5 000 元。公司应作如下会计分录:

借:生产成本——基本生产成本　7 000 000
　　　　　　——辅助生产成本　300 000
　　制造费用　10 000
　　管理费用　5 000
　　贷:原材料——M8 材料　7 315 000

根据《企业会计准则第 1 号——存货》的规定,企业日常采用计划成本核算的,发出的材料成本应由计划成本调整为实际成本,通过"材料成本差异"科目进行结转,按照所发出材料的用途,分别记入"生产成本"、"制造费用"、"销售费用"、"管理费用"等科目。发出材应负担的成本差异应当按期(月)分摊,不得在季末或年末一次计算。

本期材料成本差异率=(期初结存材料的成本差异+本期验收入库材料的成本差异)/(期初结存材料的计划成本+本期验收入库材料的计划成本)×100%

期初材料成本差异率=期初结存材料的成本差异/期初结存材料的计划成本×100%

发出材料应负担的成本差异=发出材料的计划成本×本期材料成本差异率

【例5-22】 承例5-21,2012年6月30日,华厦公司月初结存M8材料的计划成本为1 000 000元,成本差异为节约30 740元;当月入库M8材料的计划成本7 200 000元,成本差异为节约500 000元。公司应作如下会计分录:

(1) 计算成本差异:

材料成本差异率=(−30 740−500 000)/(1 000 000+7 200 000)×100%=−6.47%

(2) 结转发出材料的成本差异:

借:生产成本——基本生产成本　452 900　[7 000 000×(−6.47%)]
　　　　　——辅助生产成本　19 410　[300 000×(−6.47%)]
　　制造费用　647　[10 000×(−6.47%)]
　　管理费用　323.5　[5 000×(−6.47%)]
　　贷:材料成本差异——M8材料　473 280.5　[7 315 000×(−6.47%)]

第三节　周转材料的会计处理

一、周转材料概述

周转材料,是指企业能够多次使用、逐渐转移其价值但仍保持原有形态不能确认为固定资产的材料,包括包装物、低值易耗品等。企业周转材料的计划成本或实际成本,通过"周转材料"科目,设置包装物、低值易耗品等明细科目进行核算。本科目可按周转材料的种类,根据价值转移方式的不同,在核算时需要分别"在库"、"在用"和"摊销"进行明细核算。

企业包装物、低值易耗品的核算,也可以单独设置"包装物"、"低值易耗品"科目。

二、周转材料的摊销方法

周转材料可以多次使用,并不改变其原有的实物形态,其价值逐渐转移到产品成本中去,因此,企业应根据周转材料的具体使用情况,采取合适的摊销方法进行价值摊销。企业可以根据周转材料的使用情况结合周转材料的性能,对周转材料的摊销可以采用以下几种方法。

(一) 一次摊销法

一次摊销法是指在领用周转材料时,将其全部价值一次计入成本、费用的方法。这种方法适用于易腐、易糟的周转材料等。

(二) 分期摊销法

分期摊销法是根据周转材料的预计使用期限分期摊入成本、费用。这种方法一般适用于经常使用或使用次数较多的周转材料。其计算公式如下：

　　　　周转材料每期摊销额
　　　　＝周转材料计划成本×(1－残值占计划成本％)/预计使用期限

（三）分次摊销法

分次摊销法是根据周转材料的预计使用次数将其价值分次摊入成本、费用。这种方法一般适用于使用次数较少或不经常使用的周转材料。其计算公式如下：

　　　　周转材料平均每次摊销额
　　　　＝周转材料计划成本×(1－残值占计划成本％)/预计使用次数
　　　周转材料本期摊销额＝本期使用次数×周转材料平均每次摊销额

（四）五五摊销法

五五摊销法是指低值易耗品在领用时先摊销其账面价值的50％；在报废时再摊销其账面价值最后的50％。五五摊销法的最大优点是领用的低值易耗品均保留在会计账簿上，便于通过账簿进行实物控制，有利于确保低值易耗品的安全与完整。

三、包装物的账务处理

（一）包装物的内容

包装物，是指为了包装本企业商品而储备的各种包装容器，如桶、箱、瓶、坛、袋等。其核算内容包括：

(1) 生产过程中用于包装产品作为产品组成部分的包装物。
(2) 随同商品出售而不单独计价的包装物。
(3) 随同商品出售单独计价的包装物。
(4) 出租或出借给购买单位使用的包装物。

（二）包装物的账务处理

为了反映和监督包装物的增减变动及其价值损耗、结存等情况，企业应当设置"周转材料——包装物"科目进行核算。对于生产领用包装物，应根据领用包装物的实际成本或计划成本，借记"生产成本"科目，贷记"周转材料——包装物"、"材料成本差异"等科目。随同商品出售而不单独计价的包装物，应于包装物发出时，按其实际成本计入销售费用。随同商品出售而单独计价的包装物，一方面应反映其销售收入，计入其他业务收入；另一方面应反映其实际销售成本，计入其他业务成本。

1. 生产领用包装物

生产领用包装物，应按照领用包装物的实际成本，借记"生产成本"科目，按照领用包装物的计划成本，贷记"周转材料——包装物"科目，按照其差额，贷记"材料成本差异"科目（节约用红字）。

【例5-23】 2012年6月30日，华厦公司对包装物采用计划成本核算，生产产品领用包装物的计划成本为100 000元，材料成本差异率为－3％。公司应作如下会计分录：

(1) 结转材料的计划成本

借：生产成本　100 000

贷:周转材料——包装物　100 000
　（2）结转材料的成本差异
借:生产成本　3 000
　　贷:材料成本差异　3 000

2. 随同商品出售包装物

随同商品出售而不单独计价的包装物,应按其实际成本计入销售费用,借记"销售费用"科目,按其计划成本,贷记"周转材料——包装物"科目,按其差额,贷记"材料成本差异"科目(节约用红字)。

【例5-24】 2012年6月30日,华厦公司销售商品领用不单独计价包装物的计划成本为50 000元。包装物成本差异率为－3%。公司应作如下会计分录:

（1）结转包装物的计划成本
借:销售费用　50 000
　　贷:周转材料——包装物　50 000
（2）结转包装物的成本差异
借:生产成本　1 500
　　贷:材料成本差异——包装物　1 500

【例5-25】 2012年6月30日,华厦公司销售商品领用单独计价包装物的计划成本为115 000元,销售收入为120 000元,增值税税额为20 400元,款项已存入工商银行。该包装物的材料成本差异率为3%。公司应作如下会计分录:

（1）出售单独计价包装物:
借:银行存款——工商银行　140 400
　　贷:其他业务收入　120 000
　　　　应交税费——应交增值税(销项税额)　20 400
（2）结转包装物的计划成本及成本差异:
① 结转包装物的计划成本:
借:其他业务成本　115 000
　　贷:周转材料——包装物　115 000
② 结转包装物的计划成本差异:
借:其他业务成本　3 600
　　贷:材料成本差异　3 600

四、低值易耗品的账务处理

（一）低值易耗品的内容

作为存货核算和管理的低值易耗品,可以划分为一般工具、专用工具、替换设备、管理用具、劳动保护用品和其他用具等。

（二）低值易耗品的会计处理

为了反映和监督低值易耗品的增减变动及其结存情况,企业应当设置"周转材料——低值易耗品"科目,借方登记低值易耗品的增加,贷方登记低值易耗品的减少,期末余额在借方,通常反映企业期末结存低值易耗品的金额。

1. 一次摊销

低值易耗品等企业的周转材料符合存货定义和条件的,按照使用次数分次计入成本费用。金额较小的,可在领用时一次计入成本费用,以简化核算。但为加强实物管理,应当在备查簿上进行登记。

【例5-26】 2012年6月2日,华厦公司的基本生产车间领用专用工具一批,计划成本为60 000元,成本差异率10%。12月31日专用工具报废,假设无残值。不符合固定资产定义,纳入低值易耗品核算,公司采用一次摊销法进行摊销。公司应作如下会计分录:

(1) 领用专用工具时,结转计划成本:
借:制造费用　60 000
　　贷:周转材料——低值易耗品　60 000

(2) 领用专用工具时,结转成本差异
借:制造费用　6 000
　　贷:材料成本差异　6 000

2. 分次摊销

采用分次摊销法摊销低值易耗品,低值易耗品在领用时摊销其账面价值的单次平均摊销额。分次摊销法适用于可供多次反复使用的低值易耗品。在采用分次摊销法的情况下,需要单独设置"周转材料——低值易耗品——在用"、"周转材料——低值易耗品——在库"和"周转材料——低值易耗品——摊销"明细科目。

在会计实务中最常用的分次摊销是"五五摊销法",即在低值易耗品领用时摊销其成本的50%,在报废时摊销剩余的50%成本。

【例5-27】 2012年6月13日,华厦公司的基本生产车间领用专用工具一批,计划成本为800 000元,成本差异率10%。12月31日专用工具报废,假设无残值。不符合固定资产定义,纳入低值易耗品核算,公司采用"五五摊销法"进行摊销。公司应作如下会计分录:

(1) 领用专用工具时,结转计划成本及成本差异:
① 结转计划成本:
借:周转材料——低值易耗品——在用　800 000
　　贷:周转材料——低值易耗品——在库　800 000
② 结转成本差异
借:周转材料——低值易耗品——在用　80 000
　　贷:材料成本差异　80 000

(2) 第一次领用时,摊销其计划成本及成本差异:
① 摊销计划成本
借:制造费用　400 000
　　贷:周转材料——低值易耗品——摊销　400 000
② 摊销成本差异
借:制造费用　40 000
　　贷:周转材料——低值易耗品——摊销　40 000

(3) 报废时,摊销其计划成本及成本差异:

① 摊销计划成本

借：制造费用　　400 000

　　贷：周转材料——低值易耗品——摊销　400 000

② 摊销成本差异

借：制造费用　　40 000

　　贷：周转材料——低值易耗品——摊销　40 000

(4) 低值易耗品报废：

借：周转材料——低值易耗品——摊销　880 000

　　贷：周转材料——低值易耗品——在用　880 000

第四节　委托加工物资的会计处理

一、委托加工物资的确认与计量

委托加工物资是指企业委托外单位加工的各种材料、商品等物资。企业委托外单位加工物资的成本包括加工中实际耗用物资的成本、支付的加工费用及应负担的运杂费等，支付的税费，包括委托加工物资所应负担的消费税（指属于消费税应税范围的加工物资）等。

二、委托加工物资的账务处理

为了反映和监督委托加工物资增减变动及其结存情况，企业应当设置"委托加工物资"科目，借方登记委托加工物资的实际成本，贷方登记加工完成验收入库的物资的实际成本和剩余物资的实际成本，期末余额在借方，反映企业尚未完工的委托加工物资的实际成本等。委托加工物资也可以采用计划成本或售价进行核算。会计核算过程如下：

(1) 发给外单位加工的物资，按实际成本，借记"委托加工物资"科目，贷记"原材料"等科目；按计划成本或售价核算的，还应同时结转材料成本差异，实际成本大于计划成本的差异，借记"委托加工物资"科目，贷记"产品成本差异"科目；实际成本小于计划成本的差异，做相同的红字会计分录。

(2) 支付加工费、运杂费等，借记"委托加工物资"等科目，贷记"银行存款"等科目；需要交纳消费税的委托加工物资，由受托方代收代交的消费税，借记"委托加工物资"科目（收回后用于直接销售的）或"应交税费——应交消费税"科目（收回后用于继续加工的），贷记"应付账款"、"银行存款"等科目。

(3) 加工完成验收入库的物资和剩余的物资，按加工收回物资的实际成本和剩余物资的实际成本，借记"原材料"、"库存商品"等科目，贷记"委托加工物资"科目。

(4) 采用计划成本或售价核算的，按计划成本或售价，借记"原材料"或"库存商品"科目，按实际成本贷记"委托加工物资"科目，实际成本与计划成本或售价之间的差额，借记或贷记"材料成本差异"科目。

1. 发出物资

【例5-28】 2012年6月20日，华厦公司委托大众量具厂加工一批量具，发出材料一批，计划成本60 000元，材料成本差异率4%，以工商银行存款支付运杂费2 200元，假定不考虑相关税费。公司应作如下会计分录：

(1) 发出材料时：

借：委托加工物资——量具　62 400
　　贷：原材料——量具　60 000
　　　　材料成本差异　2 400

(2) 支付运杂费时：

借：委托加工物资——量具　2 200
　　贷：银行存款——工商银行　2 200

需要说明的是，企业发给外单位加工物资时，如果采用计划成本或售价核算的，还应同时结转材料成本差异或商品进销差价，贷记"材料成本差异"科目（节约用红字），或借记"商品进销差价"科目。

2. 支付加工费、运杂费等

【例5-29】 承例5-28,2012年6月26日，华厦公司以工商银行存款支付上述量具的加工费用20 000元，假定不考虑相关税费。公司应作如下会计分录：

借：委托加工物资——量具　20 000
　　贷：银行存款——工商银行　20 000

3. 加工完成验收入库

【例5-30】 承例5-28和例5-29,2012年6月30日，华厦公司收回由大众量具厂代加工的量具，以工商银行存款支付运杂费2 500元，该量具已验收入库，其计划成本为90 000元。公司应作如下会计分录：

(1) 支付运杂费时：

借：委托加工物资——量具　2 500
　　贷：银行存款——工商银行　2 500

(2) 量具入库时：

借：周转材料——低值易耗品　90 000
　　贷：委托加工物资——量具　87 100
　　　　材料成本差异　2 900

【例5-31】 2012年5月，华厦公司委托红梅公司加工材料一批，属于应税消费品，消费税税率11%，相关经济业务如下：

(1) 5月20日，发出材料一批，计划成本为600 000元，材料成本差异率为－3%。公司应作如下会计分录：

① 发出委托加工材料时：

借：委托加工物资　600 000
　　贷：原材料　600 000

② 结转发出材料应分摊的材料成本差异时：

借：委托加工物资　18 000
　　贷：材料成本差异　18 000

(2) 以工商银行存款支付材料加工费、税费等：

6月26日,支付材料加工费12 000元、应当交纳的消费税66 000元、应交增值税2 040元,该材料收回后用于连续生产。公司应作如下会计分录:

借:委托加工物资　12 000
　　应交税费——应交消费税　66 000
　　　　　　——应交增值税(进项税额)　2 040
　　贷:银行存款——工商银行　80 040

(3) 支付往返运杂费:

7月4日,用工商银行存款支付往返运杂费1 000元。

借:委托加工物资　1 000
　　贷:银行存款——工商银行　1 000

(4) 加工完毕,已验收入库:

7月5日,上述材料10 000千克,每千克计划成本为65元,加工完毕,公司已办理验收入库手续。

① 验收入库,结转计划成本:

借:原材料　650 000
　　贷:委托加工物资　650 000

② 验收入库,结转成本差异:

借:委托加工物资　19 000
　　贷:材料成本差异　19 000

入库材料的实际成本=600 000+18 000+12 000+1 000=631 000元

需要注意的是,需要交纳消费税的委托加工物资,由受托方代收代缴的消费税,收回后用于直接销售的,记入"委托加工物资"科目;收回后用于继续加工的,记入"应交税费——应交消费税"科目。

【例5-32】 仍以例5-31为例,假设公司收回材料直接对外销售。公司应作如下会计分录:

(1) 发出材料,结转成本:

5月20日,发出材料一批,计划成本为600 000元,材料成本差异率为-3%。材料发出与差异结转的业务处理与前相同。

(2) 支付材料加工费、税费等:

6月26日,支付材料加工费12 000元,支付应当交纳的消费税66 000元,该材料收回后用于连续生产,消费税可抵扣,公司和红梅公司均为一般纳税人,适用增值税税率为17%。

借:委托加工物资　78 000
　　应交税费——应交增值税(进项税额)　2 040
　　贷:银行存款——工商银行　80 040

(3) 7月4日,用银行存款支付运杂费:

借:委托加工物资　1 000
　　贷:银行存款——工商银行　1 000

(4) 7月5日,上述材料10 000千克,每千克计划成本为65元,加工完毕,公司已办验收入库手续。

① 验收入库,结转计划成本:

借:库存商品　650 000
　　贷:委托加工物资　650 000

② 验收入库,结转成本差异:

借:材料成本差异　47 000
　　贷:委托加工物资　47 000

入库待售商品的实际成本＝600 000＋18 000＋12 000＋66 000＋1 000＝697 000 元

第五节　库存商品的会计处理

一、库存商品概述

库存商品是指企业已完成全部生产过程并已验收入库、合乎标准规格和技术条件,可以按照合同规定的条件送交订货单位,或可以作为商品对外销售的产品以及外购或委托加工完成验收入库用于销售的各种商品。库存商品具体包括库存产成品、外购商品、存放在门市部准备出售的商品、发出展览的商品、寄存在外的商品、接受来料加工制造的代制品和为外单位加工修理的代修品等。已完成销售手续但购买单位在月末未提取的产品,不应作为企业的库存商品,而应作为代管商品处理,单独设置代管商品备查簿进行登记。库存商品可以采用实际成本核算,也可以采用计划成本核算,其方法与原材料相似。采用计划成本核算时,库存商品实际成本与计划成本的差异,可单独设置"产品成本差异"科目核算。

为了反映和监督库存商品的增减变动及其结存情况,企业应当设置"库存商品"科目,借方登记验收入库的库存商品成本,贷方登记发出的库存商品成本,期末余额在借方,反映各种库存商品的实际成本或计划成本。

二、库存商品的账务处理

1. 验收入库商品

对于库存商品采用实际成本核算的企业,当库存商品生产完成并验收入库时,应按实际成本,借记"库存商品"科目,贷记"生产成本——基本生产成本"科目。

【例5-33】 2012年6月30日,华厦公司"商品入库汇总表"记载,该月已验收入库甲产品2 000台,实际单位成本5 000元;乙产品1 000台,实际单位成本1 000元。公司应作如下会计分录:

借:库存商品——甲产品　10 000 000
　　　　　　——乙产品　1 000 000
　　贷:生产成本——基本生产成本(甲产品)　10 000 000
　　　　　　　——基本生产成本(乙产品)　1 000 000

2. 销售商品

企业销售商品、确认收入时,应结转其销售成本,借记"主营业务成本"等科目,贷记"库存商品"科目。

【例5-34】 2012年6月30日,华厦公司月末汇总发出的商品,当月已实现销售的甲产品有500台,乙产品有2 000台。甲产品实际单位成本5 000元,乙产品实际单位成本1 000元。公司应作如下会计分录:

借:主营业务成本　　4 500 000
　　贷:库存商品——甲产品　　2 500 000
　　　　　　　　——乙产品　　2 000 000

第六节　存货清查的会计处理

存货清查是指通过对存货的实地盘点,确定存货的实有数量,并与账面结存数核对,从而确定存货实存数与账面结存数是否相符的一种专门方法。

由于存货种类繁多、收发频繁,在日常收发过程中可能发生计量差错、计算错误、自然损耗,还可能发生损坏、变质以及贪污及舞弊等情况,造成账实不符,形成存货的盘盈、盘亏。对于存货的盘盈、盘亏,应填写存货盘点报告,及时查明原因,按照规定程序报批处理。

为了反映企业在财产清查中查明的各种存货的盘盈、盘亏和毁损情况,企业应当设置"待处理财产损益——待处理流动资产损益"科目,借方登记存货的盘亏、毁损金额及盘盈的转销金额,贷方登记存货的盘盈金额及盘亏的转销金额。企业清查的各种存货损益,应在期末结账前处理完毕,科目应无余额。

一、存货盘盈的账务处理

企业发生存货盘盈时,借记"原材料"、"库存商品"等科目,贷记"待处理财产损益——待处理流动资产损益"科目;在按管理权限报经批准后,借记"待处理财产损益——待处理流动资产损益"科目,贷记"管理费用"等科目。

【例5-35】 2012年6月30日,华厦公司在财产清查中盘盈M10材料100千克,实际单位成本60元,经查属于材料收发计量方面的错误。公司应作如下会计分录:
(1)批准处理前:
借:原材料——M10材料　　6 000
　　贷:待处理财产损益——待处理流动资产损益　　6 000
(2)批准处理后:
借:待处理财产损益——待处理流动资产损益　　6 000
　　贷:管理费用　　6 000

二、存货盘亏及毁损的账务处理

企业发生存货盘亏及毁损时,按盘亏或毁损的金额,借记"待处理财产损益——待处理流动资产损益"科目,贷记"原材料"、"库存商品"等科目。在按管理权限报经批准后,应作如下会计处理:对于入库的残料价值,记入"原材料"等科目;对于应由保险公司和过失人的赔款,记入"其他应收款"科目,扣除残料价值和应由保险公司、过失人赔款后的净损失,属于一般经营损失的部分,记入"管理费用"科目,属于非常损失的部分,记入"营业外支出"科目。

【例 5-36】 2012 年 6 月 30 日,华厦公司在财产清查中发现盘亏 M11 材料 5 千克,实际单位成本为 200 元,经批准属于一般经营损失。假定不考虑相关税费。公司应作如下会计分录:

(1) 发现损失:
借:待处理财产损益——待处理流动资产损益　1 000
　　贷:原材料——M11 材料　1 000
(2) 批准处理后:
借:管理费用　1 000
　　贷:待处理财产损益——待处理流动资产损益　1 000

【例 5-37】 2012 年 6 月 30 日,华厦公司在财产清查中发现毁损 M8 材料 300 千克,实际单位成本为 5 元。经查属于材料保管员的过失造成的,按规定由其个人赔偿 1 000 元,残料已办理入库手续,价值 100 元。假定不考虑相关税费。公司应作如下会计分录:

(1) 发现毁损:
借:待处理财产损益——待处理流动资产损益　1 500
　　贷:原材料——M8 材料　1 500
(2) 批准处理后:
① 由过失人赔款部分:
借:其他应收款——保管员　1 000
　　贷:待处理财产损益——待处理流动资产损益　1 000
② 残料入库:
借:原材料——M8 材料　100
　　贷:待处理财产损益——待处理流动资产损益　100
③ 材料毁损净损失:
借:管理费用　400
　　贷:待处理财产损益——待处理流动资产损益　400

【例 5-38】 2012 年 6 月 30 日,华厦公司因台风造成一批库存 M5 材料毁损,实际成本 70 000 元,根据保险责任范围及保险合同规定,应由保险公司赔偿 50 000 元。假定不考虑相关税费。公司应作如下会计分录:

(1) 材料毁损:
借:待处理财产损益——待处理流动资产损益　70 000
　　贷:原材料——M5 材料　70 000
(2) 批准处理后:
借:其他应收款——保险公司　50 000
　　营业外支出——非常损失　20 000
　　贷:待处理财产损益——待处理流动资产损益　70 000

第七节 存货的期末计量的会计处理

一、存货期末计量原则

资产负债表日,存货应当按照成本与可变现净值孰低计量。即资产负债表日,当存货成本低于可变现净值时,存货按成本计量;当存货成本高于其可变现净值时,应当计提存货跌价准备,计入当期损益。其中,可变现净值,是指在日常活动中,存货的估计售价减去至完工时估计将要发生的成本、估计的销售费用以及相关税费后的金额;存货成本,是指期末存货的实际成本。如果企业在存货成本的日常核算中采用计划成本法、售价金额核算法等简化核算方法,则成本应为经调整后的实际成本。

企业预计的销售存货现金流量,并不完全等于存货的可变现净值。存货在销售过程中可能发生的销售费用和相关税费,以及为达到预定可销售状态还可能发生的加工成本等相关支出构成现金流入的抵减项目。企业预计的销售存货现金流量,扣除这些抵减项目后,才能确定存货的可变现净值。

企业应以确凿证据为基础计算确定存货的可变现净值。

二、存货的期末计量方法

(一)存货减值迹象的判断

存货存在下列情况之一的,通常表明存货的可变现净值低于成本:
(1) 该存货的市场价格持续下跌,并且在可预见的未来无回升的希望。
(2) 企业使用该项原材料生产的产品的成本大于产品的销售价格。
(3) 企业因产品更新换代,原有库存原材料已不适应新产品的需要,而该原材料的市场价格又低于其账面成本。
(4) 因企业所提供的商品或劳务过时或消费者偏好改变而使市场的需求发生变化,导致市场价格逐渐下跌。
(5) 其他足以证明该项存货实质上已经发生减值的情形。

存货存在下列情形之一的,通常表明存货的可变现净值为零:
(1) 已霉烂变质的存货。
(2) 已过期且无转让价值的存货。
(3) 生产中已不再需要,并且已无使用价值和转让价值的存货。
(4) 其他足以证明已无使用价值和转让价值的存货。

(二)可变现净值的确定

1. 企业确定存货的可变现净值时应考虑的因素

企业确定存货的可变现净值,应当以取得的确凿证据为基础,并且考虑持有存货的目的、资产负债表日后事项的影响等因素。

(1) 存货可变现净值的确凿证据。存货可变现净值的确凿证据,是指对确定存货的可变现净值有直接影响的客观证明。存货的采购成本、加工成本和其他成本及以其他方式取得的存货的成本,应当以取得外来原始凭证、生产成本资料、生产成本账簿记录等作为确凿证据,如产成品或商品的市场销售价格、与产成品或商品相同或类似商品的市场销售价格、销售方提供的有关资料等。

(2) 持有存货的目的。由于企业持有存货的目的不同,确定存货可变现净值的计算方法也不同。如用于出售的存货和用于继续加工的存货,其可变现净值的计算就不相同。因此,企业在确定存货的可变现净值时,应考虑持有存货的目的。一般来说,企业持有存货的目的,一是持有以备出售,如商品、产成品,其中又分为有合同约定的存货和没有合同约定的存货;二是将在生产过程或提供劳务过程中耗用,如材料等。

(3) 资产负债表日后事项等的影响。在确定资产负债表日存货的可变现净值时,不仅要考虑资产负债表日与该存货相关的价格与成本波动,而且还应考虑未来的相关事项。也就是说,不仅限于财务报告批准报出日之前发生的相关价格与成本波动,还应考虑以后期间发生的相关事项。

2. 不同情况下存货可变现净值的确定

(1) 产成品、商品等直接用于出售的商品存货,没有销售合同约定的,其可变现净值应当为在正常生产经营过程中,产成品或商品的一般销售价格(即市场销售价格)减去估计的销售费用和相关税等后的金额。

【例 5-39】 2012 年 12 月 31 日,华夏公司生产的 Ⅰ 型机器的账面价值(成本)为 2 280 000 元,数量为 12 台,单位成本为 190 000 元/台。2012 年 12 月 31 日,Ⅰ 型机器的市场销售价格(不含增值税)为 180 000 元/台。公司没有签订有关 Ⅰ 型机器的销售合同。如何确定 Ⅰ 型机器的可变现净值?

本例中,由于华夏公司没有就 Ⅰ 型机器签订销售合同,因此,在这种情况下,计算确定 Ⅰ 型机器的可变现净值应以其一般销售价格总额 2 160 000 元(180 000×12)作为计量基础。

(2) 用于出售的材料等,应当以市场价格减去估计的销售费用和相关税费等后的金额作为其可变现净值。这里的市场价格是指材料等的市场销售价格。

【例 5-40】 2012 年,由于产品更新换代,华夏公司决定停止生产 Ⅱ 型机器。为减少不必要的损失,公司决定将原材料中专门用于生产 Ⅱ 型机器的外购原材料——G1 钢材全部出售,2012 年 12 月 31 日其账面价值(成本)为 900 000 元,数量为 10 吨。根据市场调查,此种钢材的市场销售价格(不含增值税)为 70 000 元/吨,同时销售这 10 吨钢材可能发生销售费用及税金 50 000 元。如何确定 G1 钢材的可变现净值?

本例中,由于企业已决定不再生产 Ⅱ 型机器,因此,该批钢材的可变现净值不能再以 Ⅱ 型机器的销售价格作为其计量基础,而应按钢材本身的市场销售价格作为计量基础。因此,该批钢材的可变现净值应为 650 000 元(70 000×10−50 000)。

(3) 需要经过加工的材料存货,如原材料、在产品、委托加工材料等,由于持有该材料的目的是用于生产产成品,而不是出售,该材料存货的价值将体现在用其生产的产成品上。因此,在确定需要经过加工的材料存货的可变现净值时,需要以其生产的产成品的可变现净值与该产成品的成本进行比较,如果该产成品的可变现净值高于其成本,则该材料应当按照其成本计量。

【例 5-41】 2012 年 12 月 31 日,华夏公司库存原材料——M1 材料的账面价值(成本)

为 1 600 000 元,市场销售价格总额(不含增值税)为 1 500 000 元,假设不发生其他购买费用;用 M1 材料生产的产成品——Ⅱ型机器的可变现净值 1 800 000 元。如何确定 M1 材料的可变现净值？

本例中,虽然 M1 材料在 2012 年 12 月 31 日的账面价值(成本)高于其市场价格(1 600 000 大于 1 500 000)。但是由于用其生产的产成品——Ⅱ型机器的可变现净值高于其成本(1 800 000 大于 1 600 000),即用该原材料生产的最终产品此时并没有发生价值减损。因而,在这种情况下,M1 材料即使其账面价值(成本)已高于市场价格,也不应计提存货跌价准备,仍应按其原账面价值(成本)1 600 000 元列示在公司 2012 年 12 月 31 日资产负债表的存货项目之中。

如果材料价格的下降表明以其生产的产成品的可变现净值低于成本,则该材料应当按可变现净值计量。其可变现净值为在正常生产经营过程中,以该材料所生产的产成品的估计售价减去至完工时估计将要发生的成本、估计的销售费用以及相关税费后的金额确定。

【例 5-42】 2012 年 12 月 31 日,华厦公司库存原材料——G1 钢材的账面价值为 650 000 元,可用于生产 1 台Ⅲ型机器,相对应的市场销售价格为 510 000 元,假设不发生其他购买费用。由于钢材的市场销售价格下降,用钢材作为原材料生产的Ⅲ型机器的市场销售价格由 1 600 000 元下降为 1 450 000 元,但其生产成本仍为 1 480 000 元,即将该批钢材加工成Ⅲ型机器尚需投入 880 000 元,估计销售费用及税金为 50 000 元。如何确定 G1 钢材的可变现净值？

根据上述资料,可按以下步骤确定该批钢材的账面价值:

第一步,计算用该原材料所生产的产成品的可变现净值。

Ⅲ型机器的可变现净值＝Ⅲ型机器估计售价－估计销售费用及税金＝1 450 000－50 000＝1 400 000 元

第二步,将用该原材料所生产的产成品的可变现净值与其成本进行比较。

Ⅲ型机器的可变现净值 1 400 000 元小于其成本 1 480 000 元。即钢材价格的下降和Ⅲ型机器销售价格的下降表明Ⅲ型机器的可变现净值低于其成本,因此该批钢材应当按可变现净值计量。

第三步,计算该批钢材的可变现净值,并确定其期末价值。

该批钢材的可变现净值＝Ⅲ型机器的估计售价－将该批钢材加工成Ⅲ型机器尚需投入的成本－估计销售费用及税金＝1 450 000－880 000－50 000＝520 000 元

该批钢材的可变现净值 520 000 元小于其成本 650 000 元,因此该批钢材的期末价值应为其可变现净值 520 000 元,即该批钢材应按 520 000 元列示在 2012 年 12 月 31 日资产负债表的存货项目之中。

(4) 为执行销售合同或者劳务合同而持有的存货,其可变现净值应当以合同价格为基础而不是估计售价,减去估计的销售费用和相关税费等后的金额确定。

企业与购买方签订了销售合同(或劳务合同,下同),并且销售合同订购的数量大于或等于企业持有的存货数量,在这种情况下,与该项销售合同直接相关的存货的可变现净值,应当以合同价格为计量基础。即如果企业就其产成品或商品签订了销售合同,则该批产成品或商品的可变现净值应当以合同价格作为计量基础;如果企业销售合同所规定的标的物尚未生产出来,但持有专门用于该标的物生产的材料,其可变现净值也应当以合同价格作为计量基础。

【例5-43】 2012年8月10日,华厦公司与大远公司签订了一份不可撤销的销售合同,双方约定,2013年2月15日,公司应按280 000元/台的价格向大远公司提供Ⅰ型机器10台。2012年12月31日,公司Ⅰ型机器的账面价值(成本)为1 500 000元,数量为6台,单位成本为250 000元/台。2012年12月31日,Ⅰ型机器的市场销售价格为270 000元/台。如何确定Ⅰ型机器的可变现净值?

本例中,根据华厦公司与大远公司签订的销售合同,公司该批Ⅰ型机器的销售价格已由销售合同约定,并且其库存数量小于销售合同订购的数量。在这种情况下,计算库存Ⅰ型机器的可变现净值时,应以销售合同约定的价格1 680 000元(280 000×6)作为计量基础,即估计售价为1 680 000元。

【例5-44】 2012年12月20日,华厦公司与华盛公司签订了一份不可撤销的销售合同,双方约定,2013年3月15日,公司应按200 000元/台的价格向华盛公司提供10台Ⅱ型机器。至2012年12月31日,公司尚未生产该批Ⅱ型机器,但持有专门用于生产该批10台Ⅱ型机器的库存原材料——G1钢材,其账面价值为900 000元,市场销售价格总额为700 000元。如何确定Ⅱ型机器的可变现净值?

本例中,根据华厦公司与华盛公司签订的销售合同,公司该批Ⅱ型机器的销售价格已由销售合同规定,虽然公司还未生产,但持有专门用于生产该批Ⅱ型机器的库存钢材,且可生产的Ⅱ型机器的数量不大于销售合同订购的数量。在这种情况下,计算该批钢材的可变现净值时,应以销售合同的Ⅱ型机器的销售价格总额2 000 000元(200 000×10)作为计量基础。

如果企业持有的同一项存货数量多于销售合同或劳务合同订购的数量的,应分别确定其可变现净值,并与其相对应的成本进行比较,分别确定存货跌价准备的计提或转回金额。超出合同部分的存货的可变现净值,应当以一般销售价格为基础计算。

【例5-45】 2011年9月10日,华厦公司与柳钢股份签订了一份不可撤销的销售合同,双方约定,2012年2月15日,公司应按180 000元/台的价格向柳钢股份提供Ⅲ型机器10台。2011年12月31日,公司Ⅲ型机器的账面价值为1 920 000元,数量为12台,单位成本为160 000元/台。2011年12月31日,Ⅲ型机器的市场销售价格为200 000元/台。如何确定Ⅲ型机器的可变现净值?

本例中,公司该批Ⅲ型机器的销售价格已在双方签订的销售合同中约定,但是其库存数量大于销售合同约定的数量。这种情况下,对于销售合同约定数量内(10台)的Ⅲ型机器的可变现净值,应以销售合同约定的价格总额1 800 000元(180 000×10)作为计量基础;而对于超出部分(2台)的Ⅲ型机器的可变现净值应以一般销售价格总额400 000元(200 000×2)作为计量基础。

三、存货跌价准备的账务处理

1. 存货跌价准备的计提

资产负债表日,存货的可变现净值低于成本,企业应当计提存货跌价准备。

企业通常应当按照单项存货项目计提存货跌价准备。即资产负债表日,企业将每个存货项目的成本与其可变现净值逐一进行比较,按较低者计量存货。其中可变现净值低于成本的,两者的差额即为应计提的存货跌价准备。企业计提的存货跌价准备应计入当期损益。

对于数量繁多、单价较低的存货,可以按照存货类别计提存货跌价准备,与在同一地区生产和销售的产品系列相关、具有相同或类似最终用途或目的,且难以与其他项目分开计量的存货,可以合并计提存货跌价准备;存货具有相同或类似最终用途或目的,并在同一地区生产和销售,意味着存货所处的经济环境、法律环境、市场环境等相同,具有相同的风险和报酬,因此可以对其进行合并计提存货跌价准备。

企业应当设置"存货跌价准备"科目,核算计提的存货跌价准备,贷方登记计提的存货跌价准备金额;借方登记实际发生的存货跌价损失金额和冲减的存货跌价准备金额,期末余额一般在贷方,反映企业已计提,但尚未转销的存货跌价准备。

当存货成本高于其可变现净值时,企业应当按照存货可变现净值低于成本的差额,借记"资产减值损失——计提的存货跌价准备"科目,贷记"存货跌价准备"科目。

【例5-46】 华厦公司按照单项存货计提存货跌价准备。2012年12月31日,Ⅰ型、Ⅱ型两项存货的成本分别为310 000元、240 000元,可变现净值分别为280 000元、290 000元,假设"存货跌价准备"科目余额为0。

本例中,对于Ⅰ型存货,其成本310 000元高于其可变现净值280 000元,应计提存货跌价准备30 000元(310 000-280 000)。对于Ⅱ型存货,其成本240 000元低于其可变现净值290 000元,不需计提存货跌价准备。因此,华厦公司对Ⅰ型、Ⅱ型两项存货计提的跌价准备共计为30 000元,在当日资产负债表中列示的存货金额为520 000元(280 000+240 000)。

【例5-47】 华厦公司按单项存货计提存货跌价准备。2012年12月31日,公司库存自制半成品成本为360 000元,预计加工完成该产品尚需发生加工费用120 000元,预计产成品的销售价格(不含增值税)为510 000元,销售费用为70 000元。假定该库存自制半成品未计提存货跌价准备,且不考虑其他因素的影响。

本例中,2012年年末,公司该库存自制半成品可变现净值=预计产成品的销售价格-预计销售费用-预计加工完成尚需发生费用=510 000-70 000-120 000=320 000元。所以,该自制半成品应计提存货跌价准备=自制半成品成本-自制半成品可变现净值=360 000-320 000=40 000元。

【例5-48】 2012年年末,华厦公司Ⅰ型存货的账面成本为1 000 000元,由于本年以来Ⅰ型存货的市场价格持续下跌,根据资产负债表日状况确定的Ⅰ型存货的可变现净值为950 000元,"存货跌价准备"期初余额为零,应计提的存货跌价准备为50 000元(1 000 000-950 000)。公司应作如下会计分录:

借:资产减值损失——Ⅰ型存货 50 000
　　贷:存货跌价准备——Ⅰ型存货　50 000

2. 存货跌价准备的转回

当以前减记存货价值的影响因素已经消失,减记的金额应当予以恢复,并在原已计提的存货跌价准备金额内转回,转回的金额计入当期损益。

在核算存货跌价准备的转回时,转回的存货跌价准备与计提该准备的存货项目或类别应当存在直接对应关系。在原已计提的存货跌价准备金额内转回,意味着转回的金额以将存货跌价准备的余额冲减至零为限。

转回已计提的存货跌价准备金额时,按恢复增加的金额,借记"存货跌价准备"科目,贷记"资产减值损失——计提的存货跌价准备"科目。

【例5-49】 沿用例5-48,假设2012年年末,华厦公司存货的种类和数量、账面成本和已计提的存货跌价准备均未发生变化,但是2013年以来Ⅰ型存货市场价格持续上升,市场前景明显好转,至2013年年末根据当时状态确定的Ⅰ型存货的可变现净值为1 005 000元。

本例中,由于Ⅰ型存货市场价格上涨,2013年年末Ⅰ型存货的可变现净值(1 005 000元)高于其账面成本(1 000 000元),可以判断以前造成存货减值的影响因素(价格下跌)已经消失。Ⅰ型存货减记的金额应当在原已计提的存货跌价准备金额50 000元内予以恢复。公司应作如下会计分录:

借:存货跌价准备——Ⅰ型存货　50 000
　　贷:资产减值损失——Ⅰ型存货　50 000

需要注意的是,导致存货跌价准备转回的是以前减记存货价值的影响因素的消失,而不是在当期造成存货可变现净值高于其成本的其他影响因素。如果本期导致存货可变现净值高于其成本的影响因素不是以前减记该存货价值的影响因素,则不允许将该存货跌价准备转回。

3. 存货跌价准备的结转

企业计提了存货跌价准备,如果其中有部分存货已经销售,则企业在结转销售成本时,应同时结转对其已计提的存货跌价准备。对于因债务重组、非货币性资产交换转出的存货,也应同时结转已计提的存货跌价准备。如果按存货类别计提存货跌价准备的,应当按照发生销售、债务重组、非货币性资产交换等而转出存货的成本占该存货未转出前该类别存货成本的比例结转相应的存货跌价准备。

企业结转存货销售成本时,对于已计提存货跌价准备的,借记"存货跌价准备"科目,贷记"主营业务成本"、"其他业务成本"等科目。

【例5-50】 2012年,华厦公司库存Ⅰ型机器5台,每台成本为150 000元,已经计提的存货跌价准备合计为60 000元。2013年,公司将库存的5台机器全部以每台140 000元的价格售出,适用的增值税税率为17%,货款未收到。公司应作如下会计分录:

借:应收账款　819 000
　　贷:主营业务收入——Ⅰ型机器　700 000
　　　　应交税费——应交增值税(销项税额)　119 000
借:主营业务成本——Ⅰ型机器　690 000
　　存货跌价准备——Ⅰ型机器　60 000
　　贷:库存商品——Ⅰ型机器　750 000

第六章
长期股权投资

第一节 长期股权投资的初始计量

一、长期股权投资

长期股权投资包括企业持有的对其子公司、合营企业及联营企业的权益性投资以及企业持有的对被投资单位不具有控制、共同控制或重大影响，且在活跃市场中没有报价、公允价值不能可靠计量的权益性投资。

企业能够对被投资单位实施控制的，被投资单位为本企业的子公司。控制是指有权决定一个企业的财务和经营政策，并能据以从该企业的经营活动中获取利益。

企业与其他方对被投资单位实施共同控制的，被投资单位为本企业的合营企业。共同控制，是指按照合同约定对某项经济活动所共有的控制，仅在与该项经济活动相关的重要财务和经营决策需要分享控制权的投资方一致同意时存在。

企业能够对被投资单位施加重大影响的，被投资单位为本企业的联营企业。重大影响，是指对一个企业的财务和经营政策有参与决策的权力，但并不能够控制或者与其他方一起共同控制这些政策的制定。

本章涉及的长期股权投资是指应当按照《企业会计准则第2号——长期股权投资》进行核算的权益性投资，主要包括两个方面：一是企业持有的对子公司、联营企业及合营企业的投资；二是企业持有的对被投资单位不具有控制、共同控制或重大影响，并且在活跃市场中没有报价、公允价值不能可靠计量的长期股权投资。除以上两方面权益性投资以外，其他的权益性投资，包括为交易目的持有的权益性投资及投资企业对被投资单位不具有控制、共同控制或重大影响、在活跃市场中有报价、公允价值能够可靠计量的权益性投资，应当按照《企业会计准则第22号——金融工具确认和计量》的规定核算。

二、企业合并形成长期股权投资的账务处理

长期股权投资需要设置"长期股权投资"科目，用来核算企业持有的采用成本法和权益法核算的长期股权投资，借方登记长期股权投资取得时的成本以及采用权益法核算时，按被投资企业实现的净利润等计算的应分享的份额，贷方登记收回长期股权投资的价值或采用权益法核算时被投资单位宣告分派现金股利或利润时企业按持股比例计算应享有的份额，及按被投资单位发生的净亏损等计算的应分担的份额，期末借方余额，反映企业持有的长期股权投资的价值。

企业合并形成的长期股权投资，初始投资成本的确定应遵循《企业会计准则第20

号——企业合并》的相关原则,即应区分企业合并的类型,分别同一控制下控股合并与非同一控制下控股合并确定形成长期股权投资的成本。

1. 同一控制下的企业合并

同一控制下的企业合并中,合并方以支付现金、转让非现金资产或承担债务方式作为合并对价的,应当在合并日按照取得被合并方所有者权益账面价值的份额作为长期股权投资的初始投资成本。长期股权投资的初始投资成本与支付的现金、转让的非现金资产及所承担债务账面价值之间的差额,应当调整资本公积;资本公积不足冲减的,调整留存收益;合并方以发行权益性证券作为合并对价的,应按发行股份的面值总额作为股本,长期股权投资初始投资成本与所发行股份面值总额之间的差额,应当调整资本公积;资本公积不足冲减的,调整留存收益。

具体进行会计处理时,合并方在合并日按取得被合并方所有者权益账面价值的份额,借记"长期股权投资"科目,按应享有被投资单位已宣告但尚未发放的现金股利或利润,借记"应收股利"科目,按支付的合并对价的账面价值,贷记有关资产或负债科目,按其差额,贷记"资本公积——资本溢价或股本溢价"科目;如为借方差额,应借记"资本公积——资本溢价或股本溢价"科目,资本公积(资本溢价或股本溢价)不足冲减的,借记"盈余公积"、"利润分配——未分配利润"科目。上述业务如以发行权益性证券方式进行的,应按发行权益性证券的面值总额,贷记"股本"科目。

在确定同一控制下企业合并形成的长期股权投资时,应注意企业合并前合并方与被合并方适用的会计政策不同的,在以被合并方的账面价值为基础确定形成的长期股权投资成本时,首先应基于重要性原则,统一合并方与被合并方的会计政策。在按照合并方的会计政策对被合并方资产、负债的账面价值进行调整的基础上,计算确定长期股权投资的初始投资成本。

【例6-1】 2012年6月30日,华厦公司向其母公司华电股份发行10 000万股普通股(每股面值为1元,市价为4.34元),取得母公司华电股份拥有对永生公司100%的股权,并于当日起能够对永生公司实施控制,合并后永生公司仍维持其独立法人地位继续经营。2012年6月30日,永生公司净资产的账面价值为400 020 000元。假定华厦公司和永生公司在企业合并前采用的会计政策相同。合并日,公司与永生公司所有者权益的构成如表6-1所示。

表6-1 华厦公司和永生公司所有者权益的构成
2012年6月30日
单位:元

项　目	华厦公司	永生公司
实收资本	300 000 000	100 000 000
资本公积	200 000 000	60 000 000
盈余公积	200 000 000	200 000 000
未分配利润	230 550 000	40 020 000
总计	930 550 000	400 020 000

永生公司在合并后维持其法人资格继续经营,合并日公司在其账簿及个别财务报表中

应确认对永生公司的长期股权投资,其成本为合并日享有永生公司账面所有者权益的份额。公司会计处理如下。

借:长期股权投资——永生公司　400 020 000
　　贷:股本　100 000 000
　　　　资本公积——股本溢价　300 020 000

2. 非同一控制下的企业合并

非同一控制下的企业合并中,购买方应当按照确定的企业合并成本作为长期股权投资的初始投资成本。企业合并成本包括购买方付出的资产、发生或承担的负债、发行的权益性证券的公允价值以及为进行企业合并发生的各项直接相关费用。

非同一控制下的企业合并,是将合并行为看作是一方购买另一方的交易,原则上,购买方为了取得对被购买方的控制权而放弃的资产、发生或承担的负债、发行的权益性证券等均应按其在购买日的公允价值计量,所有为进行企业合并而支付对价的公允价值之和作为合并中形成的长期股权投资的成本。购买方为企业合并发生的审计、法律服务、评估咨询等中介费用以及其他相关管理费用,应当于发生时计入当期损益;购买方作为合并对价发行的权益性证券或债务性证券的交易费用,应当计入权益性证券或债务性证券的初始确认金额。其中,支付非货币性资产为对价的,所支付非货币性资产在购买日的公允价值与其账面价值的差额应作为资产处置损益,计入企业合并当期的利润表。

【例6-2】 华厦公司于2012年3月31日,取得了生化公司70%的股权。合并中,公司支付的有关资产在购买日的账面价值与公允价值如表6-2所示。合并中,公司为核实生化公司的资产价值,聘请专业资产评估机构对生化公司的资产进行评估,支付评估费用2 000 000元。本例中假定合并前公司与生化公司及其股东不存在任何关联方关系。

表6-2　支付的有关资产购买日的账面价值与公允价值
2012年3月31日　　　　　　　　　　　　　　　　　单位:元

项　目	账面价值	公允价值
土地使用权	200 000 000 (成本为300 000 000,累计摊销100 000 000)	320 000 000
专利技术	80 000 000 (成本为100 000 000,累计摊销20 000 000)	100 000 000
银行存款	80 000 000	80 000 000
合计	360 000 000	500 000 000

本例中因公司与生化公司及其股东在合并前不存在任何关联方关系,应作为非同一控制下的企业合并处理。

公司对于合并形成的对生化公司的长期股权投资,应按支付对价的公允价值确定其初始投资成本。

借:长期股权投资　500 000 000
　　累计摊销　120 000 000
　　管理费用　2 000 000
　　贷:无形资产　400 000 000

银行存款 82 000 000
  营业外收入 140 000 000

除了通过一次性的交换交易实现的企业合并外,如果企业合并中通过多次交换交易,分步取得股权最终形成企业合并的,应当区分个别财务报表和合并财务报表进行相关会计处理:在个别财务报表中,应当以购买日之前所持被购买方的股权投资的账面价值与购买日新增投资成本之和,作为该项投资的初始投资成本;购买日之前持有的被购买方的股权涉及其他综合收益的,应当在处置该项投资时将与其相关的其他综合收益(例如,可供出售金融资产公允价值变动计入资本公积的部分)转入当期投资收益。

【例6-3】 华厦公司于2011年3月1日以40 000 000元取得平安公司30%的股权,因能够派人参与平安公司的财务和生产经营决策,对所取得的长期股权投资按照权益法核算,并于2011年确认对平安公司的投资收益1 800 000元。2012年1月2日,公司又以80 000 000元现金取得平安公司30%的股权。本例中假定公司在取得对平安公司的长期股权投资以后,平安公司并未分派现金股利或利润。公司按净利润的10%计提盈余公积。公司应作如下会计分录:

购买日,公司的会计处理:
借:长期股权投资——平安公司——成本 80 000 000
  贷:银行存款 80 000 000

在个别财务报表中,对平安公司长期股权投资的成本为120 000 000元(40 000 000 + 80 000 000)。

三、除企业合并外以其他方式取得长期股权投资的账务处理

1. 以支付现金取得的长期股权投资

以支付现金取得的长期股权投资,应当按照实际支付的购买价款作为长期股权投资的初始投资成本,包括购买过程中支付的手续费等必要支出,但不包括被投资单位已宣告发放的现金股利或利润。

【例6-4】 2012年2月10日,华厦公司自公开市场中买入永生公司20%的股份,实际支付价款40 000 000元。在购买过程中支付手续费等相关费用500 000元。该股份取得后能够对永生公司施加重大影响。公司应当按照实际支付的购买价款作为取得长期股权投资的成本。公司应作如下会计分录:

借:长期股权投资——永生公司——成本 40 500 000
  贷:银行存款 40 500 000

2. 以发行权益性证券方式取得的长期股权投资

以发行权益性证券方式取得的长期股权投资,其成本为所发行权益性证券的公允价值。为发行权益性证券支付的手续费、佣金等应自权益性证券的溢价发行收入中扣除,溢价收入不足的,应冲减盈余公积和未分配利润。

【例6-5】 2012年3月,华厦公司通过增发60 000 000股(每股面值1元)本企业普通股为对价取得对桑德公司20%的股权。按照增发前一定时期的平均股价计算,该60 000 000股普通股的公允价值为92 000 000元。为增发该部分普通股,公司支付了3 000 000元的佣金和手续费。取得桑德公司该部分股权后,公司能够对桑德公司施加重大影响。公司应作

如下会计分录:

本例中,公司应当以所发行股份的公允价值作为取得长期股权投资的成本。

借:长期股权投资——桑德公司——成本　92 000 000
　　贷:股本　60 000 000
　　　　资本公积——股本溢价　32 000 000
借:资本公积——股本溢价　3 000 000
　　贷:银行存款　3 000 000

3. 投资者投入的长期股权投资

投资者投入的长期股权投资,应当按照投资合同或协议约定的价值作为初始投资成本,但合同或协议约定价值不公允的除外。

投资者投入的长期股权投资,是指投资者以其持有的对第三方的投资作为出资投入企业,接受投资的企业在确定所取得的长期股权投资的成本时,原则上应按照投资各方在投资合同或协议中约定的价值作为其初始投资成本。例外的情况是,如果投资各方在投资合同或协议中约定的价值明显高于或低于该项投资公允价值的,应以公允价值作为长期股权投资的初始投资成本,由该项出资构成实收资本(或股本)的部分与确认的长期股权投资初始投资成本之间的差额,相应调整资本公积(资本溢价)。

【例6-6】 华厦公司以其持有的对龙大公司的长期股权投资作为出资,在泰山股份公司增资扩股的过程中投入泰山公司,取得泰山公司20 000 000股普通股(每股面值为1元)。该项对龙大公司的投资本身不存在活跃的市场,无法取得其公允价值信息。但根据泰山公司股票在增资扩股后的价格判断,该项作为出资的长期股权投资的公允价值约为60 000 000元。公司取得泰山公司股权后,无法对泰山公司实施控制、共同控制或是施加重大影响,也无法通过合理的方式确定其公允价值。公司应作如下会计分录:

借:长期股权投资——龙大公司　60 000 000
　　贷:股本　20 000 000
　　　　资本公积——股本溢价　40 000 000

四、投资成本中包含的已宣告尚未发放现金股利或利润的账务处理

企业无论是以何种方式取得长期股权投资,取得投资时,对于被投资单位已经宣告发放的现金股利或利润应作为应收项目单独核算,不构成长期股权投资成本。

【例6-7】 沿用例6-4中有关资料,假定在华厦公司取得该项投资时,永生公司已经宣告发放现金股利或利润,公司按其持股比例计算确定可分得400 000元。则公司在确定该长期股权投资成本时,不应包括被投资单位已经宣告发放的现金股利。公司应作如下会计分录:

(1) 投资时:
借:长期股权投资——永生公司——成本　40 100 000
　　应收股利——永生公司　400 000
　　贷:银行存款　40 500 000

(2) 收到股利时:
借:银行存款　400 000

贷:应收股利——永生公司　400 000

第二节　长期股权投资持有期间的会计处理

一、长期股权投资持有期间的会计处理方法

长期股权投资持有期间的会计处理方法有两种:一是成本法;二是权益法。

1. 成本法核算的长期股权投资的范围

(1)企业能够对被投资单位实施控制的长期股权投资。即企业对子公司的长期股权投资。

(2)企业对被投资单位不具有控制、共同控制或重大影响,且在活跃市场中没有报价、公允价值不能可靠计量的长期股权投资。

2. 权益法核算的长期股权投资的范围

企业对被投资单位具有共同控制或重大影响时,长期股权投资应当采用权益法核算。

(1)企业对被投资单位具有共同控制的长期股权投资,即企业对其合营企业的长期股权投资。

(2)企业对被投资单位具有重大影响的长期股权投资,即企业对其联营企业的长期股权投资。

为了核算企业的长期股权投资,企业应当设置"长期股权投资"、"投资收益"等科目。

二、长期股权投资成本法的账务处理

成本法,是指某项长期股权投资的账面价值在其持有期间内,除追加或收回投资外,始终保持按其初始投资成本计量的方法。

根据《企业会计准则》的规定,企业取得的下列长期股权投资应当采用成本法核算,其判定的标准是投资企业对被投资企业的实际控制力大小以及是否存在活跃市场、公允价值变动能否可靠计量。

(1)形成于企业合并中的长期股权投资,投资企业对被投资企业达到可以实施控制的程度。

实施控制表现为两类情形:一是投资企业直接或间接拥有被投资企业50%以上的表决权资本;二是投资企业直接或间接拥有被投资企业表决权资本虽然不足50%,但通过协议或被投资单位董事会或类似权力机构而对被投资企业的财务、经营决策实施控制。即母子公司间的长期股权投资,其日常记账适用成本法。

"共同控制"是指按照合同约定对某项经济活动共有的控制。其特点是,合营各方均受到合营合同的限制和约束,任何一个合营方均不能单独控制合营企业的生产经营活动,涉及合营企业基本经营活动的决策需要各合营方一致同意。投资企业与其他合营方一同对被投资单位实施共同控制的,被投资单位为投资企业的合营企业。

"重大影响"是指对一个企业的财务和经营政策有参与决策的权力,但并不能够控制或与其他方一起共同控制这些政策的制定。重大影响通常体现为在被投资单位的董事会或类似权力机构中派有代表、参与被投资单位的政策制定过程、与被投资单位之间发生重要

交易、向被投资单位派出管理人员或是向被投资单位提供关键技术资料等。在投资企业能够对被投资单位施加重大影响的情况下,被投资单位为其联营企业。

(2) 形成于非企业合并中的长期股权投资,就控制力度而言,当投资企业对被投资企业不具有共同控制或重大影响,且在活跃市场中没有报价、公允价值不能可靠计量时适用成本法。

可见,成本法通常适用于投资控制力强弱的两端,前者与控制型股权投资的经济实质吻合,并更多的是从防范企业进行盈余管理的角度考虑;而后者则体现了重要性原则的应用。

只有在被投资企业宣告分派利润或现金股利时,才进行当期投资收益的确认。在年度末不论被投资企业当年是否实现净利润或发生净亏损、出现了净资产的其他增减变化,投资企业均不进行账务处理。长期股权投资持有期间被投资单位宣告发放现金股利或利润时,对采用成本法核算的,企业按应享有的部分确认为投资收益,借记"应收股利"科目,贷记"投资收益"科目。

【例6-8】 2008年5月15日,华厦公司以工商银行存款,购买诚远股份有限公司的股票作为长期投资,2012年6月20日,如果公司收到诚远股份有限公司宣告发放现金股利的通知,应分得现金股利500 000元。7月15日实际收到股利。公司应作如下会计分录:

(1) 2012年6月20日,宣告发放现金股利时:

借:应收股利——诚远股份　500 000
　　贷:投资收益　500 000

(2) 7月15日,实际收到股利时:

借:银行存款——工商银行　500 000
　　贷:应收股利——诚远股份　500 000

三、长期股权投资权益法的账务处理

权益法,是指投资以初始投资成本计量后,在投资持有期间根据投资企业享有被投资单位所有者权益份额的变动对投资的账面价值进行调整的方法。

投资企业对被投资单位具有共同控制或重大影响的长期股权投资,应当采用权益法核算。

共同控制,表现为投资企业拥有被投资企业20%以上(含20%)、50%以下表决权资本,且仅当投资各方一致同意时,被投资企业相关的财务和经营决策方可成立,即投资企业与被投资企业属于合作经营,并能在决策表决上一票否决。

重大影响,有两类情形:一是投资企业拥有被投资企业20%以上(含20%)表决权资本,其否决选择并不一定导致被投资企业相关财务和经营提案的搁浅,即投资企业与被投资企业属于联合经营、参与决策;二是投资企业拥有被投资企业表决权资本虽然不足20%,但在重要权利、经营管理机构人员的派驻、技术的提供、经营决策的制定等方面的参与度将影响被投资企业的正常运行。

采用权益法核算的长期股权投资,一般的核算程序为:

一是初始投资或追加投资时,按照初始投资成本或追加投资的成本,增加长期股权投资的账面价值。

二是比较初始投资成本与投资时应享有被投资单位可辨认净资产公允价值的份额,对于初始投资成本大于应享有被投资单位可辨认净资产公允价值份额的,不要求调整长期股权投资的成本;对于初始投资成本小于应享有被投资单位可辨认净资产公允价值份额的,应对长期股权投资的成本进行调整,并计入取得当期的损益。

三是持有投资期间,随着被投资单位所有者权益的变动相应调整增加或减少长期股权投资的账面价值,并分情况处理:对属于因被投资单位实现净损益产生的所有者权益的变动,投资企业按照持股比例计算应享有的份额,增加或减少长期股权投资的账面价值,同时确认为当期投资损益;对被投资单位除净损益以外其他因素导致的所有者权益变动,在持股比例不变的情况下,按照持股比例计算应享有或应分担的份额,增加或减少长期股权投资的账面价值,同时确认为资本公积(其他资本公积)。

四是被投资单位宣告分派现金股利或利润时,投资企业按持股比例计算应分得的部分,一般应冲减长期股权投资的账面价值。

(一) 初始投资成本的调整

投资企业取得对联营企业或合营企业的投资以后,对于取得投资时点上投资成本与应享有被投资单位可辨认净资产公允价值份额之间的差额,应区别以下情况处理:

(1) 投资成本大于取得投资时应享有被投资单位可辨认净资产公允价值份额的,该部分差额体现为投资企业在购入该项投资过程中通过作价体现出的与所取得股权份额相对应的商誉。该部分差额不要求调整长期股权投资的成本。

(2) 投资成本小于取得投资时应享有被投资单位可辨认净资产公允价值份额的,两者之间的差额体现为交易双方在作价过程中转让方对投资企业给予的让步或是出于其他方面的考虑给予投资企业的无偿经济利益流入,应计入取得投资当期的损益。

【例6-9】 华厦公司于2012年1月1日取得东安公司30%的股权,实际支付价款60 000 000元。取得投资时被投资单位账面所有者权益的构成见表6-3(假定该时点被投资单位各项可辨认资产、负债的公允价值与其账面价值相同)。

表6-3 所有者权益的构成表   单位:元

实收资本	130 000 000
资本公积	34 000 000
盈余公积	7 000 000
未分配利润	25 000 000
所有者权益总额	196 000 000

假定在东安公司的董事会中,所有股东均以其持股比例行使表决权。华厦公司在取得对东安公司的股权后,派人参与了东安公司的财务和生产经营决策。因能够对东安公司的生产经营决策施加重大影响,华厦公司对该项投资采用权益法核算。取得投资时,公司应作如下会计分录:

借:长期股权投资——东安公司——成本 60 000 000
　　贷:银行存款 60 000 000

长期股权投资的成本60 000 000元大于取得投资时应享有东安公司可辨认净资产公允

价值的份额 58 800 000 元(196 000 000×30%),不对其初始投资成本进行调整。

假定上例中取得投资时东安公司可辨认净资产公允价值为 220 000 000 元,公司按持股比例 30% 计算确定应享有 66 000 000 元,则初始投资成本与应享有东安公司可辨认净资产公允价值份额之间的差额 6 000 000 元应计入取得投资当期的损益。公司应作如下会计分录:

借:长期股权投资——东安公司——成本　66 000 000
　　贷:银行存款　60 000 000
　　　　营业外收入　6 000 000

(二) 投资损益的确定

1. 一般原则

(1) 在确认应享有或应分担被投资单位的净利润或净亏损时,如果取得投资时被投资单位各项资产、负债的公允价值与其账面价值不同的,投资企业在计算确定投资收益时,不能完全以被投资单位自身核算的净利润与持股比例计算确定,而是需要在被投资单位实现净利润的基础上经过适当调整后确定。

在确认应享有被投资单位的净利润或净亏损时,主要应考虑以下因素对被投资单位净利润的影响:

① 以取得投资时被投资单位固定资产、无形资产的公允价值为基础计提的折旧额或摊销额对被投资单位净利润的影响。如取得投资时被投资单位固定资产公允价值高于账面价值,对于投资企业来讲,相关固定资产的折旧额应以取得投资时该固定资产的公允价值为基础确定,并根据被投资单位已计提的折旧额与对于投资企业来讲应计提的折旧额之间的差额,对被投资单位的净利润进行调整。

② 被投资单位有关长期资产以投资企业取得投资时的公允价值为基础计算确定的减值准备金额对被投资单位净利润的影响。

③ 被投资单位采用的会计政策和会计期间与投资企业不一致时,应按投资企业的会计政策和会计期间对被投资单位的财务报表进行调整,以调整后的净利润为基础计算确认投资损益。

投资企业无法合理确定取得投资时被投资单位各项可辨认资产公允价值的,或者投资时被投资单位可辨认资产的公允价值与账面价值相比,两者之间的差额不具重要性的,或是无法取得对被投资单位净利润进行调整所需资料的,可以按照被投资单位的账面净利润与持股比例计算的结果直接确认为投资损益。

【例 6-10】 沿用例 6-9,假定华夏公司长期股权投资的成本大于取得投资时东安公司可辨认净资产公允价值份额的情况下,2012 年东安公司实现净利润 6 000 000 元。华夏公司、东安公司均以公历年度作为会计年度,采用相同的会计政策。由于投资时东安公司各项资产、负债的账面价值与其公允价值相同,不需要对东安公司的净利润进行调整,公司应确认的投资收益为 1 800 000 元(6 000 000×30%),一方面增加长期股权投资的账面价值,另一方面作为利润表中的投资收益确认。公司应作如下会计分录:

借:长期股权投资——东安公司——损益调整　1 800 000
　　贷:投资收益——东安公司　1 800 000

【例6-11】 华厦公司于2012年1月2日购入东轻公司30%的股份,购买价款为30 000 000元,并自取得股份之日起派人参与东轻公司的生产经营决策。取得投资日,东轻公司可辨认净资产公允价值为90 000 000元,除表6-4项目外,其他资产、负债的公允价值与账面价值相同。

表6-4 东轻公司相关项目的资料表　　　　　　　　　　　　　单位:元

项　目	账面原价	已提折旧	公允价值	原预计使用年限	剩余使用年限
存　货	5 000 000		6 000 000		
固定资产	10 000 000	2 000 000	12 000 000	20	16
无形资产	6 000 000	1 200 000	8 000 000	10	8
合　计	21 000 000	3 200 000	26 000 000		

假定东轻公司2012年实现净利润5 000 000元,其中在公司取得投资时的账面存货5 000 000元中有80%对外出售。公司与东轻公司的会计年度和采用的会计政策相同。

公司在确定其应享有东轻公司2012年的投资收益时,应在东轻公司实现净利润的基础上,根据取得投资时有关资产的账面价值与其公允价值差额的影响进行调整(假定不考虑所得税影响):

调整后的净利润 = 5 000 000 − (6 000 000 − 5 000 000) × 80% − (12 000 000 ÷ 16 − 10 000 000 ÷ 20) − (6 000 000 ÷ 8 − 6 000 000 ÷ 10) = 3 750 000(元)

公司应享有份额 = 3 750 000 × 30% = 1 125 000(元)

借:长期股权投资——东轻公司——损益调整　1 125 000
　　贷:投资收益　1 125 000

(2) 在确认投资收益时,除考虑有关资产、负债的公允价值与账面价值差异的调整外,对于投资企业与其联营企业和合营企业之间发生的未实现内部交易损益也应予以抵销。即投资企业与联营企业及合营企业之间发生的未实现内部交易损益按照持股比例计算归属于投资企业的部分应当予以抵销,在此基础上确认投资损益。投资企业与被投资单位发生的内部交易损失,按照《企业会计准则第8号——资产减值》等规定属于资产减值损失的,应当全额确认。投资企业对于纳入其合并范围的子公司与其联营企业及合营企业之间发生的内部交易损益,也应当按照上述原则进行抵销,在此基础上确认投资损益。

应当注意的是,该未实现内部交易损益的抵销既包括顺流交易也包括逆流交易。其中,顺流交易是指投资企业向其联营企业或合营企业出售资产的交易;逆流交易是指联营企业或合营企业向投资企业出售资产的交易。当该未实现内部交易损益体现在投资企业或其联营企业、合营企业持有的资产账面价值中时,相关的损益在计算确认投资损益时应予抵销。

① 对于联营企业或合营企业向投资企业出售资产的逆流交易,在该交易存在未实现内部交易损益的情况下(即有关资产未对外部独立第三方出售),投资企业在采用权益法计算确认应享有联营企业或合营企业的投资损益时,应抵销该未实现内部交易损益的影响。当投资企业自其联营企业或合营企业购买资产时,在将该资产出售给外部独立的第三方之前,不应确认联营企业或合营企业因该交易产生的损益中本企业应享有的部分。

因逆流交易产生的未实现内部交易损益,在未对外部独立第三方出售之前,体现在投资企业持有资产的账面价值中。投资企业对外编制合并财务报表的,应在合并财务报表中对长期股权投资及包含未实现内部交易损益的资产账面价值进行调整,抵销有关资产账面价值中包含的未实现内部交易损益,并相应调整对联营企业或合营企业的长期股权投资。

【例 6-12】 华厦公司于 2012 年 1 月 1 日取得东轻公司 20% 有表决权股份,能够对东轻公司施加重大影响。华厦公司取得该项投资时,东轻公司各项可辨认资产、负债的公允价值与其账面价值相同。2012 年 8 月,东轻公司将其成本为 8 000 000 元的某商品以 12 000 000 元的价格出售给华厦公司,华厦公司将取得的商品作为存货。至 2012 年 12 月 31 日,公司仍未对外出售该存货。东轻公司 2012 年实现净利润 50 000 000 元。假定不考虑所得税因素。公司在按照权益法确认应享有东轻公司 2012 年净损益时,公司应作如下会计分录:

长期股权投资损益调整 =(50 000 000 − 4 000 000(12 000 − 8 000 000))× 20% = 9 200 000 元

借:长期股权投资——东轻公司——损益调整　9 200 000
　　贷:投资收益　9 200 000

进行上述处理后,公司如需要编制合并财务报表,在合并财务报表中,因该未实现内部交易损益体现在公司持有存货的账面价值当中,应在合并财务报表中进行以下调整:

借:长期股权投资——东轻公司——损益调整　800 000
　　贷:存货　800 000

损益调整 =[(12 000 000 − 8 000 000)× 20%]

假定 2013 年,公司将该商品以 19 000 000 元对外部独立第三方出售,因该部分内部交易损益已经实现,公司在确认应享有东轻公司 2013 年净损益时,应考虑将原来未确认的该部分内部交易损益计入投资损益,即应在考虑其他因素计算确定的投资损益的基础上调整增加 800 000 元。假定东轻公司 2013 年实现的净利润为 60 000 000 元。公司应作如下会计分录:

借:长期股权投资——东轻公司——损益调整　12 800 000
　　贷:投资收益　12 800 000

损益调整 =[(60 000 000 + 4 000 000)× 20%]

② 对于投资企业向联营企业或合营企业出售资产的顺流交易,在该交易存在未实现内部交易损益的情况下(即有关资产未对外部独立第三方出售),投资企业在采用权益法计算确认应享有联营企业或合营企业的投资损益时,应抵销该未实现内部交易损益的影响,同时调整对联营企业或合营企业长期股权投资的账面价值。

【例 6-13】 华厦公司持有东轻公司 20% 有表决权股份,能够对东轻公司施加重大影响。2012 年,公司将其账面价值为 9 000 000 元的商品以 15 000 000 元的价格出售给东轻公司。至 2012 年 12 月 31 日,东轻公司未将该批商品对外部独立第三方出售。公司取得该项投资时,东轻公司各项可辨认资产、负债的公允价值与其账面价值相同,两者在以前期间未发生过内部交易。东轻公司 2012 年实现净利润 40 000 000 元。假定不考虑所得税因素。

公司在该项交易中实现净利润 6 000 000 元,其中的 1 200 000 元是针对本公司持有的对联营企业的权益份额,在采用权益法计算确认投资损益时应予抵销,即公司应作如下会计分录：

    借：长期股权投资——东轻公司——损益调整　6 800 000
        贷：投资收益　6 800 000
    损益调整＝[(40 000 000－6 000 000)×20％]

公司如需编制合并财务报表，在合并财务报表中对该未实现内部交易损益应进行以下调整：

    借：营业收入(15 000 000×20％)　3 000 000
        贷：营业成本(9 000 000×20％)　1 800 000
            投资收益　1 200 000

应当说明的是，投资企业与其联营企业及合营企业之间发生的无论是顺流交易还是逆流交易产生的未实现内部交易损失，属于所转让资产发生减值损失的，有关的未实现内部交易损失不应予以抵销。

③ 合营方向合营企业投出非货币性资产产生损益的处理。

合营方向合营企业投出或出售非货币性资产的相关损益，应当按照以下原则处理：

符合下列情况之一的，合营方不应确认该类交易的损益：与投出非货币性资产所有权有关的重大风险和报酬没有转移给合营企业；投出非货币性资产的损益无法可靠计量；投出非货币性资产交易不具有商业实质。

合营方转移了与投出非货币性资产所有权有关的重大风险和报酬并且投出资产留给合营企业使用的，应在该项交易中确认归属于合营企业其他合营方的利得和损失。交易表明投出或出售的非货币性资产发生减值损失的，合营方应当全额确认该部分损失。

在投出非货币性资产的过程中，合营方除了取得合营企业的长期股权投资外还取得了其他货币性或非货币性资产的，应当确认该项交易中与所取得其他货币性、非货币性资产相关的损益。

2. 取得现金股利或利润的处理

采用权益法核算的长期股权投资，投资企业自被投资单位取得的现金股利或利润，应冲减长期股权投资的账面价值。在被投资单位宣告分派现金股利或利润时，借记"应收股利"科目，贷记"长期股权投资——损益调整"科目；自被投资单位取得的现金股利或利润超过已确认损益调整的部分应视同投资成本的收回，冲减长期股权投资的账面价值，贷记"长期股权投资——成本"科目。

3. 超额亏损的确认

权益法下，投资企业确认应分担被投资单位发生的损失，原则上应以长期股权投资及其他实质上构成长期权益的项目减记至零为限，投资企业负有承担额外损失义务的除外。这里所讲的"其他实质上构成长期权益的项目"主要是指长期性的应收项目等，应收被投资单位的长期债权从目前来看没有明确的清偿计划并且在可预见的未来期间也不可能进行清偿的，从实质上来看，即构成长期权益。

采用权益法核算的情况下，投资企业在确认应分担被投资单位发生的亏损时，应按照以下顺序处理：

(1) 减记长期股权投资的账面价值。

(2) 在长期股权投资的账面价值减记至零的情况下，考虑是否有其他构成长期权益的项目。如果有,则以其他实质上构成对被投资单位长期权益的账面价值为限,继续减记。

(3) 在有关其他实质上构成对被投资单位长期权益的价值也减记至零的情况下,如果按照投资合同或协议约定,投资企业需要承担额外义务的,则需按预计将承担责任的金额确认相关的损失。

除按上述顺序已确认的损失以外仍有额外损失的,应在账外作备查登记,不再予以确认。

在确认了有关投资损失以后,被投资单位于以后期间实现盈利的,应按以上相反顺序恢复其他实质上构成对被投资单位净投资的长期权益及长期股权投资的账面价值。

【例6-14】 华厦公司持有东轻公司40%的股权,2012年12月31日的账面价值为30 000 000元,包括投资成本以及因东轻公司实现净利润而确认的投资收益。东轻公司2012年由于一项主要经营业务市场条件发生骤变,当年度发生亏损40 000 000元。假定公司在取得投资时,东轻公司各项可辨认资产、负债的公允价值与其账面价值相同,采用的会计政策和会计期间也相同。则公司2012年应确认的投资损失为16 000 000元。确认上述投资损失后,长期股权投资的账面价值变为14 000 000元。

如果东轻公司2012年的亏损额为80 000 000元,则公司按其持股比例确认应分担的损失为32 000 000元(80 000 000×40%),但期初长期股权投资的账面价值仅为30 000 000元,如果没有其他实质上构成对被投资单位净投资的长期权益项目,则公司应确认的投资损失仅为30 000 000元,超额损失2 000 000元在账外进行备查登记;如果在确认了30 000 000元的投资损失后,公司账上仍有应收东轻公司的长期应收款5 000 000元(实质上构成对东轻公司净投资),则在长期应收款的账面价值大于2 000 000元的情况下,应进一步确认投资损失2 000 000元。公司应作如下会计分录:

借:投资收益　32 000 000
　　贷:长期股权投资——东轻公司——成本、损益调整　30 000 000
　　　　长期应收款——东轻公司——超额亏损　2 000 000

(三) 被投资单位除净损益外所有者权益的其他变动

采用权益法核算的情况下,投资企业对于被投资单位除净损益外所有者权益的其他变动,在持股比例不变的情况下,应按照持股比例与被投资单位除净损益以外的所有者权益的其他变动中归属于本企业的部分,相应调整长期股权投资的账面价值,同时增加或减少资本公积(其他资本公积)。

【例6-15】 华厦公司持有东安公司30%的股份,当期东安公司因持有的可供出售金融资产公允价值的变动计入资本公积的金额为5 000 000元,除该事项外,东安公司当期实现的净利润为30 000 000元。假定公司与东安公司采用的会计政策、会计期间相同,投资时东安公司有关资产的公允价值与其账面价值亦相同,无其他内部交易。公司在确认应享有东安公司所有者权益的变动时,公司应作如下会计分录:

借:长期股权投资——东安公司——损益调整(30 000 000×30%)　9 000 000
　　　　　　　　　　　　——其他权益变动(5 000 000×30%)　1 500 000
　　贷:投资收益　9 000 000
　　　　资本公积——其他资本公积——东安公司　1 500 000

四、长期股权投资核算方法转换的账务处理

长期股权投资在持有期间,因各方面情况的变化,可能导致其核算需要由一种方法转换为另外的方法。

(一) 成本法转换为权益法

长期股权投资的核算由成本法转为权益法时,应区别形成该转换的不同情况进行处理。

(1) 原持有的对被投资单位不具有控制、共同控制或重大影响、在活跃市场中没有报价、公允价值不能可靠计量的长期股权投资,因追加投资导致持股比例上升,能够对被投资单位施加重大影响或是实施共同控制的,在自成本法转为权益法时,应区分原持有的长期股权投资以及追加长期股权投资两部分分别处理。

首先,原持有长期股权投资的账面余额与按照原持股比例计算确定应享有原取得投资时被投资单位可辨认净资产公允价值之间的差额,前者大于后者的,不调整长期股权投资的账面价值;前者小于后者的,根据其差额分别调整长期股权投资的账面价值和留存收益。其次,对于新取得的股权部分,应比较追加投资的成本与取得该部分投资时应享有被投资单位可辨认净资产公允价值的份额,前者大于后者的,不调整长期股权投资的成本;前者小于后者的,根据其差额分别调整长期股权投资成本和当期的营业外收入。进行上述调整时,应当综合考虑与原持有投资和追加投资相关的商誉或计入损益的金额。

对于原取得投资后至追加投资的交易日之间被投资单位可辨认净资产公允价值的变动相对于原持股比例的部分,属于在此期间被投资单位实现的净损益中应享有份额的,应调整长期股权投资的账面价值,同时对于原取得投资时至追加投资当期期初按照原持股比例计算应享有被投资单位实现的净损益,应调整留存收益,对于追加投资当期期初至追加投资交易日之间享有被投资单位的净损益,应计入当期损益;属于其他原因导致的被投资单位可辨认净资产公允价值变动中应享有的份额,在调整长期股权投资账面价值的同时,应当记入"资本公积——其他资本公积"科目。

【例6-16】 华厦公司于2011年1月2日取得平安公司10%的股权,成本为4 000 000元,取得投资时平安公司可辨认净资产公允价值总额为25 000 000元,公允价值与账面价值相同。因对被投资单位不具有重大影响且无法可靠确定该项投资的公允价值,公司对其采用成本法核算。公司按照净利润的10%提取盈余公积。

2012年1月2日,公司又以5 000 000元取得平安公司12%的股权,当日平安公司可辨认净资产公允价值总额为35 000 000元。取得该部分股权后,按照平安公司章程规定,公司能够派人参与平安公司的生产经营决策,对该项长期股权投资转为采用权益法核算。假定公司在取得对平安公司10%股权后至新增投资日,双方未发生任何内部交易,平安公司通过生产经营活动实现的净利润为4 000 000元,未派发现金股利或利润。除所实现净利润外,未发生其他计入资本公积的交易或事项。公司应作如下会计分录:

① 2012年1月2日,公司应确认对平安公司的长期股权投资
  借:长期股权投资——平安公司——成本 5 000 000
    贷:银行存款 5 000 000

对于新取得的股权,其成本为5 000 000元,与取得该投资时按照持股比例计算确定应享有被投资单位可辨认净资产公允价值的份额3 000 000元(25 000 000×12％)之间的差额为投资作价中体现出的商誉,该部分商誉不要求调整长期股权投资的成本。

② 对原持有10％长期股权投资账面价值的调整

确认该部分长期股权投资后,公司对平安公司投资的账面价值为9 000 000元。对于原10％股权的成本4 000 000元与原投资时应享有被投资单位可辨认净资产公允价值份额2 500 000元之间的差额1 500 000元,属于原投资时体现的商誉,该部分差额不调整长期股权投资的账面价值。

对于被投资单位可辨认净资产在原投资时至新增投资交易日之间公允价值的变动(35 000 000－25 000 000)相对于原持股比例的部分1 000 000元,其中属于投资后被投资单位实现净利润部分的400 000元(4 000 000×10％),应调整增加长期股权投资的账面余额,同时调整留存收益;除实现净损益外其他原因导致的被投资单位可辨认净资产公允价值的变动900 000元,应当调整增加长期股权投资的账面余额,同时计入资本公积(其他资本公积)。公司的会计处理如下:

借:长期股权投资——平安公司——损益调整　400 000
　　　　　　　　　　——其他权益变动　900 000
　　贷:盈余公积　40 000
　　　　利润分配——未分配利润　360 000
　　　　资本公积——其他资本公积——平安公司　900 000

(2) 因处置投资导致对被投资单位的影响能力由控制转为具有重大影响或者与其他投资方一起实施共同控制的情况下,首先应按处置或收回投资的比例结转应终止确认的长期股权投资成本。在此基础上,应当比较剩余的长期股权投资成本与按照剩余持股比例计算原投资时应享有被投资单位可辨认净资产公允价值的份额,属于投资作价中体现的商誉部分不调整长期股权投资的账面价值;属于投资成本小于原投资时应享有被投资单位可辨认净资产公允价值份额的,在调整长期股权投资成本的同时,应调整留存收益。对于原取得投资后至处置投资导致转变为权益法核算之间被投资单位实现的净损益中应享有的份额,一方面应调整长期股权投资的账面价值;另一方面,对于原取得投资时至处置投资当期期初被投资单位实现的净损益(扣除已发放及已宣告发放的现金股利及利润)中应享有的份额,调整留存收益,对于处置投资当期期初至处置投资之日被投资单位实现的净损益中享有的份额,调整当期损益;其他原因导致被投资单位所有者权益变动中应享有的份额,在调整长期股权投资账面价值的同时,应当记入"资本公积——其他资本公积"科目。

长期股权投资自成本法转为权益法后,未来期间应当按照《企业会计准则第2号——长期股权投资》规定计算确认应享有被投资单位实现的净损益及所有者权益其他变动的份额。

【例6-17】 华厦公司原持有平安公司60％的股权,其账面余额为300 000 000元,未计提减值准备。2012年5月3日,公司将其持有的对平安公司长期股权投资中的1/3出售给某企业。出售取得价款180 000 000元,当日被投资单位可辨认净资产公允价值总额为800 000 000元。公司取得平安公司60％股权时,平安公司可辨认净资产公允价值总额为450 000 000元,公允价值与账面价值相同。自公司取得对平安公司长期股权投资后至部分处置投资前,平安公司实现净利润 250 000 000 元。其中,自公司取得投资日至 2012 年年初实现净利润 200 000 000 元。假定平安公司一直未进行利润分配。除所实现净利润外,平安公司未发生其他计入资本公积的交易或事项。本例中公司按净利润的 10% 提取盈余公积。

在出售 20% 的股权后,公司对平安公司的持股比例为 40%,在被投资单位董事会中派有代表,但不能对平安公司生产经营决策实施控制。对平安公司长期股权投资应由成本法改为按照权益法核算。公司应作如下会计分录:

① 确认长期股权投资处置损益
借:银行存款　180 000 000
　　贷:长期股权投资——平安公司　100 000 000
　　　　投资收益　80 000 000

② 调整长期股权投资账面价值

剩余长期股权投资的账面价值为 200 000 000 元,与原投资时应享有被投资单位可辨认净资产公允价值份额之间的差额 20 000 000 元(200 000 000－450 000 000×40%)为商誉,该部分商誉的价值不需要对长期股权投资的成本进行调整。

处置投资以后按照持股比例计算享有被投资单位自购买日至处置投资日期间实现的净利润为 100 000 000 元(250 000 000×40%),应调整增加长期股权投资的账面价值,同时调整留存收益和当期损益。公司应作如下会计分录:

借:长期股权投资——平安公司——损益调整　100 000 000
　　贷:盈余公积　8 000 000
　　　　利润分配——未分配利润　72 000 000
　　　　投资收益　20 000 000

(二) 权益法转换为成本法

因追加投资原因导致原持有的对联营企业或合营企业的投资转变为对子公司投资的,长期股权投资账面价值的调整应当按照分步实现企业合并的原则处理。除此之外,因减少投资导致长期股权投资的核算由权益法转换为成本法(投资企业对被投资单位不具有控制、共同控制或重大影响的,并且在活跃市场中没有报价,公允价值不能可靠计量的长期股权投资)的,应以转换时长期股权投资的账面价值作为按照成本法核算的基础。

【例 6-18】 华厦公司持有平安公司 30% 的有表决权股份,能够对平安公司的生产经营决策施加重大影响,采用权益法核算。2012 年 10 月,华厦公司将该项投资中的 50% 对外出售。出售以后,无法再对平安公司施加重大影响,且该项投资不存在活跃市场,公允价值无法可靠确定,转为采用成本法核算。出售时,该项长期股权投资的账面价值为 1 600 000 元,其中投资成本 1 300 000 元,损益调整为 300 000 元,出售取得价款 900 000 元。公司应作如下会计分录:

借:银行存款　900 000
　　贷:长期股权投资——平安公司——成本　650 000(1 300 000/2)
　　　　　　　　　　　　　　　——损益调整　150 000(300 000/2)
　　　　投资收益　100 000

五、长期股权投资处置的账务处理

处置长期股权投资时,按实际取得的价款与长期股权投资账面价值的差额确认为投资损益,并应同时结转已计提的长期股权投资减值准备。其会计处理是:企业处置长期股权投资时,应按实际收到的金额,借记"银行存款"等科目,按原已计提的减值准备,借记"长期股权投资减值准备"科目,按该项长期股权投资的账面余额,贷记"长期股权投资"科目,按尚未领取的现金股利或利润,贷记"应收股利"科目,按其差额,贷记或借记"投资收益"科目。

【例6-19】 2012年8月20日,华厦公司将其作为长期投资而持有的远海股份有限公司15 000股股票,以每股10元的价格卖出,支付相关税费1 000元,取得价款149 000元,款项已由工商银行收妥。该长期股权投资账面价值为140 000元,假定没有计提减值准备。公司应作如下会计分录:

(1) 计算投资收益:

投资收益=(15 000×10−1 000)−140 000=9 000元

(2) 出售股票时:

借:银行存款——工商银行　149 000
　　贷:长期股权投资——远海股份　140 000
　　　　投资收益　9 000

企业处置长期股权投资,应按实际取得的价款与长期股权投资账面价值的差额确认为投资损益,并应同时结转已计提的长期股权投资减值准备。

采用权益法核算的长期股权投资,原计入资本公积的金额,在处置时亦应进行结转,将与所出售股权相对应的部分在处置时自资本公积转入当期损益。

【例6-20】 华厦公司原持有平安公司40%的股权。2012年11月30日,公司出售所持有平安公司股权中的25%,出售时公司账面上对平安公司长期股权投资的构成为:投资成本36 000 000元,损益调整为9 600 000元,其他权益变动6 000 000元。出售取得价款14 000 000元。

(1) 公司确认处置损益:

借:银行存款　14 000 000
　　贷:长期股权投资——平安公司——成本　9 000 000(36 000 000×25%)
　　　　　　　　　　　　　　　——损益调整　2 400 000(9 600 000×25%)
　　　　　　　　　　　　　　　——其他权益变动　1 500 000(6 000 000×25%)
　　　　投资收益　1 100 000

(2) 原计入资本公积的部分按比例转入当期损益

除应将实际取得价款与出售长期股权投资的账面价值进行结转,确认为处置当期损益外,还应将原计入资本公积的部分按比例转入当期损益。

借:资本公积——其他资本公积——平安公司　1 500 000
　　贷:投资收益　1 500 000

第三节　共同控制经营和共同控制资产

某些情况下,企业可能与其他方约定,各自投入一定的资产进行某项经营活动,而不是通过出资设立一个被投资单位的方式来实现,即为共同控制经营;或者是不同的企业按照合同或协议约定对若干项资产实施共同控制,构成共同控制资产。

一、共同控制经营

共同控制经营,是指企业使用本企业的资产或其他经济资源与其他合营方共同进行某项经济活动(该经济活动不构成独立的会计主体),并且按照合同或协议约定对该项经济活动实施共同控制。通过共同控制经营获取收益是共同控制经营的显著特征,每一合营者负担合营活动中本企业发生的费用,并按照合同约定确认本企业在合营产品销售收入中享有的份额。在共同控制经营的情况下,合营方应作如下处理:

(一)确认其所控制的用于共同控制经营的资产及发生的负债

在共同控制经营的情况下,合营方通常是通过运用本企业的资产或其他经济资源为共同控制经营提供必要的生产条件。按照合营合同或协议约定,合营方将本企业资产用于共同经营,合营期结束后合营方将该资产不再用于共同控制经营的,则合营方应将该资产作为本企业的资产确认。

(二)确认与共同控制经营有关的成本费用及共同控制经营产生的收入中本企业享有的份额

合营方运用本企业的资产及其他经济资源进行合营活动,视共同控制经营的情况,应当对发生的与共同控制经营有关的支出进行归集。例如,在各合营方一起进行飞机制造的情况下,合营方应在生产成本中归集合营中发生的费用支出,借记"生产成本——共同控制经营"科目,贷记"库存现金"或"银行存款"等科目,对于合营中发生的某些支出需要各合营方共同负担的,合营方应将本企业应承担的份额计入生产成本。共同控制经营生产的产品对外出售时,所产生的收入中应由本企业享有的部分,应借记"库存现金"或"银行存款"等科目,贷记"主营业务收入"、"其他业务收入"等科目,同时应结转售出产品的成本,借记"主营业务成本"、"其他业务成本"等科目,贷记"库存商品"等科目。

二、共同控制资产

共同控制资产,是指企业与其他合营方共同投入或出资购买一项或多项资产,按照合同或协议约定对有关的资产实施共同控制的情况。通过控制的资产获取收益是共同控制资产的显著特征。每一合营者按照合营合同的约定享有共同控制资产中的一定份额并据此确认为本企业的资产,享有该部分资产带来的未来经济利益。

存在共同控制资产的情况下,作为合营方的企业应在自身的账簿及报表中确认共同控制的资产中本企业享有的份额,同时确认发生的负债、费用,或与有关合营方共同承担的负债、费用中应由本企业负担的份额。

(1)根据共同控制资产的性质,如固定资产、无形资产等,按合同或协议中约定的份额将本企业享有的部分确认为固定资产或无形资产等。该部分资产在由实施共同控制的各方共同使用的情况下,并不改变相关资产的使用状态,不构成投资,合营方不应将其作为投资处理。

(2)确认与其他合营方共同承担的负债中应由本企业负担的部分以及本企业直接承担

的与共同控制资产相关的负债。

本企业为共同控制资产发生的负债或共同控制资产在经营、使用过程中发生的负债，按照合同或协议约定应由本企业承担的部分，应作为本企业负债确认。

(3) 确认共同控制资产产生的收入中应由本企业享有的部分。因各合营方共同拥有有关的资产，按照合营合同或协议的规定应分享有关资产产生的收益。如两个企业共同控制一栋出租的房屋，每一合营方均享有该房屋出租收入的一定份额，则各合营方在利润表中应确认本企业享有的收入份额。

(4) 确认与其他合营方共同发生的费用中应由本企业负担的部分以及本企业直接发生的与共同控制资产相关的费用。对于共同控制资产在经营、使用过程中发生的费用，包括有关直接费用以及应由本企业承担的共同控制资产发生的折旧费用、借款利息费用等，合营各方应当按照合同或协议的约定确定应由本企业承担的部分，作为本企业的费用。

第四节 长期股权投资减值的会计处理

长期股权投资减值准备是针对长期股权投资账面价值而言的，在期末时按账面价值与可收回金额孰低的原则来计量，对可收回金额低于账面价值的差额计提长期股权投资减值准备。

一、长期股权投资减值

(1) 企业对子公司、合营企业及联营企业的长期股权投资

企业对子公司、合营企业及联营企业的长期股权投资在资产负债表日存在可能发生减值的迹象时，其可收回金额低于账面价值的，应当将该长期股权投资的账面价值减记至可收回金额，减记的金额确认为减值损失，计入当期损益，同时计提相应的资产减值准备。

(2) 企业对被投资单位不具有控制、共同控制或重大影响，且在活跃市场中没有报价、公允价值不能可靠计量的长期股权投资

企业对被投资单位不具有控制、共同控制或重大影响，且在活跃市场中没有报价、公允价值不能可靠计量的长期股权投资，应当将该长期股权投资在资产负债表日的账面价值，与按照类似金融资产当时市场收益率对未来现金流量折现确定的现值之间的差额，确认为减值损失，计入当期损益。

二、长期股权投资减值的判断

(1) 控制、共同控制及重大影响的长期股权投资是否应当计提减值准备，可以根据下列迹象判断：

① 市价持续2年低于账面价值。
② 该项投资暂停交易1年或1年以上。
③ 被投资企业当年发生严重亏损。
④ 被投资企业持续2年发生亏损。
⑤ 被投资企业进行清理整顿、清算或出现其他不能持续经营的迹象。

(2) 对无市价的长期投资是否应当计提减值准备，可以根据下列迹象判断：

① 影响被投资企业经营的政治或法律环境的变化,如税收、贸易等法规的颁布或修订,可能导致被投资企业出现巨额亏损。

② 被投资企业所供应的商品或提供的劳务因产品过时或消费者偏好改变而使市场的需求发生变化,从而导致被投资企业财务状况发生严重恶化。

③ 被投资企业所在行业的生产技术等发生重大变化,被投资企业已失去竞争能力,从而导致财务状况发生严重恶化,如进行清理整顿、清算等。

④ 有证据表明该项投资实质上已经不能再给企业带来经济利益的其他情形。

三、长期股权投资减值的账务处理

企业计提长期股权投资减值准备,应当设置"长期股权投资减值准备"科目核算。

企业计提长期股权投资减值准备时,借记"资产减值损失——计提的长期股权投资减值准备"科目,贷记"长期股权投资减值准备"科目。

长期股权投资减值损失一经确认,在以后会计期间不得转回。

【例6-21】 华夏公司长期股权投资的账面价值为2 000 000元,2012年资产负债表日,该项投资的可收回金额为1 800 000元。公司应作如下会计分录:

借:资产减值损失——计提的长期股权投资减值准备　200 000
　　贷:长期股权投资减值准备　200 000

第七章

固定资产

第一节 固定资产概述

一、固定资产

固定资产是指同时具有以下特征的有形资产：①为生产商品、提供劳务、出租或经营管理而持有；②使用寿命超过一个会计年度。

从这一定义可以看出，作为企业的固定资产应具备以下3个特征：

（1）企业持有固定资产的目的，是为了生产商品、提供劳务、出租或经营管理的需要，而不像商品一样为了对外出售。这一特征是固定资产区别于商品等流动资产的重要标志。

（2）企业使用固定资产的期限较长，使用寿命一般超过一个会计年度。这一特征表明企业固定资产的收益期超过一年，能在一年以上的时间里为企业创造经济利益。

（3）固定资产具有实物形态。企业拥有或控制可以长期为企业带来经济利益的资产，不仅包括具有实物形态的资产，还包括不具有实物形态的资产。

二、固定资产的分类

企业的固定资产种类繁多、规格不一，为加强管理，便于组织会计核算，有必要对其进行科学、合理的分类。根据不同的管理和核算要求以及不同的分类标准，可以对固定资产进行不同的分类，主要有以下2种分类方法：

1. 按经济用途的分类

按固定资产的经济用途分类，可分为生产经营用固定资产和非生产经营用固定资产。

生产经营用固定资产，是指直接服务于企业生产、经营过程的各种固定资产，如生产经营用的房屋、建筑物、机器、设备、器具、工具等。

非生产经营用固定资产，是指不直接服务于生产、经营过程的各种固定资产，如职工宿舍等使用的房屋、设备和其他固定资产等。

按照固定资产的经济用途分类，可以归类反映和监督企业生产经营用固定资产和非生产经营用固定资产之间，以及生产经营用各类固定资产之间的组成和变化情况，借以考核和分析企业固定资产的利用情况，促使企业合理地配备固定资产，充分发挥其效用。

2. 综合分类

按固定资产的经济用途和使用情况等综合分类，可把企业的固定资产划分为七大类：

(1) 生产经营用固定资产。

(2) 非生产经营用固定资产。

(3) 租出固定资产(指在经营租赁方式下出租给外单位使用的固定资产)。

(4) 不需用固定资产。

(5) 未使用固定资产。

(6) 土地。这里所涉及的土地,是指过去已经估价单独入账的土地。因征地而支付的补偿费,应计入与土地有关的房屋、建筑物的价值内,不单独作为土地价值入账。企业取得的土地使用权,应作为无形资产管理,不作为固定资产管理。

(7) 融资租入固定资产。融资租入固定资产是指企业以融资租赁方式租入的固定资产,在租赁期内,应视同自有固定资产进行管理。

由于企业的经营性质不同,经营规模各异,对固定资产的分类不可能完全一致。但实际工作中,企业大多采用综合分类的方法作为编制固定资产目录、进行固定资产核算的依据。

三、设置固定资产的核算科目

为了核算固定资产,企业一般需要设置"固定资产"、"累计折旧"、"在建工程"、"工程物资"、"固定资产清理"等科目,核算固定资产取得、计提折旧、处置等情况。

"固定资产"科目,用来核算企业固定资产的原价,借方登记企业增加的固定资产原价,贷方登记企业减少的固定资产原价,期末借方余额,反映企业期末固定资产的账面原价。企业应当设置"固定资产登记簿"和"固定资产卡片",按固定资产类别、使用部门和每项固定资产进行明细核算。

"累计折旧"科目,属于"固定资产"的调整科目,用来核算企业固定资产的累计折旧,贷方登记企业计提的固定资产折旧,借方登记处置固定资产转出的累计折旧,期末贷方余额,反映企业固定资产的累计折旧额。

"在建工程"科目,用来核算企业基建、更新改造等在建工程发生的支出,借方登记企业各项在建工程的实际支出,贷方登记完工工程转出的成本,期末借方余额反映企业尚未达到预定可使用状态的在建工程的成本。

"工程物资"科目,用来核算企业为在建工程而准备的各种物资的实际成本。该科目借方登记企业购入工程物资的成本,贷方登记领用工程物资的成本,期末借方余额,反映企业为在建工程准备的各种物资的成本。

"固定资产清理"科目,用来核算企业因出售、报废、毁损、对外投资、非货币性资产交换、债务重组等原因转出的固定资产价值以及在清理过程中发生的费用等,借方登记转出的固定资产价值、清理过程中应支付的相关税费及其他费用,贷方登记固定资产清理完成的处理,期末借方余额,反映企业尚未清理完毕固定资产清理净损失。该科目应按被清理的固定资产项目设置明细账,进行明细核算。

此外,企业固定资产、在建工程、工程物资发生减值的,还应当设置"固定资产减值准备"、"在建工程减值准备"、"工程物资减值准备"等科目进行核算。

第二节 取得固定资产的会计处理

企业固定资产的来源一般有内部形成和外部形成两种。内部形成主要是指由企业自行建造或委托施工企业建造。外部形成包括从其他单位购入、由投资者作为投资投入、非货币性交易、债务重组等。在此只介绍固定资产购置和建造业务的会计处理方法。

一、外购固定资产的处理

企业从外部购入的固定资产主要是机器设备,这些设备可分为如下两类:一是不需要安装设备,是指企业在购入以后,不必经过安装即可投入使用的设备,如运输汽车等;二是需要安装设备,是指企业在购入以后,必须经过安装或试生产过程才能投入使用的设备,如吊车、机床等。

企业外购的固定资产,应按实际支付的购买价款、相关税费、使固定资产达到预定可使用状态前所发生的可归属于该项资产的运输费、装卸费、安装费和专业人员服务费等,作为固定资产的取得成本。

企业购入不需要安装的固定资产,应按实际支付的购买价款、相关税费以及使固定资产达到预定可使用状态前所发生的可归属于该项资产的运输费、装卸费和专业人员服务费等,作为固定资产成本,借记"固定资产"科目,贷记"银行存款"等科目。

购入需要安装的固定资产,应在购入的固定资产取得成本的基础上加上安装、调试成本等,作为购入固定资产的成本,首先通过"在建工程"科目进行成本核算,待安装完毕达到预定可使用状态时,再由"在建工程"科目转入"固定资产"科目。

根据《中华人民共和国增值税暂行条例》(国务院令 2008 年第 538 号)的规定,企业自 2009 年 1 月 1 日后新购进的生产使用的机器设备,发生的增值税将允许其抵扣进项税额,本期未抵扣完的进项税额可以结转下期继续抵扣。即企业购进生产使用的机器设备等固定资产的进项税额不计入固定资产的成本,可以计入"应交税费——应交增值税(进项税额)"进行抵扣。

企业购入不需要安装的固定资产时,按实际支付的购买价款、运输费、装卸费和其他相关税费等,借记"固定资产"科目,按缴纳的增值税,借记"应交税费——应交增值税(进项税额)",按支付的金额,贷记"银行存款"等科目。

企业购入需要安装的固定资产时,按实际支付的购买价款、运输费、装卸费和其他相关税费等,借记"在建工程"科目,按缴纳的增值税,借记"应交税费——应交增值税(进项税额)"科目,按支付的金额,贷记"银行存款"等科目;支付安装费用时,借记"在建工程"科目,贷记"银行存款"等科目;安装完毕达到预定可使用状态时,按其实际成本,借记"固定资产"科目,贷记"在建工程"科目。

企业基于产品价格等因素的考虑,可能以一笔款项购入多项没有单独标价的固定资产,我们姑且将其称为混合购买。如果这些资产均符合固定资产的定义,并满足固定资产的确认条件,则应将各项资产单独确认为固定资产,并按各项固定资产公允价值的比例对总成本进行分配,分别确定各项固定资产的成本。

1. 购入不需要安装的固定资产

【例7-1】 2012年4月1日,华夏公司从北车股份购入一台不需要安装即可投入使用的生产设备,取得的增值税专用发票上注明的设备价款为300 000元,增值税税额为51 000元,另支付运输费1 300元,包装费1 400元,款项以工商银行存款支付。公司编制的购入固定资产的会计分录如下:

借:固定资产(300 000+1 300+1 400)　302 700
　　应交税费——应交增值税(进项税额)　51 000
　　贷:银行存款——工商银行　353 700

2. 购入需要安装的固定资产

【例7-2】 2012年4月11日,华夏公司用工商银行存款购入一台需要安装的设备,增值税专用发票上注明的设备买价为500 000元,增值税税额为85 000元,支付运输费10 000元,支付安装费30 000元,公司为增值税一般纳税人。公司应作如下会计分录:

(1) 购入设备,支付价款及税费时:

借:在建工程　510 000
　　应交税费——应交增值税(进项税额)　85 000
　　贷:银行存款——工商银行　595 000

(2) 支付安装费时:

借:在建工程　30 000
　　贷:银行存款——工商银行　30 000

(3) 设备安装完毕交付使用时:

借:固定资产　(510 000+30 000)　540 000
　　贷:在建工程　540 000

3. 混合购买

【例7-3】 2012年4月21日,华夏公司向三一重工公司一次购进了三台不同型号且具有不同生产能力的设备——运输设备、装载机械、平整设备,共支付款项10 000 000元,增值税税额1 700 000元。包装费75 000元,全部以建设银行存款转账支付;运输设备、装载机械、平整设备均满足固定资产的定义及确认条件,公允价值分别为5 000 000元、3 000 000元和4 000 000元;不考虑其他相关税费,公司为增值税一般纳税人。公司应作如下会计处理。

(1) 确定应计入固定资产成本的金额:

固定资产成本=10 000 000+75 000=10 075 000元

(2) 确定运输设备、装载机械、平整设备的价值:

运输设备的价值=5 000 000/(5 000 000+3 000 000+4 000 000)×10 075 000=4 197 917元
装载机械的价值=3 000 000/(5 000 000+3 000 000+4 000 000)×10 075 000=2 518 750元
平整设备的价值=4 000 000/(5 000 000+3 000 000+4 000 000)×10 075 000=3 358 333元

(3) 公司应编制如下会计分录:

借:固定资产——运输设备　4 197 917
　　　　　　——装载机械　2 518 750

——平整设备　3 358 333

　　应交税费——应交增值税(进项税额)　1 700 000

　　贷:银行存款——建设银行　11 775 000

二、建造固定资产的处理

企业自行建造固定资产,应按建造该项资产达到预定可使用状态前所发生的必要支出,作为固定资产的成本。

企业自建固定资产,主要有自营和出包两种方式。由于采用的建造方式不同,其会计处理也不同。

1. 自营工程

自营工程,是指企业自行组织工程物资采购、自行组织施工人员施工的建筑工程和安装工程。购入工程物资时,借记"工程物资"、"应交税费——应交增值税(销项税额)"等科目,贷记"银行存款"等科目。领用工程物资时,借记"在建工程"科目,贷记"工程物资"科目。在建工程领用本企业原材料时,借记"在建工程"科目,贷记"原材料"等科目。在建工程领用本企业生产的商品时,借记"在建工程"科目,贷记"库存商品"、"应交税费——应交增值税(销项税额)"等科目。自营工程发生的其他费用(如分配工程人员工资等),借记"在建工程"科目,贷记"银行存款"、"应付职工薪酬"等科目。自营工程达到预定可使用状态时,按其成本,借记"固定资产"科目,贷记"在建工程"科目。

【例7-4】 2012年4月10日,华厦公司自建生产厂房一幢,购入为工程准备的各种物资20 000 000元,支付的增值税税额为3 400 000元,全部用于工程建设。领用本企业生产的水泥一批,实际成本为1 800 000元,税务部门确定的计税价格为2 000 000元,增值税税率17%。工程人员应付工资1 400 000元,支付的其他费用1 000 000元。工程完工并达到预定可使用状态。公司应作如下会计分录:

(1) 购入工程物资时:

借:工程物资　20 000 000

　　应交税费——应交增值税(进项税额)　3 400 000

　　贷:银行存款　23 400 000

(2) 工程领用工程物资时:

借:在建工程　20 000 000

　　贷:工程物资　20 000 000

(3) 工程领用本企业生产的产品时:

　确定应计入在建工程成本的金额=1 800 000+2 000 000×17%=2 140 000元

借:在建工程　2 140 000

　　贷:库存商品　1 800 000

　　　　应交税费——应交增值税(销项税额)　340 000

(4) 分配工程人员工资时:

借:在建工程　1 400 000

　　贷:应付职工薪酬　1 400 000

(5) 支付工程发生的其他费用时：
借：在建工程　1 000 000
　　贷：银行存款　1 000 000
(6) 工程完工转入固定资产时：

　固定资产的成本＝20 000 000＋2 140 000＋1 400 000＋1 000 000＝24 540 000 元
借：固定资产　24 540 000
　　贷：在建工程　24 540 000

2. 出包工程

出包工程是指企业通过招标方式将工程项目发包给建造承包商，由建造承包商组织施工的建筑工程和安装工程。企业采用出包方式进行的固定资产工程，其工程的具体支出主要由建造承包商核算，在这种方式下，"在建工程"科目主要是企业与建造承包商办理工程价款的结算科目，企业支付给建造承包商的工程价款作为工程成本，通过"在建工程"科目核算。企业按合理估计的发包工程进度和合同规定向建造承包商结算的进度款，借记"在建工程"科目，贷记"银行存款"等科目；工程完成时，按合同规定补付的工程款，借记"在建工程"科目，贷记"银行存款"等科目；工程达到预定可使用状态时，按其成本，借记"固定资产"科目，贷记"在建工程"科目。

【例 7-5】　2012 年 4 月 21 日，华厦公司将一幢厂房的建造工程出包给中建公司承建，按合理估计的发包工程进度和合同规定，通过建设银行向中建公司结算进度款 800 000 元，工程完工后，收到中建公司有关工程结算单据，补付工程款 400 000 元，工程完工并达到预定可使用状态。公司应作如下会计分录：

(1) 向中建公司结算进度款时：
借：在建工程　800 000
　　贷：银行存款——建设银行　800 000
(2) 补付工程款时：
借：在建工程　400 000
　　贷：银行存款——建设银行　400 000
(3) 工程完工并达到预定可使用状态时：
借：固定资产　1 200 000
　　贷：在建工程　1 200 000

三、租入固定资产的处理

租入固定资产是指企业采用租赁形式取得、使用，并按期支付租金的固定资产。分为经营性租入固定资产和融资租入固定资产两种形式。

经营性租入是临时租入，资产所有权不属承租人，承租人只定期支付租金。租入固定资产的所有权仍属于租出单位。经营性租入固定资产在企业的"固定资产备查账簿"上作出记录。

根据我国企业会计准则的规定，满足下列标准之一的，即可认定为融资租赁：租赁期满时，资产的所有权转让给承租人；承租人有购买租赁资产的选择权，所订立的购价预计远低于行使选择权时租赁资产的公允价值,因而在租赁开始日就可合理地确定承租人将会行使这种选择权;租赁期占租赁资产使用寿命的大部分,这里的"大部分"租赁期占租赁资产开始日租赁资产使用寿命的75%以上;就承租人而言,租赁开始日最低租赁付款额的现值几乎相当于租赁开始日租赁资产的公允价值;租赁资产性质特殊,如果不作较大修整,只有承租人才能使用。融资租入的固定资产视同自有资产管理及计提折旧。

企业融资租入的固定资产,在租赁期开始日,按应计入固定资产成本的金额(租赁开始日租赁资产公允价值与最低租赁付款额现值两者中较低者,加上初始直接费用),借记"在建工程"或"固定资产"科目,按最低租赁付款额,贷记本科目,按发生的初始直接费用,贷记"银行存款"等科目,按其差额,借记"未确认融资费用"科目。

按期支付的租金,借记本科目,贷记"银行存款"等科目。

关于融资租赁的案例将在负债部分的长期应付款内讲解。

第三节 固定资产后续计量的会计处理

固定资产后续计量是指在固定资产达到预定的可使用状态后,随着使用的磨损、技术进步等因素所发生的价值的转移,固定资产的更新改造、扩建、装修等后续支出,固定资产的期末减值测试等。主要包括计提固定资产折旧、确定减值损失,计量后续支出。其中,固定资产的减值应当按照《企业会计准则第8号——资产减值》处理。

一、固定资产折旧

(一) 固定资产折旧的内涵

固定资产折旧,是指在固定资产使用寿命内,按照确定的方法对应计折旧额进行系统分摊。

应计折旧额,是指应当计提折旧的固定资产的原价扣除其预计净残值后的金额。已计提减值准备的固定资产,还应当扣除已计提的固定资产减值准备累计金额。

预计净残值,是指假定固定资产预计使用寿命已满,并处于使用寿命终了时的预期状态,企业目前从该项资产处置中获得的扣除预计处置费用后的金额。

根据固定资产的性质和使用情况,合理确定固定资产的使用寿命和预计净残值。固定资产的使用寿命、预计净残值一经确定,不得随意变更,但是符合以下规定的除外:

(1) 使用寿命预计数与原先估计数有差异的,应当调整固定资产使用寿命。
(2) 预计净残值预计数与原先估计数有差异的,应当调整预计净残值。
(3) 与固定资产有关的经济利益预期实现方式有重大改变的,应当改变固定资产折旧方法。
(4) 固定资产使用寿命、预计净残值和折旧方法的改变应当作为会计估计变更。

上述事项在报经股东大会或董事会、经理(厂长)会议或类似机构批准后,作为计提折旧的依据,并按照法律、行政法规等的规定报送有关各方备案。

(二) 影响折旧的因素

(1) 固定资产原价,是指固定资产的初始入账价值。

(2) 预计净残值。

(3) 固定资产减值准备，是指固定资产已计提的固定资产减值准备累计金额。

(4) 固定资产的使用寿命，是指企业使用固定资产的预计期间，或者该固定资产能够生产产品或提供劳务的数量。企业确定固定资产使用寿命时，应当考虑下列因素：

① 该项资产预计生产能力或实物产量。

② 该项资产预计有形损耗，如设备使用中发生磨损、房屋建筑物受到自然侵蚀等。

③ 该项资产预计无形损耗，如因新技术的出现而使现有的资金技术水平相对陈旧、市场需求变化使产品过时等。

④ 法律或者类似规定对该项资产使用的限制。

总之，企业应当根据固定资产的性质和使用情况，合理确定固定资产的使用寿命和预计净残值。

(三) 计提折旧的范围

除以下情况外，企业应当对所有固定资产计提折旧：

(1) 已提足折旧，仍继续使用的固定资产。

(2) 单独计价入账的土地。

在确定计提折旧的范围时，还应注意以下几点：

(1) 固定资产应当按月计提折旧，当月增加的固定资产，当月不计提折旧，从下月起计提折旧；当月减少的固定资产，当月仍计提折旧，从下月起不计提折旧。

(2) 提前报废的固定资产，也不再补提折旧。

(3) 已达到预定可使用状态但尚未办理竣工决算的固定资产，应当按照估计价值确定其成本，并计提折旧。待办理竣工决算后，再按实际成本调整原来的暂估价值，但不需要调整原已计提的折旧额。

(四) 固定资产预计使用寿命等的复核

在固定资产使用过程中，其所处的经济环境、技术环境以及其他环境有可能与预计固定资产使用寿命和预计净残值时发生很大的变化。

在固定资产使用过程中，与其有关的经济利益预期实现方式有可能发生重大改变。如果固定资产给企业带来经济利益的方式发生重大变化，企业也应相应改变固定资产折旧方法。如果与固定资产有关的经济利益预期实现方式有重大改变，应当相应改变固定资产的折旧方法，并按照会计估计变更的有关规定进行处理。

《企业会计准则第4号——固定资产》第十九条规定："企业至少应当于每年年度终了，对固定资产的使用寿命、预计净残值和折旧方法进行复核。"

(1) 使用寿命预计数与原先估计数有差异的，应当调整固定资产使用寿命。

(2) 预计净残值预计数与原先估计数有差异的，应当调整预计净残值。

(3) 与固定资产有关的经济利益预期实现方式有重大改变的，应当改变固定资产折旧方法。

(4) 固定资产使用寿命、预计净残值和折旧方法的改变应当作为会计估计变更。

二、固定资产折旧的计算方法

企业应当根据与固定资产有关的经济利益的预期实现方式，合理选择固定资产折旧方法。可选用的折旧方法包括年限平均法、工作量法、双倍余额递减法和年数总和法等。

1. 年限平均法

年限平均法又称直线法,是指将固定资产的应计折旧额均衡地分摊到固定资产预计使用寿命内的一种方法。采用这种方法计算的每期折旧额均相等。年限平均法的计算公式如下:

$$年折旧率=(1-预计净残值率)\div 预计使用寿命(年)\times 100\%$$

$$月折旧率=年折旧率\div 12$$

$$月折旧额=固定资产原价\times 月折旧率$$

【例 7-6】 2012 年 3 月 31 日,华厦公司有一幢厂房,原价为 4 000 000 元,预计可使用 20 年,预计报废时的净残值率为 2%。该厂房的折旧率和折旧额的计算如下:

$$年折旧率=(1-预计净残值率)\div 预计使用寿命(年)\times 100\%$$
$$=(1-2\%)\div 20\times 100\%=4.9\%$$

$$月折旧率=4.9\%\div 12=0.41\%$$

$$月折旧额=4\ 000\ 000\times 0.41\%=16\ 400\ 元$$

本例采用的是年限平均法计提固定资产折旧,其特点是将固定资产的应计折旧额均衡地分摊到固定资产预计使用寿命内,采用这种方法计算的每期折旧额是相等的。

2. 工作量法

工作量法,是根据固定资产实际提供的工作量,计提固定资产折旧额的一种方法。工作量法计算折旧的公式如下:

$$单位工作量折旧额=固定资产原价/(1-预计净残值率)/预计总工作量$$

$$某项固定资产月折旧额=该项固定资产当月工作量/单位工作量折旧额$$

【例 7-7】 2012 年 3 月 31 日,华厦公司的一台机器设备原价为 800 000 元,预计生产产品产量为 2 000 000 件,预计净残值率为 2%,公司 4 月份生产产品 30 000 件。则该台机器设备的月折旧额计算如下:

$$单件折旧额=800\ 000\times(1-2\%)/2\ 000\ 000=0.392(元/件)$$

$$月折旧额=30\ 000\times 0.392=11\ 760\ 元$$

本例采用工作量法计提固定资产折旧,工作量法是指根据实际工作量计算每期应提折旧额的一种方法。

3. 双倍余额递减法

双倍余额递减法,是加速折旧法的一种,是在不考虑固定资产预计净残值的情况下,根据每年年初固定资产净值和双倍的直线法折旧率计算固定资产折旧额的一种方法。应用这种方法计算折旧额时,由于每年年初固定资产净值没有扣除预计净残值,所以在计算固定资产折旧额时,应在其折旧年限到期前两年内,将固定资产的净值扣除预计净残值后的余额平均摊销。计算公式如下:

$$年折旧率=2/预计的使用年限$$

月折旧率＝年折旧率/12

月折旧额＝固定资产年初账面余额×月折旧率

最后两年,将固定资产的净值扣除预计净残值后的余额平均摊销。

【例7-8】 2012年12月31日,华厦公司有一台机器设备原价为600 000元,预计使用寿命为5年,预计净残值率为4%。按双倍余额递减法计算折旧,2013年及以后各年的折旧额计算如下:

年折旧率＝2/5＝40%

第一年应提的折旧额＝600 000×40%＝240 000元

第二年应提的折旧额＝(600 000－240 000)×40%＝144 000元

第三年应提的折旧额＝(360 000－144 000)×40%＝86 400元

从第四年起改按年限平均法(直线法)计提折旧:

第四、五年应提的折旧额＝(129 600－600 000×4%)/2＝52 800元

4. 年数总和法

年数总和法,又称合计年限法,是将固定资产的原价减去预计净残值后的余额,乘以一个以固定资产尚可使用寿命为分子,以预计使用寿命逐年数字之和为分母的逐年递减的分数计算每年的折旧额。计算公式如下:

年折旧率＝尚可使用寿命/预计使用寿命的年序总和

月折旧率＝年折旧率/12

月折旧额＝(固定资产原价－预计净残值)×月折旧率

【例7-9】 2012年12月31日,华厦公司一项固定资产的原价为1 000 000元,预计使用年限为5年,预计净残值为4 000元。按年数总和法计提折旧,2013年及以后各年的折旧额如表7-1所示。

表7-1 固定资产折旧计算表　　　　　　　　单位:元

年　份	尚可使用年限	应计提折旧额	折旧率	年折旧额	累计折旧
1	5	996 000	5/15	332 000	332 000
2	4	996 000	4/15	265 600	597 600
3	3	996 000	3/15	199 200	796 800
4	2	996 000	2/15	132 800	929 600
5	1	996 000	1/15	66 400	996 000

本例采用了年数总和法计提固定资产折旧。年数总和法又称年限合计法,是指将固定资产的原价减去预计净残值后的余额,乘以一个逐年递减的分数计算每年的折旧额,这个分数的分子代表固定资产尚可使用寿命,分母代表预计使用寿命逐年数字总和。

三、固定资产折旧的处理

固定资产应当按月计提折旧,计提的折旧应当记入"累计折旧"科目,并根据受益对象

计入相关资产的成本或者费用科目。企业自行建造固定资产过程中使用的固定资产,其计提的折旧应计入在建工程成本;基本生产车间所使用的固定资产,其计提的折旧应计入制造费用;管理部门所使用的固定资产,其计提的折旧应计入管理费用;销售部门所使用的固定资产,其计提的折旧应计入销售费用;经营租出的固定资产,其应提的折旧额应计入其他业务成本。企业计提固定资产折旧时,借记"制造费用"、"销售费用"、"管理费用"等科目,贷记"累计折旧"科目。

【例7-10】 华厦公司采用年限平均法对固定资产计提折旧。2012年1月根据"固定资产折旧计算表",确定的各车间及行政部管理部门应分配的折旧额为:一车间1 700 000元,二车间2 800 000元,三车间2 000 000元,行政管理部门500 000元,销售部门300 000元。公司应作如下会计分录:

借:制造费用——一车间　1 700 000
　　　　　　——二车间　2 800 000
　　　　　　——三车间　2 000 000
　　管理费用　500 000
　　销售费用　300 000
　贷:累计折旧　7 300 000

四、固定资产后续支出的处理

固定资产的后续支出是指固定资产在使用过程中发生的更新改造支出、修理费用等。企业的固定资产投入使用后,由于各个组成部分耐用程度不同或者使用条件不同,因而往往发生固定资产的局部损坏。为了保持固定资产的正常运转和使用,充分发挥其使用效能,就必须对其进行必要的后续支出。

固定资产的更新改造等后续支出,满足固定资产确认条件的,应当计入固定资产成本,如有被替换的部分,应同时将被替换部分的账面价值从该固定资产原账面价值中扣除;不满足固定资产确认条件的固定资产修理费用等,应当在发生时计入当期损益。

在对固定资产发生可资本化的后续支出后,企业应将该固定资产的原价、已计提的累计折旧和减值准备转销,将固定资产的账面价值转入在建工程。固定资产发生的可资本化的后续支出,通过"在建工程"科目核算。在固定资产发生的后续支出完工并达到预定可使用状态时,从"在建工程"科目转入"固定资产"科目。

企业生产车间(部门)和行政管理部门等发生的固定资产修理费用等后续支出,借记"管理费用"等科目,贷记"银行存款"等科目;企业发生的与专设销售机构相关的固定资产修理费用等后续支出,借记"销售费用"科目,贷记"银行存款"等科目。

1. 满足资本化条件,计入固定资产成本

固定资产发生资本化的后续支出时,企业一般应将该固定资产的原价、已计提的累计折旧和减值准备转销,将固定资产的账面价值转入在建工程,并停止计提折旧。

【例7-11】 华厦公司是一家从事快捷食品生产的企业,有关业务资料如下:

(1) 2009年12月31日,该公司自行建成了一条食品生产线并投入使用,建造成本为568 000元;采用年限平均法计提折旧;预计净残值率为固定资产原价的3%,预计使用年限为6年。

(2) 2012年1月1日,由于生产的产品适销对路,现有生产线的生产能力已难以满足公司生产发展的需要。但若新建生产线成本过高,周期过长,公司决定对现有生产线进行改扩建,以提高其生产能力。

(3) 2012年1月1日至3月31日,经过三个月的改扩建,完成了对这条食品生产线的改扩建工程,共发生支出268 900元,全部以建设银行存款支付。

(4) 该生产线改扩建工程达到预定可使用状态后,大大提高了生产能力,预计尚可使用年限为7年9个月。假定改扩建后生产线的预计净残值率为改扩建后固定资产账面价值的3‰;折旧方法仍为年限平均法。

(5) 为简化计算,不考虑其他相关税费,公司按月计提固定资产折旧。

公司应作如下会计分录:

(1) 2010年1月1日,计提固定资产折旧:

固定资产后续支出发生前,该条生产线的应计折旧额=568 000×(1−3‰)=550 960元,月折旧额为:550 960÷6÷12=7 652.22元

借:制造费用　7 652.22
　　贷:累计折旧　7 652.22

2010年1月1日至2011年12月31日,每个月计提折旧的会计处理与上述相同。

(2) 2012年1月1日,固定资产转入改扩建:

固定资产的账面价值=568 000−183 653.34(7 652.22×12×2)=384 346.66元

借:在建工程　384 346.66
　　累计折旧　183 653.34
　　贷:固定资产　568 000

(3) 2012年1月1日至3月31日,固定资产发生的后续支出:

借:在建工程　268 900
　　贷:银行存款——建设银行　268 900

(4) 2012年3月31日,后续支出的资本化:

生产线改扩建工程达到预定可使用状态,将后续支出全部资本化后的固定资产账面价值=384 346.66+268 900=653 246.66元

借:固定资产　653 246.66
　　贷:在建工程　653 246.66

(5) 2012年计提的固定资产的折旧:

2012年3月31日,生产线改扩建工程达到预定可使用状态后,固定资产的账面价值为653 246.66元;固定资产应计折旧额=653 246.66×(1−3‰)=633 649.26元。

2012年计提的固定资产折旧额=633 649.26÷(7×12+9)×9=61 320.90元。自2012年4月开始每月计提固定资产折旧的会计处理。

借:制造费用　6 813.43(61 320.90÷9)
　　贷:累计折旧　6 813.43

企业在发生可资本化的固定资产后续支出时,可能涉及替换固定资产的某个组成部分。如果满足固定资产的确认条件,应当将用于替换的部分资本化,计入固定资产账面价值,同时终止确认被替换部分的账面价值,以避免将替换部分的成本和被替换部分的账面

价值同时计入固定资产成本。在实务中,如果企业不能确定被替换部分的账面价值,可将替换部分的成本视为被替换部分的账面价值。

【例 7-12】 2000 年 12 月,华厦公司购入一架飞机总计花费 80 000 万元(含发动机),发动机当时的购价为 2 500 万元。公司未将发动机作为一项单独的固定资产进行核算。2012 年 12 月,公司开辟新航线,航程增加。为延长飞机的空中飞行时间,公司决定更换一部性能更为先进的发动机。新发动机购价为 2 700 万元,另需支付安装费用 51 万元。假定飞机的年折旧率为 3%,不考虑预计净残值和相关税费的影响,公司应作如下会计分录:

(1) 2012 年 12 月,将固定资产转入在建工程:

2000 年 12 月至 2012 年 12 月飞机的累计折旧金额 = 800 000 000 × 3% × 12 = 28 800 000 元

借:在建工程   512 000 000
　　累计折旧   28 800 000
　　贷:固定资产   800 000 000

(2) 安装新发动机:

借:在建工程   27 510 000
　　贷:工程物资   27 000 000
　　　　银行存款   510 000

(3) 2012 年 12 月,老发动机的账面价值:

终止确认老发动机的账面价值 = 25 000 000 − 9 000 000(25 000 000 × 3% × 12) = 16 000 000 元

若老发动机不能再为公司带来利益流入,即不符合资产确认的条件,则将其损失计入"营业外支出"科目。公司应作如下会计分录:

借:营业外支出   16 000 000
　　贷:在建工程   16 000 000

若发动机还可以为公司带来利益流入,即仍然符合资产的确认条件,则可将老发动机作价出售或作为原材料(配件、部件)验收入库。公司应作如下会计分录:

① 老发动机作价 16 000 000 元,验收入库作为材料(配件、部件)时:

借:原材料(库存商品)   16 000 000
　　贷:在建工程   16 000 000

② 老发动机作价 14 000 000 元,验收入库作为材料(配件、部件)时:

借:营业外支出   2 000 000
　　原材料(库存商品)   14 000 000
　　贷:在建工程   16 000 000

(4) 发动机安装完毕,投入使用:

飞机的入账价值 = 512 000 000 + 27 510 000 − 16 000 000 = 523 510 000 元

借:固定资产   523 510 000
　　贷:在建工程   523 510 000

2. 费用化的后续支出,计入当期损益

【例 7-13】 2012 年 6 月 1 日,华厦公司对现有的一台管理用设备进行日常修理,修理过程中应支付的维修人员工资为20 000元。公司应作如下会计分录：

在本例中，对机器设备的日常修理没有满足固定资产的确认条件，因此，应将该项固定资产后续支出在其发生时计入当期损益，属于生产车间（部门）和行政管理部门等发生的固定资产修理费用等后续支出，应记入"管理费用"等科目。

借：管理费用——固定资产修理　20 000
　　贷：应付职工薪酬——工资　20 000

【例7-14】 2012年8月1日，华厦公司对其现有的一台管理部门使用的设备进行修理，修理领用材料为5 000元。公司应作如下会计分录：

借：管理费用　5 000
　　贷：原材料　5 000

第四节　固定资产清查的会计处理

企业应定期或者至少于每年年末对固定资产进行清查盘点，以保证固定资产核算的真实性，充分挖掘企业现有固定资产的潜力。在固定资产清查过程中，如果发现盘盈、盘亏的固定资产，应填制固定资产盘盈盘亏报告表。清查固定资产的损益，应及时查明原因，并按照规定程序报批处理。

一、固定资产清查的范围

（1）对固定资产要检查固定资产原值、待报废和提前报废固定资产的数额及固定资产损失、待核销数额等；关注固定资产分类是否合理；详细了解固定资产目前的使用状况等。

（2）对出租的固定资产要检查相关租赁合同；检查各单位账面记录情况，检查是否已按合同规定收取租赁费。

（3）对临时借出、调拨转出但未履行调拨手续和未按规定手续批准转让出去的资产，要求各单位收回或者补办手续。

（4）对清查出的各项账面盘盈、盘亏固定资产，要查明原因，分清工作责任，提出处理意见。

（5）检查房屋、车辆等产权证明原件并取得复印件，关注产权是否受到限制，如抵押、担保等，检查取得的相关合同、协议。

（6）对批量购进的单位价值低的图书等，如果被资产清查单位无法列示明细金额的，按加总数量清查核对实物，按总计金额填列固定资产清查明细表，并注明总数量。

二、固定资产清查的程序

（一）清查前的准备

1. 组成固定资产清查小组，明确责任分工

各单位根据自身实际情况，组成由资产管理部门、使用部门、财务部门等人员组成的固定资产清查小组，并明确具体的责任分工，以及问题的协调、上报和处理机制。

2. 进行事前的摸查

由于固定资产的种类及数量多，使用情况变动多、产权情况可能较复杂，因此，各单位在固定资产清查时，应组织前后任领导、前后任资产管理及财务人员、资产使用人员以及其他知情人员，召开资产清查准备会，充分了解固定资产的购建、分布、占用及使用、产权及其变动、抵押及担保、未入账资产等情况，形成会议纪要，建议单位在各部门先行按其占用和使用的固定资产进行自查，编制固定资产部门自查表并上报固定资产清查小组，为实地核查作准备。

3. 编制固定资产清查计划

固定资产清查小组负责制订清查计划，包括账务清理、实地盘点、产权和抵押资料的收集及认定、损益证据收集、损益鉴定及损益申报等内容，以及这些内容的实施时间、实施人、实施程序和方法、分阶段工作报告的撰写及完成时间等。

（二）利用账务清理结果，编制盘点用的固定资产明细表

通过账务清理，将固定资产分为土地、房屋、构筑物、通用设备、专用设备、交通运输设备、电气设备、电子产品及通信设备、仪器仪表及其他、文艺体育设备、图书文物及陈列品、家具用具及其他等类别，并收集产权证明文件、发票、合同、结算书、使用说明书等资料，结合资产占用及使用情况，按照固定资产清查表要求填制编制分类及明细盘点基础表。

（三）实地盘点并核实有关情况

1. 盘点前准备

固定资产的实地盘点核实是资产清查的重要内容，各单位在盘点前，应准备好分类及明细盘点基础表、固定资产卡片、已盘点资产粘贴标识、产权证明材料、使用方向证明资料，规划好盘点的时间、路线、先后顺序、分组情况，对毁损、报废、存在重大变化情形的内、外部会审小组或鉴证小组的组成及实地勘察时间安排，以及财产损失证明文件的取证安排、申报材料的组织和呈报、总结撰写等，形成书面《固定资产盘点计划》并下达至所有参加盘点人员，在单位资产清查机构的统一领导下组织实施。

2. 账载固定资产盘点

固定资产的盘点应分类进行，在盘点账面记载的固定资产时以账查物，并要求查明固定资产的基本情况：仔细核对固定资产编号及名称、结构或规格型号、坐落位置或使用部门、构建日起即投入使用日期、使用方向、使用状况、产权归属、变动情况、数量、原值。其中：涉及抵押或担保情况的，还应根据担保合同，以发函方式核实：被担保单位的名称、性质、与本单位的关系，担保方式、担保起止时间、担保金额，贷款金额、已偿还金额、逾期未偿还金额，是否上级指定担保等情况；涉及出租、出借固定资产情况的，还应根据有关证明资料，以发函方式核实：批准机构和批准文号，对方单位名称、出租合同或出借证明，出租资产本年应收及实收金额等情况。

对已盘点的固定资产应及时贴上"已盘点资产粘贴标识"。

3. 根据盘点情况编制"清查固定资产盘点表"

与基准日"固定资产清查明细表"进行核对，并对盘点中出现的差异情况进行说明。

三、固定资产清查的账务处理

1. 固定资产盘盈

企业在固定资产清查中出现盘盈的,作为前期差错处理。企业在财产清查中盘盈的固定资产,在按管理权限报经批准处理前,应首先通过"以前年度损益调整"科目核算。盘盈的固定资产,应按重置成本确定其入账价值,借记"固定资产"科目,贷记"以前年度损益调整"科目。

【例 7-15】 2012 年 12 月 31 日,华厦公司在财产清查过程中,发现 2011 年 12 月购入的一台设备尚未入账,重置成本为 40 000 元。根据《企业会计准则第 28 号——会计政策、会计估计变更和差错更正》规定,该盘盈固定资产作为前期差错进行处理。公司按净利润的 10% 计提法定盈余公积,不考虑相关税费及其他因素的影响。公司应作如下会计分录:

(1) 固定资产盘盈时:
借:固定资产　40 000
　　贷:以前年度损益调整　40 000
(2) 结转为留存收益时:
借:以前年度损益调整　40 000
　　贷:盈余公积——法定盈余公积 （40 000×10%）　4 000
　　　　利润分配——未分配利润 （40 000－40 000×10%）　36 000

2. 固定资产盘亏

企业在财产清查中盘亏的固定资产,按盘亏固定资产的账面价值,借记"待处理财产损益——待处理非流动资产损益"科目,按已计提的累计折旧,借记"累计折旧"科目,按已计提的减值准备,借记"固定资产减值准备"科目,按固定资产的原价,贷记"固定资产"科目。按管理权限报经批准后处理时,按可收回的保险赔偿或过失人赔偿,借记"其他应收款"科目,按盘亏所引起的企业净损失计入营业外支出科目,借记"营业外支出——盘亏损失"科目,贷记"待处理财产损益——待处理非流动资产损益"科目。

【例 7-16】 2012 年 12 月 31 日,华厦公司进行财产清查时发现短缺一台笔记本电脑,原价为 10 000 元,已计提折旧 7 000 元。公司应作如下会计分录:

(1) 盘亏固定资产时:
借:待处理财产损益——待处理非流动资产损益　3 000
　　累计折旧　7 000
　　贷:固定资产　10 000
(2) 报经批准转销时:
借:营业外支出——盘亏损失　3 000
　　贷:待处理财产损益——待处理非流动资产损益　3 000

第五节　固定资产减值及处置的会计处理

固定资产的初始入账价值是历史成本,由于固定资产使用年限较长,市场条件和经营环境的变化、科学技术的进步以及企业经营管理不善等原因,都可能导致固定资产创造未来经济利益的能力大大下降。因此,固定资产的真实价值有可能低于账面价值,在期末必须对固定资产减值损失进行确认。

对于固定资产减值准备,会计准则规定,企业的固定资产应当在期末时,按照账面价值与可收回金额孰低计量。可收回金额是指资产的销售净价,与预期从该资产的持续使用和使用寿命结束时的处置中形成的预计未来现金流量的现值进行比较,两者之间较高者。对可收回金额低于账面价值的差额,应计提固定资产减值准备。因此计提减值的基本思路是,固定资产的账面价值与可收回金额相比,如果账面价值大于可收回金额,需要计提资产减值准备;如果账面价值小于可收回金额,则无须计提资产减值准备。

账面价值是指账面余额减去相关的备抵项目后的净额。账面价值不等于净值,固定资产原价扣除累计折旧后为净值,净值再扣除减值准备后为账面价值(净额)。

账面余额是指账面实际余额,不扣除作为备抵的项目,如累计折旧、减值准备等。

可收回金额的确认采用了孰高原则。

一、固定资产可能发生减值的迹象

1. 公允价值持续下降

固定资产的市价当期大幅度下跌,其跌幅明显高于因时间的推移或者正常使用而预计的下跌。

2. 企业所处环境发生变化

企业经营所处的经济、技术或者法律等环境以及资产所处的市场在当期或者将在近期发生重大变化,从而对企业产生不利影响。

3. 市场利率提高

市场利率或者其他市场投资报酬率在当期已经提高,从而影响企业计算固定资产预计未来现金流量现值的折现率,导致固定资产可收回金额大幅度降低。

4. 固定资产陈旧或过时

有证据表明固定资产已经陈旧过时或者其实体已经损坏。

5. 固定资产不再使用

固定资产已经或者将被闲置、终止使用或者计划提前处置。

6. 固定资产提供的效益低于预期

企业内部报告的证据表明,固定资产的经济绩效已经低于或者将低于预期,如固定资产所创造的净现金流量或者实现的营业利润(或者亏损)远远低于(或者高于)预计金额等。

7. 其他原因

其他表明固定资产可能已经发生减值的迹象。

二、可收回金额的确定

(一)可收回金额的确定原则

(1)公允价值只能按资产的公允价值确认原则进行确定,处置费用包括与固定资产处置有关的法律费用、相关税金、搬运费以及为使用固定资产达到可销售状态所发生的直接费用等。

（2）企业预期从该资产的持续使用和使用寿命结束时的处置中，取得的现金流量的现值主要取决于该固定资产的预计使用寿命、未来所产生的现金流量和折现率的选择。

（3）预计使用寿命应以该项固定资产尚可使用寿命为限。

（4）该固定资产未来所产生的现金流量，应当包括资产持续使用过程中预计产生的现金流入、使用中所必需的预计现金流出以及资产使用寿命结束时，处置资产所收到或者支付的净现金流量。

（5）折现率应当是指能够反映当前市场货币时间价值和资产特定风险的税前利率，它是企业在购置或投资资产时所要求的必要报酬率。

（二）资产可收回金额的计量

资产可收回价值的确认方法，资产的可收回金额应当根据资产的公允价值减去处置费用后的净额与资产预计未来现金流量的现值，两者之间较高者确定。

1. 资产的公允价值减去处置费用后净额的确定

资产的公允价值减去处置费用后的净额，通常反映的是资产如果被出售或者处置时可以收回的净现金流入。其中，处置费用是可以直接归属于资产处置的增量成本，包括与资产处置有关的法律费用、相关税费、搬运费以及为使资产达到可销售状态所发生的直接费用等，但是财务费用和所得税费用等不包括在内。

2. 资产预计未来现金流量现值的确定

资产预计未来现金流量的现值，应当按照资产在持续使用过程中和最终处置时所产生的预计未来现金流量，选择恰当的折现率对其进行折现后的金额加以确定。

资产组可收回金额的计量与单项资产的计量标准相同。

三、资产减值损失的确定

企业在对资产进行减值测试并计算确定资产的可收回金额后，如果资产的可收回金额低于账面价值，应当将资产的账面价值减记至可收回金额，减记的金额确认为资产减值损失，计入当期损益，同时计提相应的资产减值准备。

资产减值损失确认后，减值资产的折旧或者摊销费用应当在未来期间作相应调整，以使该资产在剩余使用寿命内，系统地分摊调整后的资产账面价值（扣除预计净残值）。

四、固定资产减值损失的账务处理

（一）单项固定资产减值

固定资产在资产负债表日存在可能发生减值的迹象时，其可收回金额低于账面价值的，企业应当将该固定资产的账面价值减记至可收回金额，减记的金额确认为减值损失，计入当期损益，同时计提相应的资产减值准备，借记"资产减值损失——计提的固定资产减值准备"科目，贷记"固定资产减值准备"科目。

固定资产减值损失一经确认，在以后会计期间不得转回。

【例7-17】 2012年12月31日，华厦公司某生产线存在可能发生减值的迹象。经计算，该机器的可收回金额合计为1 330 000元，账面价值为1 600 000元，以前年度未对该生产线计提减值准备。公司应作如下会计分录：

由于该生产线的可收回金额为1 330 000元,账面价值为1 600 000元。可收回金额低于账面价值,应按两者之间的差额270 000(1 600 000－1 330 000)元,计提固定资产减值准备。

借:资产减值损失——计提的固定资产减值准备   270 000
　　贷:固定资产减值准备   270 000

(二)资产组减值

1. 资产组的概念

《企业会计准则第8号——资产减值》应用指南将资产组定义为:"资产组是企业可以认定的最小资产组合,其产生的现金流入应当基本上独立于其他资产或资产组。资产组应当由创造现金流入的相关资产组成。"这个概念包括三层基本含义:一是资产组由多个资产组成,这多个资产共同创造现金流入;二是认定资产组是以独立产生现金流量为依据,国际会计准则称之为"现金产出单元";三是确定资产组独立产生现金流量的目的是为了计提资产减值准备。

2. 资产组的认定

《企业会计准则第8号——资产减值》规定:"资产组的认定,应当以资产组产生的主要现金流入是否独立于其他资产或者资产组的现金流入为依据。"因此,资产组能否独立产生现金流入是认定资产组的最关键因素。对于企业的某一生产线、营业网点、业务部门等,如果能够独立于其他部门或者单位等创造收入、产生现金流入,或者其创造的收入和现金流入的绝大部分独立于其他部门或者单位的,并且属于可认定的最小的资产组合的,通常应将该生产线、营业网点、业务部门等认定为一个资产组。资产减值准则应用指南规定:"几项资产的组合生产的产品(或者其他产出)存在活跃市场的,无论这些产品或者其他产出是用于对外出售还是仅供企业内部使用,均表明这几项资产的组合能够独立创造现金流入,应当将这些资产的组合认定为资产组。"同时准则还规定:"在认定资产组时,应当考虑企业管理层管理生产经营活动的方式和对资产的持续使用或者处置的决策方式等。"比如企业各生产线都是独立生产、管理和监控的,那么各生产线很可能应当认定为单独的资产组;如果某些机器设备是相互关联、相互依存的,其使用和处置是一体化决策,那么这些机器设备很可能应当认定为一个资产组。

3. 资产组可收回金额与账面价值的确定

《企业会计准则第8号——资产减值》规定:"资产组的可回收金额应当按照该资产组的公允价值减去处置费用后的净额与预计未来现金流量的现值两者之间的较高者确定。资产组账面价值的确定基础应当与其可回收金额的确定方式相一致。资产组账面价值包括可直接归属于资产组与可以合理和一致地分摊至资产组的账面价值,通常不包括已确认负债的账面价值,但如不考虑该负债就无法确定资产组可收回金额的除外。资产组在处置时如要求购买者承担一项负债(如环境恢复负债等),该负债金额已经确认并计入相关资产账面价值,而且企业只能取得包括上述资产和负债在内的单一公允价值减去处置费用后净额的,为了比较资产组的账面价值和可回收金额,在确定资产组的账面价值及其预计未来现金流量的现值时,应当将已确认的负债金额从中扣除。"

【例7-18】 华厦公司2012年12月31日测试其一资产组发生了减值。该资产组由一栋厂房、一台设备和一项负债组成。厂房的账面原值520万元,已提折旧320万元;设备账面原值600万元,已提折旧300万元;负债为80万元。该资产组如果进行处置,其公允价值减去处置费用后的净额为420万元;该资产组如果持续使用,其使用期间及资产期满报废所带来的各年现金流量现值为410万元。公司2012年12月31日进行如下计算和处理。

  公司厂房的账面价值=520-320=200万元

  公司设备的账面价值=600-300=300万元

  公司该资产组净资产账面价值=200+300-80=420万元

  公司该资产组可收回金额=410万元

通过比较处置净值420万元和现值410万元后,选其金额较大的420万元作可收回金额。

4. 资产组减值测试的会计处理

资产组减值测试的原理和单项资产一致,即企业需要预计资产组的可收回金额和计算资产组的账面价值,并将两者进行比较,如果资产组的可收回金额低于其账面价值的,应当确认相应的减值损失。减值损失金额应当按照下列顺序进行分摊:首先抵减分摊至资产组中商誉的账面价值;然后根据资产组中除商誉之外的其他各项资产的账面价值所占比重,按比例抵减其他各项资产的账面价值。

以上资产账面价值的抵减,应当作为各单项资产(包括商誉)减值损失处理,计入当期损益。抵减后的各资产的账面价值不得低于以下三者之中的最高者:该资产的公允价值减去处置费用后的净额(如可确定的);该资产预计未来现金流量的现值,因此而导致的未能分摊的减值损失金额,应当按照相关资产组或者资产组中其他各项资产的账面价值所占比重进行分摊。

【例7-19】 2010年11月1日,华厦公司有一条生产线,生产气象使用的精密仪器,该生产线由Ⅰ型、Ⅱ型、Ⅲ型三部机器构成,成本分别为40万元、60万元和100万元。使用年限均为10年,净残值为零,企业采用年限平均法计提折旧。Ⅰ型、Ⅱ型、Ⅲ型三部机器均无法单独产生现金流量,但整条生产线构成完整的产销单位,属于一个资产组。2012年,生产线所生产的精密仪器有替代产品上市,到年底,导致公司精密仪器的销路锐减40%,因此,在2012年12月31日对生产线进行减值测试。该生产线已经使用5年,预计尚可使用5年。2012年12月31日,Ⅰ型、Ⅱ型、Ⅲ型三部机器的账面价值分别为20万元、30万元和50万元。经估计,Ⅰ型机器的公允价值减去处置费用后的净额为15万元,Ⅱ型和Ⅲ型机器都无法合理估计其公允价值减去处置费用后的净额以及未来现金流量的现值。同时,通过估计得到该生产线预计未来现金流量的现值为60万元,由于公司无法合理估计生产线的公允价值减去处置费用后的净额,公司以生产线预计未来现金流量的现值60万元为其可回收金额。

(1) 2012年12月31日,公司进行如下计算和处理。

① 生产线的账面价值=20+30+50=100万元

② 生产线的可收回金额=60万元

③ 生产线的减值损失=100-60=40万元

④ 生产线减值损失按设备账面价值计算的分摊比例如下:

Ⅰ型机器分摊比例＝20÷100＝20％

Ⅱ型机器分摊比例＝30÷100＝30％

Ⅲ型机器分摊比例＝50÷100＝50％

⑤ 生产线各机器分摊减值损失计算如下：

Ⅰ型机器分摊减值损失＝20－15＝5万元

按照分摊比例，Ⅰ型机器应当分摊减值损失8万元（40×20％），但由于Ⅰ型机器的公允价值减去处置费用后的净额为15万元，因此Ⅰ型机器最多只能确认减值损失5万元（20－15），未能分摊的减值损失3万元（8－5），应当在Ⅱ型机器和Ⅲ型机器之间进行再分摊。

Ⅱ型机器分摊减值损失＝40×30％＝12万元

Ⅲ型机器分摊减值损失＝40×50％＝20万元

⑥ 生产线各机器减值损失分摊后的账面价值：

Ⅰ型机器分摊后的账面价值＝20－5＝15万元

Ⅱ型机器分摊后的账面价值＝30－12＝18万元

Ⅲ型机器分摊后的账面价值＝50－20＝30万元

⑦ 尚未分摊的减值损失＝40－（5＋12＋20）＝3万元

⑧ 将尚未分摊的3万元减值损失在Ⅱ型和Ⅲ型机器之间按比例进行第二次分摊：

Ⅱ型机器第二次分摊的减值损失＝3×[18÷（18＋30）]＝1.125万元

Ⅲ型机器第二次分摊的减值损失＝3×[30÷（18＋30）]＝1.875万元

⑨ 第二次分摊后Ⅱ型机器和Ⅲ型机器应确认减值损失总额：

Ⅱ型机器应确认减值损失总额＝12＋1.125＝13.125万元

Ⅲ型机器应确认减值损失总额＝20＋1.875＝21.875万元

⑩ 第二次分摊后Ⅱ型机器和Ⅲ型机器的账面价值：

第二次分摊后Ⅱ型机器的账面价值＝30－13.125＝16.875万元

第二次分摊后Ⅲ型机器的账面价值＝50－21.875＝28.125万元

根据上述计算和分摊结果，构成生产线的Ⅰ型、Ⅱ型和Ⅲ型机器应当分别确认减值损失50 000元、131 250元和218 750元。

借：资产减值损失——Ⅰ型机器　50 000
　　　　　　　　——Ⅱ型机器　131 250
　　　　　　　　——Ⅲ型机器　218 750
　贷：固定资产减值准备——Ⅰ型机器　50 000
　　　　　　　　　　——Ⅱ型机器　131 250
　　　　　　　　　　——Ⅲ型机器　218 750

资产减值损失一经确认，在以后会计期间不得转回。但是，遇到资产报废、出售、对外投资、以非货币性资产交换方式换出、通过债务重组抵偿债务等情况,同时符合资产终止确认条件的,企业应当将相关资产减值准备予以转销。

五、固定资产处置的账务处理

企业在生产经营过程中,可能将不适用或不需用的固定资产对外出售转让,或因磨损、技术进步等原因对固定资产进行报废,或因遭受自然灾害而对毁损的固定资产进行处理。对于上述事项在进行会计核算时,应按规定程序办理有关手续,结转固定资产的账面价值,计算有关的清理收入、清理费用及残料价值等。

固定资产处置包括固定资产的出售、报废、毁损、对外投资、非货币性资产交换、债务重组等。处置固定资产应通过"固定资产清理"科目核算。具体包括以下几个环节:

1. 固定资产转入清理

企业因出售、报废、毁损、对外投资、非货币性资产交换、债务重组等转出的固定资产,按该项固定资产的账面价值,借记"固定资产清理"科目,按已计提的累计折旧,借记"累计折旧"科目,按已计提的减值准备,借记"固定资产减值准备"科目,按其账面原价,贷记"固定资产"科目。

2. 发生的清理费用

固定资产清理过程中,发生的相关税费及其他费用,借记"固定资产清理"科目,贷记"银行存款"、"应交税费——应交营业税"等科目。

3. 收回出售固定资产的价款、残料价值和变价收入等,借记"银行存款"、"原材料"等科目,贷记"固定资产清理"科目。

4. 保险赔偿等的处理

应由保险公司或过失人赔偿的损失,借记"其他应收款"等科目,贷记"固定资产清理"科目。

5. 清理净损益的处理

固定资产清理完成后,属于生产经营期间正常的处理损失,借记"营业外支出——处置非流动资产损失"科目,贷记"固定资产清理"科目;属于自然灾害等非正常原因造成的损失,借记"营业外支出——非常损失"科目,贷记"固定资产清理"科目。如为贷方余额,借记"固定资产清理"科目,贷记"营业外收入"科目。

【例7-20】 2012年9月1日,华厦公司出售一座建筑物,原价为4 000 000元,已计提折旧2 000 000元,未计提减值准备,实际出售价格为2 200 000元,已通过工商银行收回价款。按规定适用的营业税税率为5%,计算营业税。公司应作如下会计分录:

(1) 将出售固定资产转入清理时:
借:固定资产清理　2 000 000
　　累计折旧　2 000 000
　　　贷:固定资产　4 000 000

(2) 收回出售固定资产的价款时:
借:银行存款——工商银行　2 200 000
　　　贷:固定资产清理　2 200 000

(3) 计算销售该固定资产应交纳的营业税:

按规定适用的营业税税率为5%,应纳税为110 000(2 200 000×5%)元
借:固定资产清理   110 000
　　贷:应交税费——应交营业税   110 000

(4) 结转出售固定资产实现的利得或损失时:

　　计算处置固定资产的利得或损失=2 200 000-2 000 000-110 000=90 000元

借:固定资产清理   90 000
　　贷:营业外收入——非流动资产处置利得   90 000

【例7-21】 2012年12月1日,华厦公司现有一台设备由于性能等原因决定提前报废,原价为600 000元,已计提折旧550 000元,未计提减值准备。报废时的残值变价收入为20 000元,报废清理过程中发生清理费用5 500元。有关收入、支出均通过工商银行办理结算。假定不考虑相关税收影响,公司应作如下会计分录:

(1) 将报废固定资产转入清理时:

借:固定资产清理   50 000
　　累计折旧   550 000
　　贷:固定资产   600 000

(2) 收回残料变价收入时:

借:银行存款——工商银行   20 000
　　贷:固定资产清理   20 000

(3) 支付清理费用时:

借:固定资产清理   5 500
　　贷:银行存款——工商银行   5 500

(4) 结转报废固定资产发生的净损失时:

　　计算处置固定资产的利得或损失=20 000-5 500-50 000=-35 500元

借:营业外支出——非流动资产处置损失   35 500
　　贷:固定资产清理   35 500

【例7-22】 2012年12月31日,华厦公司因遭受水灾而毁损一座仓库,该仓库原价5 000 000元,已计提折旧2 000 000元,未计提减值准备。其残料估计价值150 000元,残料已办理入库。发生的清理费用120 000元,以工商银行存款支付。经保险公司核定应赔偿损失2 500 000元,尚未收到赔款。假定不考虑相关税费,公司应作如下会计分录:

(1) 将毁损的仓库转入清理时:

借:固定资产清理   3 000 000
　　累计折旧   2 000 000
　　贷:固定资产   5 000 000

(2) 残料入库时:

借:原材料   150 000
　　贷:固定资产清理   150 000

(3) 支付清理费用时:

借:固定资产清理　120 000
　　　　贷:银行存款——工商银行　120 000
（4）确定应由保险公司理赔的损失时:
　　借:其他应收款——保险公司　2 500 000
　　　　贷:固定资产清理　2 500 000
（5）结转毁损固定资产发生的损失时:

计算处置固定资产的利得或损失＝150 000＋2 500 000－120 000－3 000 000＝－470 000元

　　借:营业外支出——非常损失　470 000
　　　　贷:固定资产清理　470 000

第八章 投资性房地产

第一节 投资性房地产概述

一、投资性房地产概念

投资性房地产是指为赚取租金或资本增值,或者两者兼有而持有的房地产。主要包括已出租的土地使用权、持有并准备增值后转让的土地使用权和已出租的建筑物。投资性房地产应当能够单独计量和出售。

投资性房地产的主要形式是出租建筑物、出租土地使用权,这实质上属于一种让渡资产使用权行为。房地产租金就是让渡资产使用权取得的使用费收入,是企业为完成其经营目标所从事的经营性活动以及与之相关的其他活动形成的经济利益总流入。

投资性房地产的另一种形式是持有并准备增值后转让的土地使用权,尽管其增值收益通常与市场供求、经济发展等因素相关,但目的是为了增值后转让以赚取增值收益,也是企业为完成其经营目标所从事的经营性活动以及与之相关的其他活动形成的经济利益总流入。在我国实务中,持有并准备增值后转让的土地使用权这种情况较少。

二、投资性房地产的范围

(一)投资性房地产

1. 已出租的土地使用权

已出租的土地使用权是指企业通过出让或转让方式取得,并以经营租赁方式出租的土地使用权。企业计划用于出租但尚未出租的土地使用权,不属于此类。对于以经营租赁方式租入土地使用权再转租给其他单位的,不能确认为投资性房地产。

【例8-1】 2012年8月1日,华厦公司与常山公司签署了土地使用权经营租赁协议,公司以年租金200万元租赁使用常山公司拥有的1万 m^2 土地使用权,租期10年。自租赁协议约定的租赁期开始日起,这项土地使用权属于常山公司的投资性房地产。

2. 持有并准备增值后转让的土地使用权

持有并准备增值后转让的土地使用权是指企业取得的、准备增值后转让的土地使用权(不包括按照国家有关规定认定的闲置土地)。

3. 已出租的建筑物

已出租的建筑物是指企业拥有产权或控制的、以经营租赁方式出租的建筑物,包括自行建造或开发完成后用于出租的房屋等。

在确认投资性房地产时,应注意以下事项:

(1) 已出租的投资性房地产租赁期届满,因暂时空置但继续用于出租的,仍作为投资性房地产。

(2) 对企业持有以备经营出租的空置建筑物,只要企业管理当局作出正式书面决议,明确将其用于经营出租且持有意图短期内不再发生变化的,即使尚未签订租赁协议,也可视为投资性房地产。

空置建筑物,是指企业新购入、自行建造或开发完工但尚未使用的建筑物,以及不再用于日常生产经营活动且经整理后达到可经营出租状态的建筑物。

这意味着,企业的建筑物,即使没有出租,也可能确认为投资性房地产。

(3) 闲置土地不属于持有并准备增值后转让的土地使用权。

闲置土地,是指企业依法取得土地使用权后,未经原批准用地的人民政府同意,超过规定的期限未动工开发建设的建设用地。

具有下列情形之一的,可以认定为闲置土地:

① 国有土地有偿使用合同或者建设用地批准书未规定动工开发建设日期,自国有土地有偿使用合同生效或者土地行政主管部门建设用地批准书颁发之日起满1年未动工开发建设的。

② 已动工开发建设但开发建设的面积占应动工开发建设总面积不足三分之一或者已投资额占总投资额不足25%且未经批准中止开发建设连续满1年的。

(4) 企业以经营方式租入建筑物或土地使用权再转租给其他单位或个人的,不属于投资性房地产,也不能确认为企业的资产。

(5) 企业出租给本企业职工居住的宿舍,即使按照市场价格收取租金,也不属于投资性房地产。这部分房产应确认为固定资产。

(6) 房地产开发企业持有并准备增值后出售的土地使用权,不属于投资性房地产,应确认为存货。

(7) 一项房地产,部分用于赚取租金或资本增值,部分用于生产商品、提供劳务或经营管理,用于赚取租金或资本增值的部分,如果能够单独计量和出售的,可以将该部分确认为投资性房地产;不能够单独计量和出售的,不确认为投资性房地产。

(8) 集团内关联企业之间租赁房地产的,出租方应将出租的房地产确认为投资性房地产。但在编制合并报表时,应将其作为企业集团的自用房地产。

(二) 不属于投资性房地产

1. 自用房地产

自用房地产是指为生产商品、提供劳务或者经营管理而持有的房地产。如企业生产经营用的厂房和办公楼属于固定资产;企业生产经营用的土地使用权属于无形资产。企业拥有并自行经营的旅馆饭店。旅馆饭店的经营者在向顾客提供住宿服务的同时,还提供餐饮、娱乐等其他服务,其经营目的主要是通过向客户提供服务取得服务收入,因此,企业自行经营的旅馆饭店是企业的经营场所,应当属于自用房地产。

2. 作为存货的房地产

作为存货的房地产通常是指房地产开发企业在正常经营过程中销售的或为销售而正

在开发的商品房和土地。

从事房地产经营开发的企业依法取得的、用于开发后出售的土地使用权，属于房地产开发企业的存货，即使房地产开发企业决定待增值后再转让其开发的土地，也不得将其确认为投资性房地产。存在某项房地产部分自用或作为存货出售、部分用于赚取租金或资本增值的情形。如某项投资性房地产不同用途的部分能够单独计量和出售的，应当分别确认为固定资产、无形资产、存货和投资性房地产。

第二节 投资性房地产取得的会计处理

一、投资性房地产的确认与初始计量

与其他资产项目一样，某个项目在符合投资性房地产定义的前提下，同时满足下列两项条件的，才能确认为投资性房地产：
(1) 与该投资性房地产有关的经济利益很可能流入企业。
(2) 该投资性房地产的成本能够可靠地计量。
投资性房地产应当按照其取得时的成本进行计量。

二、外购的投资性房地产的处理

企业外购的房地产，只有在购入的同时开始对外出租或用于资本增值，才能作为投资性房地产加以确认。

企业购入房地产，自用一段时间之后再改为出租或用于资本增值的，应当先将外购的房地产确认为固定资产或无形资产，自租赁期开始日或用于资本增值之日起，才能从固定资产或无形资产转换为投资性房地产。

企业外购投资性房地产时，应当按照取得时的实际成本进行初始计量。取得时的实际成本，包括购买价款、相关税费和可直接归属于该资产的其他支出。采用成本模式进行后续计量的，企业应当在购入投资性房地产时，借记"投资性房地产"科目，贷记"银行存款"等科目；采用公允价值模式进行后续计量的，企业应当在购入投资性房地产时，借记"投资性房地产——成本"科目，贷记"银行存款"等科目。

华厦公司于2012年1月1日支付1 000万元价款和10万元相关税费购入了800 m^2 商业用房，当日出租给隆生集团公司。公司应作如下会计分录：

借：投资性房地产　10 100 000
　　贷：银行存款　10 100 000

三、自行建造投资性房地产的账务处理

企业自行建造的房地产，只有在自行建造活动完成（即达到预定可使用状态）的同时开始对外出租或用于资本增值，才能将自行建造的房地产确认为投资性房地产。自行建造投资性房地产的成本，由建造该项房地产达到预定可使用状态前发生的必要支出构成。

企业自行建造房地产达到预定可使用状态后一段时间才对外出租或用于资本增值的，应当先将自行建造的房地产确认为固定资产、无形资产或存货，自租赁期开始日或用于资

本增值之日开始,从固定资产、无形资产或存货转换为投资性房地产。

自行建造投资性房地产,其成本由建造该项资产达到预定可使用状态前发生的必要支出构成,包括土地开发费、建筑成本、安装成本、应予以资本化的借款费用、支付的其他费用和分摊的间接费用等。采用成本模式进行后续计量的,应按照确定的自行建造投资性房地产成本,借记"投资性房地产"科目,贷记"在建工程"或"开发产品"科目。采用公允价值模式进行后续计量的,应按照确定的自行建造投资性房地产成本,借记"投资性房地产——成本"科目,贷记"在建工程"或"开发产品"科目。

2012年1月,华厦公司从永安置业购入一块土地的使用权,并在这块土地上开始自行建造三栋厂房。10月,公司预计厂房即将完工,与宏图公司签订了经营租赁合同,将其中一栋厂房租赁给宏图公司使用。租赁合同约定,该厂房于完工(达到预定可使用状态)时开始起租。12月1日,三栋厂房同时完工,达到预定可使用状态。该块地使用权的成本为6 000万元;三栋厂房的实际造价分别为10 000万元、20 000万元、30 000万元,能够单独计量,出租厂房的造价为20 000万元。公司应作如下会计分录:

土地使用权中对应部分同时转换为投资性房地产=[6 000×(20 000÷60 000)]=2 000万元

借:投资性房地产——厂房　200 000 000
　　贷:在建工程　200 000 000
借:投资性房地产——已出租土地使用权　20 000 000
　　贷:无形资产——土地使用权　20 000 000

第三节　投资性房地产后续计量的会计处理

投资性房地产的后续计量有成本和公允价值两种模式,通常采用成本模式计量,满足特定条件时可以采用公允价值模式计量。但是,同一企业只能采用一种模式对所有投资性房地产进行后续计量,不得同时采用两种计量模式。

一、采用成本模式进行后续计量投资性房地产的账务处理

企业通常应当采用成本模式对投资性房地产进行后续计量。采用成本模式进行后续计量的投资性房地产,应当遵循以下会计处理规定:

(1)应当按照《企业会计准则第4号——固定资产》或《企业会计准则第6号——无形资产》的有关规定,按期(月)计提折旧或摊销,借记"其他业务成本"等科目,贷记"投资性房地产累计折旧(摊销)"。

(2)取得的租金收入,借记"银行存款"等科目,贷记"其他业务收入"等科目。

(3)投资性房地产存在减值迹象的,还应当按照《企业会计准则第8号——资产减值》的有关规定,经减值测试后确定发生减值的,应当计提减值准备,借记"资产减值损失"科目,贷记"投资性房地产减值准备"科目。

已经计提减值准备的投资性房地产,其减值损失在以后的会计期间不得转回。

【例8-2】2008年12月1日,华厦公司的一栋办公楼出租给常山公司使用,已确认为投资性房地产,采用成本模式进行后续计量。假设这栋办公楼的成本为1 200万元,按照直

线法计提折旧,使用寿命为20年,预计净残值为零。按照经营租赁合同,常山公司每月支付公司租金6万元。2012年12月,这栋办公楼发生减值迹象,经减值测试,其可收回金额为900万元,以前未计提减值准备。公司应作如下会计分录:

(1) 计提折旧:

$$每月计提的折旧额 = 1\,200 \div 20 \div 12 = 5\,万元$$

借:其他业务成本　50 000
　　贷:投资性房地产累计折旧　50 000

2008年1月—2012年12月,共计四年计提折旧数额为:2 400 000(50 000×12×4)元

(2) 确认租金:

借:银行存款(或其他应收款)　60 000
　　贷:其他业务收入　60 000

(3) 计提减值准备:

计算投资性房地产的减值准备数额 = 12 000 000 - 2 400 000 - 9 000 000 = 600 000 元

借:资产减值损失　600 000
　　贷:投资性房地产减值准备　600 000

2013年以后该房地产应该计提的折旧额以9 000 000元为基础,再考虑其他因素,确定应计提的折旧额。

二、采用公允价值模式进行后续计量投资性房地产的账务处理

只有存在确凿证据表明投资性房地产的公允价值能够持续可靠取得的情况下,企业才可以采用公允价值模式对投资性房地产进行后续计量。企业一旦选择采用公允价值计量模式,就应当对其所有投资性房地产均采用公允价值模式进行后续计量。

1. 采用公允价值模式进行后续计量投资性房地产的条件

采用公允价值模式计量的投资性房地产,应当同时满足下列条件:

(1) 投资性房地产所在地有活跃的房地产交易市场。所在地,通常指投资性房地产所在的城市。对于大中型城市,应当为投资性房地产所在的城区。

(2) 企业能够从活跃的房地产交易市场上取得的同类或类似房地产的市场价格及其他相关信息,从而对投资性房地产的公允价值作出合理的估计。同类或类似的房地产,对建筑物而言,是指所处地理位置和地理环境相同、性质相同、结构类型相同或相近、新旧程度相同或相近、可使用状况相同或相近的建筑物;对土地使用权而言,是指同一位置区域、所处地理环境相同或相近、可使用状况相同或相近的土地。

投资性房地产的公允价值是指在公平交易中,熟悉情况的当事人之间自愿进行房地产交换的价格应当反映资产负债表日的市场状况。确定投资性房地产的公允价值时,可以参照活跃市场上同类或类似房地产的现行市场价格;无法取得同类或类似房地产现行市场价格的,可以参照活跃市场上同类或类似房地产的最近交易价格,并考虑交易情况、交易日期、所在区域等因素;也可以基于预计未来获得的租金收益和相关现金流量予以计量。企业可以采用具有相关资质和经验的资产评估师评估确定投资性房地产的公允价值。

2. 采用公允价值模式进行后续计量投资性房地产应遵循的规定

采用公允价值模式进行后续计量的投资性房地产,应当遵循以下会计处理规定:

(1) 投资性房地产采用公允价值模式进行后续计量的,不计提折旧或摊销。企业应当以资产负债表日的公允价值为基础,调整其账面价值,公允价值与原账面价值之间的差额计入当期损益。

资产负债表日,投资性房地产的公允价值高于其账面余额的差额,借记"投资性房地产——公允价值变动"科目,贷记"公允价值变动损益"科目;公允价值低于其账面余额的差额作相反的会计处理。取得的租金收入,借记"银行存款"等科目,贷记"其他业务收入"等科目。

(2) 取得的租金收入,借记"银行存款"等科目,贷记"其他业务收入"等科目。

【例8-3】 华厦公司是从事房地产经营开发的企业。2012年8月,公司与常山公司签订租赁协议,约定将公司开发的一栋精装修的写字楼于开发完成同时租赁给常山公司使用,租赁期为10年。当年10月1日,该写字楼开发完成并开始起租,写字楼的造价为2 000万元。2012年12月31日,该写字楼的公允价值为2 200万元。在确定该投资性房地产的公允价值时,公司选取了与该处房产所处地区相近,结构及用途相同的房地产,参照公司所在地房地产交易市场上平均销售价格,结合周边市场信息和自有房产的特点,公司采用公允价值计量模式。公司应作如下会计分录:

(1) 2012年10月1日,公司开发完成写字楼并出租:

借:投资性房地产——成本 20 000 000
　　贷:开发成本 20 000 000

(2) 2012年12月31日,按照公允价值为基础调整其账面价值,公允价值与原账面价值之间的差额计入当期损益:

借:投资性房地产——公允价值变动 2 000 000
　　贷:公允价值变动损益 2 000 000

若2012年12月31日,该写字楼的公允价值为1 900万元,按照公允价值为基础调整其账面价值,公允价值与原账面价值之间的差额计入当期损益:

借:公允价值变动损益 1 000 000
　　贷:投资性房地产——公允价值变动 1 000 000

三、投资性房地产后续计量模式变更的账务处理

1. 投资性房地产后续计量模式变更的条件

(1) 企业对投资性房地产的计量模式一经确定,不得随意变更。

(2) 存在确凿证据表明投资性房地产的公允价值能够持续可靠取得且能够满足采用公允价值模式条件的情况下,才允许企业对投资性房地产从成本模式计量变更为公允价值模式计量。

(3) 已采用公允价值模式计量的投资性房地产,不得从公允价值模式转为成本模式。

在极少数情况下,采用公允价值对投资性房地产进行后续计量的企业,有证据表明,当企业首次取得某项投资性房地产(或某项现有房地产在完成建造或开发活动或改变用途后首次成为投资性房地产)时,该投资性房地产的公允价值不能持续可靠取得的,应当对该投

资性房地产采用成本模式计量直至处置,并且假设无残值。但是,采用成本模式对投资性房地产进行后续计量的企业,即使有证据表明,企业首次取得某项投资性房地产时,该投资性房地产的公允价值能够持续可靠取得的,该企业仍应对该投资性房地产采用成本模式进行后续计量。

2. 投资性房地产后续计量模式变更的会计处理

成本模式转为公允价值模式的,应当作为会计政策变更处理,将计量模式变更时公允价值与账面价值的差额,调整期初留存收益。

企业变更投资性房地产计量模式,符合《企业会计准则第3号——投资性房地产》规定的,应当按照计量模式变更日投资性房地产的公允价值,借记"投资性房地产——成本"科目,按照已计提的折旧或摊销,借记"投资性房地产累计折旧(摊销)"科目,原已计提减值准备的,借记"投资性房地产减值准备"科目,按照原账面余额,贷记"投资性房地产"科目,按照公允价值与其账面价值之间的差额,贷记或借记"利润分配——未分配利润"、"盈余公积"等科目。

【例8-4】 2010年,华厦公司将一栋写字楼对外出租,采用成本模式进行后续计量。2012年2月1日,假设公司持有的投资性房地产满足采用公允价值模式计量的条件,公司决定采用公允价值模式对该写字楼进行后续计量。2012年2月1日,该写字楼的原价为10 000万元,已计提折旧350万元,公允价值为9 500万元,未分配利润科目贷方余额为3 000万元。公司按净利润的10%计提盈余公积。

  借:投资性房地产——写字楼(成本)　　95 000 000
    投资性房地产累计折旧(摊销)　　3 500 000
    盈余公积——法定盈余公积　　1 500 000
   贷:投资性房地产——写字楼　　100 000 000

若该例题中,写字楼的公允价值为12 000万元,公司应作如下会计分录:

  借:投资性房地产——写字楼(成本)　　120 000 000
    投资性房地产累计折旧(摊销)　　3 500 000
   贷:投资性房地产——写字楼　　100 000 000
    利润分配——未分配利润　　21 150 000
    盈余公积——法定盈余公积　　2 350 000

四、投资性房地产的有关后续支出的账务处理

(一)资本化的后续支出

与投资性房地产有关的后续支出,满足投资性房地产确认条件的,应当计入投资性房地产成本。例如,企业为了提高投资性房地产的使用效能,往往需要对投资性房地产进行改建、扩建而使其更加坚固耐用,或者通过装修而改善其室内装潢,改扩建或装修支出满足确认条件的应当将其资本化。

1. 采用成本模式进行后续计量

采用成本模式计量的投资性房地产进入改扩建或装修阶段后,应当将其账面价值转入改扩建工程。借记"投资性房地产——在建"等科目,贷记"投资性房地产"科目。发生资本

化的改良或装修支出,通过"投资性房地产——在建"科目归集,借记"投资性房地产——在建"科目,贷记"银行存款"、"应付账款"等科目。改扩建或装修完成后,借记"投资性房地产"科目,贷记"投资性房地产——在建"科目。

企业对某项投资性房地产进行改扩建等再开发且将来仍作为投资性房地产的,再开发期间应继续将其作为投资性房地产,不计提折旧或摊销。

2012年3月,华厦公司与长城公司的一项写字楼经营租赁合同即将到期,该写字楼按照成本模式进行后续计量,为了提高写字楼的租金收入,公司决定在租赁期满后对写字楼进行改扩建,并与丙公司签订了经营租赁合同,约定自改扩建完工时将写字楼出租给丙公司。3月31日,与长城公司的租赁合同到期,写字楼随即进入改扩建工程,原价为10 000万元,已计提折旧2 000万元。12月15日,写字楼改扩建工程完工,共发生支出3 000万元,即日按照租赁合同出租给丙公司。公司应作如下会计分录:

(1) 2012年3月31日,投资性房地产转入改扩建工程:

借:投资性房地产——在建　80 000 000
　　投资性房地产累计折旧　20 000 000
　　贷:投资性房地产——写字楼　100 000 000

(2) 2012年改扩建工程期间:

借:投资性房地产——在建　30 000 000
　　贷:银行存款　30 000 000

(3) 2012年12月15日,改扩建工程完工:

借:投资性房地产——写字楼　110 000 000
　　贷:投资性房地产——在建　110 000 000

改扩建完工后的投资性房地产入账价值=100 000 000−20 000 000+30 000 000=11 000万元

2. 采用公允价值模式进行后续计量

企业对某项投资性房地产进行改扩建等再开发且将来仍作为投资性房地产的,再开发期间应继续将其作为投资性房地产,再开发期间不考虑公允价值变动。采用公允价值模式计量的,投资性房地产进入改扩建或装修阶段,借记"投资性房地产——在建"科目,贷记"投资性房地产——成本"、"投资性房地产——公允价值变动"等科目;在改扩建或装修完成后,借记"投资性房地产——成本"科目,贷记"投资性房地产——在建"科目。

2012年3月,华厦公司与夏利公司的一项写字楼经营租赁合同即将到期,该写字楼按照公允价值模式进行后续计量。为了提高写字楼的租金收入,公司决定在租赁期满后对写字楼进行改扩建,并与威盛公司签订了经营租赁合同,约定自改扩建完工时将写字楼出租给威盛公司。3月31日,与夏利公司的租赁合同到期,写字楼随即进入改扩建工程,当日"投资性房地产—成本"科目余额为10 000万元,"投资性房地产—公允价值变动"借方科目余额为2 000万元。12月10日,写字楼改扩建工程完工,共发生支出5 000万元,即日按照租赁合同出租给威盛公司。公司应作如下会计分录:

(1) 2012年3月31日,投资性房地产转入改扩建工程:

借:投资性房地产——在建　120 000 000
　　贷:投资性房地产——成本　100 000 000

              ——公允价值变动   20 000 000
  (2) 2012年改扩建工程期间：
  借：投资性房地产——在建   50 000 000
      贷：银行存款等   50 000 000
  (3) 2012年12月10日，改扩建工程完工：
  借：投资性房地产——成本   170 000 000
      贷：投资性房地产——在建   170 000 000

（二）费用化的后续支出

与投资性房地产有关的后续支出，不满足投资性房地产确认条件的，如企业对投资性房地产进行日常维护所发生的支出，应当在发生时计入当期损益，借记"其他业务成本"等科目，贷记"银行存款"等科目。

第四节 投资性房地产的转换

一、投资性房地产转换概述

这里所说的房地产转换是针对房地产用途发生改变而言，而不是后续计量模式的转变。企业必须有确凿证据表明房地产用途发生改变，才能将投资性房地产转换为非投资性房地产或者将非投资性房地产转换为投资性房地产。

（一）投资性房地产转换形式

(1) 投资性房地产开始自用，相应地由投资性房地产转换为固定资产或无形资产。投资性房地产开始自用是指企业将原来用于赚取租金或资本增值的房地产改为用于生产商品、提供劳务或者经营管理。如企业将出租的厂房收回，用于生产产品。

(2) 作为存货的房地产改为出租，通常指房地产开发企业将其持有的开发产品以经营租赁的方式出租，相应地由存货转换为投资性房地产。

(3) 自用土地使用权停止自用，用于赚取租金或资本增值，相应地由无形资产转换为投资性房地产。

(4) 自用建筑物停止自用，改为出租，相应地由固定资产转换为投资性房地产。

(5) 房地产企业将用于经营出租的房地产重新开发用于对外销售，从投资性房地产转为存货。在这种情况下，转换日为租赁期满，企业董事会或类似机构作出书面决议明确表明将其重新开发用于对外销售的日期。

以上所指确凿证据包括两个方面：一是企业董事会或类似机构应当就改变房地产用途形成正式的书面决议；二是房地产因用途改变而发生实际状态上的改变，如从自用状态改为出租状态。

（二）投资性房地产转换日

投资性房地产转换日的确定，关系到资产的确认时点和入账价值，因此非常重要。转换日是指房地产的用途发生改变、状态相应发生改变的日期。转换日的确定标准主要包括：

（1）投资性房地产开始自用，转换日是指房地产达到自用状态，企业开始将房地产用于生产商品、提供劳务或者经营管理的日期。

（2）作为存货的房地产改为出租，或者自用建筑物或土地使用权停止自用改为出租，转换日应当为租赁期开始日。租赁期开始日是指承租人有权行使其使用租赁资产权利的日期。

（3）自用土地使用权停止自用，改为用于资本增值，转换日是指企业停止将该项土地使用权用于生产商品、提供劳务或者经营管理且管理当局作出房地产转换决议的日期。

二、投资性房地产转换的账务处理

（一）投资性房地产转换为自用房地产

1. 采用成本模式对投资性房地产的后续计量

企业将投资性房地产转换为自用房地产，应当按该项投资性房地产在转换日的账面余额、累计折旧或摊销、减值等，分别转入"固定资产"、"累计折旧"、"固定资产减值准备"等科目。

【例8-5】 2007年8月1日，华厦公司将出租在外的厂房收回，开始用于本企业生产商品。该项房地产账面价值为3 765万元，其中，原价5 000万元，累计已提折旧1 235万元。公司对投资性房地产采用成本计量模式进行后续计量。公司的会计处理如下：

借：固定资产　　50 000 000
　　投资性房地产累计折旧　12 350 000
　　　贷：投资性房地产　　50 000 000
　　　　　累计折旧　　12 350 000

2. 采用公允价值模式对投资性房地产的后续计量

企业将采用公允价值模式计量的投资性房地产转为自用房地产时，应当以其转换当日的公允价值作为自用房地产的账面价值，公允价值与原账面价值的差额计入当期损益。转换日，按该项投资性房地产的公允价值，借记"固定资产"或"无形资产"科目，按该项投资性房地产的成本，贷记"投资性房地产——成本"科目，按该项投资性房地产的累计公允价值变动，贷记或借记"投资性房地产——公允价值变动"科目，按其差额，贷记或借记"公允价值变动损益"科目。

【例8-6】 2012年10月15日，华厦公司因租赁期满，将出租的写字楼收回，准备作为办公楼用于本企业的行政管理。2012年12月1日，该写字楼正式开始自用，相应地由投资性房地产转换为自用房地产，当日的公允价值为48 000 000元。该项房地产在转换前采用公允价值模式计量，原账面价值为47 500 000元。其中，成本为45 000 000元，公允价值变动为增值2 500 000元。公司应作如下会计分录：

借：固定资产　　48 000 000
　　贷：投资性房地产——写字楼——成本　　45 000 000
　　　　　　　　　　——写字楼——公允价值变动　　2 500 000
　　　　公允价值变动损益　　500 000

(二)非投资性房地产转换为投资性房地产

1. 采用成本模式对非投资性房地产转换为投资性房地产的后续计量

(1)企业将作为存货的房地产转换为采用成本模式计量的投资性房地产,应当按该项存货在转换日的账面价值,借记"投资性房地产"科目,原已计提跌价准备的,借记"存货跌价准备"科目,按其账面余额,贷记"开发产品"等科目。

【例8-7】 华厦公司是从事房地产开发的企业,2012年4月10日,公司董事会就将其开发的一栋写字楼不再出售改用作出租形成了书面决议。公司遂与中海集团公司签订了租赁协议,将此写字楼整体出租给东轻公司使用,租赁期开始日为2012年5月1日,租赁期为5年。2012年5月1日,该写字楼的账面余额为50 000 000元,计提存货跌价准备1 000 000元,转换后采用成本模式进行后续计量。公司应作如下会计分录:

借:投资性房地产——写字楼   49 000 000
　　存货跌价准备   1 000 000
　贷:开发产品   50 000 000

(2)企业将原本用于生产商品、提供劳务或者经营管理的房地产改用于出租,应于租赁期开始日按照固定资产或无形资产的账面价值,将固定资产或无形资产相应地转换为投资性房地产。企业将自用土地使用权或建筑物转换为以成本模式计量的投资性房地产时,应当按该项建筑物或土地使用权在转换日的原价、累计折旧、减值准备等,分别转入"投资性房地产"、"投资性房地产累计折旧"、"投资性房地产减值准备"等科目。

【例8-8】 华厦公司拥有一栋办公楼,用于公司总部办公。2012年3月10日,公司与弘扬企业签订了经营租赁协议,将这栋办公楼整体出租给弘扬企业使用,租赁期开始日为2012年4月15日,为期5年。2012年4月15日,这栋办公楼的账面余额450 000 000元。已计提折旧3 000 000元。公司所在城市没有活跃的房地产交易市场。公司应作如下会计分录:

借:投资性房地产——××写字楼   450 000 000
　　累计折旧   3 000 000
　贷:固定资产   450 000 000
　　投资性房地产累计折旧   3 000 000

2. 采用公允价值模式对非投资性房地产转换为投资性房地产的后续计量

(1)企业将作为存货的房地产转换为采用公允价值模式计量的投资性房地产,应当按该项房地产在转换日的公允价值入账,借记"投资性房地产——成本"科目。原已计提跌价准备的,借记"存货跌价准备"科目;按其账面余额,贷记"开发产品"等科目。同时,转换日的公允价值小于账面价值的,按其差额,借记"公允价值变动损益"科目;转换日的公允价值大于账面价值的,按其差额,贷记"资本公积——其他资本公积"。

【例8-9】 2012年3月10日,中孚房地产开发公司与建发企业签订了租赁协议,将其开发的一栋写字楼出租给建发企业。租赁期开始日为4月15日。4月15日,该写字楼的账面余额为46 000万元,公允价值为49 000万元。2012年12月31日,该项投资性房地产的公允价值为48 000万元。中孚房地产开发公司应作如下会计分录:

① 2012年4月15日:
借:投资性房地产——成本   490 000 000
　贷:开发产品   460 000 000
　　资本公积——其他资本公积   30 000 000

若该写字楼转换日的公允价值为 450 000 000 元,则会计处理如下:
借:投资性房地产——成本   450 000 000
　　公允价值变动损益   10 000 000
　　贷:开发产品   460 000 000
② 2012 年 12 月 31 日:
借:公允价值变动损益   10 000 000
　　贷:投资性房地产——公允价值变动   10 000 000

(2) 企业将自用房地产转换为采用公允价值模式计量的投资性房地产,应当按该项土地使用权或建筑物在转换日的公允价值,借记"投资性房地产——成本"科目,按已计提的累计摊销或累计折旧,借记"累计摊销(折旧)"科目;原已计提减值准备的,借记"无形资产减值准备"或"固定资产减值准备"科目;按其账面余额,贷记"固定资产"或"无形资产"科目。同时,转换日的公允价值小于账面价值的,按其差额,借记"公允价值变动损益"科目;转换日的公允价值大于账面价值的,按其差额,贷记"资本公积——其他资本公积"。

【例 8-10】 2011 年 6 月,华夏公司打算搬迁至新建办公楼。由于原办公楼处于商业繁华地段,公司准备将其出租,以赚取租金收入。2011 年 10 月,公司完成了搬迁工作,原办公楼停止自用。2011 年 12 月,公司与大力公司签订了租赁协议,将其原办公楼租赁给大力公司使用,租赁期开始日为 2012 年 1 月 1 日,租赁期限为 3 年。

由于该办公楼处于商业区,房地产交易活跃,该企业能够从市场上取得同类或类似房地产的市场价格及其他相关信息,公司对出租的办公楼采用公允价值模式计量。2012 年 1 月 1 日,该办公楼的公允价值为 350 000 000 元,其原价为 500 000 000 元,已提折旧 142 500 000 元。公司应作如下会计分录:

转换日办公楼当日的账面价值=500 000 000－142 500 000=357 500 000 元,公允价值为 350 000 000 元,公允价值小于账面价值的差额 7 500 000 元。
借:投资性房地产——办公楼——成本   350 000 000
　　公允价值变动损益   7 500 000
　　累计折旧   142 500 000
　　贷:固定资产   500 000 000

【例 8-11】 承上例,假设转换日办公楼的公允价值为 360 000 000 元。公司应作如下会计分录:
借:投资性房地产——办公楼——成本   360 000 000
　　累计折旧   142 500 000
　　贷:固定资产   500 000 000
　　　资本公积——其他资本公积   2 500 000

第五节 投资性房地产处置的会计处理

当投资性房地产被处置,或者永久退出使用且预计不能从其处置中取得经济利益时,应当终止确认该项投资性房地产。企业出售、转让、报废投资性房地产或者发生投资性房地产毁损,应当将处置收入扣除其账面价值和相关税费后的金额计入当期损益。此外,企业因其他原因,如非货币性资产交换等而减少投资性房地产,也属于投资性房地产的处置。

一、成本模式计量的投资性房地产的账务处理

出售、转让按成本模式进行后续计量的投资性房地产时,应当按实际收到的处置收入金额,借记"银行存款"等科目,贷记"其他业务收入"科目;按该项投资性房地产的账面价值,借记"其他业务成本"科目,按其账面余额,贷记"投资性房地产"科目;按照已计提的折旧或摊销,借记"投资性房地产累计折旧(摊销)"科目;原已计提减值准备的,借记"投资性房地产减值准备"科目。

【例 8-12】 2012 年 8 月 1 日,华厦公司将其出租的一栋写字楼确认为投资性房地产,采用成本模式计量。租赁期届满后,公司将该栋写字楼出售给常山公司,合同价款为 18 000 万元,常山公司已用银行存款付清。出售时,该写字楼的成本为 16 000 万元,已计提折旧 1 200 万元。假定不考虑税费等因素。公司应作如下会计分录:

(1) 收取处置收入:
借:银行存款   180 000 000
　　贷:其他业务收入   180 000 000

(2) 结转处置成本:
借:其他业务成本   148 000 000
　　投资性房地产累计折旧   12 000 000
　　贷:投资性房地产——写字楼   160 000 000

二、公允价值模式计量的投资性房地产的账务处理

处置采用公允价值模式计量的投资性房地产,应当按实际收到的金额,借记"银行存款"等科目,贷记"其他业务收入"科目;按该项投资性房地产的账面余额,借记"其他业务成本"科目;按其成本,贷记"投资性房地产——成本"科目;按其累计公允价值变动,贷记或借记"投资性房地产——公允价值变动"科目。同时,结转投资性房地产累计公允价值变动。若存在原转换日计入资本公积的金额,也一并结转。

【例 8-13】 2012 年 6 月 1 日,华厦公司将其出租的一栋写字楼确认为投资性房地产,采用公允价值模式计量。租赁期届满后,华厦公司将该栋写字楼出售给常山公司,合同价款为 18 000 万元,常山公司已用银行存款付清。出售时,该写字楼的成本为 14 000 万元,公允价值变动为借方余额 2 000 万元。假定不考虑营业税等税费。公司应作如下会计分录:

(1) 收取处置收入:
借:银行存款   180 000 000
　　贷:其他业务收入   180 000 000

(2) 结转处置成本:
借:其他业务成本   16 000 000
　　贷:投资性房地产——写字楼(成本)   140 000 000
　　　　　　　　——写字楼(公允价值变动)   20 000 000

(3) 结转投资性房地产累计公允价值变动:
借:公允价值变动损益   20 000 000
　　贷:其他业务成本   20 000 000

第九章
无形资产及其他资产

第一节 无形资产的确认和初始计量

一、无形资产概述

(一) 无形资产

无形资产,是指企业拥有或者控制的没有实物形态的可辨认非货币性资产,通常包括专利权、非专利技术、商标权、著作权、特许权、土地使用权等。无形资产具有以下特征:

1. 由企业拥有或者控制并能为其带来未来经济利益的资源

无形资产作为一项资产,具有一般资产的本质特征,即由企业拥有或者控制并能为其带来未来经济利益。通常情况下,企业拥有或者控制的无形资产应当拥有其所有权并且能够为企业带来未来经济利益。但在某些情况下并不需要企业拥有其所有权,如果企业有权获得某项无形资产产生的未来经济利益并能约束其他方获得这些经济利益,则表明企业控制了该无形资产。例如,对于会产生经济利益的技术知识,若其受到版权、贸易协议约束(如果允许)等法定权利的保护,那么说明该企业控制了相关利益。

客户关系、人力资源等,由于企业无法控制其带来的未来经济利益,不符合无形资产的定义,不应将其确认为无形资产。

2. 无形资产不具有实物形态

无形资产通常表现为某种权利、某项技术或是某种获取超额利润的综合能力,它们不具有实物形态,比如,土地使用权、非专利技术等。需要指出的是,某些无形资产的存在有赖于实物载体,比如,计算机软件需要存储在介质中,但这并不改变无形资产本身不具有实物形态的特性。在确定一项包含无形和有形要素的资产是属于固定资产,还是属于无形资产时,需要通过判断来加以确定,通常以哪个要素更重要作为判断的依据。例如,计算机控制的机械工具没有特定计算机软件就不能运行时,则说明该软件构成相关硬件不可缺少的组成部分,该软件应作为固定资产处理;如果计算机软件不是相关硬件不可缺少的组成部分,则该软件应作为无形资产核算。

3. 无形资产具有可辨认性

要作为无形资产进行核算,该资产必须是能够区别于其他资产可单独辨认的,如企业持有的专利权、非专利技术、商标权、土地使用权、特许权等。满足下列条件之一的,应当认定为其具有可辨认性:

(1) 能够从企业中分离或者划分出来,并能单独或者与相关合同、资产或负债一起,用于出售、转移、授予许可、租赁或交换。

（2）源自合同性权利或其他法定权利,无论这些权利是否可以从企业或其他权利和义务中转移或者分离。如一方通过与另一方签订特许权合同而获得的特许使用权,通过法律程序申请获得的商标权、专利权等。

商誉通常是与企业整体价值联系在一起的,其存在无法与企业自身相分离,不具有可辨认性,不属于本章所指无形资产。

4. 无形资产属于非货币性资产

非货币性资产是指企业持有的货币资金和将以固定或可确定的金额收取的资产以外的其他资产。无形资产在持有过程中为企业带来未来经济利益的情况不确定,不属于以固定或可确定的金额收取的资产,属于非货币性资产。

（二）无形资产的内容

无形资产主要包括专利权、非专利技术、商标权、著作权、土地使用权和特许权等。

1. 专利权

专利权是指国家专利主管机关依法授予发明创造专利申请人对其发明创造在法定期限内所享有的专有权利,包括发明专利权、实用新型专利权和外观设计专利权。它给予持有者独家使用或控制某项发明的特殊权利。《中华人民共和国专利法》明确规定,专利人拥有的专利权受到国家法律保护。专利权是允许其持有者独家使用或控制的特权,但它并不保证一定能给持有者带来经济效益,如有的专利可能会被另外更有经济价值的专利所淘汰等。因此,企业不应将其所拥有的一切专利权都予以资本化,作为无形资产管理和核算。一般而言,只有从外单位购入的专利或者自行开发并按法律程序申请取得的专利,才能作为无形资产管理和核算。这种专利可以降低成本,或者提高产品质量,或者将其转让出去能获得转让收入。

企业从外单位购入的专利权,应按实际支付的价款作为专利权的成本。企业自行开发并按法律程序申请取得的专利权,应按照无形资产准则确定的金额作为成本。

2. 非专利技术

非专利技术即专有技术,或技术秘密、技术诀窍,是指先进的、未公开的、未申请专利、可以带来经济效益的技术及诀窍。主要内容包括:一是工业专有技术,即在生产上已经采用,仅限于少数人知道,不享有专利权或发明权的生产、装配、修理、工艺或加工方法的技术知识;二是商业(贸易)专有技术,即具有保密性质的市场情报、原材料价格情报以及用户、竞争对象的情况和有关知识;三是管理专有技术,即生产组织的经营方式、管理方式、培训职工方法等保密知识。非专利技术并不是专利法的保护对象,专有技术所有人依靠自我保密的方式来维持其独占权,可以用于转让和投资。

企业的非专利技术,有些是自己开发研究的,有些是根据合同规定从外部购入的。如果是企业自己开发研究的,应将符合《企业会计准则第6号——无形资产》规定的开发支出资本化条件的,确认为无形资产。对于从外部购入的非专利技术,应将实际发生的支出予以资本化作为无形资产入账。

3. 商标权

商标是用来辨认特定的商品或劳务的标记。商标权是指专门在某类指定的商品或产品上使用特定的名称或图案的权利。商标经过注册登记,就获得了法律上的保护。《中华人民共和国商标法》明确规定,经商标局核准注册的商标为注册商标,商标注册人享有商标专用权,受法律的保护。

企业自创的商标并将其注册登记,所花费用一般不大,是否将其资本化并不重要。能够给拥有者带来获利能力的商标,往往是通过多年的广告宣传和其他传播商标名称的手段,以及客户的信赖等树立起来的。广告费一般不作为商标权的成本,而是在发生时直接计入当期损益。

按照《中华人民共和国商标法》的规定,商标可以转让,但受让人应保证使用该注册商标的产品质量。如果企业购买他人的商标,一次性支出费用较大的,可以将其资本化,作为无形资产管理。这时,应根据购入商标的价款、支付的手续费及有关费用作为商标的成本。

4. 著作权

著作权又称版权,指作者对其创作的文学、科学和艺术作品依法享有的某些特殊权利。著作权包括两方面的权利,即精神权利(人身权利)和经济权利(财产权利)。前者指作品署名、发表作品、确认作者身份、保护作品的完整性、修改已经发表的作品等各项权利,包括作品署名权、发表权、修改权和保护作品完整权;后者指以出版、表演、广播、展览、录制唱片、摄制影片等方式使用作品以及因授权他人使用作品而获得经济利益的权利。

5. 土地使用权

土地使用权是指国家准许某一企业或单位在一定期间内对国有土地享有开发、利用、经营的权利。根据我国土地管理法的规定,我国土地实行公有制,任何单位和个人不得侵占、买卖或者以其他形式非法转让。企业取得土地使用权,应将取得时发生的支出资本化,作为土地使用权的成本,记入"无形资产"科目核算。

6. 特许权

特许权又称经营特许权、专营权,指企业在某一地区经营或销售某种特定商品的权利或是一家企业接受另一家企业使用其商标、商号、技术秘密等的权利。通常有两种形式,一种是由政府机构授权,准许企业使用或在一定地区享有经营某种业务的特权,如水、电、邮电通信等专营权、烟草专卖权等;另一种指企业间依照签订的合同,有限期或无限期使用另一家企业的某些权利,如连锁店分店使用总店的名称等。特许权业务涉及特许权受让人和让与人两个方面。通常在特许权转让合同中规定了特许权转让的期限、转让人和受让人的权利和义务。转让人一般要向受让人提供商标、商号等使用权,传授专有技术,并负责培训营业人员,提供经营所必需的设备和特殊原料。受让人则需要向转让人支付取得特许权的费用,开业后则按营业收入的一定比例或其他计算方法支付享用特许权费用。此外,还要为转让人保守商业秘密。

企业自创商誉以及内部产生的品牌、报刊名等,不应确认为无形资产。

二、无形资产的确认条件

无形资产应当在符合定义的前提下,同时满足以下两个确认条件时,才能予以确认:

(一)与该无形资产有关的经济利益很可能流入企业

作为无形资产确认的项目,必须具备其所产生的经济利益很可能流入企业这一条件。

通常情况下，无形资产产生的未来经济利益可能包括在销售商品、提供劳务的收入当中，或者企业使用该项无形资产而减少或节约了成本，或者体现在获得的其他利益当中。例如，生产加工企业在生产工序中使用了某种知识产权，使其降低了未来生产成本。

会计实务中，要确定无形资产所创造的经济利益是否很可能流入企业，需要实施职业判断。在实施这种判断时需要对无形资产在预计使用寿命内可能存在的各种经济因素作出合理估计，并且应当有确凿的证据支持。例如，企业是否有足够的人力资源、高素质的管理队伍、相关的硬件设备、相关的原材料等来配合无形资产为企业创造经济利益。同时，更为重要的是关注一些外界因素的影响，例如，是否存在与该无形资产相关的新技术、新产品冲击，或据其生产的产品是否存在市场等。在实施判断时，企业管理层应对在无形资产的预计使用寿命内存在的各种因素作出最稳健的估计。

（二）该无形资产的成本能够可靠地计量

成本能够可靠地计量是确认资产的一项基本条件，对于无形资产而言，这个条件显得更为重要。例如，企业内部产生的品牌、报刊名、刊头、客户名单和实质上类似项目的支出，由于不能与整个业务开发成本区分开来，成本无法可靠计量，因此，不应确认为无形资产。

三、无形资产的初始计量

无形资产通常按照实际成本进行初始计量即以取得无形资产并使之达到预定用途而发生的全部支出作为无形资产的成本。对于不同来源取得的无形资产，其成本构成不尽相同。

（一）外购无形资产的成本

外购无形资产的成本，包括购买价款、相关税费以及直接归属于使该项资产达到预定用途所发生的其他支出。其中，直接归属于使该项资产达到预定用途所发生的其他支出包括使无形资产达到预定用途所发生的专业服务费用、测试无形资产是否能够正常发挥作用的费用等，但不包括为引入新产品进行宣传发生的广告费、管理费用及其他间接费用，也不包括在无形资产已经达到预定用途以后发生的费用。

购买无形资产的价款超过正常信用条件延期支付，实质上具有融资性质的无形资产的成本应以购买价款的现值为基础确定。实际支付的价款与购买价款的现值之间的差额作为未确认融资费用，在信用期间内采用实际利率法进行摊销，摊销金额除满足借款费用资本化条件应当计入无形资产成本外，均应当在信用期间内确认为财务费用，计入当期损益。

（二）投资者投入无形资产的成本

投资者投入无形资产的成本，应当按照投资合同或协议约定的价值确定，但合同或协议约定价值不公允的除外。

（三）通过非货币性资产交换和债务重组等方式取得无形资产的成本

非货币性资产交换、债务重组等方式取得的无形资产的成本，本教材不做介绍。

（四）土地使用权的处理

企业取得的土地使用权，通常应当按照取得时所支付的价款及相关税费确认为无形资产。但属于投资性房地产的土地使用权，应当按投资性房地产进行会计处理。

土地使用权用于自行开发建造厂房等地上建筑物时,土地使用权的账面价值不与地上建筑物合并计算其成本,而仍作为无形资产进行核算,土地使用权与地上建筑物分别进行摊销和计提折旧。但下列情况除外:

(1) 房地产开发企业取得的土地使用权用于建造对外出售的房屋建筑物,相关的土地使用权应当计入所建造的房屋建筑物成本。

(2) 企业外购房屋建筑物所支付的价款中包括土地使用权和建筑物的价值的,应当对实际支付的价款按照合理的方法(例如,公允价值相对比例)在土地使用权与地上建筑物之间进行分配;如果确实无法在土地使用权与地上建筑物之间进行合理分配的,应当全部作为固定资产,按照固定资产确认和计量的原则进行会计处理。

企业改变土地使用权的用途,停止自用土地使用权而用于赚取租金或资本增值时,应将其转为投资性房地产。

四、一般无形资产的账务处理

为了核算无形资产的取得、摊销和处置等情况,企业应当设置"无形资产"、"累计摊销"等科目。

"无形资产"科目,用来核算企业持有的无形资产成本,借方登记取得无形资产的成本,贷方登记出售无形资产转出的无形资产账面余额,期末借方余额,反映企业无形资产的成本。本科目应按无形资产项目设置明细账,进行明细核算。

"累计摊销"科目,属于"无形资产"的调整科目,用来核算企业对使用寿命有限的无形资产计提的累计摊销,贷方登记企业计提的无形资产摊销,借方登记处置无形资产转出的累计摊销,期末贷方余额,反映企业无形资产的累计摊销额。

此外,企业无形资产发生减值的,还应当设置"无形资产减值准备"科目进行核算。

无形资产应当按照成本进行初始计量。企业取得无形资产的主要方式有外购、自行研究开发等。取得的方式不同,其会计处理也有差别。

1. 外购无形资产

外购无形资产的成本,包括购买价款、相关税费以及直接归属于使该项资产达到预定用途所发生的其他支出。

【例9-1】 2012年10月1日,华厦公司购入一项非专利技术,支付的买价和有关费用合计800 000元,以银行存款支付。公司应作如下会计分录:

借:无形资产——非专利技术 800 000
　　贷:银行存款　800 000

2. 投资者投入

投资者投入无形资产的成本,应当按照投资合同或协议约定的价值确定,但合同或协议约定价值不公允的除外。

投资者投入的无形资产,企业应按投资各方确认的价值(假定该价值公允),借记"无形资产"科目,贷记"实收资本"或"股本"等科目。为首次发行股票而接受投资者投入的无形资产,企业应按该项无形资产在投资方的账面价值,借记"无形资产"科目,贷记"实收资本"或"股本"等科目。

【例9-2】 2012年12月4日,华厦公司接受三一公司投资转入的专利技术一项,双方

协商确认的价值为 950 000 元(假定符合该专利技术的公允价值),已办妥相关手续。公司应作如下会计分录:

借:无形资产——专利技术　950 000
　　贷:实收资本　950 000

3. 其他方式

非货币性资产交换、债务重组、政府补助和企业合并取得的无形资产的成本,应当分别按照《企业会计准则第 7 号——非货币性资产交换》、《企业会计准则第 12 号——债务重组》、《企业会计准则第 16 号——政府补助》和《企业会计准则第 20 号——企业合并》确定。

第二节　内部研究与开发支出的会计处理

对于企业自行进行的研究开发项目,应当区分研究阶段与开发阶段分别进行核算。关于研究阶段与开发阶段的具体划分,企业应当根据自身实际情况以及相关信息加以判断。

一、研究与开发的概念

1. 研究阶段

研究,是指为了获取并理解新的科学或技术知识等进行的独创性的有计划的调查。研究活动包括:意在获取知识而进行的活动;研究成果或其他知识的应用研究、评价和最终选择;材料、设备、产品、工序、系统或服务替代品的研究;以及新的或经改进的材料、设备、产品、工序、系统或服务的可能替代品的配制、设计、评价和最终选择等。

研究阶段基本上是探索性的,是为进一步的开发活动进行资料及相关方面的准备,已经进行的研究活动将来是否会转入开发、开发后是否会形成无形资产等均具有较大的不确定性。在这一阶段一般不会形成阶段性成果。

2. 开发阶段

开发,是指在进行商业性生产或使用前,将研究成果或其他知识应用于某项计划或设计,以生产出新的或具有实质性改进的材料、装置、产品等。开发活动包括:生产前或使用前的原型和模型的设计、建造和测试;含新技术的工具、夹具、模具和冲模的设计;不具有商业性生产经济规模的试生产设施的设计、建造和运营;新的或经改造的材料、设备、产品、工序、系统或服务所选定的替代品的设计、建造和测试等。

相对于研究阶段而言,开发阶段应当是已完成研究阶段的工作,在很大程度上具备了形成一项新产品或新技术的基本条件。

二、研究与开发支出的确认

自行开发的无形资产,其成本包括自满足本准则无形资产确认条件的规定后至达到预定用途前所发生的支出总额,但是对于以前期间已经费用化的支出不再调整。

企业内部研究开发项目的支出,应当区分研究阶段支出与开发阶段支出。

企业内部研究开发项目研究阶段的支出,应当于发生时计入当期损益。

1. 研究阶段支出

研究是指为获取并理解新的科学或技术知识而进行的独创性的有计划调查。考虑到研究阶段的探索性及其成果的不确定性,企业无法证明其能够带来未来经济利益的无形资产的存在,因此,对于企业内部研究开发项目,研究阶段的有关支出,应当在发生时全部费用化,计入当期损益(管理费用)。

2. 开发阶段支出

开发是指在进行商业性生产或使用前,将研究成果或其他知识应用于某项计划或设计,以生产出新的或具有实质性改进的材料、装置、产品等。考虑到进入开发阶段的研发项目往往形成成果的可能性较大,因此,如果企业能够证明开发支出符合无形资产的定义及相关确认条件,则可将其确认为无形资产。具体来讲,对于企业内部研究开发项目,开发阶段的支出同时满足了下列条件的才能资本化,确认为无形资产,否则应当计入当期损益(管理费用)。

(1) 完成该无形资产以使其能够使用或出售在技术上具有可行性。企业在判断无形资产的开发在技术上是否具有可行性时,应当以目前阶段的成果为基础,并提供相关证据和材料,证明企业进行开发所必需的技术条件等已经具备,不存在技术上的障碍或其他不确定性。例如,企业已经完成了全部计划、设计和测试活动,这些活动是使资产能够达到设计规划书中的功能、特征和技术所必需的活动,或经过专家鉴定等。

(2) 具有完成该无形资产并使用或出售的意图。企业研发项目形成成果以后,是对外出售,还是自己使用并从使用中获得经济利益,应当根据企业管理层的意图而定。企业管理层应当能够说明其开发无形资产的目的,并具有完成该项无形资产开发并使其能够使用或出售的可能性。

(3) 无形资产产生经济利益的方式,包括能够证明运用该无形资产生产的产品存在市场或无形资产自身存在市场,无形资产将在内部使用的,应当证明其有用性。如果有关的无形资产在形成以后,主要是用于生产新产品,企业应当对运用该无形资产生产的产品的市场情况进行可靠预计,应当能够证明所生产的产品存在市场,并能够带来经济利益的流入;如果有关的无形资产开发以后主要是用于对外出售的,则企业应当能够证明市场上存在对该类无形资产的需求,其开发以后存在外在的市场可以出售并能够带来经济利益的流入;如果无形资产开发以后,不是用于生产产品,也不是用于对外出售,而是在企业内部使用的,则企业应能够证明其对企业的有用性。

(4) 有足够的技术、财务资源和其他资源支持,以完成该无形资产的开发,并有能力使用或出售该无形资产。这一条件主要包括:

① 为完成该项无形资产的开发具有技术上的可靠性。开发无形资产并使其形成成果在技术上的可靠性,是继续开发活动的关键。因此,必须有确凿证据证明企业继续开发该项无形资产有足够的技术支持和技术能力。

② 财务资源和其他资源支持。财务和其他资源支持是能够完成该项无形资产开发的经济基础,因此,企业必须能够证明可以取得无形资产开发所必需的财务和其他资源,以及获得这些资源的相关计划。

③ 能够证明企业可以取得无形资产开发所必需的技术、财务和其他资源,以及获得这些资源的相关计划等。如企业自有资金不足以提供支持的,应当能够证明存在外部其他方

面的资金支持,如银行等金融机构声明愿意为该无形资产的开发提供所需资金等。

④ 有能力使用或出售该项无形资产以取得收益。

(5) 归属于该无形资产开发阶段的支出能够可靠地计量。企业对于开发活动所发生的支出应单独核算,例如,直接发生的开发人员的薪酬、材料费以及相关设备折旧费等。在企业同时从事多项开发活动的情况下,所发生的支出同时用于支持多项开发活动的,应按照合理的标准在各项开发活动之间进行分配;无法合理分配的,应予费用化计入当期损益,不计入开发活动的成本。

3. 无法区分研究阶段和开发阶段的支出

无法区分研究阶段和开发阶段的支出,应当在发生时费用化,计入当期损益(管理费用)。

三、内部开发的无形资产的计量

内部开发活动形成的无形资产的成本,由可直接归属于该资产的创造、生产并使该资产能够以管理层预定的方式运作的所有必要支出组成。可直接归属成本包括:开发该无形资产时耗费的材料、劳务成本、注册费、在开发该无形资产过程中使用的其他专利权和特许权的摊销、按照借款费用的处理原则可以资本化的利息费用等。在开发无形资产过程中发生的,除上述可直接归属于无形资产开发活动之外的其他销售费用、管理费用等间接费用,无形资产达到预定用途前发生的可辨认的无效和初始运作损失,为运行该无形资产发生的培训支出等不构成无形资产的开发成本。

值得强调的是,内部开发无形资产的成本仅包括在满足资本化条件的时点至无形资产达到预定用途前发生的支出总和,对于同一项无形资产在开发过程中达到资本化条件之前已经费用化计入当期损益的支出不再进行调整。

四、内部研究开发费用的账务处理

企业自行开发无形资产发生的研发支出,不满足资本化条件的,借记"研发支出——费用化支出"科目,满足资本化条件的,借记"研发支出——资本化支出"科目,贷记"原材料"、"银行存款"、"应付职工薪酬"等科目。

研究开发项目达到预定用途形成无形资产的,应按"研发支出——资本化支出"科目的金额,借记"无形资产"科目,贷记"研发支出——资本化支出"科目。

期末,应将不符合资本化条件的研发支出转入当期管理费用,借记"管理费用"科目,贷记"研发支出——费用化支出"科目;将符合资本化条件但尚未完成的开发费用继续保留在"研发支出"科目中,待开发项目达到预定用途形成无形资产时,再将其发生的实际成本转入无形资产。

外购或以其他方式取得的、正在研发过程中应予资本化的项目,应按确定的金额,借记"研发支出——资本化支出"科目,贷记"银行存款"等科目。以后发生的研发支出,应当比照上述原则进行会计处理。

【例9-3】 2011年1月1日,华夏公司的董事会批准研发某项新型技术。公司董事会认为,研发该项目具有可靠的技术和财务等资源的支持,并且一旦研发成功将降低该公司的生产成本。2012年1月31日,该项新型技术研发成功并已经达到预定用途。研发过程中所发生的直接相关的必要支出情况如下：

(1) 2011年度发生材料费用6 000 000元，人工费用4 000 000元，计提专用设备折旧700 000元，以工商银行存款支付其他费用2 000 000元，总计12 700 000元，其中，符合资本化条件的支出为7 000 000元。

(2) 2012年1月31日前发生材料费用500 000元，人工费用300 000元，计提专用设备折旧60 000元，其他费用50 000元，总计910 000元。

案例分析：公司经董事会批准研发某项新型技术，并认为完成该项新型技术无论从技术上还是财务等方面都能够得到可靠的资源支持，一旦研发成功将降低公司的生产成本，并且有确凿证据予以支持。因此，符合条件的开发费用可以资本化。

其次，公司在开发该项新型技术时，累计发生了13 610 000元的研究与开发支出，其中符合资本化条件的开发支出为7 910 000元，符合"归属于该无形资产开发阶段的支出能够可靠地计量"的条件。公司应作如下会计分录：

(1) 2011年度，研发支出：

借：研发支出——新型技术——费用化支出　5 700 000
　　　　　　——资本化支出　7 000 000
　贷：原材料　6 000 000
　　　应付职工薪酬　4 000 000
　　　累计折旧　700 000
　　　银行存款——工商银行　2 000 000

(2) 2011年12月31日，费用化处理：

借：管理费用——研究费用　5 700 000
　贷：研发支出——新型技术——费用化支出　5 700 000

(3) 2012年1月，发生的支出：

借：研发支出——新型技术——资本化支出　910 000
　贷：原材料　500 000
　　　应付职工薪酬　300 000
　　　累计折旧　60 000
　　　银行存款　50 000

(4) 2012年1月31日，达到预定用途：

借：无形资产——新型技术　7 910 000
　贷：研发支出——新型技术——资本化支出　7 910 000

【例9-4】2012年7月1日，华厦公司开始自行研究、开发一项技术，截至2012年12月31日，发生研发支出合计1 000 000元，经测试，该项研发活动完成了研究阶段，从2013年1月1日开始进入开发阶段。2013年发生开发支出200 000元，假定符合《企业会计准则第6号——无形资产》规定的开发支出资本化的条件。2013年6月30日，该项研发活动结束，最终开发出一项非专利技术。公司应作如下会计分录：

(1) 2012年发生的研发支出：

借：研发支出——费用化支出　1 000 000
　贷：银行存款等　1 000 000

(2) 2012年12月31日,研究阶段的支出:
借:管理费用　1 000 000
　　贷:研发支出——费用化支出　1 000 000
(3) 2013年,发生的支出:
借:研发支出——资本化支出　200 000
　　贷:银行存款等　200 000
(4) 2013年6月30日,满足资本化确认条件:
借:无形资产　200 000
　　贷:研发支出——资本化支出　200 000

第三节　无形资产的后续计量的会计处理

一、无形资产使用寿命的确定

企业应当于取得无形资产时分析判断其使用寿命。无形资产的后续计量是以其使用寿命为基础的。

无形资产准则规定,企业应当于取得无形资产时分析判断其使用寿命。无形资产的使用寿命如为有限的,应当估计该使用寿命的年限或者构成使用寿命的产量等类似计量单位数量;无法预见无形资产为企业带来未来经济利益期限的,应当视为使用寿命不确定的无形资产。

（一）估计无形资产使用寿命应考虑的因素

无形资产的使用寿命包括法定寿命和经济寿命两个方面,有些无形资产的使用寿命受法律、规章或合同的限制,称为法定寿命。如我国法律规定发明专利权有效期为20年,商标权的有效期为10年。有些无形资产如永久性特许经营权、非专利技术等的寿命则不受法律或合同的限制。经济寿命是指无形资产可以为企业带来经济利益的年限。由于受技术进步、市场竞争等因素的影响,无形资产的经济寿命往往短于法定寿命。因此,在估计无形资产的使用寿命时,应当综合考虑各方面相关因素的影响,合理确定无形资产的使用寿命。

确定无形资产的经济使用寿命,通常应考虑以下因素:
(1) 该资产通常的产品寿命周期,以及可获得的类似资产使用寿命的信息。
(2) 技术、工艺等方面的现实情况及对未来发展的估计。
(3) 以该资产生产的产品或服务的市场需求情况。
(4) 现在或潜在的竞争者预期采取的行动。
(5) 为维持该资产产生未来经济利益的能力,预期的维护支出及企业预计支付有关支出的能力。
(6) 对该资产的控制期限,对该资产使用的法律或类似限制,如特许使用期间、租赁期间等。
(7) 与企业持有的其他资产使用寿命的关联性等。

(二) 无形资产使用寿命的确定

1. 源自合同性权利或其他法定权利取得的无形资产

其使用寿命不应超过合同性权利或其他法定权利的期限。例如,企业以支付土地出让金方式取得一块土地的使用权,如果企业准备持续持有,在50年期间内没有计划出售,该块土地使用权预期为企业带来未来经济利益的期间为50年。如果合同性权利或其他法定权利能够在到期时因续约等延续,当有证据表明企业续约不需要付出重大成本时,续约期才能够包括在使用寿命的估计中。下列情况一般说明企业无须付出重大成本即可延续合同性权利或其他法定权利:有证据表明合同性权利或法定权利将被重新延续,如果在延续之前需要第三方同意,则还需有第三方将会同意的证据;有证据表明为获得重新延续所必需的所有条件相对于企业的未来经济利益不具有重要性。如果企业在延续无形资产持有期间时付出的成本与预期流入企业的未来经济利益相比具有重要性,本质上来看是企业获得了一项新的无形资产。

2. 没有明确的合同或法律规定的无形资产

企业应当综合各方面情况,如聘请相关专家进行论证或与同行业的情况进行比较以及企业的历史经验等,来确定无形资产为企业带来未来经济利益的期限。如果经过这些努力确实无法合理确定无形资产为企业带来经济利益期限,再将其作为使用寿命不确定的无形资产。例如,企业通过公开拍卖取得一项出租车运营许可,按照所在地规定,以现有出租运营许可为限,不再授予新的运营许可,而且在旧的出租车报废以后,其运营许可可用于新的出租车。企业估计在有限的未来,其将持续经营出租车行业。对于该运营许可,其为企业带来未来经济利益的期限从目前情况看无法可靠估计,应视为使用寿命不确定的无形资产。

3. 使用寿命不确定

经过上述方法仍无法合理确定无形资产为企业带来经济利益的期限的,才能将其作为使用寿命不确定的无形资产。

(三) 无形资产使用寿命的复核

企业至少应当于每年年度终了,对使用寿命有限的无形资产的使用寿命及摊销方法进行复核。无形资产的使用寿命及摊销方法与以前估计不同的,应当改变摊销期限和摊销方法。

企业应当在每个会计期间对使用寿命不确定的无形资产的使用寿命进行复核。如果有证据表明无形资产的使用寿命是有限的,应当估计其使用寿命,并按准则规定处理。

二、使用寿命有限的无形资产摊销

使用寿命有限的无形资产,其应摊销金额应当在使用寿命内系统、合理地摊销。企业摊销无形资产,应当自无形资产可供使用时起,至不再作为无形资产确认时止。

(一) 摊销期和摊销方法

无形资产的应摊销金额为其成本扣除预计残值后的金额。已计提减值准备的无形资产,还应扣除已计提的无形资产减值准备累计金额。使用寿命有限的无形资产,其残值应当视为零,但下列情况除外:

(1) 有第三方承诺在无形资产使用寿命结束时购买该无形资产。

(2) 可以根据活跃市场得到预计残值信息,并且该市场在无形资产使用寿命结束时很可能存在。

无形资产的摊销期自其可供使用时(即其达到预定用途)开始至终止确认时止。在无形资产的使用寿命内系统地分摊其应摊销金额,存在多种方法。无形资产摊销方法包括直线法、生产总量法等。企业选择的无形资产的摊销方法,应当反映与该项无形资产有关的经济利益的预期实现方式。无法可靠确定预期实现方式的,应当采用直线法摊销。对某项无形资产摊销所使用的方法应依据从资产中获取的预期未来经济利益的预计消耗方式来选择,并一致地运用于不同会计期间。例如,受技术陈旧因素影响较大的专利权和专有技术等无形资产,可采用类似固定资产加速折旧的方法进行摊销;有特定产量限制的特许经营权或专利权,应采用产量法进行摊销。

持有待售的无形资产不进行摊销,按照账面价值与公允价值减去处置费用后的净额孰低进行计量。

企业应当于取得无形资产时分析判断其使用寿命。无形资产的使用寿命为有限的,应当估计该使用寿命的年限或者构成使用寿命的产量等类似计量单位数量;无法预见无形资产为企业带来经济利益期限的,应当视为使用寿命不确定的无形资产。

对于使用寿命有限的无形资产应当自可供使用(即其达到预定用途)当月起开始摊销,处置当月不再摊销。

(二)无形资产摊销的核算

企业选择的无形资产摊销方法,应当反映与该项无形资产有关的经济利益的预期实现方式。无法可靠确定预期实现方式的,应当采用直线法摊销。无形资产的摊销金额一般应当计入当期损益,其他会计准则另有规定的除外。

企业应当按月对无形资产进行摊销。无形资产的摊销额一般应当计入当期损益。企业自用的无形资产,其摊销金额计入"管理费用"科目;出租的无形资产,其摊销金额计入"其他业务成本"科目;某项无形资产包含的经济利益通过所生产的产品或其他资产实现的,其摊销金额应当计入相关资产成本。按其摊销额贷记"累计摊销"科目。

"累计摊销"科目,用来核算企业对使用寿命有限的无形资产计提的累计摊销。按无形资产项目进行明细核算。企业按月计提无形资产摊销,借记"管理费用"、"其他业务支出"等科目,贷记本科目。科目期末贷方余额,反映企业无形资产累计摊销额。

【例9-5】 2012年3月1日,华夏公司购买了一项特许权,成本为1 200 000元,合同规定受益年限为10年。公司应作如下会计分录:

计算公司每月应摊销=1 200 000÷10÷12=10 000元,每月摊销时:

借:管理费用 10 000
  贷:累计摊销 10 000

【例9-6】 2012年1月1日,华夏公司将其自行开发完成的非专利技术出租给常山公司,该非专利技术成本为500 000元,双方约定的租赁期限为10年。公司应作如下会计分录:

计算公司每月应摊销=500 000÷10÷12=4 167元,每月摊销时:

借:其他业务成本 4 167
　　贷:累计摊销 4 167

【例9-7】 华厦公司从外单位购得一项商标权,支付价款3 000 000元,款项已支付,该商标权的使用寿命为10年,不考虑残值的因素,以直线法摊销。公司应作如下会计分录:

(1) 购入商标权时:
借:无形资产——商标权 3 000 000
　　贷:银行存款 3 000 000

(2) 每月摊销时:

$$计算公司每月应摊销 = 3\,000\,000 \div 10 \div 12 = 25\,000\text{元}$$

借:管理费用 25 000
　　贷:累计摊销 25 000

无形资产的摊销一般应计入当期损益,但如果某项无形资产是专门用于生产某种产品的,其所包含的经济利益是通过转入到所生产的产品中体现的,无形资产的摊销费用应构成产品成本的一部分。

三、使用寿命不确定无形资产的减值测试

使用寿命不确定的无形资产不应摊销。

根据可获得的情况判断,有确凿证据表明无法合理估计其使用寿命的无形资产,才能作为使用寿命不确定的无形资产。企业不得随意判断使用寿命不确定的无形资产。按照无形资产准则规定,对于使用寿命不确定的无形资产,在持有期间内不需要摊销,如果期末重新复核后仍为不确定的,应当在每个会计期间进行减值测试,严格按照《企业会计准则第8号——资产减值》的规定,需要计提减值准备的,相应计提有关的减值准备。会计处理为:借记"资产减值损失"科目,贷记"无形资产减值准备"科目。

【例9-8】 2012年1月1日,华厦公司自行研发的某项非专利技术已经达到预定可使用状态,累计研究支出为600 000元(2011年已经计入当期损益),累计开发支出为3 800 000元。有关调查表明,根据产品的生命周期、市场竞争等方面情况综合判断,该非专利技术将在不确定的期间内为企业带来经济利益。由此,该非专利技术可视为使用寿命不确定的无形资产,在持有期间内部需要进行摊销。

2012年年底,公司对非专利技术按照资产减值原则进行测试,经测试表明其已经发生减值。2013年年底,该非专利技术的可收回金额为2 800 000元。公司应作如下会计分录:

(1) 2012年1月1日,非专利技术达到预定用途
借:无形资产——非专利技术 3 200 000
　　贷:研发支出——资本化支出 3 200 000

(2) 2013年年底,非专利技术发生减值

$$非专利技术发生减值 = 3\,200\,000 - 2\,800\,000 = 400\,000\text{元}$$

借:资产减值损失——非专利技术 400 000
　　贷:无形资产减值准备 400 000

使用寿命有限的无形资产,在资产负债表日存在可能发生减值的迹象时,其可收回金额低于账面价值的,企业应当将该无形资产的账面价值减记至可收回金额,减记的金额确认为减值损失,计入当期损益,同时计提相应的资产减值准备,按应减记的金额,借记"资产减值损失——计提的无形资产减值准备"科目,贷记"无形资产减值准备"科目。计提减值准备以后,企业应按无形资产的账面价值、估计的残值、使用年限,计算无形资产的摊销额。

无形资产减值损失一经确认,在以后会计期间不得转回。

第四节 无形资产的处置与报废的会计处理

无形资产的处置和报废,主要是指无形资产对外出租、出售,或者是无法为企业带来未来经济利益时,应予转销并终止确认。

一、无形资产出租的账务处理

企业让渡无形资产使用权并收取租金,在满足收入确认条件的情况下,应确认相关的收入和费用。

出租无形资产取得租金收入时,借记"银行存款"等科目,贷记"其他业务收入"等科目;摊销出租无形资产的成本和发生与转让有关的各种费用支出时,借记"其他业务成本"、"营业税金及附加"等科目,贷记"累计摊销"、"应交税费"等科目。

【例9-9】 2012年1月1日,华厦公司将某商标权出租给哈飞公司使用,租期为5年,每年收取租金250 000元。租金收入适用的营业税税率为5%,公司在出租期间内不再使用该商标权。该商标权系公司2011年1月1日购入的,初始入账价值为2 800 000元,预计使用年限为20年,采用直线法摊销。假定不考虑营业税以外的其他税费并按年摊销。公司应作如下会计分录:

(1) 每年取得租金
借:银行存款   250 000
    贷:其他业务收入——出租商标权   250 000
(2) 按年对该商标权进行摊销并计算应交的营业税
借:其他业务成本——商标权摊销   140 000
    营业税金及附加 (250 000×5%)   12 500
    贷:累计摊销   140 000
        应交税费——应交营业税   12 500

二、无形资产出售的账务处理

企业出售无形资产,表明企业放弃该无形资产的所有权,应将所取得的价款与该无形资产账面价值的差额作为资产处置利得或损失,计入当期损益。但是,值得注意的是,企业出售无形资产确认其利得的时点,应按照收入确认中的相关原则进行确定。

出售无形资产时,应按实际收到的金额,借记"银行存款"等科目;按已计提的累计摊销额,借记"累计摊销"科目;原已计提减值准备的,借记"无形资产减值准备"科目;按应支付的相关税费及其他费用,贷记"应交税费"、"银行存款"等科目;按其账面余额,贷记"无形资产"科目;按其差额,贷记"营业外收入——处置非流动资产利得"科目或借记"营业外支出——处置非流动资产损失"科目。

【例9-10】 华厦公司出售一项商标权,所得价款为1 600 000元,应交纳的营业税为90 000元(不考虑其他税费)。该商标权成本为4 000 000元,出售时已摊销金额为2 800 000元,已计提的减值准备为600 000元。公司应作如下会计分录:

借:银行存款　1 600 000
　　累计摊销　2 800 000
　　无形资产减值准备——商标权　600 000
　　贷:无形资产——商标权　4 000 000
　　　　应交税费——应交营业税　90 000
　　　　营业外收入——处置非流动资产利得　910 000

三、无形资产报废的账务处理

如果无形资产预期不能为企业带来未来经济利益,例如,某无形资产已被其他新技术所替代或超过法律保护期,不能再为企业带来经济利益的,则不再符合无形资产的定义,应将其报废并予以转销,其账面价值转作当期损益。

转销时,应按已计提的累计摊销额,借记"累计摊销"科目,按已计提的减值准备,借记"无形资产减值准备"科目,按无形资产账面余额,贷记"无形资产"科目,按其差额,借记"营业外支出"科目。

【例9-11】 华厦公司原拥有一项非专利技术,采用直线法进行摊销,预计使用期限为10年。现该项非专利技术已被内部研发成功的新技术所替代,并且根据市场调查,用该非专利技术生产的产品已没有市场,预期不能再为企业带来任何经济利益,故应当予以转销。转销时,该项非专利技术的成本为10 000 000元,已摊销6年,累计计提减值准备2 000 000元,该项非专利技术的残值为0。假定不考虑其他相关因素,公司应作如下会计分录:

借:累计摊销　6 000 000
　　无形资产减值准备——非专利技术　2 000 000
　　营业外支出——处置非流动资产损失　2 000 000
　　贷:无形资产——非专利技术　10 000 000

第五节　其他资产的会计处理

其他资产是指不能包括在流动资产、长期投资、固定资产、无形资产等以外的资产,主要包括长期性质的待摊的费用和其他长期资产。

一、长期待摊费用的账务处理

长期待摊费用,是指企业已经支出,但摊销期限在1年以上(不含1年)的各项费用,包括固定资产大修理支出、租入固定资产的改良支出等。应当由本期负担的借款利息、租金等,不得作为长期待摊费用处理。

长期待摊费用应当单独核算,在费用项目的受益期限内分期平均摊销。企业发生的长期待摊费用单独设置"长期待摊费用"科目核算,摊销时,计入相关的制造费用、营业费用、管理费用等。长期待摊费用主要包括以下内容:

(一) 租入固定资产改良支出

企业从其他单位经营租入的固定资产,所有权属于出租人,承租企业依合同享有使用权。如果企业对租入的固定资产进行改良,由于租入固定资产的所有权不属于企业,因此,发生的改良支出只能作为待摊销的费用处理。摊销期限在租赁期或改良工程的有效使用期两者孰短的期限内摊销。如果摊销期限超过一年的,作为长期待摊费用处理。

【例9-12】 2012年4月1日,华夏公司对其以经营租赁方式租入的写字楼进行装修,发生以下有关经济业务:领用生产用材料600 000元,购进该批原材料时支付的增值税进项税额为102 000元;辅助生产车间为该装修工程提供的劳务支出为280 000元;有关人员工资等职工薪酬455 000元。2012年11月30日,该办公楼装修完工,达到预定可使用状态并交付使用,按租赁期10年进行摊销。假定不考虑其他因素,公司应作如下会计分录:

(1) 装修领用原材料时:

借:长期待摊费用　702 000
　　贷:原材料　600 000
　　　　应交税费——应交增值税(进项税额转出)　102 000

(2) 辅助生产车间为装修工程提供劳务时:

借:长期待摊费用　280 000
　　贷:生产成本——辅助生产成本　280 000

(3) 确认工程人员职工薪酬时:

借:长期待摊费用　455 000
　　贷:应付职工薪酬　455 000

(4) 2012年12月摊销装修支出时:

借:管理费用　11 975
　　贷:长期待摊费用　11 975

(二) 固定资产大修理支出

对固定资产大修理发生的费用采取待摊方式核算的,应当将发生的大修理费用在下一次大修理前平均摊销,如果摊销期限超过一年的,作为长期待摊费用处理。

(三) 发行股票的手续费和佣金等相关费用

股份有限公司委托其他单位发行股票支付的手续费或佣金等各项费用,减去发行股票期间冻结的利息收入后的余额,从发行股票的溢价收入中不够抵销的,或者无溢价的,若金额较小,可直接计入当期损益;若金额较大,可作为长期待摊费用核算,并在不超过2年期限内平均摊销,计入管理费用。

(四) 开办费

开办费是指企业在筹建期间,除应计入有关财产物资价值以外所发生的各项费用,包括人员工资、办公费、培训费、差旅费、注册登记费以及不计入固定资产价值的借款费用等。企业发生的开办费应当在开始生产经营,取得营业收入时停止归集,并应当在开始生产经营的当月起一次计入生产经营当月的损益。

如果长期待摊的费用项目不能使以后会计期间受益的,应当将尚未摊销的该项目的摊余价值全部转入当期损益。

二、其他长期资产的账务处理

其他长期资产一般包括国家批准储备的特种物资、银行冻结存款以及临时设施和涉及诉讼中的财产等。其他长期资产可以根据资产的性质及特点单独设置相关科目核算。

（一）特准储备物资

企业由于特殊原因经国家批准在正常范围之外储备指定用途的物资,如为了应付自然灾害的需要及战备的特殊需要等,这些特准储备物资是为了满足某种特殊目的而进行的储备,从其表现形式上虽然具有存货的某些特征,但不能作为存货管理。

特准储备物资未经授权机构批准,不得擅自动用。企业在收到国家下拨的特种储备物资或收到用于采购特准储备物资的款项时,应通过"特准储备物资"和"特准储备资金"核算。对特准储备物资的处置,也不能通过收入账户处理。而是在动用时,直接减少"特准储备资金"科目。

（二）银行冻结存款、冻结物资

企业发生银行存款被冻结或有关物资被冻结时,直接冲减相关的资产并借记"其他资产"科目,反之,如果被冻结的存款、物资"解冻",则从"其他资产"科目中转入相关资产科目。

（三）涉及诉讼财产

涉及诉讼的财产是企业为其他单位担保或因所有者问题未最后落实而发生诉讼中涉及的财产。涉及诉讼的财产,在诉讼问题未得到解决前,企业不得隐藏、转移、变卖和毁损。在涉及诉讼时,借记"诉讼中资产"、"累计折旧"科目,贷记"固定资产"科目;当法院判决后,借记"营业外支出",贷记"诉讼中资产"。

第十章

流动负债

负债是指企业过去的交易或者事项形成的、预期会导致经济利益流出企业的现时义务。负债一般按其偿还速度或偿还时间的长短划分为流动负债和非流动负债两类：一是流动负债。流动负债是指将在1年或超过1年的一个营业周期内偿还的债务，主要包括短期借款、应付票据、应付账款、应付利息、预收账款、应付职工薪酬、应交税费、应付股利、其他应付款等。二是非流动负债。长期负债是指偿还期在1年或超过1年的一个营业周期以上的债务，包括长期借款、应付债券、长期应付款等。

第一节 短期借款的会计处理

一、短期借款

短期借款是指企业向银行或其他金融机构等借入的期限在1年以下（含1年）的各种借款，通常是为了满足正常生产经营的需要。企业的短期借款主要包括经营周转借款、临时借款、结算借款、票据贴现借款等。企业短期借款的会计核算主要包括取得借款、借款利息计算与支付、本金偿还等内容。

二、短期借款的账务处理

企业应通过"短期借款"科目，核算短期借款的发生、偿还等情况。企业从银行或其他金融机构取得短期借款时，借记"银行存款"科目，贷记"短期借款"科目。

在实际工作中，银行一般于每季度末收取短期借款利息，为此，企业的短期借款利息一般采用月末预提的方式进行核算。短期借款利息属于筹资费用，应记入"财务费用"科目。企业应当在资产负债表日按照计算确定的短期借款利息费用，借记"财务费用"科目，贷记"应付利息"科目；实际支付利息时，借记"应付利息"科目，贷记"银行存款"科目。企业短期借款到期偿还本金时，借记"短期借款"科目，贷记"银行存款"科目。

【例10-1】 华夏公司于2012年1月1日向工商银行借入一笔生产经营用短期借款，共计120 000元，期限为12个月，年利率为12%。根据与银行签署的借款协议，该项借款的本金到期后一次归还；利息分月预提，按季支付。公司应作如下会计分录：

(1) 1月1日借入短期借款：

借：银行存款——工商银行　120 000
　　贷：短期借款——工商银行　120 000

(2) 1月末，计提应计利息：

借：财务费用——短期借款　1 200

贷:应付利息——工商银行　　1 200
　　　　　本月应计提的利息金额＝120 000×12％÷12＝1 200元
　2月末,计提2月份利息费用的处理与1月份相同。
　（3）3月末,支付第一季度银行借款利息:
　借:财务费用——短期借款(3月份的利息费用)　　1 200
　　　应付利息——工商银行　　2 400
　　　贷:银行存款——工商银行　　3 600
　第二、三、四季度的会计处理同上。
　（4）2013年1月1日,偿还银行借款本金:
　借:短期借款——工商银行　　120 000
　　　贷:银行存款——工商银行　　120 000
　　如果上述借款期限是8个月,则到期日为9月1日,7、8月末的利息需要预提。9月1日偿还银行借款本金,同时支付7月和8月已提未付利息:
　借:短期借款——工商银行　　120 000
　　　应付利息——短期借款　　2 400
　　　贷:银行存款——工商银行　　122 400

第二节　应付及预收款项的会计处理

一、应付账款的账务处理

　　应付账款是指企业因购买材料、商品或接受劳务供应等经营活动应支付的款项。应付账款,一般应在与所购买物资所有权相关的主要风险和报酬已经转移,或者所购买的劳务已经接受时确认。在实务工作中,为了使所购入物资的金额、品种、数量和质量等与合同规定的条款相符,避免因验收时发现所购物资存在数量或质量问题而对入账的物资或应付账款金额进行改动,在物资和发票账单同时到达的情况下,一般在所购物资验收入库后,再根据发票账单登记入账,确认应付账款。在所购物资已经验收入库,但是发票账单未能同时到达的情况下,企业应付物资供应单位的债务已经成立,在会计期末,为了反映企业的负债情况,需要将所购物资和相关的应付账款暂估入账,待下月初再用红字予以冲回。
　　企业应通过"应付账款"科目,核算应付账款的发生、偿还、转销等情况。该科目贷方登记企业购买材料、商品和接受劳务等而发生的应付账款,借方登记偿还的应付账款,或开出商业汇票抵付应付账款的款项,或已冲销的无法支付的应付账款。余额一般在贷方,表示企业尚未支付的应付账款余额。本科目一般应按照债权人设置明细科目进行明细核算。

　　（一）应付账款的发生
　　企业因购入材料、商品及接受劳务所产生的偿还期在一年以内(含一年)的债务,应按负债金额入账。购入材料、商品等验收入库,但货款尚未支付,根据有关发票账单、随货同行发票上记载的实际价款或暂估价值,借记"原材料"、"在途物资"等科目,按可抵扣的增值税税额,借记"应交税费——应交增值税(进项税额)"科目,按应付的价款,贷记"应付账款"

科目。企业接受供应单位提供劳务而发生的应付未付款项,根据供应单位的发票账单,借记"生产成本"、"管理费用"等科目,贷记"应付账款"科目。

应付账款附有现金折扣的,应按照扣除现金折扣前的应付款总额入账。因在折扣期限内付款而获得的现金折扣,应在偿付应付账款时冲减财务费用。

【例 10-2】 华厦公司为增值税一般纳税人,企业材料按实际成本计价核算。2012 年 3 月 1 日,从宏利公司购入 M4 材料一批,货款 200 000 元,增值税 34 000 元,代购货方垫付运杂费 1 000 元。材料已运到并验收入库,款项尚未支付。公司应作如下会计分录:

借:原材料——M4 材料　201 000
　　应交税费——应交增值税(进项税额)　34 000
　　贷:应付账款——宏利公司　235 000

【例 10-3】 华厦公司于 2012 年 4 月 22 日,从宏远公司购入一批 M3 材料并已验收入库。增值税专用发票上列明,该批 M3 材料的价款为 500 000 元,增值税为 85 000 元。按照购货协议的规定,公司可以享有现金折扣,折扣条件为"2/10、1/20、N/30",计算现金折扣时不考虑增值税。公司应作如下会计分录:

借:原材料——M3 材料　500 000
　　应交税费——应交增值税(进项税额)　85 000
　　贷:应付账款——宏远公司　585 000

【例 10-4】 2012 年 8 月 1 日,根据供电部门通知,华厦公司本月应支付电费 84 000 元。其中生产车间电费 23 000 元,企业行政管理部门电费 61 000 元,款项尚未支付。公司应作如下会计分录:

借:制造费用　23 000
　　管理费用　61 000
　　贷:应付账款——供电公司　84 000

(二)偿还应付账款

企业偿还应付账款或开出商业汇票抵付应付账款时,借记"应付账款"科目,贷记"银行存款"、"应付票据"等科目。

【例 10-5】 承例 10-2,2012 年 5 月 19 日,华厦公司用工商银行存款支付上述应付账款。公司应作如下会计分录:

借:应付账款——宏利公司　235 000
　　贷:银行存款——工商银行　235 000

【例 10-6】 承例 10-3,华厦公司于 2012 年 4 月 30 日或 5 月 6 日或 5 月 16 日,用银行存款付清了所欠宏远公司货款。

(1)公司在 4 月 30 日付清所欠宏远公司的货款,按照购货协议可以获得现金折扣。公司获得的现金折扣=500 000×2%=10 000 元,实际支付的货款=585 000-10 000×=575 000 元。公司应作如下会计分录:

借:应付账款——宏远公司　585 000
　　贷:银行存款——工商银行　575 000
　　　财务费用　10 000

(2) 公司在 5 月 6 日付清所欠宏远公司的货款,按照购货协议可以获得现金折扣。公司获得的现金折扣=500 000×1‰=5 000 元,实际支付的货款=585 000－5 000=580 000 元。公司应作如下会计分录:

借:应付账款——宏远公司　585 000
　　贷:银行存款——工商银行　580 000
　　　　财务费用　5 000

(3) 公司在 5 月 16 日付清所欠宏远公司的货款,按照购货协议不可以获得现金折扣。实际支付的货款为 585 000 元。公司应作如下会计分录:

借:应付账款——宏远公司　585 000
　　贷:银行存款——工商银行　585 000

(三) 转销应付账款

企业转销确实无法支付的应付账款(比如因债权人撤销等原因而产生无法支付的应付账款),应按其账面余额计入营业外收入,借记"应付账款"科目,贷记"营业外收入"科目。

【例 10-7】 2012 年 12 月 31 日,华厦公司确定三年前欠铝业公司的应付账款 6 000 元,由于该公司解散,为无法支付的款项,应予转销。公司应作如下会计分录:

借:应付账款——铝业公司　6 000
　　贷:营业外收入——其他　6 000

二、应付票据的账务处理

(一) 应付票据概述

应付票据是指企业购买材料、商品和接受劳务供应等而开出、承兑的商业汇票,包括商业承兑汇票和银行承兑汇票。企业应当设置"应付票据备查簿",详细登记商业汇票的种类、号数和出票日期、到期日、票面余额、交易合同号和收款人姓名或单位名称以及付款日期和金额等资料。应付票据到期结清时,应当在备查簿内予以注销。

商业汇票按照是否带息,分为带息票据和不带息票据。不带息票据,其面值就是企业到期时应支付的金额。带息票据的票面金额仅表示本金,票据到期时除按面值支付外,还应另行支付利息。

企业应通过"应付票据"科目,核算应付票据的发生、偿付等情况。该科目贷方登记开出、承兑汇票的面值及带息票据的预提利息,借方登记支付票据的金额,余额在贷方,表示企业尚未到期的商业汇票的票面金额和应计未付的利息。

(二) 不带息应付票据的会计处理

1. 发生应付票据

通常而言,商业汇票的付款期限不超过 6 个月,因此在会计上应作为流动负债管理和核算。同时,由于应付票据的偿付时间较短,在会计实务中,一般均按照开出、承兑的应付票据的面值入账。

企业因购买材料、商品和接受劳务供应等而开出、承兑的商业汇票,应当按其票面金额作为应付票据的入账金额,借记"材料采购"、"原材料"、"库存商品"、"应付账款"、"应交税费——应交增值税(进项税额)"等科目,贷记"应付票据"科目。

企业支付的银行承兑汇票手续费应当计入当期财务费用,借记"财务费用"科目,贷记"银行存款"科目。

【例 10-8】 华厦公司为增值税一般纳税人。2012 年 2 月 6 日,开出并承兑工商银行一张面值为 234 000 元、期限 5 个月的不带息商业承兑汇票,用以采购宏利公司一批材料,材料已验收入库。公司材料采购日常核算采用实际成本法。增值税专用发票上注明的材料价款为 200 000 元,增值税税额为 34 000 元。公司应作如下会计分录:

借:原材料　200 000
　　应交税费——应交增值税(进项税额)　34 000
　　贷:应付票据——宏利公司　234 000

【例 10-9】 承例 10-8,假设上例中的商业汇票为银行承兑汇票,华厦公司已交纳承兑手续费 11.70 元。公司应作如下会计分录:

借:财务费用　11.70
　　贷:银行存款——工商银行　11.70

2. 偿还应付票据

应付票据到期支付票款时,应按账面余额予以结转,借记"应付票据"科目,贷记"银行存款"科目。

【例 10-10】 承例 10-8,2012 年 7 月 6 日,华厦公司于 2 月 6 日开出的商业汇票到期。公司通知其开户银行以银行存款支付票款。公司应作如下会计分录:

借:应付票据——宏利公司　234 000
　　贷:银行存款——工商银行　234 000

3. 转销应付票据

应付商业承兑汇票到期,如企业无力支付票款,应将应付票据按账面余额转作应付账款,借记"应付票据"科目,贷记"应付账款"科目。应付银行承兑汇票到期,如企业无力支付票款,应将应付票据的账面余额转作短期借款,借记"应付票据"科目,贷记"短期借款"科目。

【例 10-11】 承例 10-8,假设上述商业汇票为银行承兑汇票,该汇票到期时华厦公司无力支付票款。该公司的有关会计分录如下:

借:应付票据——宏利公司　234 000
　　贷:短期借款——工商银行　234 000

假设上述商业汇票为商业承兑汇票,该汇票到期时华厦公司无力支付票款。该公司的有关会计分录如下:

借:应付票据——宏利公司　234 000
　　贷:应付账款——宏利公司　234 000

(三)带息应付票据的会计处理

与不带息应付票据的会计处理的不同之处是,企业开出、承兑的带息票据,应于期末计算应付利息,计入当期财务费用,借记"财务费用"科目,贷记"应付票据"科目。

【例 10-12】 2012 年 3 月 1 日,华厦公司开出工商银行带息商业汇票一张,面值 300 000 元,用于抵付其前欠洪铭公司的货款。该票据票面利率为 12%,期限为 3 个月。公司应作如下会计分录：

借：应付账款——洪铭公司　300 000
　　贷：应付票据——洪铭公司　300 000

【例10-13】　承例10-12,3月31日华厦公司计算开出工商银行带息应付票据的应计利息。公司应作如下会计分录：

借：财务费用　3 000
　　贷：应付票据——洪铭公司　3 000

3月份应计提的应付票据利息＝300 000×12％÷12＝3 000元

公司4月末和5月末的会计处理同上。

【例10-14】　承例10-12,6月1日华厦公司开出的工商银行带息商业汇票到期，公司以银行存款全额支付到期票款和3个月的票据利息。公司应作如下会计分录：

借：应付票据——洪铭公司　309 000
　　贷：银行存款——工商银行　309 000

该商业汇票到期应偿还的金额＝本金＋利息
＝300 000＋300 000×12％÷12×3＝309 000元

【例10-15】　承例10-12,6月1日华厦公司带息商业汇票到期，公司无力支付票款，应将应付票据的账面余额转入"应付账款"科目。公司应作如下会计分录：

借：应付票据——洪铭公司　309 000
　　贷：应付账款——洪铭公司　309 000

三、应付利息的账务处理

应付利息核算企业按照合同约定应支付的利息，包括短期借款、分期付息到期还本的长期借款、企业债券等应支付的利息。企业应当设置"应付利息"科目，按照债权人设置明细科目进行明细核算，该科目期末贷方余额反映企业按照合同约定应支付但尚未支付的利息。

企业采用合同约定的名义利率计算确定利息费用时，应按合同约定的名义利率计算确定的应付利息的金额，记入"应付利息"科目；实际支付利息时，借记"应付利息"科目，贷记"银行存款"等科目。

【例10-16】　2012年1月1日，华厦公司借入五年期到期还本每年付息的长期借款1 000 000元，合同约定年利率为3.5％。公司应作如下会计分录：

(1)每年计算确定利息费用时：

借：财务费用　35 000
　　贷：应付利息　35 000

企业每年应支付的利息＝1 000 000×3.5％＝35 000元

(2)每年实际支付利息时：

借：应付利息　35 000
　　贷：银行存款　35 000

四、预收账款的账务处理

预收账款是指企业按照合同规定向购货单位预收的款项。与应付账款不同,预收账款所形成的负债不是以货币偿付,而是以货物偿付。

企业应通过"预收账款"科目,核算预收账款的取得、偿付等情况。该科目贷方登记发生的预收账款数额和购货单位补付账款的数额,借方登记企业向购货方发货后冲销的预收账款数额和退回购货方多付账款的数额;余额一般在贷方,反映企业向购货单位预收的款项但尚未向购货方发货的数额,如为借方余额,反映企业应收的款项。企业应当按照购货单位设置明细科目进行明细核算。预收货款业务不多的企业,可以不单独设置"预收账款"科目,其所发生的预收货款,可通过"应收账款"科目核算。

企业预收购货单位的款项时,借记"银行存款"科目,贷记"预收账款"科目;销售实现时,按实现的收入和应交的增值税销项税额,借记"预收账款"科目,按照实现的营业收入,贷记"主营业务收入"科目,按照增值税专用发票上注明的增值税税额,贷记"应交税费——应交增值税(销项税额)"等科目;企业收到购货单位补付的款项,借记"银行存款"科目,贷记"预收账款"科目;向购货单位退回其多付的款项时,借记"预收账款"科目,贷记"银行存款"科目。

【例10-17】华厦公司为增值税一般纳税人。2012年6月3日,公司与宏利公司签订供货合同,向其出售一批产品,货款金额共计500 000元,应交增值税85 000元。根据购货合同的规定,宏利公司在购货合同签订后一周内,应向公司预付货款400 000元,剩余货款在交货后付清。2012年6月9日,公司收到宏利公司交来的预付货款400 000元并存入工商银行,6月19日公司将货物发到宏利公司并开出增值税专用发票,宏利公司验收后付清了剩余货款。公司应作如下会计分录:

(1) 收到宏利公司交来预付货款:

借:银行存款——工商银行   400 000
  贷:预收账款——宏利公司   400 000

(2) 向宏利公司发出货物:

借:预收账款——宏利公司   585 000
  贷:主营业务收入   500 000
    应交税费——应交增值税(销项税额)   85 000

(3) 收到宏利公司补付的货款:

借:银行存款——工商银行   185 000
  贷:预收账款——宏利公司   185 000

【例10-18】承例10-17的资料,假设华厦公司不设置"预收账款"科目,通过"应收账款"科目核算有关业务。公司应作如下会计分录:

(1) 收到宏利公司的预付货款:

借:银行存款——工商银行   400 000
  贷:应收账款——宏利公司   400 000

(2) 向宏利公司发出货物:

借:应收账款——宏利公司   585 000

　　　　　贷：主营业务收入　　500 000
　　　　　　　　应交税费——应交增值税（销项税额）　　85 000
　　（3）收到宏利公司补付的货款：
　　借：银行存款——工商银行　　185 000
　　　　贷：应收账款——宏利公司　　185 000

第三节　应付职工薪酬的会计处理

一、应付职工薪酬的内容

　　职工薪酬是指企业为获得职工提供的服务而给予各种形式的报酬以及其他相关支出。这里所称"职工"比较宽泛，包括三类人员：一是与企业订立劳动合同的所有人员，含全职、兼职和临时职工；二是未与企业订立劳动合同、但由企业正式任命的企业治理层和管理层人员，如董事会成员、监事会成员等；三是在企业的计划和控制下，虽未与企业订立劳动合同或未由其正式任命，但为其提供与职工类似服务的人员。

　　职工薪酬主要包括以下内容：

1. 职工工资、奖金、津贴和补贴

　　是指按照国家统计局《关于职工工资总额组成的规定》，构成工资总额的计时工资、计件工资、支付给职工的超额劳动报酬和增收节支的劳动报酬、为了补偿职工特殊或额外的劳动消耗和因其他特殊原则支付给职工的津贴，以及为了保证职工工资水平不受物价影响支付给职工的物价补贴等。企业按规定支付给职工的加班加点工资，根据国家法律、法规和政策规定，企业在职工因病、工伤、产假、计划生育假、婚丧假、事假、探亲假、定期休假、停工学习、执行国家或社会义务等特殊情况下，按照计时工资或计件工资标准的一定比例支付的工资，也属于职工工资范畴，在职工休假时，不应当从工资总额中扣除。

2. 职工福利费

　　职工福利费主要是尚未实行主辅分离、辅业改制的企业，内设医务室、职工浴室、理发室、托儿所等集体福利机构人员的工资、医务经费，职工因公负伤赴外地就医路费、职工生活困难补助，以及按照国家规定开支的其他职工福利支出。

3. 社会保险费

　　社会保险费是指企业按照国家规定的基准和比例计算，向社会保险经办机构缴纳的医疗保险费、基本养老保险费、失业保险费、工伤保险费和生育保险费，以及根据《企业年金试行办法》、《企业年金基金管理试行办法》等相关规定，向有关单位缴纳的补充养老保险费。此外，以商业保险形式提供给职工的各种保险待遇也属于企业提供的职工薪酬。主要包括医疗保险费、养老保险费、失业保险费、工伤保险费和生育保险费等社会保险费。

4. 住房公积金

　　住房公积金是指企业按照国务院《住房公积金管理条例》规定的基准和比例计算，向住房公积金管理机构缴存的住房公积金。

5. 工会经费和职工教育经费

　　工会经费和职工教育经费是指企业为了改善职工文化生活、提高职工业务素质用于开展工会活动和职工教育及职业技能培训,根据国家规定的基准和比例,从成本费用中提取的金额。

6. 非货币性福利

非货币性福利是指企业以自己的产品或外购商品发放给职工作为福利,企业提供给职工无偿使用自己拥有的资产或租赁资产供职工无偿使用和为职工无偿提供服务等,比如提供给企业高级管理人员使用的住房等,免费为职工提供诸如医疗保健的服务,或向职工提供企业支付了一定补贴的商品或服务等,比如以低于成本的价格向职工出售住房等。

7. 辞退补偿

辞退补偿是指因解除与职工的劳动关系给予的补偿,由于分离办社会职能、实施主辅分离、辅业改制、分流安置富余人员、实施重组、改组计划、职工不能胜任等原因,企业在职工劳动合同尚未到期之前解除与职工的劳动关系,或者为鼓励职工自愿接受裁减而提出补偿建议的计划中给予职工的经济补偿,即国际财务报告准则中所指的辞退福利。

8. 其他相关的支出

其他相关的支出是指除上述七种薪酬以外的其他为获得职工提供的服务而给予的薪酬,比如企业提供给职工以权益形式结算的认股权、以现金形式结算但以权益工具公允价值为基础确定的现金股票增值权等。

总之,从薪酬的涵盖时间和支付形式来看,职工薪酬包括企业在职工在职期间和离职后给予的所有货币性薪酬和非货币性福利;从薪酬的支付对象来看,职工薪酬包括提供给职工本人和其配偶、子女或其他被赡养人的福利,比如支付给因公伤亡职工的配偶、子女或其他被赡养人的抚恤金。

二、应付职工薪酬的账务处理

企业应当设置"应付职工薪酬"科目,核算应付职工薪酬的提取、结算、使用等情况。该科目的贷方登记已分配计入有关成本费用项目的职工薪酬的数额,借方登记实际发放职工薪酬的数额,包括扣还的款项等;该科目期末贷方余额,反映企业应付未付的职工薪酬。"应付职工薪酬"科目应当按照"工资"、"职工福利"、"住房公积金"、"工会经费"、"职工教育经费"、"非货币性福利"等应付职工薪酬项目设置明细科目,进行明细核算。应付职工薪酬的会计处理主要包括确认和发放两个方面。

(一) 确认应付职工薪酬

1. 货币性职工薪酬

企业应当在职工为其提供服务的会计期间,根据职工提供服务的受益对象,将应确认的职工薪酬(包括货币性薪酬和非货币性福利)计入相关资产成本或当期损益,同时确认应付职工薪酬。具体分为以下情况进行处理:

(1) 生产部门人员的职工薪酬,借记"生产成本"科目,贷记"应付职工薪酬"科目。

(2) 管理部门人员的职工薪酬,借记"管理费用"科目,贷记"应付职工薪酬"科目。

(3) 销售人员的职工薪酬,借记"销售费用"科目,贷记"应付职工薪酬"科目。

(4) 应由在建工程、研发支出负担的职工薪酬,借记"在建工程"、"研发支出"科目,贷记"应付职工薪酬"科目。

【例 10-19】 华厦公司本月应付工资总额 789 000 元,工资费用分配汇总表中列示的产品生产人员工资为 650 000 元,车间管理人员工资为 60 000 元,行政管理人员工资为 50 000 元,销售人员工资为 29 000 元。公司应作如下会计分录:

借:生产成本——基本生产成本　650 000
　　制造费用　60 000
　　管理费用　50 000
　　销售费用　29 000
　　贷:应付职工薪酬——工资　789 000

企业在计量应付职工薪酬时,应当注意国家是否有相关的明确计提标准加以区别处理:一般而言,企业应向社会保险经办机构缴纳的医疗保险费、养老保险费、失业保险费、工伤保险费、生育保险费等社会保险费,应向住房公积金管理中心缴存的住房公积金,以及应向工会部门缴纳的工会经费等,国家(或企业年金计划)统一规定了计提基础和计提比例,应当按照国家规定的标准计提;而职工福利费等职工薪酬,国家(或企业年金计划)没有明确规定计提基础和计提比例,企业应当根据历史经验数据和实际情况,合理预计当期应付职工薪酬。当期实际发生金额大于预计金额的,应当补提应付职工薪酬;当期实际发生金额小于预计金额的,应当冲回多提的应付职工薪酬。

【例 10-20】 华厦公司下设一所职工食堂,每月根据在岗职工数量及岗位分布情况、相关历史经验数据等计算需要补贴食堂的金额,从而确定企业每期因职工食堂而需要承担的福利费金额。2012 年 11 月,企业在岗职工共计 210 人,其中管理部门 30 人,生产车间 180 人,公司的历史经验数据表明,每个职工每月需补贴食堂 100 元。公司应作如下会计分录:

公司应当提取的职工福利＝210×100＝21 000 元

借:生产成本　18 000
　　管理费用　3 000
　　贷:应付职工薪酬——职工福利　21 000

【例 10-21】 2012 年 11 月,根据国家规定的计提标准计算,华厦公司本月应向社会保险经办机构缴纳职工基本养老保险费共计 117 350 元,其中,应计入基本生产车间生产成本的金额为 97 500 元,应计入制造费用的金额为 8 000 元,应计入管理费用的金额为 7 500 元,应计入销售费用的金额为 4 350 元。公司应作如下会计分录:

借:生产成本——基本生产成本　97 500
　　制造费用　8 000
　　管理费用　7 500
　　销售费用　4 350
　　贷:应付职工薪酬——社会保险费(基本养老保险)　117 350

2. 非货币性职工薪酬

企业以其自产产品作为非货币性福利发放给职工的,应当根据受益对象,按照该产品的公允价值,计入相关资产成本或当期损益,同时确认应付职工薪酬,借记"管理费用"、"生产成本"、"制造费用"等科目,贷记"应付职工薪酬——非货币性福利"科目。

将企业拥有的房屋等资产无偿提供给职工使用的,应当根据受益对象,将该住房每期应计提的折旧计入相关资产成本或当期损益,同时确认应付职工薪酬,借记"管理费用"、"生产成本"、"制造费用"等科目,贷记"应付职工薪酬——非货币性福利"科目,并且同时借记"应付职工薪酬——非货币性福利"科目,贷记"累计折旧"科目。

租赁住房等资产供职工无偿使用的,应当根据受益对象,将每期应付的租金计入相关资产成本或当期损益,并确认应付职工薪酬,借记"管理费用"、"生产成本"、"制造费用"等科目,贷记"应付职工薪酬——非货币性福利"科目。

难以认定受益对象的非货币性福利,直接计入当期损益和应付职工薪酬。

【例10-22】 2012年11月,华厦公司共有职工500名,其中450名为直接参加生产的职工,50名为总部管理人员。2012年2月,公司以其生产的每台成本为800元的小家电作为福利发放给公司每名职工。该型号的小家电市场售价为每台1 000元,公司适用的增值税税率为17%。公司应作如下会计分录:

$$公司应确认的应付职工薪酬 = 500 \times 1\,000 \times 17\% + 500 \times 1\,000 = 585\,000 元$$

其中,应记入"生产成本"科目的金额 $= 450 \times 1\,000 \times 17\% + 450 \times 1\,000 = 526\,500$ 元

应记入"管理费用"科目的金额 $= 50 \times 1\,000 \times 17\% + 50 \times 1\,000 = 58\,500$ 元

借:生产成本　526 500
　　管理费用　58 500
　　贷:应付职工薪酬——非货币性福利　585 000

企业以自产产品作为职工薪酬发放给职工时,应确认主营业务收入,借记"应付职工薪酬——非货币性福利"科目,贷记"主营业务收入"科目,同时结转相关成本,涉及增值税销项税额的,还应进行相应的处理。

企业支付租赁住房等资产供职工无偿使用所发生的租金,借记"应付职工薪酬——非货币性福利"科目,贷记"银行存款"等科目。

【例10-23】 承例10-22,2012年11月,华厦公司向职工发放小家电作为福利,应确认主营业务收入,同时要根据相关税收规定,计算增值税销项税额。公司应作如下会计分录:

$$公司应确认的主营业务收入 = 500 \times 1\,000 = 500\,000 元$$

$$公司应确认的增值税销项税额 = 500 \times 1\,000 \times 17\% = 85\,000 元$$

$$公司应结转的销售成本 = 500 \times 800 = 400\,000 元$$

(1) 公司应确认的主营业务收入:

借:应付职工薪酬——非货币性福利　585 000
　　贷:主营业务收入　500 000
　　　　应交税费——应交增值税(销项税额)　85 000

(2) 公司应结转的销售成本:

借:主营业务成本　400 000
　　贷:库存商品——小家电　400 000

【例10-24】 2012年11月,华厦公司为总部各部门经理级别以上职工提供汽车免费使用,同时为副总裁以上高级管理人员每人租赁一套住房。公司总部共有部门经理以上职工20名,每人提供一辆桑塔纳汽车免费使用,假定每辆桑塔纳汽车每月租金1 000元;该公司

共有副总裁以上高级管理人员 5 名,公司为其每人提供一套面积为 200 m² 带有家具和电器的公寓,月折旧额为每套 6 000 元。公司应作如下会计分录:

公司应确认的应付职工薪酬＝20×1 000＋5×6 000＝50 000 元

其中,提供企业拥有的汽车供职工使用的非货币性福利＝20×1 000＝20 000 元

租赁住房供职工使用的非货币性福利＝5×6 000＝30 000 元

(1) 确认公司非货币性职工薪酬:

借:管理费用　50 000
　　贷:应付职工薪酬——非货币性福利　50 000

(2) 桑塔纳汽车每月租金:

借:应付职工薪酬——非货币性福利　20 000
　　贷:银行存款　20 000

此外,公司将其拥有的房屋无偿提供给职工使用的,还应当按照该部分非货币性福利 30 000 元,借记"应付职工薪酬——非货币性福利"科目,贷记"累计折旧"科目。公司应作如下会计分录:

(3) 计提折旧:

借:应付职工薪酬——非货币性福利　30 000
　　贷:累计折旧　30 000

(二) 发放职工薪酬

1. 支付职工工资、奖金、津贴和补贴

企业按照有关规定向职工支付工资、奖金、津贴等,借记"应付职工薪酬——工资"科目,贷记"银行存款"、"库存现金"等科目;企业从应付职工薪酬中扣还的各种款项(代垫的家属药费、个人所得税等),借记"应付职工薪酬"科目,贷记"银行存款"、"库存现金"、"其他应收款"、"应交税费——应交个人所得税"等科目。

实务中,企业一般在每月发放工资前,根据"工资结算汇总表"中的"实发金额"栏的合计数向开户银行提取现金,借记"库存现金"科目,贷记"银行存款"科目,然后再向职工发放。

【例 10-25】 2012 年 12 月,华厦公司根据"工资结算汇总表"结算本月应付职工工资总额 789 000 元。其中代扣职工房租 60 000 元,企业代垫职工家属医药费 7 000 元,实发工资 722 000 元。公司应作如下会计分录:

(1) 向银行提取现金:

借:库存现金　722 000
　　贷:银行存款　722 000

(2) 发放工资,支付现金:

借:应付职工薪酬——工资　722 000
　　贷:库存现金　722 000

(3) 代扣款项:

借:应付职工薪酬——工资　67 000
　　贷:其他应收款——职工房租　60 000

　　　　　　——代垫医药费　7 000

2. 支付职工福利费

企业向职工食堂、职工医院、生活困难职工等支付职工福利费时，借记"应付职工薪酬——职工福利"科目，贷记"银行存款"、"库存现金"等科目。

【例10-26】　2012年12月，华厦公司以现金支付职工王宏生活困难补助500元。公司应作如下会计分录：

借：应付职工薪酬——职工福利　500
　　贷：库存现金　500

【例10-27】　承例10-20，2012年11月20日，华厦公司支付21 000元补贴给食堂。公司应作如下会计分录：

借：应付职工薪酬——职工福利　21 000
　　贷：库存现金　21 000

3. 支付工会经费、职工教育经费和缴纳社会保险费、住房公积金

企业支付工会经费和职工教育经费用于工会运作和职工培训，或按照国家有关规定缴纳社会保险费或住房公积金时，借记"应付职工薪酬——工会经费（或职工教育经费、社会保险费、住房公积金）"科目，贷记"银行存款"、"库存现金"等科目。

【例10-28】　华厦公司以银行存款缴纳参加职工医疗保险的医疗保险费48 000元。公司应作如下会计分录：

借：应付职工薪酬——社会保险费　48 000
　　贷：银行存款　48 000

第四节　应交税费的会计处理

一、应交税费概述

企业根据税法规定应交纳的各种税费包括：增值税、消费税、营业税、城市维护建设税、资源税、所得税、土地增值税、房产税、车船税、土地使用税、教育费附加、矿产资源补偿费、印花税、耕地占用税等。

企业应通过"应交税费"科目，总括反映各种税费的交纳情况，并按照应交税费的种类进行明细核算。该科目贷方登记应交纳的各种税费等，借方登记实际交纳的税费；期末余额一般在贷方，反映企业尚未交纳的税费，期末余额如在借方，反映企业多交或尚未抵扣的税费。

企业交纳的印花税、耕地占用税等不需要预计应交数的税金，不通过"应交税费"科目核算。

二、应交增值税的账务处理

（一）增值税概述

增值税是以商品（含应税劳务）在流转过程中产生的增值额作为计税依据而征收的一

种流转税。按照我国增值税法的规定,增值税的纳税人是在我国境内销售货物、进口货物、或提供加工、修理修配劳务的企业单位和个人。按照纳税人的经营规模及会计核算的健全程度,增值税纳税人分为一般纳税人和小规模纳税人。一般纳税人应纳增值税税额,根据当期销项税额减去当期进项税额计算确定;小规模纳税人应纳增值税税额,按照销售额和规定的征收率计算确定。

各国实行的增值税在计算增值额时一般都实行税款抵扣制度,即在计算企业应纳税款时,要扣除商品在以前生产环节已负担的税款,以避免重复征税。依据实行增值税的各个国家允许抵扣已纳税款的扣除项目范围的大小,增值税分为生产型增值税、收入型增值税和消费型增值税三种类型。它们之间的主要区别在于对购入固定资产的处理上。生产型增值税在计算增值额时,对购入的固定资产及其折旧均不予扣除。收入型增值税对于购置用于生产、经营用的固定资产,允许将已提折旧的价值额予以扣除。消费型增值税允许将用于生产、经营的固定资产价值中已含的税款,在购置当期全部一次扣除。

2008年,我国修订了《中华人民共和国增值税暂行条例》,实现了生产型增值税向消费型增值税的转型。修订后的《中华人民共和国增值税暂行条例》自2009年1月1日起在全国范围内实施。

在税收征管上,从世界各国来看,一般都实行凭购物发票进行抵扣。按照《中华人民共和国增值税暂行条例》规定,企业购入货物或接受应税劳务支付的增值税(即进项税额),可从销售货物或提供劳务按规定收取的增值税(即销项税额)中抵扣。准予从销项税额中抵扣的进项税额通常包括:

(1) 从销售方取得的增值税专用发票上注明的增值税税额。

(2) 从海关取得的完税凭证上注明的增值税税额。

(二) 一般纳税企业的账务处理

为了核算企业应交增值税的发生、抵扣、交纳、退税及转出等情况,应在"应交税费"科目下设置"应交增值税"明细科目,并在"应交增值税"明细账内设置"进项税额"、"已交税金"、"销项税额"、"出口退税"、"进项税额转出"等专栏。

1. 采购商品和接受应税劳务

企业从国内采购商品或接受应税劳务等,根据增值税专用发票上记载的应计入采购成本或应计入加工、修理修配等物资成本的金额,借记"固定资产"、"材料采购"、"在途物资"、"原材料"、"库存商品"或"生产成本"、"制造费用"、"委托加工物资"、"管理费用"等科目,根据增值税专用发票上注明的可抵扣的增值税税额,借记"应交税费——应交增值税(进项税额)"科目,按照应付或实际支付的总额,贷记"应付账款"、"应付票据"、"银行存款"等科目。购入货物发生的退货,作相反的会计分录。

【例10-29】 2012年6月7日,华夏公司购入原材料一批,增值税专用发票上注明货款70 000元,增值税税额11 900元,货物尚未到达,货款和进项税额已用银行存款支付。该企业采用计划成本对原材料进行核算。公司应作如下会计分录:

借:材料采购　70 000
　　应交税费——应交增值税(进项税额)　11 900
　贷:银行存款　81 900

【例10-30】 2012年6月17日,华厦公司购入不需要安装设备一台,价款及运输保险等费用合计500 000元,增值税专用发票上注明的增值税税额85 000元,款项尚未支付。公司应作如下会计分录:

借:固定资产　500 000
　　应交税费——应交增值税(进项税额)　85 000
　　贷:应付账款　585 000

根据修订后的增值税暂行条例,企业购进固定资产所支付的增值税税额85 000元,允许在购置当期全部一次性扣除。

按照增值税暂行条例,企业购入免征增值税货物,一般不能够抵扣增值税销项税额。但是对于购入的免税农产品,可以按照买价和规定的扣除率计算进项税额,并准予从企业的销项税额中抵扣。企业购入免税农产品,按照买价和规定的扣除率计算进项税额,借记"应交税费——应交增值税(进项税额)"科目,按买价扣除按规定计算的进项税额后的差额,借记"材料采购"、"原材料"、"商品采购"、"库存商品"等科目,按照应付或实际支付的价款,贷记"应付账款"、"银行存款"等科目。

【例10-31】 2012年6月19日,华厦公司购入免税农产品一批,价款200 000元,规定的扣除率为13%,货物尚未到达,货款已用银行存款支付。公司应作如下会计分录:

借:材料采购　174 000
　　应交税费——应交增值税(进项税额)　26 000
　　贷:银行存款　200 000

进项税额=购买价款×扣除率=200 000×13%=26 000元

【例10-32】 2012年6月26日,华厦公司生产车间委托外单位修理机器设备,增值税专用发票上注明修理费用100 000元,增值税税额17 000元,款项已用银行存款支付。公司应作如下会计分录:

借:制造费用　100 000
　　应交税费——应交增值税(进项税额)　17 000
　　贷:银行存款　117 000

按照增值税暂行条例,购进或者销售货物以及在生产经营过程中支付运输费用的,按照运输费用结算单据上注明的运输费用金额和规定的扣除率计算进项税额。

【例10-33】 2012年6月30日,华厦公司从外地购入原材料一批,增值税专用发票上注明货款40 000元,另外向运输公司支付运输费用5 000元。货物已运抵并验收入库,按计划成本法核算。货款、进项税款和运输费用已用银行存款支付。增值税税率为17%,运输费用的进项税额的扣除率为7%。公司应作如下会计分录:

借:材料采购　44 650
　　应交税费——应交增值税(进项税额)　7 150
　　贷:银行存款　51 800

本例中,进项税额=40 000×17%+5 000×7%=7 150元

材料成本=40 000+5 000×(1-7%)=44 650元

2. 进项税额转出

企业购进的货物发生非常损失，以及将购进货物改变用途，如用于非应税项目、集体福利或个人消费等，其进项税额应通过"应交税费——应交增值税（进项税额转出）"科目转入有关科目，借记"待处理财产损益"、"在建工程"、"应付职工薪酬"等科目，贷记"应交税费——应交增值税（进项税额转出）"科目；属于转作待处理财产损失的进项税额，应与遭受非常损失的购进货物、在产品或库存商品的成本一并处理。

购进货物改变用途通常是指购进的货物在没有经过任何加工的情况下，对内改变用途的行为，如企业下属医务室等福利部门领用原材料等。

【例10-34】 2012年9月6日，华厦公司库存材料因意外火灾毁损一批，有关增值税专用发票确认的成本为30 000元，增值税税额5 100元。公司应作如下会计分录：

借：待处理财产损益——待处理流动资产损益　35 100
　　贷：原材料　30 000
　　　　应交税费——应交增值税（进项税额转出）　5 100

【例10-35】 华厦公司所属的职工医院维修领用原材料15 000元，其购入时支付的增值税为2 550元。公司应作如下会计分录：

借：应付职工薪酬——职工福利　17 550
　　贷：原材料　15 000
　　　　应交税费——应交增值税（进项税额转出）　2 550

3. 销售物资或者提供应税劳务

企业销售货物或者提供应税劳务，按照营业收入和应收取的增值税税额，借记"应收账款"、"应收票据"、"银行存款"等科目，按专用发票上注明的增值税税额，贷记"应交税费——应交增值税（销项税额）"科目，按照实现的营业收入，贷记"主营业务收入"、"其他业务收入"等科目。发生的销售退回，作相反的会计分录。

【例10-36】 华厦公司销售产品一批，价款600 000元。按规定应收取增值税税额102 000元，提货单和增值税专用发票已交给买方，款项尚未收到。公司应作如下会计分录：

借：应收账款　702 000
　　贷：主营业务收入　600 000
　　　　应交税费——应交增值税　102 000

【例10-37】 华厦公司为外单位代加工设备20台，每台加工费10 000元，使用的增值税税率17%，加工完成，款项已收到存入工商银行。公司应作如下会计分录：

借：银行存款——工商银行　234 000
　　贷：主营业务收入　200 000
　　　　应交税费——应交增值税　34 000

此外，企业将自产、委托加工或购买的货物分配给股东，应当参照企业销售物资或者提供应税劳务进行会计处理。

4. 视同销售

企业的有些交易或事项从会计的角度看不属于销售行为，不能确认销售收入，但是按照税法规定，应视同对外销售处理，计算应交增值税。视同销售需要交纳增值税的事项，如企业将自产或委托加工的货物用于非应税项目、集体福利或个人消费,将自产或委托加工的货物作为投资、分配给股东或投资者、无偿赠送他人等。在这些情况下,企业应当借记"在建工程"、"长期股权投资"、"营业外支出"等科目,贷记"应交税费——应交增值税"科目等。

【例10-38】 华厦公司将自己生产的产品用于自行建造职工浴室。该批产品的成本为300 000元,计税价格400 000元,增值税税率17%。公司应作如下会计分录:
  借:在建工程   368 000
    贷:库存商品   300 000
      应交税费——应交增值税(销项税额)   68 000
  企业在建工程领用自己生产的产品的销项税额=400 000×17%=68 000元

5. 出口退税

企业出口产品按规定退税的,按应收的出口退税额,借记"其他应收款"科目,贷记"应交税费——应交增值税(出口退税)"科目。

6. 交纳增值税

企业交纳的增值税,借记"应交税费——应交增值税(已交税金)"科目,贷记"银行存款"科目。"应交税费——应交增值税"科目的贷方余额,表示企业应交纳的增值税。

【例10-39】 华厦公司以银行存款交纳本月增值税200 000元。公司应作如下会计分录:
  借:应交税费——应交增值税(已交税金)   200 000
    贷:银行存款   200 000

【例10-40】 2012年6月30日,若华厦公司本月发生销项税额合计294 770元,进项税额转出14 578元,进项税额30 440元,已交增值税200 000元。公司本月"应交税费——应交增值税"科目的贷方余额为78 908元。该余额在贷方,表示企业尚未交纳增值税78 908元。

"应交税费——应交增值税"科目的余额=294 770+14 578-30 440-200 000=78 908元

(二)小规模纳税企业的账务处理

小规模纳税企业应当按照不含税销售额和规定的增值税征收率计算交纳增值税,销售货物或提供应税劳务时只能开具普通发票,不能开具增值税专用发票。小规模纳税企业不享有进项税额的抵扣权,其购进货物或接受应税劳务支付的增值税直接计入有关货物或劳务的成本。因此,小规模纳税企业只需在"应交税费"科目下设置"应交增值税"明细科目,不需要在"应交增值税"明细科目中设置专栏,"应交税费——应交增值税"科目贷方登记应交纳的增值税,借方登记已交纳的增值税;期末贷方余额为尚未交纳的增值税,借方余额为多交纳的增值税。

小规模纳税企业购进货物和接受应税劳务时支付的增值税,直接计入有关货物和劳务的成本,借记"材料采购"、"在途物资"等科目,贷记"应交税费——应交增值税"科目。

【例10-41】 诗锦公司是小规模纳税企业,2012年6月3日,其购入材料一批,取得的专用发票中注明货款200 000元,增值税34 000元,款项以银行存款支付,材料已验收入库

(该企业按实际成本计价核算)。公司应作如下会计分录：

　　借：原材料　234 000
　　　　贷：银行存款　234 000

【例10-42】　诗锦公司是小规模纳税企业，2012年6月21日，其销售产品一批，所开出的普通发票中注明的货款(含税)为61 800元，增值税征收率为3%，款项已存入银行。公司应作如下会计分录：

　　借：银行存款　61 800
　　　　贷：主营业务收入　60 000
　　　　　　应交税费——应交增值税　1 800

　　不含税销售额＝含税销售额÷(1+征收率)＝61 800÷(1+3%)＝60 000元
　　　　应纳增值税＝不含税销售额×征收率＝60 000×3%＝1 800元

【例10-43】　承例10-42，2012年6月30日，诗锦公司以银行存款上交增值税1 800元。公司应作如下会计分录：

　　借：应交税费——应交增值税　1 800
　　　　贷：银行存款　1 800

　　此外，企业购入材料不能取得增值税专用发票的，比照小规模纳税企业进行处理，发生的增值税计入材料采购成本，借记"材料采购"、"在途物资"等科目，贷记"银行存款"等科目。

三、应交消费税的账务处理

(一)消费税概述

　　消费税是指在我国境内生产、委托加工和进口应税消费品的单位和个人，按其流转额交纳的一种税。消费税有从价定率和从量定额两种征收方法。采取从价定率方法征收的消费税，以不含增值税的销售额为税基，按照税法规定的税率计算。企业的销售收入包含增值税的，应将其换算为不含增值税的销售额。采取从量定额计征的消费税，根据按税法确定的企业应税消费品的数量和单位应税消费品应缴纳的消费税计算确定。

(二)应交消费税的账务处理

　　企业应在"应交税费"科目下设置"应交消费税"明细科目，核算应交消费税的发生、交纳情况。该科目贷方登记应交纳的消费税，借方登记已交纳的消费税；期末贷方余额为尚未交纳的消费税，借方余额为多交纳的消费税。

1. 销售应税消费品

　　企业销售应税消费品应交的消费税，应借记"营业税金及附加"科目，贷记"应交税费——应交消费税"科目。

【例10-44】　2012年7月30日，华厦公司销售所生产的化妆品，价款2 000 000元(不含增值税)，适用的消费税税率为20%。公司应作如下会计分录：

　　借：营业税金及附加　400 000
　　　　贷：应交税费——应交消费税　400 000

应纳消费税额＝2 000 000×20％＝400 000元

2. 自产自用应税消费品

企业将生产的应税消费品用于在建工程等非生产机构时，按规定应交纳的消费税，借记"在建工程"等科目，贷记"应交税费——应交消费税"科目。

【例10-45】2012年7月28日，华厦公司在建工程领用自产柴油成本为100 000元，按市场价计算的应纳增值税17 000元，应纳消费税6 000元。公司应作如下会计分录：

借：在建工程　123 000
　　贷：库存商品　100 000
　　　　应交税费——应交增值税（销项税额）　17 000
　　　　　　　　——应交消费税　6 000

【例10-46】2012年10月30日，华厦公司下设的职工食堂享受企业提供的补贴，本月领用自产产品一批，该产品的账面价值80 000元，市场价格100 000元（不含增值税），适用的消费税税率为10％，增值税税率为17％。公司应作如下会计分录：

借：应付职工薪酬——职工福利　127 000
　　贷：主营业务收入　100 000
　　　　应交税费——应交增值税（销项税额）　17 000
　　　　　　　　——应交消费税　10 000

借：主营业务成本　80 000
　　贷：库存商品　80 000

3. 委托加工应税消费品

企业如有应交消费税的委托加工物资，一般应由受托方代收代缴税款，受托方按照应交税款金额，借记"应收账款"、"银行存款"等科目，贷记"应交税费——应交消费税"科目。受托加工或翻新改制金银首饰按照规定由受托方交纳消费税。

委托加工物资收回后，直接用于销售的，应将受托方代收代缴的消费税计入委托加工物资的成本，借记"委托加工物资"等科目，贷记"应付账款"、"银行存款"等科目；委托加工物资收回后用于连续生产的，按规定准予抵扣的，应按已由受托方代收代缴的消费税，借记"应交税费——应交消费税"科目，贷记"应付账款"、"银行存款"等科目。

【例10-47】2012年8月30日，华厦公司委托常山公司代为加工一批应交消费税的材料。公司的材料成本为2 000 000元，加工费为400 000元，增值税税率为17％，由常山公司代收代缴的消费税为180 000元。材料已经加工完成，并由公司收回验收入库，加工费尚未支付。公司采用实际成本法进行原材料的核算。公司应作如下会计分录：

（1）如果公司收回的委托加工物资用于继续生产应税消费品：

① 发出材料用于委托加工：
借：委托加工物资　2 000 000
　　贷：原材料　2 000 000

② 支付加工费与税费：
借：委托加工物资　400 000
　　应交税费——应交消费税　180 000

　　　　——应交增值税　68 000
　　贷:应付账款　648 000
③委托加工完成,收回验收入库:
借:原材料　2 400 000
　　贷:委托加工物资　2 400 000
(2)如果华厦公司收回的委托加工物资直接用于对外销售:
借:委托加工物资　2 000 000
　　贷:原材料　2 000 000
借:委托加工物资　580 000
　　应交税费——应交增值税　68 000
　　贷:应付账款　648 000
借:原材料　2 580 000
　　贷:委托加工物资　2 580 000
(3)常山公司对应收取的受托加工代收代缴的消费税:
借:应收账款　180 000
　　贷:应交税费——应交消费税　180 000

4. 进口应税消费品

企业进口应税物资在进口环节应交的消费税计入该项物资的成本。借记"材料采购"、"固定资产"等科目,贷记"银行存款"科目。

【例10-48】　2012年3月30日,华厦公司从国外进口一批需要交纳消费税的商品,商品价值4 000 000元,进口环节需要交纳的消费税为400 000元,采购的商品已经验收入库,货款尚未支付,税款已经用银行存款支付。公司应作如下会计分录:
借:库存商品　4 400 000
　　贷:应付账款　4 000 000
　　　　银行存款　400 000

四、应交营业税的账务处理

(一)营业税概述

营业税是对在我国境内提供应税劳务、转让无形资产或销售不动产的单位和个人征收的流转税。其中:应税劳务是指属于交通运输业、建筑业、金融保险业、邮电通信业、文化体育业、娱乐业、服务业税目征收范围的劳务,不包括加工、修理修配等劳务;转让无形资产,是指转让无形资产的所有权或使用权的行为;销售不动产,是指有偿转让不动产的所有权,转让不动产的有限产权或永久使用权,以及单位将不动产无偿赠与他人等视同销售不动产的行为。

营业税以营业额作为计税依据。营业额是指纳税人提供应税劳务、转让无形资产和销售不动产而向对方收取的全部价款和价外费用。税率从3‰~20%不等。

(二)应交营业税的会计处理

企业应在"应交税费"科目下设置"应交营业税"明细科目,核算应交营业税的发生、交纳情况。该科目贷方登记应交纳的营业税,借方登记已交纳的营业税,期末贷方余额为尚未交纳的营业税。

企业按照营业额及其适用的税率,计算应交的营业税,借记"营业税金及附加"科目,贷记"应交税费——应交营业税"科目;企业出售不动产时,计算应交的营业税,借记"固定资产清理"等科目,贷记"应交税费——应交营业税"科目;实际交纳营业税时,借记"应交税费——应交营业税"科目,贷记"银行存款"科目。

【例10-49】 2012年8月30日,中通运输公司12月运营收入为600 000元,适用的营业税税率为3%。公司的会计分录如下。

借:营业税金及附加　18 000
　　贷:应交税费——应交营业税　18 000
　　　　应交营业税=600 000×3%=18 000元

【例10-50】 2012年2月28日,华厦公司出售一栋办公楼,获得收入42 000 000元,已存入银行。该办公楼的账面原价为50 000 000元,已提折旧15 000 000元,未计提减值准备;出售过程中用银行存款支付清理费用600 000元。销售该项固定资产适用的营业税税率为5%。公司应作如下会计分录:

(1) 将固定资产转入清理:
借:固定资产清理　35 000 000
　　累计折旧　15 000 000
　　贷:固定资产　50 000 000

(2) 收到出售收入:
借:银行存款　42 000 000
　　贷:固定资产清理　42 000 000

(3) 支付清理费用:
借:固定资产清理　600 000
　　贷:银行存款　600 000

(4) 计算应交营业税:

$$应交营业税=42\ 000\ 000\times 5\%=2\ 100\ 000元$$

借:固定资产清理　2 100 000
　　贷:应交税费——应交营业税　2 100 000

(5) 结转销售固定资产的净损失:

固定资产的净收益(损失)=35 000 000+600 000+2 100 000-42 000 000=1 100 000元

借:固定资产清理　1 100 000
　　贷:营业外收入　1 100 000

五、其他应交税费的账务处理

其他应交税费是指除上述应交税费以外的应交税费,包括应交资源税、城市维护建设税、土地增值税、所得税、房产税、土地使用税、车船税、教育费附加、矿产资源补偿费、个人所得税等。企业应当在"应交税费"科目下设置相应的明细科目进行核算,贷方登记应交纳的有关税费,借方登记已交纳的有关税费,期末贷方余额表示尚未交纳的有关税费。

(一) 应交资源税

资源税是对在我国境内开采矿产品或者生产盐的单位和个人征收的税。资源税按照应税产品的课税数量和规定的单位税额计算。开采或生产应税产品对外销售的,以销售数量为课税数量;开采或生产应税产品自用的,以自用数量为课税数量。

对外销售应税产品应交纳的资源税应记入"营业税金及附加"科目,借记"营业税金及附加"科目,贷记"应交税费——应交资源税"科目;自产自用应税产品应交纳的资源税应记入"生产成本"、"制造费用"等科目,借记"生产成本"、"制造费用"等科目,贷记"应交税费——应交资源税"科目。

【例10-51】 2012年1月30日,华厦公司对外销售某种资源税应税矿产品9 000 t,每吨应交资源税5元。公司应作如下会计分录:

借:营业税金及附加　45 000
　　贷:应交税费——应交资源税　45 000

　　　企业对外销售应税产品而应交的资源税=9 000×5=45 000元

【例10-52】 2012年2月28日,华厦公司将自产的资源税应税矿产品16 000 t用于公司的甲产品生产,每吨应交资源税5元。公司应作如下会计分录:

借:生产成本　80 000
　　贷:应交税费——应交资源税　80 000

　　　企业自产自用应税矿产品而应交的资源税=16 000×5=80 000元

(二) 应交城市维护建设税

城市维护建设税是以增值税、消费税、营业税为计税依据征收的一种税。其纳税人为交纳增值税、消费税、营业税的单位和个人,税率因纳税人所在地不同从1%～7%不等。公式为:

$$应纳税额=(应交增值税+应交消费税+应交营业税)\times 适用税率$$

企业应交的城市维护建设税,借记"营业税金及附加"等科目,贷记"应交税费——应交城市维护建设税"科目。

【例10-53】 2012年11月30日,华厦公司本期实际应上交增值税1 200 000元,消费税741 000元,营业税659 000元。适用的城市维护建设税税率为7%。公司的会计分录如下:

(1)计算应交的城市维护建设税:

借:营业税金及附加　182 000
　　贷:应交税费——应交城市维护建设税　182 000

　　　应交的城市维护建设税=(1 200 000+741 000+659 000)×7%=182 000元

(2)用银行存款上交城市维护建设税:

借:应交税费——应交城市维护建设税　182 000
　　　　贷:银行存款　182 000

(三) 应交教育费附加

教育费附加是为了发展教育事业而向企业征收的附加费用,企业按应交流转税的一定比例计算交纳。企业应交的教育费附加,借记"营业税金及附加"等科目,贷记"应交税费——应交教育费附加"科目。

【例10-54】 2012年11月30日,华厦公司按税法规定计算,2012年度第4季度应交纳教育费附加60 000元。款项已经用工商银行存款支付。公司应作如下会计分录:

(1) 计算教育费附加:
　　借:营业税金及附加——教育费附加　60 000
　　　　贷:应交税费——应交教育费附加　60 000
(2) 上交教育费附加:
　　借:应交税费——应交教育费附加　60 000
　　　　贷:银行存款　60 000

(四) 应交土地增值税

土地增值税是指在我国境内有偿转让土地使用权及地上建筑物和其他附着物产权的单位和个人,就其土地增值额征收的一种税。土地增值额是指转让收入减去规定扣除项目金额后的余额。转让收入包括货币收入、实物收入和其他收入。扣除项目主要包括取得土地使用权所支付的金额、开发土地的费用、新建及配套设施的成本、旧房及建筑物的评估价格等。

企业应交的土地增值税视情况记入不同科目:企业转让的土地使用权连同地上建筑物及其附着物一并在"固定资产"科目核算的,转让时应交的土地增值税,借记"固定资产清理"科目,贷记"应交税费——应交土地增值税"科目;土地使用权在"无形资产"科目核算的,按实际收到的金额,借记"银行存款"科目,按应交的土地增值税,贷记"应交税费——应交土地增值税"科目,同时冲销土地使用权的账面价值,贷记"无形资产"、"累计摊销"、"无形资产减值准备"等科目,按其差额,借记"营业外支出"科目或贷记"营业外收入"科目。

【例10-55】 2012年12月23日,华厦公司对外转让一栋厂房,根据税法规定计算的应交土地增值税为57 000元。于12月31日以工商银行存款交纳该项税款。公司应作如下会计分录:

(1) 计算应交纳的土地增值税:
　　借:固定资产清理　57 000
　　　　贷:应交税费——应交土地增值税　57 000
(2) 交纳土地增值税:
　　借:应交税费——应交土地增值税　57 000
　　　　贷:银行存款　57 000

(五) 应交房产税、土地使用税、车船税和矿产资源补偿费

房产税是国家对在城市、县城、建制县和工矿区征收的由产权所有人缴纳的一种税。房产税依照房产原值一次减除10%～30%后的余额计算交纳。没有房产原值作为依据的,由房

产所在地税务机关参考同类房产核定;房产出租的,以房产租金收入为房产税的计税依据。

土地使用税是国家为了合理利用城镇土地,调节土地级差收入,提高土地使用效益,加强土地管理而开征的一种税,以纳税人实际占用的土地面积为计税依据,依照规定税额计算征收。

车船税由拥有并且使用车船的单位和个人按照适用税额计算交纳。

矿产资源补偿费是对在我国领域和管辖海域开采矿产资源而征收的费用。矿产资源补偿费按照矿产品销售收入的一定比例计征,由采矿人交纳。

企业应交的房产税、土地使用税、车船税、矿产资源补偿费,记入"管理费用"科目,借记"管理费用"科目,贷记"应交税费——应交房产税(或应交土地使用税、应交车船税、应交矿产资源补偿费)"科目。

(六)应交个人所得税

企业按规定计算的代扣代缴的职工个人所得税,借记"应付职工薪酬"科目,贷记"应交税费——应交个人所得税"科目;企业交纳个人所得税时,借记"应交税费——应交个人所得税"科目,贷记"银行存款"等科目。

【例10-56】 2012年11月30日,华厦公司结算本月应付职工工资总额250 000元,代扣职工个人所得税共计2 500元,实发工资247 500元。公司应作如下会计分录:

借:应付职工薪酬——工资   2 500
　　贷:应交税费——应交个人所得税   2 500

第五节　应付股利及其他应付款的会计处理

一、应付股利的账务处理

应付股利是指企业根据股东大会或类似机构审议批准的利润分配方案确定分配给投资者的现金股利或利润。企业通过"应付股利"科目,核算企业确定或宣告支付但尚未实际支付的现金股利或利润。该科目贷方登记应支付的现金股利或利润,借方登记实际支付的现金股利或利润,期末贷方余额反映企业应付未付的现金股利或利润。该科目应按照投资者设置明细科目进行明细核算。

企业根据股东大会或类似机构审议批准的利润分配方案,确认应付给投资者的现金股利或利润时,借记"利润分配——应付现金股利或利润"科目,贷记"应付股利"科目;向投资者实际支付现金股利或利润时,借记"应付股利"科目,贷记"银行存款"等科目。

【例10-57】 2012年12月31日,华厦公司有甲、乙两个股东,分别占注册资本的40%和60%。2012年度该公司实现净利润6 000 000元,经过股东大会批准,决定2013年分配股利4 000 000元。股利已经用工商银行存款支付。公司应作如下会计分录:

(1)经过股东大会批准,决定2013年分配股利:

借:利润分配——应付股利   4 000 000
　　贷:应付股利——甲股东   1 600 000
　　　　　　　　——乙股东   2 400 000

(2) 用银行存款支付现金股利:
借:应付股利——甲股东　1 600 000
　　　　　——乙股东　2 400 000
　贷:银行存款——工商银行　4 000 000
　　　　甲股东应分配的股利＝4 000 000×40％＝1 600 000 元
　　　　乙股东应分配的股利＝4 000 000×60％＝2 400 000 元

此外,需要说明的是,企业董事会或类似机构通过的利润分配方案中拟分配的现金股利或利润,不作会计处理,不作为应付股利核算,但应在附注中披露。企业分配的股票股利不通过"应付股利"科目核算。

二、其他应付款的账务处理

其他应付款是指企业除应付票据、应付账款、预收账款、应付职工薪酬、应交税费、应付股利等经营活动以外的其他各项应付、暂收的款项,如应付租入包装物租金、存入保证金等。企业应通过"其他应付款"科目,核算其他应付款的增减变动及其结存情况,并按照其他应付款的项目和对方单位(或个人)设置明细科目进行明细核算。该科目贷方登记发生的各种应付、暂收款项,借方登记偿还或转销的各种应付、暂收款项;该科目期末贷方余额,反映企业应付未付的其他应付款项。

企业发生其他各种应付、暂收款项时,借记"管理费用"等科目,贷记"其他应付款"科目;支付或退回其他各种应付、暂收款项时,借记"其他应付款"科目,贷记"银行存款"等科目。

【例 10-58】 2012 年 1 月 1 日,华厦公司从绿大地公司以经营租赁方式租入管理用办公设备一批,每月租金 10 000 元,按季支付。3 月 31 日,公司以工商银行存款支付应付租金。公司应作如下会计分录:

(1) 1 月 31 日计提应付经营租入固定资产租金:
借:管理费用——租赁费　10 000
　贷:其他应付款——绿大地公司　10 000
2 月底计提应付经营租入固定资产租金的会计处理同上。
(2) 3 月 31 日支付租金:
借:其他应付款——绿大地公司　20 000
　　管理费用——租赁费　10 000
　贷:银行存款——工商银行　30 000

第十一章
非流动负债

第一节　长期借款的会计处理

一、长期借款概述

长期借款是指企业向银行或其他金融机构借入的期限在1年以上(不含1年)的各种借款,一般用于固定资产的购建、改扩建工程、大修理工程、对外投资以及为了保持长期经营能力等方面。它是企业长期负债的重要组成部分,必须加强管理与核算。

由于长期借款的使用关系到企业的生产经营规模和效益,企业除了要遵守有关的贷款规定、编制借款计划并要有不同形式的担保外,还应监督借款的使用、按期支付长期借款的利息以及按规定的期限归还借款本金等。因此,长期借款会计处理的基本要求是反映和监督企业长期借款的借入、借款利息的结算和借款本息的归还情况,促使企业遵守信贷纪律、提高信用等级,同时也要确保长期借款发挥效益。

二、长期借款的账务处理

企业应通过"长期借款"科目,核算长期借款的借入、归还等情况。该科目可按照贷款单位和贷款种类设置明细账,分别对"本金"、"利息"等进行明细核算。该科目的贷方登记长期借款本息的增加额,借方登记本息的减少额,贷方余额表示企业尚未偿还的长期借款。

长期借款的会计处理包括取得长期借款、发生利息、归还长期借款等环节。

(一)取得长期借款

企业借入长期借款,应按实际收到的金额,借记"银行存款"科目,贷记"长期借款——本金"科目;如存在差额,还应借记"长期借款——利息调整"科目。

【例11-1】　华厦公司为增值税一般纳税人,于2012年11月30日从银行借入资金6 000 000元,借款期限为3年,年利率为8%,到期一次还本付息,不计复利,所借款项已存入银行。公司用该借款于当日购买不需安装的设备一台,价款5 000 000元,增值税税额850 000元,另支付保险等费用150 000元,设备已于当日投入使用。公司应作如下会计分录:

(1)取得借款时:
借:银行存款　6 000 000
　　贷:长期借款——本金　6 000 000
(2)购买设备时:

借：固定资产　　5 150 000
　　应交税费——应交增值税（进项税额）　850 000
　　贷：银行存款　　6 000 000

（二）发生长期借款利息

长期借款利息费用应当在资产负债表日按照实际利率法计算确定，实际利率与合同利率差异较小的，也可以采用合同利率计算确定利息费用。长期借款计算确定的利息费用，应当按以下原则计入有关成本、费用：属于筹建期间的，计入管理费用；属于生产经营期间的，计入财务费用。如果长期借款用于购建固定资产等符合资本化条件的资产，在资产尚未达到预定可使用状态前，所发生的利息支出应当资本化，计入在建工程等相关资产成本；资产达到预定可使用状态后发生的利息支出，以及按规定不予资本化的利息支出，计入财务费用。长期借款按合同利率计算确定的应付未付利息，如果属于分期付息的，记入"应付利息"科目，如果属于到期一次还本付息的，记入"长期借款——应计利息"科目，借记"在建工程"、"制造费用"、"财务费用"、"研发支出"等科目，贷记"应付利息"或"长期借款——应计利息"科目。

【例11-2】承例11-1，华夏公司于2012年12月31日计提长期借款利息。公司应作如下会计分录：

借：财务费用　　40 000
　　贷：长期借款——应计利息　　40 000

2012年12月31日计提的长期借款利息＝6 000 000×8％÷12＝40 000元

2013年1月至2015年10月月末预提利息分录同上。

（三）归还长期借款

企业归还长期借款的本金时，应按归还的金额，借记"长期借款——本金"科目，贷记"银行存款"科目；按归还的利息，借记"应付利息"或"长期借款——应计利息"科目，贷记"银行存款"科目。

【例11-3】承例11-2，华夏公司于2015年12月1日，偿还该笔银行借款本息。公司应作如下会计分录：

借：财务费用　　40 000
　　长期借款——本金　　6 000 000
　　　　　　——应计利息　　1 400 000
　　贷：银行存款　　7 440 000

第二节　应付债券的会计处理

一、应付债券概述

（一）应付债券

债券是政府、金融机构、工商企业等直接向社会借债筹措资金时，向投资者发行，依照法定程序发行，约定在一定期限内还本付息的有价证券。债券的本质是债的证明书。债券购买者与发行者之间是一种债权债务关系，债券发行人即债务人，投资者(债券持有人)即债权人。债券是一种有价证券。由于债券的利息通常是事先确定的，所以债券是固定利息证券(定息证券)的一种。在金融市场发达的国家和地区，债券可以上市流通。在我国，比较典型的政府债券是国库券。

应付债券是指企业为筹集(长期)资金而发行的债券。债券是企业为筹集长期使用资金而发行的一种书面凭证。企业通过发行债券取得资金是以将来履行归还购买债券者的本金和利息的义务作为保证的。企业应当设置"企业债券备查簿"，详细登记每一企业债券的票面金额、债券票面利率、还本付息期限与方式、发行总额、发行日期和编号、委托代售单位、转换股份等资料。企业债券到期结清时，应当在备查簿内逐笔注销。

企业债券发行价格的高低一般取决于债券票面金额、债券票面利率、发行当时的市场利率以及债券期限的长短等因素。

债券发行有面值发行、溢价发行和折价发行三种情况。

企业债券按其面值出售的，称为面值发行。债券还可能按低于或高于其面值的价格出售，即折价发行和溢价发行。折价发行是指债券以低于其面值的价格发行；而溢价发行则是指债券按高于其面值的价格发行。

(二) 债券的种类

1. 按发行主体划分

(1) 政府债券

政府债券是政府为筹集资金而发行的债券，主要包括国债、地方政府债券等，其中最主要的是国债。国债因其信誉好、利率优、风险小而又被称为"金边债券"。除了政府部门直接发行的债券外，有些国家把政府担保的债券也划归为政府债券体系，称为政府保证债券。这种债券由一些与政府有直接关系的公司或金融机构发行，并由政府提供担保。

(2) 金融债券

金融债券是由银行和非银行金融机构发行的债券。在我国，目前金融债券主要由国家开发银行、进出口银行等政策性银行发行。金融机构一般有雄厚的资金实力，信用度较高，因此金融债券往往有良好的信誉。

(3) 公司(企业)债券

在我国，企业债券是按照《企业债券管理条例》规定发行与交易、由国家发展与改革委员会监督管理的债券，在实际中，其发债主体为中央政府部门所属机构、国有独资企业或国有控股企业，因此，它在很大程度上体现了政府信用。公司债券管理机构为中国证券监督管理委员会，发债主体为按照《中华人民共和国公司法》设立的公司法人，在实践中，其发行主体为上市公司，其信用保障是发债公司的资产质量、经营状况、赢利水平和持续赢利能力等。公司债券在证券登记结算公司统一登记托管，可申请在证券交易所上市交易，其信用风险一般高于企业债券。2008年4月15日起施行的《银行间债券市场非金融企业债务融资工具管理办法》进一步促进了企业债券在银行间债券市场的发行，企业债券和公司债券成为我国商业银行越来越重要的投资对象。

在国外，没有企业债和公司债的划分，统称为公司债。

2. 按财产担保划分

(1) 抵押债券

抵押债券是以企业财产作为担保的债券,按抵押品的不同又可以分为一般抵押债券、不动产抵押债券、动产抵押债券和证券信托抵押债券。以不动产如房屋等作为担保品,称为不动产抵押债券;以动产如适销商品等作为担保品的,称为动产抵押债券;以有价证券如股票及其他债券作为担保品的,称为证券信托债券。一旦债券发行人违约,信托人就可将担保品变卖处置,以保证债权人的优先求偿权。

(2) 信用债券

信用债券是不以任何公司财产作为担保,完全凭信用发行的债券。政府债券属于此类债券。这种债券由于其发行人的绝对信用而具有坚实的可靠性。除此之外,一些公司也可发行这种债券,即信用公司债。与抵押债券相比,信用债券的持有人承担的风险较大,因而往往要求较高的利率。为了保护投资人的利益,发行这种债券的公司往往受到种种限制,只有那些信誉卓著的大公司才有资格发行。除此以外,在债券契约中都要加入保护性条款,如不能将资产抵押其他债权人、不能兼并其他企业、未经债权人同意不能出售资产、不能发行其他长期债券等。

3. 按债券形态分类

(1) 实物债券(无记名债券)

实物债券是一种具有标准格式实物券面的债券。它与无实物票卷相对应,简单地说就是发给你的债券是纸质的而非电脑里的数字。

在其券面上,一般印制了债券面额、债券利率、债券期限、债券发行人全称、还本付息方式等各种债券票面要素。其不记名,不挂失,可上市流通。实物债券是一般意义上的债券,很多国家通过法律或者法规对实物债券的格式予以明确规定。实物债券由于其发行成本较高,将会逐步取消。

(2) 凭证式债券

凭证式国债是指国家采取不印刷实物券,而用填制"国库券收款凭证"的方式发行的国债。我国从1994年开始发行凭证式国债。凭证式国债具有类似储蓄又优于储蓄的特点,通常被称为"储蓄式国债",是以储蓄为目的的个人投资者理想的投资方式。从购买之日起计息,可记名、可挂失,但不能上市流通。与储蓄类似,但利息比储蓄高。

(3) 记账式债券

记账式债券指没有实物形态的票券,以电脑记账方式记录债权,通过证券交易所的交易系统发行和交易。我国近年来通过沪、深交易所的交易系统发行和交易的记账式国债就是这方面的实例。如果投资者进行记账式债券的买卖,就必须在证券交易所设立账户。所以,记账式国债又称无纸化国债。

记账式国债购买后可以随时在证券市场上转让,流动性较强,就像买卖股票一样,当然,中途转让除可获得应得的利息外,还可以获得一定的价差收益,这种国债有付息债券与零息债券两种。付息债券按票面发行,每年付息一次或多次;零息债券折价发行,到期按票面金额兑付,中间不再计息。

由于记账式国债发行和交易均无纸化,所以交易效率高,成本低,是未来债券发展的趋势。

4. 按是否能够转换划分

（1）可转换债券

可转换债券是指在特定时期内可以按某一固定的比例转换成普通股的债券，它具有债务与权益双重属性，属于一种混合性筹资方式。由于可转换债券赋予债券持有人将来成为公司股东的权利，因此其利率通常低于不可转换债券。若将来转换成功，在转换前发行企业达到了低成本筹资的目的，转换后又可节省股票的发行成本。根据《公司法》的规定，发行可转换债券应由国务院证券管理部门批准，发行公司应同时具备发行公司债券和发行股票的条件。

目前在深、沪证券交易所上市的可转换债券是指能够转换成股票的企业债券，兼有股票和普通债券双重特征。一个重要特征就是有转股价格。在约定的期限后，投资者可以随时将所持的可转换债券按股价转换成股票。可转换债券的利率是年均利息对票面金额的比率，一般要比普通企业债券的利率低，通常以票面价发行。转换价格是转换发行的股票每一股所要求的公司债券票面金额。

（2）不可转换债券

不可转换债券是指不能转换为普通股的债券，又称为普通债券。由于其没有赋予债券持有人将来成为公司股东的权利，所以其利率一般高于可转换债券。

5. 按是否能够提前偿还划分

按是否能够提前偿还，债券可以分为可赎回债券和不可赎回债券。

（1）可赎回债券

可赎回债券是指在债券到期前，发行人可以以事先约定的赎回价格收回的债券。公司发行可赎回债券主要是考虑到公司未来的投资机会和回避利率风险等问题，以增加公司资本结构调整的灵活性。发行可赎回债券最关键的问题是赎回期限和赎回价格的制定。

（2）不可赎回债券

不可赎回债券是指不能在债券到期前收回的债券。

6. 按偿还方式不同划分

（1）一次到期债券

一次到期债券是发行公司于债券到期日一次偿还全部债券本金的债券。

（2）分期到期债券

分期到期债券可以减轻发行公司集中还本的财务负担。

（三）债券的发行价格

债券发行价格是发行公司发行债券时所使用的价格，亦即投资者向发行公司认购其所发行债券时实际支付的价格。它与债券的面值可能一致也可能不一致。理论上，债券发行价格是债券的面值和要支付的年利息按发行当时的市场利率折现所得到的现值。

决定债券发行价格的基本因素如下：

（1）债券面值

债券面值即债券市面上标出的金额，企业可根据不同认购者的需要，使债券面值多样化，既有大额面值，也有小额面值。

(2) 票面利率

票面利率可分为固定利率和浮动利率两种。一般来说,企业应根据自身资信情况、公司承受能力、利率变化趋势、债券期限的长短等决定选择何种利率形式与利率的高低。

(3) 市场利率

市场利率是衡量债券票面利率高低的参照系,也是决定债券价格按面值发行还是溢价或折价发行的决定因素。

(4) 债券期限

期限越长,债权人的风险越大,其所要求的利息报酬就越高,其发行价格就可能较低。

票面利率和市场利率的关系影响到债券的发行价格。当债券票面利率等于市场利率时,债券发行价格等于面值;当债券票面利率低于市场利率时,企业仍以面值发行就不能吸引投资者,故一般要折价发行;反之,当债券票面利率高于市场利率时,企业仍以面值发行就会增加发行成本,故一般要溢价发行。

$$债券售价 = 债券面值/(1+市场利率) + \sum 债券面值 \times 债券利率/(1+市场利率)$$

二、应付债券的账务处理

(一) 账户设置

企业应设置"应付债券"科目,并在该科目下设置"面值"、"利息调整"、"应计利息"等明细科目,核算应付债券发行、计提利息、还本付息等情况。该科目贷方登记应付债券的本金和利息,借方登记归还的债券本金和利息,期末贷方余额表示企业尚未偿还的长期债券。

"债券面值"明细分类账户用以核算企业实际发行债券的票面价值及其增减变动情况。其贷方登记债券面值的增加数即实际发行的债券的面值总额,借方登记债券面值的减少数,即债券本金(面值)的偿还和转销数,余额在贷方,表示尚未归还的债券的本金(面值)。

"利息调整"明细分类账户用以核算债券发行时债券发行价格大于或小于债券面值的差额的发生情况和摊销情况。其贷方登记债券溢价的增加数或折价摊销额,即发行债券时实际价格大于面值或折价摊销的总额,借方登记债券溢价摊销额或折价的增加数,即已发行债券溢价的逐期摊销数额或折价总额,余额在贷方或借方,表示尚待摊销的债券溢价数额或尚待摊销的债券折价数额。

"应计利息"明细分类账户用以核算因发行债券应付而未付给债券持有者的利息数额的增减和结余情况。其贷方登记应付利息的增加数,即各期以债券面值与票面利率计算出的应付利息数,借方登记应付利息的减少数,即实际已支付给债券持有者的利息数。余额在贷方,表示尚未支付的利息数额。

(二) 债券发行

1. 债券按面值发行

(1) 发行债券

企业按面值发行债券时,应按实际收到的金额,借记"银行存款"等科目,按债券票面金额,贷记"应付债券——面值"科目;存在差额的,还应借记或贷记"应付债券——利息调整"科目。

【例 11-4】 华厦公司于 2012 年 7 月 1 日发行三年期、到期时一次还本付息、年利率为 8%,不计复利,发行面值总额为 400 000 000 元的债券,假定年利率等于实际利率。该债券按面值发行。公司应作如下会计分录:

借:银行存款　400 000 000
　　贷:应付债券——面值　400 000 000

(2) 发生债券利息

发行长期债券的企业,应按期计提利息。对于按面值发行的债券,在每期采用票面利率计算计提利息时,应当按照与长期借款相一致的原则计入有关成本费用,借记"在建工程"、"制造费用"、"财务费用"、"研发支出"等科目。其中,对于分期付息、到期一次还本的债券,其按票面利率计算确定的应付未付利息通过"应付利息"科目核算;对于一次还本付息的债券,其按票面利率计算确定的应付未付利息通过"应付债券——应计利息"科目核算。应付债券按实际利率(实际利率与票面利率差异较小时也可按票面利率)计算确定的利息费用,应按照与长期借款相一致的原则计入有关成本、费用。

【例 11-5】 承例 11-4,华厦公司发行债券所筹资金于当日用于建造固定资产,至 2012 年 12 月 31 日时工程尚未完工,计提本年长期债券利息。企业按照《企业会计准则第 17 号——借款费用》的规定计算,该期债券产生的实际利息费用应全部资本化,作为在建工程成本。公司应作如下会计分录:

借:在建工程　16 000 000
　　贷:应付债券——应计利息　16 000 000

本例中,至 2012 年 12 月 31 日,企业债券发行在外的时间为 6 个月,该年应计的债券利息为:400 000 000×8%÷12×6=16 000 000 元。由于该长期债券为到期时一次还本付息,因此利息 16 000 000 元应记入"应付债券——应计利息"科目。

(3) 债券还本付息

长期债券到期,企业支付债券本息时,借记"应付债券——面值"和"应付债券——应计利息"、"应付利息"等科目,贷记"银行存款"等科目。

【例 11-6】 承例 11-4、例 11-5,2017 年 7 月 1 日,华厦公司偿还债券本金和利息。公司应作如下会计分录:

借:应付债券——面值　400 000 000
　　　　　　——应计利息　96 000 000
　　贷:银行存款　496 000 000

2011 年 7 月 1 日至 2013 年 7 月 1 日,公司长期债券的应计利息=400 000 000×8%×3
=96 000 000 元

2. 溢价发行债券

溢价发行债券,企业收到的债款总金额应当大于实际发售的债券面值总额。企业应当按照实收的金额借记"银行存款",按承销商收到手续费的发票金额,借记"财务费用",按已发售债券的面值总额贷记"应付债券——债券面值",按实收金额、手续费金额与面值总额的差额,贷记"应付债券——利息调整"。

【例11-7】 假如华厦公司是以每张债券103.63元的价格成功发售。2012年7月5日,收到银行转来的收款通知,华安证券公司转来债款10 259 370元,并收到华安证券公司开具的手续费发票一张,金额103 630元。公司应作会计分录如下。

借:银行存款　　10 259 370
　　财务费用　　103 630
　　贷:应付债券——债券面值　　10 000 000
　　　　　　——利息调整　　363 000

3. 债券按折价发行

折价发行债券,企业收到的债款总额应当小于实际发售的债券面值总额。企业应当按照实收的金额借记"银行存款",按承销商收取手续费的发票金额,借记"财务费用",按已发售债券的面值总额与实收金额、手续费金额的差额,借记"应付债券——利息调整",按已发售债券的面值总额贷记"应付债券——债券面值"。

【例11-8】 假如华厦公司以每张债券96.54元的价格如期发售,2012年7月5日,收到银行转来的收款通知,华安证券公司转来债款9 557 460元,并收到华安证券公司开具的手续费发票一张,金额96 540元。公司应作如下会计分录:

借:银行存款　　9 557 460
　　财务费用　　96 540
　　应付债券——利息调整　　346 000
　　贷:应付债券——债券面值　　10 000 000

4. 债券在两个付息日之间发行

以上所述都是按规定付息日发行(即如期发行)的债券,发行企业以后要按债券的面值和票面利率向投资者支付全期利息。但在实际工作中,由于某种原因,会出现公司债券在两个付息日之间发行。如上例中,华厦公司的债券是每年7月1日和1月1日付息,但债券发行日是在8月、9月或10月等,即在两个付息日之间发行。对于投资者而言,在两个付息日之间购买债券,其只能获得从购买日起至下个付息日之间的利息。也就是说,发行企业在向投资者支付第一期利息时,应当扣除发行日至实际出售日之间的应计利息。但是,为了简化核算工作,发行企业总是定期定额支付债券利息的。这样,对于债券第一期利息的调整,通常就采取这样的做法:在出售债券时将投资者不应获利的利息,即发行日至实际出售日之间的应计利息加到债券的发行价格上,预先向投资者收取,至第一个付息日时再以全额支付利息的方式退还给投资者。这样做的实质是向投资者预收应计利息,因此,所收的这笔利息既不能作为企业的一项收入,也不能作为债券的溢价,而应作为"应计利息"。

【例11-9】 华厦公司的债券2012年9月1日,以每张98.21元的价格售出,9月6日收到银行转来的收款通知,华安证券公司转来债款9 724 460元,并收到华安证券公司开具的手续费发票一张,金额96 540元。公司应作如下会计分录:

借:银行存款　　9 724 460
　　财务费用　　96 540
　　应付债券——利息调整　　346 000
　　贷:应付债券——债券面值　　10 000 000
　　　　　　——应计利息　　167 000

三、可转换公司债券的账务处理

(一)可转换公司债券概述

可转换公司债券是一种融资方式,它避免了增配股融资手段所带来的股价下跌、稀释股权等问题,又不像发行一般的债券筹资会导致高资金成本和到期偿还的资金压力,从而越来越受到资金需求者的青睐。可转换公司债券是指发行公司依法发行、在一定期间内依据约定的条件可以转换成股份的公司债券。其期限最短为1年,最长为6年,具有以下几方面的特点:

1. 可转换公司债券具有债权和股权双重属性

可转换公司债券发行时与一般公司债券相同,定期发放利息;但它还赋予债权人在未来一定期间可依合约上的转换价格,将其持有的公司债券转换成发行公司普通股的权利。《上市公司证券发行管理办法》规定,可转换公司债券自发行结束之日起6个月后方可转换为公司股票,转股期限由公司根据可转换公司债券的存续期限及公司财务状况确定。所谓转换期是指可转换公司债券转换股份的起始日至结束日的期间。债券持有人对转换股票或者不转换股票有选择权,并于转股的次日成为发行公司的股东。

(1) 债权性质

可转换公司债券首先是一种公司债券,是固定收益证券,具有确定的债券期限和定期息率,并为可转换公司债券投资者提供了稳定的利息收入和还本保证,因此可转换公司债券具有较充分的债权性质,这就意味着可转换公司债券持有人虽可以享有还本付息的保障,但与股票投资者不同,他不是企业的拥有者,不能获取股票红利,不能参与企业决策。在企业资产负债表上,可转换公司债券属于企业"或有负债",在转换成股票之前,可转换公司债券仍然属于企业的负债资产,只有在可转换公司债券转换成股票以后,投资可转换公司债券才等同于投资股票。一般而言,可转换公司债券的票面利率总是低于同等条件和同等资信的公司债券,这是因为可转换公司债券赋予投资人转换股票的权利,作为补偿,投资人所得利息就低。

(2) 股票期权性质

可转换公司债券为投资者提供了转换成股票的权利,这种权利具有选择权的含义,也就是投资者既可以行使转换权,将可转换公司债券转换成股票,也可以放弃这种转换权,持有债券到期。也就是说,可转换公司债券包含了股票买入期权的特征,投资者通过持有可转换公司债券可以获得股票上涨的收益。因此,可转换公司债券是股票期权的衍生,往往将其看作为期权类的二级金融衍生产品。

实际上,由于可转换债权一般还具有赎回和回售等特征,其属性较为复杂,但以上两个性质是可转换债权最基本的属性。

2. 筹资成本低

可转换债券的利率一般比不可转换债券的利率低因而发行企业可以用较低的利率筹措资金。例如,海马投资集团股份有限公司于2008年1月16日发行的5年期"海马转债",第一至五年的利率分别为1.5%、1.8%、2.2%、2.5%、2.7%,是当时银行同期利率的36%~43%,可见,可转债的发行企业的融资成本相对较低。

3. 发行人赎回性和投资人回售性

《上市公司证券发行管理办法》规定，募集说明书可以约定赎回条款和回售条款。所谓的赎回是指公司股票价格在一段时期内连续高于转股价格达到某一幅度时，公司按事先约定的价格买回未转股的可转换公司债券；而回售则是指公司股票价格在一段时期内连续低于转股价格达到某一幅度时，可转换公司债券持有人按事先约定的价格将所持债券卖给发行人。为了保障债券持有人的权益，债券发行人有可能在回售日或赎回日承担一定的利息补偿金。由于可转换公司债券的票面利率一般比不可转换债券要低得多，如果发行公司的股价不能如预期上涨，使得可转换公司债券的转换价值低于公司债券面额时，则持有人必定不会执行转换权利，只能得到较低的利息。为此，多数可转换公司债券附有回售权，允许债券持有者可于持有该债券满一定期间后，要求发行公司以面额加计利息补偿金的价格买回该债券。

(二) 可转换公司债券的基本要素

1. 票面利率

与普通债券一样，可转换公司债券也设有票面利率。在其他条件相同的情况下，较高的票面利率对投资者的吸引力较大，因而有利于发行。但较高的票面利率会对可转换公司债券的转股形成压力，发行公司也将为此支付更高的利息。可见，票面利率的大小对发行者和投资者的收益和风险都有重要的影响。可转换公司债券的票面利率通常要比普通债券的低，有时甚至还低于同期银行存款利率。根据我国《可转换公司债券管理暂行办法》（简称暂行办法）规定，可转换公司债券的利率不超过银行同期存款的利率水平。可转换公司债券的票面利率之所以这样低是因为可转换公司债券的价值除了利息之外还有股票买权这一部分，一般情况下，该部分的价值可以弥补股票红利的损失，这也正是吸引投资者的主要原因。

2. 面值

我国可转换公司债券面值是100元，最小交易单位是1 000元。境外可转换公司债券由于通常在柜台交易系统进行交易，最小交易单位通常较高。

3. 发行规模

可转换公司债券的发行规模不仅影响企业的偿债能力，而且会影响未来企业的股本结构，因此发行规模是可转换公司债券很重要的因素。

4. 期限

(1) 债券期限

可转换公司债券的发行公司通常根据自己的偿债计划、偿债能力以及股权扩张的步伐来制定可转换公司债券的期限，国际市场上可转换公司债券期限通常较长，一般在5~10年左右，但我国发行的可转换公司债券的期限规定为3~5年，发行公司调整余地不大。

(2) 转换期

转换期是指可转换公司债券转换为股份的起始日至截止日的期间。根据不同的情况，转换期通常有以下四种：

① 发行一段时间后的某日至到期日前的某日。

② 发行一段时间后的某日至到期日。

③ 发行后日至到期日前的某日。
④ 发行后日至到期日。

在前两种情况下，发行了可转换公司债券之后，发行公司锁定了一段特定的期限，在该期限内公司不受理转股事宜，这样做的目的是不希望过早地将负债变为资本金而稀释原有的股东权益；在后两种情况下，发行公司在可转股之前对可转换公司债券没有锁定一段期限，这样做的目的主要是为了吸引更多的投资者。

5. 转股价格

转股价格是指可转换公司债券转换为每股股票所支付的价格。与转股价格紧密相连的两个概念是转换比率与转换溢价率。转换比率是指一个单位的债券转换成股票的数量，即

$$转换比率 = 单位可转换公司债券的面值/转股价格$$

转换溢价是指转股价格超过可转换公司债券的转换价值（可转换公司债券按标的股票时价转换的价值）的部分；转换溢价率则指转换溢价与转换价值的比率，即

$$转换溢价率 = (转股价格 - 股票价格)/股票价格$$

我国法规对可转换公司债券的转股价格规定主要有两个方面，一是针对重点国有企业发行可转换公司债券的，其转股价格是以拟发行股票的价格为基准，折扣一定比例，因此重点国企发行时转股价格是未知数，但转股溢价率显然小于零；二是针对上市公司发行可转换公司债券，其转股价格的确定是以公布募集说明书前三十个交易日公司股票的平均收盘价为基础，并上浮一定幅度，因此上市公司可转换公司债券发行时转换溢价率通常大于零。

需要特别指出的是，我们这里所说的转股价格和转换溢价率是就可转换公司债券发行时而言的，它不同于可转换公司债券交易时的市场转股价格和市场转换溢价率。

$$市场转股价格 = 可转换公司债券的市价/转换比率$$

$$市场转换溢价率 = (市场转股价格 - 当前的股价)/当前的股价$$

6. 赎回条款

赎回是指在一定条件下公司按事先约定的价格买回未转股的可转换公司债券。发行公司设立赎回条款的主要目的是降低发行公司的发行成本，避免因市场利率下降而给自己造成利率损失，同时也出于加速转股过程、减轻财务压力的考虑。通常该条款可以起到保护发行公司和原有股东的权益的作用。赎回实质上是买权，是赋予发行公司的一种权利，发行公司可以根据市场的变化而选择是否行使这种权利。

赎回条款一般包括以下几个要素：

(1) 赎回保护期

这是指可转换公司债券从发行日至第一次赎回日的期间。赎回保护期越长，股票增长的可能性就大，赋予投资者转换的机会就越多，对投资者也就越有利。

(2) 赎回时间

赎回保护期过后，便是赎回期。按照赎回时间的不同，赎回方式可以分为定时赎回和不定时赎回。定时赎回是指公司按事先约定的时间和价格买回未转股的可转换公司债券；不定时赎回是指公司根据标的股票价格的走势按事先的约定以一定价格买回未转股的可

转换公司债券。

(3) 赎回条件

在标的股票价格发生某种变化时,发行公司可以行使赎回权利。这是赎回条款中最重要的要素。按照赎回条件的不同,赎回可以分为无条件赎回(即硬赎回)和有条件赎回(即软赎回)。无条件赎回是指公司在赎回期内按事先约定的价格买回未转股的可转换公司债券,它通常和定时赎回有关;有条件赎回是指在标的股票价格上涨到一定幅度(如130%),并且维持了一段时间之后,公司按事先约定的价格买回未转股的可转换公司债券,它通常和不定时赎回有关。

(4) 赎回价格

赎回价格是事先约定的,它一般为可转换公司债券面值的103%~106%。对于定时赎回,其赎回价一般逐年递减;而对于不定时赎回,通常赎回价格除利息外是固定的。

一旦公司发出赎回通知,可转换公司债券持有者必须立即在转股或卖出可转换公司债券之间作出选择,正常情况下,可转换公司债券持有者会选择转股。可见,赎回条款最主要的功能是强制可转换公司债券持有者行使其转股权,从而加速转换,因此它又被称为加速条款。

7. 回售条款

回售条款是为投资者提供的一项安全性保障,当可转换公司债券的转换价值远低于债券面值时,持有人必定不会执行转换权利,此时投资人依据一定的条件可以要求发行公司以面额加计利息补偿金的价格收回可转换公司债券。为了降低投资风险吸引更多的投资者,发行公司通常设置该条款。它在一定程度上保护了投资者的利益,是投资者向发行公司转移风险的一种方式。回售实质上是一种卖权,是赋予投资者的一种权利,投资者可以根据市场的变化而选择是否行使这种权利。

(三) 可转换公司债券的账务处理

1. 分拆负债和权益成分

企业发行的可转换公司债券,应当在初始确认时将其包含的负债成分和权益成分进行分拆,在进行分拆时,应当先确定负债成分的公允价值并以此作为其初始确认金额,确认为应付债券;再按整体发行价格扣除负债成分初始确认金额后的金额确定权益成分的初始确认金额,确认为资本公积。

发行可转换公司债券发生的交易费用,应当在负债成分和权益成分之间按照各自初始确认金额(相对公允价值)的相对比例进行分摊。

企业应按实际收到的款项,借记"银行存款"等科目,按可转换公司债券包含的负债成分面值,贷记"应付债券——可转换公司债券(面值)"科目,按权益成分的公允价值,贷记"资本公积——其他资本公积"科目,按其差额,借记或贷记"应付债券——可转换公司债券(利息调整)"科目。

【例11-10】 华夏公司为筹集资金,于2012年1月1日以100万元的价格发行3年期的可转换公司债券,每张面值为1 000元、票面利率为5%,类似风险的不附转换权的债券的市场利率是6%,每年年末付息一次,到期一次还本。该公司规定,自发行日起算的一年后,债券持有者可将每张债券转换为普通股250股,每股面值1元。甲公司相关的会计处理如下：

(1) 负债部分的入账价值＝1 000 000×(P/F,6％,3)+1 000 000×5％×(P/A,6％,3)
＝1 000 000×0.839 619+50 000×2.673 012＝839 619+133 650＝973 269元；

$$权益部分的入账价值＝1 000 000-973 269＝26 731 元$$

借：银行存款　1 000 000
　　应付债券——可转换公司债券(利息调整)　26 731
　　贷：应付债券——可转换公司债券(面值)　1 000 000
　　　　资本公积——其他资本公积　26 731

(2) 2012年12月31日,采用实际利率法计提利息和摊销债券折溢价并支付利息：

$$应付利息＝1 000 000×5％＝50 000 元$$
$$实际利息＝973 269×6％＝58 396 元$$
$$折价摊销额＝58 396-50 000＝8 396 元$$

借：财务费用　58 396
　　贷：应付利息　50 000
　　　　应付债券——可转换公司债券(利息调整)　8 396

公司支付利息时：

借：应付利息　50 000
　　贷：银行存款　50 000

(3) 2013年1月1日,该债券的持有人将可转换债券全部转换为普通股股票。应按股票面值和转换的股数计作股本。债券持有人行使转换权时：

$$可转换债券的摊余成本＝973 269+8 396＝981 665 元$$
$$转换的股份数＝1 000×250＝250 000 股$$

借：应付债券——可转换公司债券(面值)　1 000 000
　　资本公积——其他资本公积　26 731
　　贷：股本　250 000
　　　　应付债券——可转换公司债券(利息调整)　18 335(26 731-8 396)
　　　　资本公积——股本溢价　758 396(1 000 000+26 731-250 000-18 335)

如果可转换公司债券持有人在公司支付利息前行使转换权利,应按该债券面值和应付利息之和来计算债权人可以转换的股份数。

2. 持有期间

在转股前,可转换公司债券负债成分应按照一般公司债券进行相同的会计处理,即根据债券摊余成本乘上实际利率确定利息费用计入"财务费用"或相关资产账户,根据债券面值乘上票面利率确定实际应支付的利息计入"应付债券——可转换公司债券(应计利息)"或者"应付利息"账户,二者之间的差额作为利息调整进行摊销,计入"应付债券——可转换公司债券(利息调整)"账户。

3. 行使债券的转换权

投资人到期行使债券的转换权,债权发行方应按合同约定的条件计算转换的股份数,确定股本的金额,计入"股本"账户,同时结转债券账面价值,二者之间的差额计入"资本公积——股本溢价"账户;此外,还要把可转换公司债券初始核算分拆确认的"资本公积——其他资本公积"金额一同转入"资本公积——股本溢价"账户。

【例 11-11】 2012 年 1 月 1 日,华厦公司发行了面值为 40 000 万元的可转换公司债券,发行价格为 41 000 万元。该债券期限为 4 年,票面年利率为 4%,利息按年支付;债券持有者可在债券发行 1 年后转换股份,转换条件为每 100 元面值的债券转换 40 股该公司普通股。公司发行该债券时,二级市场上与之类似但没有转股权的债券的市场利率为 6%。债券已发行完毕,发行费用为 15 万元,扣除发行费用后的款项均已存入银行。2013 年 6 月 30 日,债券持有者将面值为 40 000 万元的可转换公司债券申请转换股份,并于当日办妥相关手续。假定转换部分债券未支付的应付利息不再支付。相关手续已于当日办妥(单位:万元)。

(1) 2012 年 1 月 1 日,公司的会计处理

负债成分应确认的金额 $=40\,000\times 4\%\times P/A(i=6\%,n=4)+40\,000\times P/F(i=6\%,n=4)=37\,228.16$ 万元

$$权益成分应确认的金额 =41\,000-37\,228.16=3\,771.84\text{ 万元}$$

$$负债应分配的发行费用 =15/(37\,228.16+3\,771.84)\times 37\,228.16=13.62\text{ 万元}$$

$$权益应分配的发行费用 =15-13.62=1.38\text{ 万元}$$

借:银行存款　40 985(41 000−15)
　　应付债券——可转换公司债券(利息调整)　2 785.46(40 000−40 985+3 770.46)
　贷:应付债券——可转换公司债券(面值)　40 000
　　资本公积——其他资本公积　3 770.46(37 228.16+1.38)

(2) 2012 年 12 月 31 日,公司的会计处理

$$应付利息 =40\,000\times 4\% =1\,600\text{ 万元}$$

$$财务费用 =(40\,000-2\,785.46)\times 6\% =2\,232.87\text{ 万元}$$

$$利息调整 =2\,232.87-1\,600=632.87\text{ 万元}$$

借:财务费用　2 232.87
　贷:应付利息　1 600
　　应付债券——可转换公司债券(利息调整)　632.87

(3) 2013 年 6 月 30 日,转换股份时公司的会计处理

① 计算 2013 年 1 月 1 日至 2013 年 6 月 30 日的相关数据

$$应付利息 =40\,000\times 4\%\times 6/12=800\text{ 万元}$$

$$财务费用 =(40\,000-2\,785.46+632.87)\times 6\%\times 6/12=1\,135.42\text{ 万元}$$

$$利息调整 =1\,135.42-800=335.42\text{ 万元}$$

借:财务费用　1 135.42
　贷:应付利息　800
　　应付债券——可转换公司债券(利息调整)　335.42

② 编制转股分录

借:应付债券——可转换公司债券(面值)   40 000
    应付利息   800
    贷:应付债券——可转换公司债券(利息调整)   1 817.17(2 785.46－632.87－
                                                        335.42)
        股本   16 000(40 000×40/100)
        资本公积——股本溢价   22 982.83
            资本公积＝(40 000＋800－1 817.17－16 000)＝22 982.83
借:资本公积——其他资本公积   3 770.46
    贷:资本公积——股本溢价   3 770.46

4. 附有赎回选择权

如果企业发行附有赎回选择权的可转换公司债券,其在赎回日可能支付的利息补偿金,应当在债券发行日至债券约定赎回届满日期间计提应付利息,计提的应付利息,分别计入相关资产成本或财务费用。根据这一规定,对于附有回售或回购条件的可转换公司债券,应做如下会计处理。

(1) 在债券发行日至债券约定赎回或回售日期间按包含利息补偿金的利率进行利息的计提,计提的利息记入"财务费用"或"在建工程"。

(2) 在发行企业回购或可转换债券持有人回售时,发行企业再作如下会计处理:一是计提尚未计提的利息,并将未摊销的利息调整一次性摊销完毕。二是按约定价格赎回时,结转"应付债券"的账面价值,并按支付的款项贷记"银行存款"科目。

【例11-12】 其他资料如例11-11,合同中补充规定利息补偿金为0.25％,2013年6月30日,债券持有者将面值为40 000万元的可转换公司债券申请转换股份,并于当日办妥相关手续。假定转换部分债券未支付的应付利息不再支付,相关手续已于当日办妥。则相关会计处理如下。

2012年12月31日应按包括利息补偿金的利率计提一年的债券利息。
借:财务费用   2 332.87
    贷:应付利息   1 600
        应付债券——可转换公司债券(利息调整)   632.87
                ——可转换公司债券(利息补偿金)   100(40 000×0.25％)

2013年6月30日转换股份时的账务处理
(1) 计提2013年1月1日至6月30日利息
借:财务费用   1 185.42
    贷:应付利息   800
        应付债券——可转换公司债券(利息调整)   335.42
                ——可转换公司债券(利息补偿金)   50(40 000×0.25％×6/12)
(2) 编制转股分录
借:应付债券——可转换公司债券(面值)   40 000
    应付利息   800
    贷:应付债券——可转换公司债券(利息调整)   1 817.17
                ——可转换公司债券(利息补偿金)   50(40 000×0.25％×6/12)

　　　　股本　16 000
　　　资本公积——股本溢价　22 932.83
　借:资本公积——其他资本公积　3 770.46
　　　贷:资本公积——股本溢价　3 770.46

第三节　长期应付款的会计处理

一、长期应付款概述

　　长期应付款是指企业除长期借款和应付债券以外的其他各种长期应付款项,包括应付融资租入固定资产的租赁费、以分期付款方式购入固定资产发生的应付款项等。

　　企业应设置"长期应付款"账户,用以核算企业融资租入固定资产和以分期付款方式购入固定资产时应付的款项及偿还情况。该账户可按长期应付款的种类和债权人进行明细核算。

(一)应付融资租赁款

　　应付融资租赁款,是指企业融资租入固定资产而发生的应付款,是在租赁开始日承租人应向出租人支付的最低租赁付款额。

　　融资租入固定资产时,在租赁期开始日,按应计入固定资产成本的金额(租赁开始日租赁资产公允价值与最低租赁付款额现值两者中较低者,加上初始直接费用),借记"在建工程"或"固定资产"账户,按最低租赁付款额,贷记"长期应付款"账户,按发生的初始直接费用,贷记"银行存款"等账户,按其差额,借记"未确认融资费用"账户。按期支付融资租赁费时,借记"长期应付款——应付融资租赁款"账户,贷记"银行存款"账户。

　　企业在计算最低租赁付款额的现值时,能够取得出租人租赁内含利率的,应当采用租赁内含利率作为折现率;否则,应当采用租赁合同规定的利率作为折现率。企业无法取得出租人的租赁内含利率且租赁合同没有规定利率的,应当采用同期银行贷款利率作为折现率。租赁内含利率,是指在租赁开始日,使最低租赁收款额的现值与未担保余值的现值之和等于租赁资产公允价值与出租人的初始直接费用之和的折现率。

　　未确认融资费用应当在租赁期内各个期间进行分摊。企业应当采用实际利率法计算确认当期的融资费用。

(二)具有融资性质的延期付款购买资产

　　企业购买资产有可能延期支付有关价款。如果延期支付的购买价款超过正常信用条件,实质上具有融资性质的,所购资产的成本应当以延期支付购买价款的现值为基础确定。实际支付的价款与购买价款的现值之间的差额,应当在信用期间内采用实际利率法进行摊销,计入相关资产成本或当期损益。具体来说,企业购入资产超过正常信用条件远期付款实质上具有融资性质时,应按购买价款的现值,借记"固定资产"、"在建工程"等科目,按应支付的价款总额,贷记"长期应付款"科目,按其差额,借记"未确认融资费用"科目。

二、长期应付款的账务处理

(一)应付融资租入固定资产的租赁费

　　租赁,是指在约定的期间内,出租人将资产使用权让与承租人,以获取租金的协议。租赁的主要特征是转移资产的使用权,而不是转移资产的所有权,并且这种转移是有偿的,取得使用权以支付租金为代价,从而使租赁有别于资产购置和不把资产的使用权从合同的一方转移给另一方的服务性合同,如劳务合同、运输合同、保管合同、仓储合同等,以及无偿提供使用权的借用合同。

1. 租赁的分类

承租人应当在租赁开始日将租赁分为融资租赁和经营租赁。租赁开始日,是指租赁协议日与租赁各方就主要条款作出承诺日中的较早者。在租赁开始日,承租人应当将租赁认定为融资租赁或经营租赁,并确定租赁期开始日应确认的金额。

企业对租赁进行分类时,应当全面考虑租赁期届满时租赁资产所有权是否转移给承租人、承租人是否有购买租赁资产的选择权、租赁期占租赁资产使用寿命的比例等各种因素。租赁期,是指租赁协议规定的不可撤销的租赁期间。如果承租人有权选择续租该资产,并且在租赁开始日就可以合理确定承租人将会行使这种选择权,不论是否再支付租金,续租期也包括在租赁期之内。

具体地说,满足下列标准之一的,应认定为融资租赁:

(1) 在租赁期届满时,资产的所有权转移给承租人。即,如果在租赁协议中已经约定,或者根据其他条件在租赁开始日就可以合理地判断,租赁期届满时出租人会将资产的所有权转移给承租人,那么该项租赁应当认定为融资租赁。

(2) 承租人有购买租赁资产的选择权,所订立的购价预计远低于行使选择权时租赁资产的公允价值,因而在租赁开始日就可合理地确定承租人将会行使这种选择权。

(3) 租赁期占租赁资产使用寿命的大部分。这里的"大部分"通常掌握在租赁期占租赁开始日租赁资产使用寿命的 75% 以上(含 75%)。需要说明的是,这里的量化标准只是指导性标准,企业在具体运用时,必须以《企业会计准则第 21 号——租赁》规定的相关条件判断。

需要注意的是,这条标准强调的是租赁期占租赁资产使用寿命的比例,而非租赁期占该项资产全部可使用年限的比例。如果租赁资产是旧资产,在租赁前已使用年限超过资产自全新时起算可使用年限的 75% 以上(含 75%)时,则这条判断标准不适用,不能使用这条标准确定租赁的分类。

(4) 就承租人而言,租赁开始日的最低租赁付款额的现值几乎相当于租赁开始日租赁资产的公允价值。这里的"几乎相当于"通常掌握在 90% 以上(含 90%)。需要说明的是,这里的量化标准只是指导性标准,企业在具体运用时,必须以《企业会计准则第 21 号——租赁》规定的相关条件判断。

最低租赁付款额,是指在租赁期内,承租人应支付或可能被要求支付的款项(不包括或有租金和履约成本),加上由承租人或与其有关的第三方担保的资产余值。

承租人有购买租赁资产选择权,所订立的购买价款预计将远低于行使选择权时租赁资产的公允价值,因而在租赁开始日就可以合理确定承租人将会行使这种选择权的,购买价款应当计入最低租赁付款额。

(5) 租赁资产性质特殊,如果不作较大改造,只有承租人才能使用。这条标准是指,租赁资产是出租人根据承租人对资产型号、规格等方面的特殊要求专门购买或建造的,具有专购、专用性质。这些租赁资产如果不作较大的重新改制,其他企业通常难以使用。这种情况下,该项租赁业应当认定为融资租赁。

2. 承租人对融资租赁的处理

(1) 租赁期开始日

租赁期开始日,是指承租人有权行使其使用租赁资产权利的日期,表明租赁行为的开始。在租赁期开始日,承租人应当对租入资产、最低租赁付款额和未确认融资费用进行初始确认。

企业采用融资租赁方式租入的固定资产,应在租赁期开始日,将租赁开始日租赁资产公允价值与最低租赁付款额现值两者中较低者,加上初始直接费用,作为租入资产的入账价值,借记"固定资产"等科目,按最低租赁付款额,贷记"长期应付款"科目,按发生的初始直接费用,贷记"银行存款"等科目,按其差额,借记"未确认融资费用"科目。

初始直接费用,是指在租赁谈判和签订租赁协议的过程中发生的可直接归属于租赁项目的费用。承租人发生的初始直接费用,通常有印花税、佣金、律师费、差旅费、谈判费等。承租人发生的初始直接费用,应当计入租入资产价值。

企业在计算最低租赁付款额的现值时,能够取得出租人租赁内含利率的,应当采用租赁内含利率作为折现率;否则,应当采用租赁合同规定的利率作为折现率。企业无法取得出租人的租赁内含利率且租赁合同没有规定利率的,应当采用同期银行贷款利率作为折现率。其中,租赁内含利率,是指在租赁开始日,使最低租赁收款额的现值与未担保余值的现值之和等于租赁资产公允价值与出租人的初始直接费用之和的折现率。

未担保余值,指租赁资产余值中扣除就出租人而言的担保余值以后的资产余值。

(2) 未确认融资费用

在融资租赁下,承租人向出租人支付的租金中,包含了本金和利息两部分,承租人支付租金时,一方面应减少长期应付款,另一方面应同时将未确认的融资费用按一定的方法确认为当期融资费用。

在分摊未确认的融资费用时,根据《企业会计准则第 21 号——租赁》的规定,承租人应当采用实际利率法。根据租赁开始日租赁资产和负债的入账价值基础不同,融资费用分摊率的选择也不同。未确认融资费用的分摊率的确定具体分为下列几种情况:

① 以出租人的租赁内含利率为折现率将最低租赁付款额折现,且以该现值作为租赁资产入账价值的,应当将租赁内含利率作为未确认融资费用的分摊率。

② 以合同规定利率为折现率将最低租赁付款额折现,且以该现值作为租赁资产入账价值的,应当将合同规定利率作为未确认融资费用的分摊率。

③ 以银行同期贷款利率为折现率将最低租赁付款额折现,且以该现值作为租赁资产入账价值的,应当将银行同期贷款利率作为未确认融资费用的分摊率。

④ 以租赁资产公允价值为入账价值的,应当重新计算分摊率。该分摊率是使最低租赁付款额的现值等于租赁资产公允价值的折现率。

存在优惠购买选择权的,在租赁期届满时,未确认融资费用应全部摊销完毕,租赁负债应当减少至优惠购买金额。在承租人或与其有关的第三方对租赁资产提供了担保的情况下,在租赁期届满时,未确认融资费用应当全部摊销完毕,租赁负债还应减少至担保余值。

担保余值,就承租人而言,是指由承租人或与其有关的第三方担保的资产余值。其中,资产余值是指在租赁开始日估计的租赁期届满时租赁资产的公允价值。为了促使承租人谨慎地使用租赁资产,尽量减少出租人自身的风险和损失,租赁协议有时要求承租人或与其有关的第三方对租赁资产的余值进行担保,此时的担保余值是针对承租人而言的。除此以外,担保人还可能是与承租人和出租人均无关、但在财务上有能力担保的第三方,如担保公司,此时的担保余值是针对出租人而言的。

(3) 履约成本

履约成本,是指租赁期内为租赁资产支付的各种使用费用,如技术咨询和服务费、人员培训费、维修费、保险费等。

承租人发生的履约成本通常应计入当期损益。

(4) 或有租金

或有租金,是指金额不固定、以时间长短以外的其他因素(如销售量、使用量、物价指数等)为依据计算的租金。

由于或有租金的金额不固定,无法采用系统合理的方法对其进行分摊,因此或有租金在实际发生时,计入当期损益。

(5) 租赁期届满

租赁期届满时,承租人通常对租赁资产的处理有三种情况,即返还、优惠续租和留购。

租赁期届满,承租人向出租人返还租赁资产的,通常借记"长期应付款——应付融资租赁款"、"累计折旧"科目,贷记"固定资产——融资租入固定资产"科目。

如果承租人行使优惠续租选择权,则应视同该项租赁一直存在而作出相应的会计处理。如果承租人在租赁期届满时没有续租,根据租赁协议规定向出租人支付违约金时,应当借记"营业外支出"科目,贷记"银行存款"等科目。

在承租人享有优惠购买选择权的情况下,支付购买价款时,借记"长期应付款——应付融资租赁款"科目,贷记"银行存款"等科目;同时,将固定资产从"融资租赁固定资产"明细科目转入有关明细科目。

【例 11-13】 2012 年 12 月 28 日,华厦公司与信科公司签订了一份租赁合同。合同主要条款如下:

(1) 租赁标的物:数控机床。

(2) 租赁期开始日:租赁物运抵华厦公司生产车间之日(即 2013 年 1 月 1 日)。

(3) 租赁期:从租赁期开始日算起 36 个月(即 2013 年 1 月 1 日至 2015 年 12 月 31 日)。

(4) 租金支付方式:自租赁期开始日起每年年末支付租金 900 000 元。

(5) 该机床在 2012 年 1 月 1 日的公允价值为 2 500 000 元。

(6) 租赁合同规定的利率为 8%(年利率)。

(7) 该机床为全新设备,估计使用年限为 5 年,不需要安装调试。

(8) 2014 年和 2015 年,公司每年按该机床所生产产品的年销售收入的 1% 向信科公司支付经营分享收入。

公司在租赁谈判和签订租赁合同过程中发生可归属于租赁项目的手续费、差旅费 9 800 元。2014 年和 2015 年,公司使用该数控机床生产产品的销售收入分别为 8 000 000 元和 10 000 000 元。2014 年 12 月 31 日,公司以银行存款支付该机床的维护费 2 800 元。2015 年 12 月 31 日,华厦公司将该机床退还信科公司。公司应作如下会计分录:

(1) 租赁开始日的会计处理

第一步,判断租赁类型。

本例中,租赁期(3年)占租赁资产尚可使用年限(5年)的60%(小于75%),没有满足融资租赁的第3条判断标准;最低租赁付款额的现值为2 319 390元(计算过程见下文),大于租赁资产公允价值的90%,即2 250 000元(2 500 000×90%),满足融资租赁的第4条判断标准,因此,华夏公司应当将该项租赁认定为融资租赁。

第二步,计算租赁开始日最低租赁付款额的现值,确定租赁资产的入账价值。

本例中,公司不知道出租人的租赁内含利率,因此应选择租赁合同规定的利率8%作为最低租赁付款额的折现率。

最低租赁付款额 = 各期租金之和 + 承租人担保的资产余值 = 900 000×3+0 = 2 700 000 元

$$\text{最低租赁付款额的现值} = 900\,000 \times (P/A, 8\%, 3) = 900\,000 \times 2.5771$$

$$= 2\,319\,390 \text{ 元} < \text{租赁资产公允价值} 2\,500\,000 \text{ 元}$$

根据《企业会计准则第21号——租赁》规定的孰低原则,租赁资产的入账价值应为其折现值2 319 390元加上初始直接费用9 800元,即2 329 190元。

第三步,计算未确认融资费用。

未确认融资费用 = 最低租赁付款额 - 最低租赁付款额现值 = 2 700 000 - 2 319 390 = 380 610 元

第四步,进行具体会计处理。

借:固定资产——融资租入固定资产——数控机床 2 329 190
　　未确认融资费用 380 610
　　贷:长期应付款——信科公司——应付融资租赁款 2 700 000
　　　　银行存款 9 800

(2) 分摊未确认融资费用的会计处理

第一步,确定融资费用分摊率。

由于租赁资产的入账价值为其最低租赁付款额的折现值,因此该折现率就是其融资费用分摊率,即8%。

第二步,在租赁期内采用实际利率法分摊未确认融资费用表,见表11-1。

表11-1 实际利率法分摊未确认融资费用表　　　　　　　　　　单位:元

日　期	租　金(a)	确认的融资费用 (b)=(d)×8%	应付本金减少额 (c)=(a)-(b)	应付本金余额 (d)=(d)-(c)
2013年1月1日				2 319 390
2013年12月31日	900 000	185 551.2	714 448.8	1 604 941.2
2014年12月31日	900 000	128 395.3	771 604.7	833 336.5
2015年12月31日	900 000	66 663.5*	833 336.50	
合计	2 700 000	380 610	2 319 390	—

*尾数调整:380 610-128 395.3-185 551.2=66 663.5(元)

第三步,进行具体账务处理。

2013年12月31日,支付第1期租金时

借：长期应付款——信科公司——应付融资租赁款　900 000
　　　贷：银行存款　900 000

2013 年 1 月至 12 月，每月分摊未确认融资费用时

$$每月财务费用 = 185\,551.2 \div 12 = 15\,462.6\ 元$$

借：财务费用　15 462.6
　　　贷：未确认融资费用　15 462.6

2014 年 12 月 31 日，支付第 2 期租金时

借：长期应付款——信科公司——应付融资租赁款　900 000
　　　贷：银行存款　900 000

2014 年 1 月至 12 月，每月分摊未确认融资费用时

$$每月财务费用 = 128\,395.3 \div 12 = 10\,699.61\ 元$$

借：财务费用　10 699.61
　　　贷：未确认融资费用　10 699.61

2015 年 12 月 31 日，支付第 3 期租金时

借：长期应付款——信科公司——应付融资租赁款　900 000
　　　贷：银行存款　900 000

2015 年 1 月至 12 月，每月分摊未确认融资费用时

$$每月财务费用 = 66\,663.5 \div 12 = 5\,555.29\ 元$$

借：财务费用　5 555.29
　　　贷：未确认融资费用　5 555.29

(3) 履约成本

2014 年 12 月 31 日，公司发生该机床的维护费时

借：管理费用　2 800
　　　贷：银行存款　2 800

(4) 或有租金

2014 年 12 月 31 日，根据合同规定，公司应向信科公司支付经营分享收入 80 000 元

借：销售费用　80 000
　　　贷：其他应付款——信科公司　80 000

2015 年 12 月 31 日，根据合同规定，公司应向信科公司支付经营分享收入 100 000 元

借：销售费用　100 000
　　　贷：其他应付款——信科公司　100 000

(5) 租赁期届满时

2015 年 12 月 31 日，公司将该机床退还信科公司时

借：累计折旧　2 329 190
　　　贷：固定资产——融资租入固定资产——数控机床　2 329 190

(二) 具有融资性质的延期付款购买资产

企业购买资产有可能延期支付有关价款。如果延期支付的购买价款超过正常信用条

件,实质上具有融资性质的,所购资产的成本应当以延期支付购买价款的现值为基础确定。实际支付的价款与购买价款的现值之间的差额,应当在信用期间内采用实际利率法进行摊销,符合资本化条件的,计入相关资产成本,否则计入当期损益。其账务处理为:企业购入资产超过正常信用条件延期付款实质上具有融资性质时,应按购买价款的现值,借记"固定资产"、"在建工程"等科目,按应支付的价款总额,贷记"长期应付款"科目,按其差额,借记"未确认融资费用"科目。按期支付价款,借记"长期应付款"科目,贷记"银行存款"科目。

购入有关资产超过正常信用条件延期支付价款、实质上具有融资性质的,应按购买价款的现值,借记"固定资产"、"在建工程"等科目,按应支付的金额,贷记"长期应付款"科目,按其差额,借记"未确认融资费用"科目。

按期支付的价款,借记"长期应付款"科目,贷记"银行存款"科目。

第四节 借款费用的会计处理

一、借款费用的概念

借款费用是指企业因借款而发生的利息、折价或者溢价的摊销和辅助费用,以及因外币借款而发生的汇兑差额。它反映的是企业借入资金所付出的劳动和代价。

借款费用包括借款利息、折价或者溢价的摊销、辅助费用以及因外币借款而发生的汇兑差额等。

借款利息,包括企业向银行或者其他金融机构等借入资金发生的利息、发行公司债券发生的利息,以及为购建或者生产符合资本化条件的资产而发生的带息债务所承担的利息等。

折价或者溢价的摊销,包括发行公司债券等所发生的折价或者溢价在每期的摊销金额。

辅助费用,包括企业在借款过程中发生的诸如手续费、佣金、印刷费等交易费用。

因外币借款而发生的汇兑差额,是指由于汇率变动导致市场汇率与账面汇率出现差异,从而对外币借款本金及其利息的记账本位币金额所产生的影响金额。

二、借款费用的账务处理

(一)确认原则

借款费用确认的基本原则是:企业发生的借款费用可直接归属于符合资本化条件的资产购建或者生产的,应当予以资本化,计入相关资产成本;其他借款费用应当在发生时根据其发生额确认为费用,计入当期损益。

(二)借款费用应予资本化的借款范围

借款费用应予资本化的借款范围既包括专门借款,也可包括一般借款。

专门借款,是指为购建或者生产符合资本化条件的资产而专门借入的款项。专门借款应当有明确的专门用途,即为购建或者生产某项符合资本化条件的资产而专门借入的款项,通常应当有标明专门用途的借款合同。

一般借款,是指除专门借款之外的借款,一般借款在借入时,通常没有特指必须用于符合资本化条件的资产的购建或者生产。

(三) 借款费用资本化期间的确定

借款费用资本化期间,是指从借款费用开始资本化时点到停止资本化时点的期间,但借款费用暂停资本化的期间不包括在内。只有发生在资本化期间内的借款费用,才允许资本化。

只有发生在资本化期间内的有关借款费用才允许资本化,借款费用资本化期间是从借款费用开始资本化时点到停止资本化时点的期间,但不包括借款费用暂停资本化的期间。

1. 借款费用开始资本化的时点

借款费用允许开始资本化必须同时满足三个条件,即资产支出已经发生、借款费用已经发生、为使资产达到预定可使用或者可销售状态所必要的购建或者生产活动已经开始。

(1) 资产支出已经发生

资产支出只包括为购建或者生产符合资本化条件的资产而以支付现金、转移非现金资产或者承担带息债务形式发生的支出。

(2) 借款费用已经发生

借款费用已经发生,是指企业已经发生了因购建或者生产符合资本化条件的资产而专门借入款项的借款费用,或者占用了一般借款的借款费用。

(3) 为使资产达到预定可使用或可销售状态所必要的购建或者生产活动已经开始

企业只有在上述三个条件同时满足的情况下,有关借款费用才可开始资本化,只要其中有一个条件没有满足,借款费用就不能开始资本化。

2. 借款费用暂停资本化的时间

符合资本化条件的资产在购建或者生产过程中发生非正常中断,且中断时间连续超过3个月的,应当暂停借款费用的资本化。在中断期间所发生的借款费用,应当计入当期损益,直至购建或者生产活动重新开始。但是,如果中断是使所购建或者生产的符合资本化条件的资产达到预定可使用或者可销售状态必要的程序,中断期间所发生的借款费用应当继续资本化。

非正常中断,通常是由于企业管理决策上的原因或者其他不可预见的原因等所导致的中断。

正常中断通常仅限于因购建或者生产符合资本化条件的资产达到预定可使用或者可销售状态所必要的程序,或者事先可预见的不可抗力因素导致的中断。某些地区的工程在建造过程中,由于可预见的不可抗力因素(如雨季或冰冻季节等原因)导致施工出现停顿,也属于正常中断。

3. 借款费用停止资本化的时点

购建或者生产符合资本化条件的资产达到预定可使用或者可销售状态时,借款费用应当停止资本化。

资产达到预定可使用或者可销售状态,是指所购建或者生产的符合资本化条件的资产已经达到建造方、购买方或者企业自身等预先设计、计划或者合同约定的可以使用或可以销售的状态。企业在确定借款费用停止资本化的时点时需要运用职业判断,应当遵循实质重于形式的原则。依据经济实质判断所购建或者生产的符合资本化条件的资产达到预定可使用或者可销售状态的时点,具体可从以下几个方面进行判断:

(1) 符合资本化条件的资产的实体建造(包括安装)或者生产活动已经全部完成或者实质上已经完成。

(2) 所购建或者生产的符合资本化条件的资产与设计要求、合同规定或者生产要求相符或者基本相符,即使有极个别与设计、合同或者生产要求不相符的地方,也不影响其正常使用或者销售。

(3) 继续发生在所购建或生产的符合资本化条件的资产上的支出金额很少或者几乎不再发生。

购建或者生产符合资本化条件的资产需要试生产或者试运行的,在试生产结果表明资产能够正常生产出合格产品,或者试运行结果表明资产能够正常运转或者营业时,应当认为该资产已经达到预定可使用或者可销售状态。

在符合资本化条件的资产的实际购建或者生产过程中,如果所购建或者生产的资产分别建造、分别完工,企业也应当遵循实质重于形式的原则,区别下列情况,界定借款费用停止资本化的时点:

(1) 所购建或者生产的符合资本化条件的资产的各部分分别完工,每部分在其他部分继续建造或者生产过程中可供使用或者可对外销售,且为使该部分资产达到预定可使用或可销售状态所必要的购建或者生产活动实质上已经完成的,应当停止与该部分资产相关的借款费用的资本化,因为该部分资产已经达到了预定可使用或者可销售状态。

(2) 购建或者生产的资产的各部分分别完工,但必须等到整体完工后才可使用或者对外销售的,应当在该资产整体完工时停止借款费用的资本化。在这种情况下,即使各部分资产已经分别完工,也不能认为该部分资产已经达到了预定可使用或者可销售状态,企业只能在所购建或者生产的资产整体完工时,才能认为资产已经达到了预定可使用或者可销售状态,借款费用才可停止资本化。

4. 符合资本化条件的资产

符合资本化条件的资产,是指需要经过相当长时间的购建或者生产活动才能达到预定可使用或者可销售状态的固定资产、投资性房地产和存货等资产。

符合借款费用资本化条件的存货,主要包括房地产开发企业开发的用于对外出售的房地产开发产品、企业制造的用于对外出售的大型机器设备等。这类存货通常需要经过相当长时间的建造或者生产过程,才能达到预定可销售状态。其中"相当长时间",是指为资产的购建或者生产所必需的时间,通常为一年以上(含一年)。企业购入即可使用的资产,或者购入后需要安装但所需安装时间较短的资产,或者需要建造或者生产但所需建造或者生产时间较短的资产,均不属于符合资本化条件的资产。

购建或者生产符合资本化条件的资产达到预定可使用或可销售状态时,借款费用应当停止资本化。在符合资本化条件的资产达到预定可使用或者可销售状态之后所发生的借款费用,应当在发生时根据其发生额确认为费用,计入当期损益。

5. 辅助费用的资本化

对于企业发生的专门借款或一般借款的辅助费用,在所购建或者生产的符合资本化条件的资产达到预定可使用或者可销售状态之前发生的,应当在发生时根据其发生额予以资本化;在所购建或者生产的符合资本化条件的资产达到预定可使用状态或者可销售状态之后所发生的,应当在发生时根据其发生额确认为费用,计入当期损益。

6. 外币专门借款汇兑差额的资本化

由于企业取得外币借款日、使用外币借款日和会计结算日往往不一致,而外汇汇率又在随时发生变化,因此,外币借款会产生汇兑差额。相应地,在借款费用资本化期间内,为购建固定资产而专门借入的外币借款所产生的汇兑差额,是购建固定资产的一项代价,应当予以资本化,计入固定资产成本。在资本化期间内,外币专门借款本金及其利息的汇兑差额,应当予以资本化,计入符合资本化条件的资产的成本。而除外币专门借款之外的其他外币借款本金及其利息所产生的汇兑差额应当作为财务费用,计入当期损益。

(四) 资本化金额的确定

在借款费用资本化期间内,每一会计期间的利息(包括折价或溢价的摊销)资本化金额,应当按照下列方法确定:

1. 专门借款费用资本化金额

为购建或者生产符合资本化条件的资产而借入专门借款的,应当以专门借款当期实际发生的利息费用,减去将尚未动用的借款资金存入银行取得的利息收入或进行暂时性投资取得的投资收益后的金额确定。

2. 一般借款费用资本化金额

为购建或者生产符合资本化条件的资产而占用了一般借款的,企业应当根据累计资产支出超过专门借款部分的资产支出加权平均数乘以所占用一般借款的资本化率,计算确定一般借款应予资本化的利息金额。资本化率应当根据一般借款加权平均利率计算确定。有关计算公式如下:

一般借款利息费用资本化金额＝累计资产支出超过专门借款部分的资产支出加权平均数×所占用一般借款的资本化率

所占用一般借款的资本化率＝所占用一般借款加权平均利率＝所占用一般借款当期实际发生的利息之和÷所占用一般借款本金加权平均数

所占用一般借款本金加权平均数＝∑(所占用每笔一般借款本金×每笔一般借款在当期所占用的天数÷当期天数)

3. 借款存在折价或者溢价资本化金额

借款存在折价或者溢价的,应当按照实际利率法确定每一会计期间应摊销的折价或者溢价金额,调整每期利息金额。在资本化期间,每一会计期间的利息资本化金额,不应当超过当期相关借款实际发生的利息金额。

4. 辅助费用金额资本化金额

专门借款发生的辅助费用,在所购建或者生产的符合资本化条件的资产达到预定可使用或者可销售状态之前发生的,应当在发生时根据其发生额予以资本化,计入符合资本化条件的资产的成本;在所购建或者生产的符合资本化条件的资产达到预定可使用或者可销售状态之后发生的,应当在发生时根据其发生额确认为费用,计入当期损益。上述资本化或计入当期损益的辅助费用的发生额,是指根据《企业会计准则第22号——金融工具确认和计量》,按照实际利率法所确定的金融负债交易费用对每期利息费用的调整额。借款实际利率与合同利率差异较小的,也可以采用合同利率计算确定利息费用。

一般借款发生的辅助费用,也应当按照上述原则确定其发生额并进行处理。

5. 外币专门借款汇兑差额资本化金额的确定

因外币专门借款而发生的汇兑差额资本化金额的确定。在资本化期间内,外币专门借款本金及利息的汇兑差额,应当予以资本化,计入符合资本化条件的资产的成本。

当企业为购建或者生产符合资本化条件的资产所借入的专门借款为外币借款时,由于企业取得外币借款日、使用外币借款日和会计结算日往往不一致,而外汇汇率又在随时发生变化,因此,外币借款会产生汇兑差额。相应地,在借款费用资本化期间内,为购建固定资产而专门借入的外币借款所产生的汇兑差额,是购建固定资产的一项代价,应当予以资本化,计入符合资本化条件的资产的成本。而除外币专门借款之外的其他外币借款及其利息产生的汇兑差额应当作为财务费用,计入当期损益。

【例11-14】 华厦公司拟在厂区内建造一幢新厂房,有关资料如下:

(1) 2012年1月1日向银行专门借款5 000万元,期限为3年,年利率为6%,每年1月1日付息。

(2) 除专门借款外,公司只有一笔一般借款,为公司于2011年12月1日借入的长期借款3 000万元,期限为5年,年利率为8%,每年12月1日付息。

(3) 由于审批、办手续等原因,厂房于2012年4月1日才开始动工兴建,当日支付工程款2 000万元。工程建设期间的支出情况如下:

2012年6月1日:1 000万元;

2012年7月1日:3 000万元;

2013年1月1日:1 000万元;

2013年4月1日:500万元;

2013年7月1日:800万元。

工程于2013年9月30日完工,达到预定可使用状态。其中,由于施工质量问题工程于2012年9月1日~12月31日停工4个月。

(4) 专门借款中未支出部分全部存入银行,假定月利率为0.25%。假定全年按照360天计算,每月按照30天计算,利息费用计算见表11-2所示。公司应作如下会计分录:(单位:万元)

表11-2 利息费用计算表　　　　　　　　　　　　　　　　　　　　单位:万元

日　期	每期资产支出金额	资产支出累计金额	闲置专门借款存款的利息	占用了一般借款的资产支出
2012年1月1日	0	0	5 000×0.25%×3=37.5	—
2012年4月1日	2 000	2 000	3 000×0.25%×2=15	—
2012年6月1日	1 000	3 000	2 000×0.25%×1=5	—
2012年7月1日	3 000	6 000	—	1 000
2013年1月1日	1 000	—	—	1 000
2013年4月1日	500			500
2013年7月1日	800			500

【2012 年】

(1) 计算 2012 年专门借款利息金额：

① 应付利息＝5 000×6%＝300 万元

其中：

$$费用化期间应付利息＝5\,000×6\%×7/12＝175\ 万元$$

$$资本化期间应付利息＝5\,000×6\%×5/12＝125\ 万元$$

② 存入银行取得的利息收入＝37.5＋15＋5＝57.5 万元

其中：

$$费用化期间的利息收入＝37.5\ 万元$$

$$资本化期间的利息收入＝15＋5＝20\ 万元$$

③

$$费用化金额＝175－37.5＝137.5\ 万元$$

$$资本化金额＝125－20＝105\ 万元$$

(2) 借款利息金额

① 占用了一般借款资金的资产支出加权平均数＝1 000×(6－4)/12＝166.67 万元

② 占用了一般借款资本化率＝8%

③ 一般借款应予资本化的利息金额＝166.67×8%＝13.33 万元

④ 一般借款应付利息金额＝3 000×8%＝240 万元

⑤ 一般借款费用化金额＝240－13.33＝226.67 万元

(3) 合计

$$资本化的借款利息金额＝105＋13.33＝118.33\ 万元$$

$$费用化的借款利息金额＝137.5＋226.67＝364.17\ 万元$$

借：在建工程　　118.33
　　财务费用　　364.17
　　应收利息（或银行存款）　57.5
　　贷：应付利息　540（300＋240）

【2013 年】

(1) 专门借款应予资本化的利息金额

① 应付利息金额＝5 000×6%＝300 万元

② 资本化利息金额＝5 000×6%×9/12＝225 万元

③ 费用化利息金额＝300－225＝75 万元

(2) 一般借款应予资本化的利息金额

① 占用了一般借款资金的资产支出加权平均数

$$＝2\,000×9/12＋500×6/12＋500×3/12＝1\,875\ 万元$$

② 一般借款资本化率＝8%

③ 一般借款资本化的利息金额＝1 875×8%＝150 万元

④ 一般借款应付利息金额＝3 000×8％＝240万元
⑤ 一般借款利息费用化金额＝240－150＝90万元
（3）合计
资本化的借款利息金额＝225＋150＝375万元
费用化利息金额＝75＋90＝165万元
借：在建工程　　375
　　财务费用　　165
　　贷：应付利息　　540(300＋240)

第十二章
所有者权益

所有者权益是指企业资产扣除负债后由所有者享有的剩余权益。公司所有者权益又称为股东权益。

所有者权益具有以下特征:①除非发生减资、清算或分派现金股利,企业不需要偿还所有者权益;②企业清算时,只有在清偿所有的负债后,所有者权益才返还给所有者;③所有者凭借所有者权益能够参与企业利润的分配。

第一节 实收资本的会计处理

一、实收资本概述

实收资本是指企业按照章程规定或合同、协议约定,接受投资者投入企业的资本。

实收资本的构成比例或股东的股份比例,是确定所有者在企业所有者权益中份额的基础,也是企业进行利润或股利分配的主要依据。

我国《公司法》规定,股东可以用货币出资,也可以用实物、知识产权、土地使用权等可以用货币估价并可以依法转让的非货币财产作价出资;但是,法律、行政法规规定不得作为出资的财产除外。企业应当对作为出资的非货币财产评估作价,核实财产,不得高估或者低估作价。法律、行政法规对评估作价有规定的,从其规定。全体股东的货币出资金额不得低于有限责任公司注册资本的30%。不论以何种方式出资,投资者如在投资过程中违反投资合约或协议约定,不按规定如期缴足出资额,企业可以依法追究投资者的违约责任。

企业收到所有者投入企业的资本后,应根据有关原始凭证(如投资清单、银行通知单等),分别不同的出资方式进行会计处理。

二、实收资本的账务处理

(一)接受现金资产投资

1. 股份有限公司以外的企业接受现金资产投资

【例12-1】 2012年2月21日,华盛、利民、和润共同投资设立华夏公司,注册资本为20 000 000元,华盛、利民、和润持股比例分别为60%、25%和15%。按照章程规定,华盛、利民、和润投入资本分别为12 000 000元、5 000 000元和3 000 000元。公司已如期收到各投资者一次性缴足的款项。公司应作如下会计分录:

借:银行存款　20 000 000

　　　　贷：实收资本——华盛　12 000 000
　　　　　　　　——利民　5 000 000
　　　　　　　　——和润　3 000 000

　　实收资本的构成比例即投资者的出资比例或股东的股份比例,通常是确定所有者在企业所有者权益中所占的份额和参与企业生产经营决策的基础,也是企业进行利润分配或股利分配的依据,同时还是企业清算时确定所有者对净资产的要求权的依据。

2. 股份有限公司接受现金资产投资

　　股份有限公司发行股票时,既可以按面值发行股票,也可以溢价发行(我国目前不允许折价发行)。股份有限公司在核定的股本总额及核定的股份总额的范围内发行股票时,应在实际收到现金资产时进行会计处理。

　　【例12-2】 2012年3月21日,华厦公司发行普通股100 000 000股,每股面值1元,每股发行价格5元。假定股票发行成功,股款500 000 000元已全部收到,不考虑发行过程中的税费等因素。公司应作如下会计分录：

　　　　资本公积=500 000 000－100 000 000＝400 000 000元

　　借：银行存款　500 000 000
　　　　贷：股本　100 000 000
　　　　　　资本公积——股本溢价　400 000 000

　　本例中,华厦公司发行股票实际收到的款项为500 000 000元,应借记"银行存款"科目；实际发行的股票面值为100 000 000元,应贷记"股本"科目,按其差额,贷记"资本公积——股本溢价"科目。

(二) 接受非现金资产投资

1. 接受投入固定资产

　　企业接受投资者作价投入的房屋、建筑物、机器设备等固定资产,应按投资合同或协议约定价值确定固定资产价值(但投资合同或协议约定价值不公允的除外)和在注册资本中应享有的份额。

　　【例12-3】 2012年4月21日,华厦公司于设立时收到明阳公司作为资本投入的不需要安装的机器设备一台,合同约定该机器设备的价值为200 000元,增值税进项税额为34 000元。经约定公司接受明阳公司的投入资本为234 000元。合同约定的固定资产价值与公允价值相符,不考虑其他因素。公司应作如下会计分录：

　　借：固定资产　200 000
　　　　应交税费——应交增值税(进项税额)　34 000
　　　　贷：实收资本——明阳公司　234 000

　　本例中,该项固定资产合同约定的价值与公允价值相符,公司接受明阳公司投入的固定资产按约定的金额作为实收资本,因此,可按234 000元的金额贷记"实收资本"科目。

2. 接受投资者投入的材料物资

　　企业接受投资者作价投入的材料物资,应按投资合同或协议约定价值确定材料物资价值(投资合同或协议约定价值不公允的除外)和在注册资本中应享有的份额。

　　【例12-4】 2012年5月21日,华厦公司于设立时收到南化公司作为资本投入的原材料一批,该批原材料投资合同或协议约定价值(不含可抵扣的增值税进项税额部分)为 1 000 000 元,增值税进项税额为 170 000 元。南化公司已开具了增值税专用发票。假设合同约定的价值与公允价值相符,该进项税额允许抵扣,不考虑其他因素,原材料按实际成本进行日常核算。公司应作如下会计分录:

借:原材料　1 000 000
　　应交税费——应交增值税(进项税额)　170 000
　　贷:实收资本——南化公司　1 170 000

本例中,原材料的合同约定价值与公允价值相符,因此,可按照 1 000 000 元的金额借记"原材料"科目;同时,该进项税额允许抵扣,因此,增值税专用发票上注明的增值税税额 170 000 元,应借记"应交税费——应交增值税(进项税额)"科目。华厦公司接受的南化公司投入的原材料按合同约定金额作为实收资本,因此可按 1 170 000 元的金额贷记"实收资本"科目。

3. 接受投资者投入无形资产

企业收到投资者以无形资产方式投入的资本,应按投资合同或协议约定价值确定无形资产价值(但投资合同或协议约定价值不公允的除外)和在注册资本中应享有的份额。

【例 12-5】 2012 年 7 月 21 日,华厦公司于设立时收到扬子公司作为资本投入的非专利技术一项,该非专利技术投资合同约定价值为 160 000 元,同时收到华能公司作为资本投入的土地使用权一项,投资合同约定价值为 180 000 元。假设公司接受该非专利技术和土地使用权符合国家注册资本管理的有关规定,可按合同约定作实收资本入账,合同约定的价值与公允价值相符,不考虑其他因素。公司应作如下会计分录:

借:无形资产——非专利技术　160 000
　　　　　　——土地使用权　180 000
　　贷:实收资本——扬子公司　160 000
　　　　　　——华能公司　180 000

本例中,非专利技术与土地使用权的合同约定价值与公允价值相符,因此,可分别按照 160 000 元和 180 000 元的金额借记"无形资产"科目。扬子、华能公司投入的非专利技术和土地使用权按合同约定金额作为实收资本,因此可分别按 160 000 元和 180 000 元的金额贷记"实收资本"科目。

(三) 实收资本(或股本)的增减变动

一般情况下,企业的实收资本应相对固定不变,但在某些特定情况下,实收资本也可能发生增减变化。我国企业法人登记管理条例中规定,除国家另有规定外,企业的注册资金应当与实收资本相一致,当实收资本比原注册资金增加或减少的幅度超过 20% 时,应持资金使用证明或者验资证明,向原登记主管机关申请变更登记。如擅自改变注册资本或抽逃资金,要受到工商行政管理部门的处罚。

1. 实收资本(或股本)的增加

一般企业增加资本主要有三个途径:接受投资者追加投资、资本公积转增资本和盈余公积转增资本。

需要注意的是,由于资本公积和盈余公积均属于所有者权益,用其转增资本时,如果是独资企业比较简单,直接结转即可。如果是股份公司或有限责任公司应该按照原投资者各自出资比例相应增加各投资者的出资额。

【例12-6】 2012年1月12日,利民、三生、和润三公司共同投资设立了华厦公司,原注册资本为40 000 000元,利民、三生、和润三公司分别出资5 000 000元、20 000 000元和15 000 000元。为扩大经营规模,经批准,公司注册资本扩大为50 000 000元,利民、三生、和润三公司按照原出资比例分别追加投资1 250 000元、5 000 000元和3 750 000元。公司如期收到利民、三生、和润三公司追加的现金投资。公司应作如下会计分录:

借:银行存款　　10 000 000
　　贷:实收资本——利民公司　　1 250 000
　　　　　　　——三生公司　　5 000 000
　　　　　　　——和润公司　　3 750 000

本例中,利民、三生、和润三公司按原出资比例追加实收资本,因此,华厦公司应分别按照1 250 000元、5 000 000元和3 750 000元的金额贷记"实收资本"科目中利民、三生、和润三公司明细分类账。

【例12-7】 承例12-6,2012年12月12日,因扩大经营规模需要,经批准,公司按原出资比例将资本公积10 000 000元转增资本。公司应作如下会计分录:

借:资本公积　　10 000 000
　　贷:实收资本——利民公司　　1 250 000
　　　　　　　——三生公司　　5 000 000
　　　　　　　——和润公司　　3 750 000

本例中,资本公积10 000 000元按原出资比例转增实收资本,因此,华厦公司应分别按照1 250 000元、5 000 000元和3 750 000元的金额贷记"实收资本"科目中利民、三生、和润三公司明细分类账。

【例12-8】 承例12-7,2012年12月12日,因扩大经营规模需要,经批准,公司按原出资比例将盈余公积10 000 000元转增资本。公司应作如下会计分录:

借:盈余公积　　10 000 000
　　贷:实收资本——利民公司　　1 250 000
　　　　　　　——三生公司　　5 000 000
　　　　　　　——和润公司　　3 750 000

本例中,盈余公积10 000 000元按原出资比例转增实收资本,因此,华厦公司应分别按照1 250 000元、5 000 000元和3 750 000元的金额贷记"实收资本"科目中利民、三生、和润明细分类账。

2. 实收资本(或股本)的减少

企业减少实收资本应按法定程序报经批准,股份有限公司采用收购本公司股票方式减资的,按股票面值和注销股数计算的股票面值总额冲减股本,按注销库存股的账面余额与所冲减股本的差额冲减股本溢价,股本溢价不足冲减的,应依次冲减"盈余公积"、"利润分配——未分配利润"等科目。如果购回股票支付的价款低于面值总额的,所注销库存股的账面余额与所冲减股本的差额作为增加资本或股本溢价处理。

【例12-9】 2011年12月31日,华厦公司的股本为100 000 000股,面值为1元,资本公积(股本溢价)为 3 000 000 元,盈余公积为 4 000 000 元。经股东大会批准,公司以现金回购本公司股票 2 000 000 股并注销。假定公司按每股 2 元回购股票,不考虑其他因素。公司应作如下会计分录:

(1) 回购本公司股份时:

借:库存股　4 000 000
　　贷:银行存款　4 000 000

　　　　　　　库存股成本＝2 000 000×2＝4 000 000 元

(2) 注销本公司股份时:

借:股本　2 000 000
　　资本公积　2 000 000
　　贷:库存股　4 000 000

　　　　应冲减的资本公积＝2 000 000×2－2 000 000×1＝2 000 000 元

【例 12-10】　承例 12-9,假定华夏公司按每股 3 元回购股票,其他条件不变。公司应作如下会计分录:

(1) 回购本公司股份时:

借:库存股　6 000 000
　　贷:银行存款　6 000 000

　　　　　　　库存股成本＝2 000 000×3＝6 000 000 元

(2) 注销本公司股份时:

借:股本　2 000 000
　　资本公积　3 000 000
　　盈余公积　1 000 000
　　贷:库存股　6 000 000

　　　　应冲减的资本公积＝2 000 000×3－2 000 000×1＝4 000 000 元

由于应冲减的资本公积大于公司现有的资本公积,所以只能冲减资本公积 3 000 000 元,剩余的 1 000 000 元应冲减盈余公积。

【例 12-11】　承例 12-9,假定华夏公司按每股 0.9 元回购股票,其他条件不变,公司应作如下会计分录:

(1) 回购本公司股份时:

借:库存股　1 800 000
　　贷:银行存款　1 800 000

　　　　　　　库存股成本＝2 000 000×0.9＝1 800 000 元

(2) 注销本公司股份时:

借:股本　2 000 000
　　贷:库存股　1 800 000

　　　　资本公积——股本溢价　200 000
　　　　应增加的资本公积=2 000 000×1-2 000 000×0.9=200 000 元
　　由于折价回购,股本与库存股成本的差额 200 000 元,应作为增加资本公积处理。

第二节　资本公积的会计处理

一、资本公积概述

(一) 资本公积的来源

　　资本公积是企业收到投资者出资额超出其在注册资本(或股本)中所占份额的部分,以及直接计入所有者权益的利得和损失等。资本公积包括资本溢价(或股本溢价)和直接计入所有者权益的利得和损失等。

　　形成资本溢价(或股本溢价)的原因有溢价发行股票、投资者超额缴入资本等。直接计入所有者权益的利得和损失是指不应计入当期损益、会导致所有者权益发生增减变动的、与所有者投入资本或者向所有者分配利润无关的利得或者损失,如企业的长期股权投资采用权益法核算时,因被投资单位除净损益以外所有者权益的其他变动,投资企业按应享有份额而增加或减少的资本公积。

　　此外,企业根据国家有关规定实行股权激励的,如果在等待期内取消了授予的权益工具,企业应在进行权益工具加速行权处理时,将剩余等待期内应确认的金额立即计入当期损益,并同时确认资本公积。

　　资本公积的核算包括资本溢价(或股本溢价)的核算、其他资本公积的核算和资本公积转增资本的核算等内容。

(二) 资本公积与实收资本(或股本)、留存收益的区别

1. 资本公积与实收资本(或股本)的区别

(1) 从来源和性质看

　　实收资本(或股本)是指投资者按照企业章程或合同、协议的约定,实际投入企业并依法进行注册的资本,它体现了企业所有者对企业的基本产权关系。资本公积是投资者的出资中超出其在注册资本中所占份额的部分,以及直接计入所有者权益的利得和损失,它不直接表明所有者对企业的基本产权关系。

(2) 从用途看

　　实收资本(或股本)的构成比例是确定所有者参与企业财务经营决策的基础,也是企业进行利润分配或股利分配的依据,同时还是企业清算时确定所有者对净资产的要求权的依据。资本公积的用途主要是用来转增资本(或股本)。资本公积不体现各所有者的占有比例,也不能作为所有者参与企业财务经营决策或进行利润分配(或股利分配)的依据。

2. 资本公积与留存收益的区别

　　留存收益是企业从历年实现的利润中提取或形成的留存于企业的内部积累,来源于企业生产经营活动实现的利润。资本公积的来源不是企业实现的利润,而主要来自资本溢价(或股本溢价)等。

二、资本公积的账务处理

(一) 资本溢价(或股本溢价)

1. 资本溢价

除股份有限公司外的其他类型的企业,在企业创立时,投资者认缴的出资额与注册资本一致,一般不会产生资本溢价。但在企业重组或有新的投资者加入时,常常会出现资本溢价。因为在企业进行正常生产经营后,其资本利润率通常要高于企业初创阶段。另外,企业有内部积累,新投资者加入企业后,对这些积累也要分享,所以新加入的投资者往往要付出大于原投资者的出资额,才能取得与原投资者相同的出资比例。投资者多缴的部分就形成了资本溢价。

【例12-12】2012年4月12日,华夏公司由两位投资者投资2 000 000元设立,每人各出资1 000 000元。一年后,为扩大经营规模,经批准,公司注册资本增加到3 000 000元,并引入第三位投资者加入。按照投资协议,新投资者需缴入现金1 100 000元,同时享有该公司三分之一的股份。公司已收到该现金投资。假定不考虑其他因素。公司应作如下会计分录:

借:银行存款　1 100 000
　　贷:实收资本　1 000 000
　　　　资本公积——资本溢价　100 000

本例中,公司收到第三位投资者的现金投资1 100 000元中,1 000 000元属于第三位投资者在注册资本中所享有的份额,应记入"实收资本"科目,其中,100 000元属于资本溢价,应记入"资本公积——资本溢价"科目。

2. 股本溢价

股份有限公司是以发行股票的方式筹集股本的,股票可按面值发行,也可按溢价发行,我国目前不准折价发行。与其他类型的企业不同,股份有限公司在成立时可能会溢价发行股票,因而在成立之初,就可能会产生股本溢价。股本溢价的数额等于股份有限公司发行股票时实际收到的款额超过股票面值总额的部分。

在按面值发行股票的情况下,企业发行股票取得的收入,应全部作为股本处理;在溢价发行股票的情况下,企业发行股票取得的收入,等于股票面值部分作为股本处理,超出股票面值的溢价收入应作为股本溢价处理。

发行股票相关的手续费、佣金等交易费用,如果是溢价发行股票的,应从溢价中抵扣,冲减资本公积(股本溢价);无溢价发行股票或溢价金额不足以抵扣的,应将不足抵扣的部分冲减盈余公积和未分配利润。

【例12-13】2012年6月22日,华夏公司首次公开发行了普通股5 000 000股,每股面值1元,每股发行价格为4元。公司与受托单位约定,按发行收入的3%收取手续费,从发行收入中扣除。假定收到的股款已存入银行。公司应作如下会计分录:

公司收到受托发行单位的现金 $= 5\,000\,000 \times 4 \times (1-3\%) = 19\,400\,000$ 元

资本公积 = 溢价收入 − 发行手续费
　　　　$= 5\,000\,000 \times (4-1) - 5\,000\,000 \times 4 \times 3\% = 14\,400\,000$ 元

借:银行存款　19 400 000
　　贷:股本　5 000 000
　　　　资本公积——股本溢价　14 400 000

(二) 其他资本公积

其他资本公积是指除资本溢价(或股本溢价)项目以外所形成的资本公积,其中,主要是直接计入所有者权益的利得和损失。主要包括以下内容:

1. 可供出售金融资产公允价值变动

可供出售金融资产的公允价值变动形成的利得,除减值损失和外币货币性金融资产形成的汇兑差额外,借记"可供出售金融资产——公允价值变动"科目,贷记"资本公积—其他资本公积"科目,公允价值变动形成的损失,做相反的分录。

2. 以权益结算的股份支付

企业根据以权益结算的股份支付协议授予职工或其他方提供服务的,应按权益工具授予日的公允价值计入其他资本公积;在行权日,应按实际行权的权益工具数量计算确定的金额,转为实收资本和资本溢价。

3. 持有至到期投资转换为可供出售金融资产公允价值与账面价值的差额

企业将持有至到期投资转换为可供出售金融资产时,转换日该项持有至到期投资的公允价值与其账面价值的差额,应计入其他资本公积;将可供出售金融资产转换为持有至到期投资,与其相关的原计入其他资本公积的余额,应在该项金融资产的剩余期限内进行摊销。

4. 享有的被投资单位资本公积变动份额

在长期股权投资采用权益法核算的情况下,被投资单位资本公积发生变动,企业应按持股比例计算享有的份额,计入其他资本公积。

5. 自用房地产或存货转换为投资性房地产公允价值与账面价值的差额

企业将自用房地产或存货转换为采用公允价值模式计量的投资性房地产时,转换当日的公允价值大于原账面价值的差额,应计入其他资本公积;处置该项投资性房地产时,应转销与其相关的其他资本公积。

6. 可转换债券的转换权价值

在债券发行时记入"资本公积——其他资本公积"的贷方,实际转换时从贷方转入"资本公积——其他资本公积"的借方。

本教材以因被投资单位所有者权益的其他变动产生的利得或损失为例,介绍相关的其他资本公积的核算。

企业对被投资单位的长期股权投资采用权益法核算的,在持股比例不变的情况下,对因被投资单位除净损益以外的所有者权益的其他变动,如果是利得,则应按持股比例计算其应享有被投资企业所有者权益的增加数额;如果是损失,则作相反的分录。在处置长期股权投资时,应转销与该笔投资相关的其他资本公积。

【例12-14】 2012年1月1日,华夏公司向宏力公司投资800 000元,拥有该公司20%的股份,并对该公司有重大影响,因而对宏力公司长期股权投资采用权益法核算。2012年12月31日,宏力公司的所有者权益增加了100 000元。假定除此以外,宏力公司的所有者

权益没有变化,公司的持股比例没有变化,宏力公司资产的账面价值与公允价值一致,不考虑其他因素。公司应作如下会计分录:

借:长期股权投资——宏力公司　20 000
　　贷:资本公积——其他资本公积　20 000

公司增加的资本公积＝100 000×20％＝20 000元

本例中,华夏公司对宏力公司的长期股权投资采用权益法核算,持股比例未发生变化,宏力公司发生了除净损益之外的所有者权益的其他变动,公司应按其持股比例计算应享有的宏力公司权益的数额 20 000 元,作为增加其他资本公积处理。

(三) 资本公积转增资本

经股东大会或类似机构决议,用资本公积转增资本时,应冲减资本公积,同时按照转增资本前的实收资本(或股本)的结构或比例,将转增的金额记入"实收资本"(或"股本")科目下各所有者的明细分类账。有关会计处理,前已述及。

第三节　留存收益的会计处理

一、留存收益概述

留存收益是指企业从历年实现的利润中提取或形成的留存于企业的内部积累,包括盈余公积和未分配利润两类。

盈余公积是指企业按照有关规定从净利润中提取的积累资金。公司制企业的盈余公积包括法定盈余公积和任意盈余公积。法定盈余公积是指企业按照规定的比例从净利润中提取的盈余公积。任意盈余公积是指企业按照股东会或股东大会决议提取的盈余公积。

企业提取的盈余公积可用于弥补亏损、扩大生产经营、转增资本或派送新股等。未分配利润是指企业实现的净利润经过弥补亏损、提取盈余公积和向投资者分配利润后留存在企业的、历年结存的利润。相对于所有者权益的其他部分来说,企业对于未分配利润的使用有较大的自主权。

二、留存收益的账务处理

(一) 利润分配

利润分配是指企业根据国家有关规定和企业章程、投资者协议等,对企业当年可供分配的利润所进行的分配。

可供分配的利润
＝当年实现的净利润(或净亏损)＋年初未分配利润(或一年初未弥补亏损)＋其他转入

根据《公司法》的规定,利润分配的顺序如下:
(1) 提取法定盈余公积。
(2) 提取任意盈余公积。
(3) 向投资者分配利润。

公司向股东分派股利,应按一定的顺序进行。按照我国公司法的有关规定,利润分配应按下列顺序进行:

第一步,计算可供分配的利润。将本年净利润(或亏损)与年初未分配利润(或亏损)合并,计算出可供分配的利润。如果可供分配的利润为负数(即亏损),则不能进行后续分配;如果可供分配的利润为正数(即本年累计盈利),则进行后续分配。

第二步,计提法定盈余公积金。按抵减年初累计亏损后的本年净利润计提法定盈余公积金。提取盈余公积金的基数,不是可供分配的利润,也不一定是本年的税后利润。只有不存在年初累计亏损时,才能按本年税后利润计算应提取数。这种"补亏"是按账面数字进行的,与所得税法的亏损后转无关,关键在于不能用资本发放股利,也不能在没有累计盈余的情况下提取盈余公积金。

第三步,计提任意盈余公积金。

第四步,向股东(投资者)支付股利(分配利润)。

公司股东大会或董事会违反上述利润分配顺序,在抵补亏损和提取法定盈余公积金、公益金之前向股东分配利润的,必须将违反规定发放的利润退还公司。

企业应通过"利润分配"科目,核算企业利润的分配(或亏损的弥补)和历年分配(或弥补)后的未分配利润(或未弥补亏损)。该科目应分别"提取法定盈余公积"、"提取任意盈余公积"、"应付现金股利或利润"、"盈余公积补亏"、"未分配利润"等进行明细核算。企业未分配利润通过"利润分配——未分配利润"明细科目进行核算。年度终了,企业应将全年实现的净利润或发生的净亏损,自"本年利润"科目转入"利润分配——未分配利润"科目,并将"利润分配"科目所属其他明细科目的余额,转入"未分配利润"明细科目。结转后,"利润分配——未分配利润"科目如为贷方余额,表示累积未分配的利润数额;如为借方余额,则表示累积未弥补的亏损数额。

【例12-15】2012年12月31日,华夏公司年初未分配利润为300 000元,本年实现净利润200 000元,本年提取法定盈余公积20 000元,宣告发放现金股利80 000元,假定不考虑其他因素。公司应作如下会计分录:

(1)结转实现净利润时:

借:本年利润　200 000
　　贷:利润分配——未分配利润　200 000

如企业当年发生亏损,则应借记"利润分配——未分配利润"科目,贷记"本年利润"科目。

(2)提取法定盈余公积、宣告发放现金股利时:

借:利润分配——提取法定盈余公积　20 000
　　　　　　——应付现金股利　80 000
　　贷:盈余公积　20 000
　　　　应付股利　80 000

同时:

借:利润分配——未分配利润　100 000
　　贷:利润分配——提取法定盈余公积　20 000
　　　　　　　　——应付现金股利　80 000

结转后,如果"未分配利润"明细科目的余额在贷方,表示累计未分配的利润;如果余额在借方,则表示累计未弥补的亏损。本例中,"利润分配——未分配利润"明细科目的余额在贷方,此贷方余额 100 000 元(本年利润 200 000－提取法定盈余公积 20 000－应付现金股利 80 000),即为公司本年年末的累计未分配利润。

(二)盈余公积

按照《公司法》有关规定,公司制企业应按照净利润(减弥补以前年度亏损,下同)的 10% 提取法定盈余公积。非公司制企业法定盈余公积的提取比例可超过净利润的 10%。法定盈余公积累计额已达注册资本的 50% 时可以不再提取。值得注意的是,在计算提取法定盈余公积的基数时,不应包括企业年初未分配利润。

公司制企业可根据股东大会的决议提取任意盈余公积。非公司制企业经类似权力机构批准,也可提取任意盈余公积。法定盈余公积和任意盈余公积的区别在于其各自计提的依据不同,前者以国家的法律法规为依据;后者由企业的权力机构自行决定。

企业提取的盈余公积,经批准可用于弥补亏损、转增资本、发放现金股利或利润等。

1. 提取盈余公积

企业按规定提取盈余公积时,应通过"利润分配"和"盈余公积"等科目核算。

【例 12-16】 2012 年 12 月 31 日,华厦公司本年实现净利润为 8 000 000 元,年初未分配利润为 0。经股东大会批准,公司按当年净利润的 10% 提取法定盈余公积。假定不考虑其他因素。公司应作如下会计分录:

借:利润分配——提取法定盈余公积　800 000
　　贷:盈余公积——法定盈余公积　800 000

　　　　本年提取法定盈余公积金额＝8 000 000×10%＝800 000 元

2. 盈余公积补亏

【例 12-17】 2012 年 12 月 31 日,经股东大会批准,华厦公司用以前年度提取的盈余公积弥补当年亏损,当年弥补亏损的数额为 400 000 元。假定不考虑其他因素。公司应作如下会计分录:

借:盈余公积　400 000
　　贷:利润分配——盈余公积补亏　400 000

3. 盈余公积转增资本

【例 12-18】 2012 年 12 月 31 日,因扩大经营规模需要,经股东大会批准,华厦公司将盈余公积 200 000 元转增股本。假定不考虑其他因素。公司应作如下会计分录:

借:盈余公积　200 000
　　贷:股本　200 000

4. 用盈余公积发放现金股利或利润

【例 12-19】 2012 年 12 月 31 日,华厦公司普通股股本为 1 000 000 股,每股面值 1 元,可供投资者分配的利润为 300 000 元,盈余公积为 500 000 元。2013 年 3 月 20 日,股东大会批准了 2012 年度利润分配方案,以 2012 年 12 月 31 日为登记日,按每股 0.2 元发放现金股利。假定不考虑其他因素。公司应作如下会计分录:

公司共需要分派 200 000(1 000 000×0.2)元现金股利,其中动用可供投资者分配的利润 100 000 元、盈余公积 100 000 元。

（1）确定发放现金股利时：

借：未分配利润——应付现金股利　100 000

　　盈余公积　100 000

　　贷：应付股利　200 000

（2）支付股利时：

借：应付股利　200 000

　　贷：银行存款　200 000

本例中，华厦公司经股东大会批准，以未分配利润和盈余公积发放现金股利和利润，属于以未分配利润发放现金股利的部分 100 000 元应记入"未分配利润——应付现金股利"科目，属于以盈余公积发放现金股利的部分 100 000 元应记入"盈余公积"科目。

第十三章

收 入

收入是指企业在日常活动中形成的、会导致所有者权益增加的、与所有者投入资本无关的经济利益的总流入。收入按企业从事日常活动的性质不同,分为销售商品收入、提供劳务收入和让渡资产使用权收入。收入按企业经营业务的主次不同,分为主营业务收入和其他业务收入。主营业务收入是指企业为完成其经营目标所从事的经常性活动所实现的收入。其他业务收入是指企业为完成其经营目标所从事的与经常性活动相关的活动实现的收入。

第一节 销售商品收入的会计处理

销售商品收入的会计处理主要涉及一般销售商品业务、已经发出商品但不符合收入确认条件的销售业务、销售折让、销售退回、采用预收款方式销售商品、采用支付手续费方式委托代销商品等情况。

一、销售商品收入的确认

销售商品收入同时满足下列条件的,才能予以确认:

(一) 企业已将商品所有权上的主要风险和报酬转移给购货方

企业已将商品所有权上的主要风险和报酬转移给购货方,是指与商品所有权有关的主要风险和报酬同时转移。与商品所有权有关的风险,是指商品可能发生减值或损毁等形成的损失;与商品所有权有关的报酬,是指商品增值或通过使用商品等形成的经济利益。企业已将商品所有权上的主要风险和报酬转移给购货方,构成确认销售商品收入的重要条件。

判断企业是否已将商品所有权上的主要风险和报酬转移给购货方,应当关注交易的实质,并结合所有权凭证的转移进行判断。如果与商品所有权有关的任何损失均不需要销货方承担,与商品所有权有关的任何经济利益也不归销货方所有,就意味着商品所有权上的主要风险和报酬转移给了购货方。

(二) 企业既没有保留通常与所有权相联系的继续管理权,也没有对已售出的商品实施有效控制

在通常情况下,企业售出商品后不再保留与商品所有权相联系的继续管理权,也不再对售出商品实施有效控制,商品所有权上的主要风险和报酬已经转移给购货方,通常应在发出商品时确认收入。如果企业在商品销售后保留了与商品所有权相联系的继续管理权,或能够继续对其实施有效控制,说明商品所有权上的主要风险和报酬没有转移,销售交易

不能成立,不能确认收入,如售后租回。

(三) 相关的经济利益很可能流入企业

在销售商品的交易中,与交易相关的经济利益主要表现为销售商品的价款。相关的经济利益很可能流入企业,是指销售商品价款收回的可能性大于不能收回的可能性,即销售商品价款收回的可能性超过50%。企业在销售商品时,如估计销售价款不是很有可能收回,即使收入确认的其他条件均已满足,也不应当确认收入。

企业在确定销售商品价款收回的可能性时,应当结合以前和买方交往的直接经验、政府有关政策、其他方面取得的信息等因素进行分析。企业销售的商品符合合同或协议要求,已将发票账单交付买方,买方承诺付款,通常表明相关的经济利益很可能流入企业。如果企业判断销售商品收入满足确认条件而予以确认,同时确认了一笔应收债权,以后由于购货方资金周转困难无法收回该债权时,不应调整原会计处理,而应对该债权计提坏账准备、确认坏账损失。如果企业根据以前与买方交往的直接经验判断买方信誉较差,或销售时得知买方在另一项交易中发生了巨额亏损、资金周转十分困难,或在出口商品时不能肯定进口企业所在国政府是否允许将款项汇出等,就可能会出现与销售商品相关的经济利益不能流入企业的情况,不应确认收入。

(四) 收入的金额能够可靠地计量

收入的金额能够可靠地计量,是指收入的金额能够合理地估计。收入金额能否合理地估计是确认收入的基本前提,如果收入的金额不能够合理估计,就无法确认收入。企业在销售商品时,商品销售价格通常已经确定。但是,由于销售商品过程中某些不确定因素的影响,也有可能存在商品销售价格发生变动的情况。在这种情况下,新的商品销售价格未确定前通常不应确认销售商品收入。

(五) 相关的已发生或将发生的成本能够可靠地计量

根据收入和费用配比原则,与同一项销售有关的收入和费用应在同一会计期间予以确认,即企业应在确认收入的同时或同一会计期间结转相关的成本。

相关的已发生或将发生的成本能够可靠地计量,是指与销售商品有关的已发生或将发生的成本能够合理地估计。通常情况下,销售商品相关的已发生或将发生的成本能够合理地估计,如库存商品的成本、商品运输费用等。如果库存商品是本企业生产的,其生产成本能够可靠计量;如果是外购的,购买成本能够可靠计量。有时,销售商品相关的已发生或将发生的成本不能够合理地估计,此时企业不应确认收入,若已收到价款,应将已收到的价款确认为负债。

二、销售商品业务收入的账务处理

(一) 日常销售商品的处理

在进行销售商品的会计处理时,首先要考虑销售商品收入是否符合收入确认条件。

如果符合收入准则所规定的五项确认条件的,企业应确认收入并结转相关销售成本。

企业判断销售商品收入满足确认条件的,应当提供确凿的证据。通常情况下,销售商品采用托收承付方式的,在办妥托收手续时确认收入;交款提货销售商品的,在开出发票账单收到货款时确认收入。交款提货销售商品是指购买方已根据企业开出的发票账单支付货款并取得提货单的销售方式。在这种方式下,购货方支付货款取得提货单,企业尚未交付商品,销售方保留的是商品所有权上的次要风险和报酬,商品所有权上的主要风险和报酬已经转移给购货方,通常应在开出发票账单收到货款时确认收入。

企业销售商品满足收入确认条件时,应当按照已收或应收合同或协议价款的公允价值确定销售商品收入金额。通常情况下,购货方已收或应收的合同或协议价款即为其公允价值,应当以此确定销售商品收入的金额。企业销售商品所实现的收入以及结转的相关销售成本,通过"主营业务收入"、"主营业务成本"等科目核算。

【例13-1】 2012年9月27日,华夏公司采用托收承付结算方式销售一批产品,开出的增值税专用发票上注明售价为800 000元,增值税税额为136 000元;商品已经发出,并已向银行办妥托收手续;该批商品的成本为620 000元。公司应作如下会计分录:

(1) 借:应收账款　936 000
　　　贷:主营业务收入　800 000
　　　　　应交税费——应交增值税(销项税额)　136 000

(2) 借:主营业务成本　620 000
　　　贷:库存商品　620 000

【例13-2】 2012年8月21日,华夏公司向远洋公司销售一批产品,开出的增值税专用发票上注明售价为400 000元,增值税税额为68 000元;公司已收到远洋公司支付的货款468 000元,并将提货单送交远洋公司;该批商品成本为340 000元。公司应作如下会计分录:

(1) 借:银行存款　468 000
　　　贷:主营业务收入　400 000
　　　　　应交税费——应交增值税(销项税额)　68 000

(2) 借:主营业务成本　340 000
　　　贷:库存商品　340 000

【例13-3】 2012年2月14日,华夏公司向大地公司销售产品一批,开出的增值税专用发票上注明售价为500 000元,增值税税额为85 000元;公司收到大地公司开出的不带息银行承兑汇票一张,票面金额为592 000元,期限为2个月,该批商品已经发出,公司以工商银行存款代垫运杂费7 000元;该批商品成本为380 000元。公司应作如下会计分录:

(1) 借:应收票据——大地公司　592 000
　　　贷:主营业务收入　500 000
　　　　　应交税费——应交增值税(销项税额)　85 000
　　　　　银行存款——工商银行　7 000

(2) 借:主营业务成本　380 000
　　　贷:库存商品　380 000

(二) 商品已经发出,但不符合收入确认条件的处理

如果企业售出商品不符合销售商品收入确认的五项条件,不应确认收入。为了单独反映已经发出但尚未确认销售收入的商品成本,企业应增设"发出商品"科目。"发出商品"科

目核算一般销售方式下,已经发出但尚未确认收入的商品成本。

这里应注意的一个问题是,尽管发出的商品不符合收入确认条件,但如果销售该商品的纳税义务已经发生,比如已经开出增值税专用发票,则应确认应交的增值税销项税额。借记"应收账款"等科目,贷记"应交税费——应交增值税(销项税额)"科目。如果纳税义务没有发生,则不需进行上述处理。

【例 13-4】 2012 年 3 月 3 日,华夏公司采用托收承付结算方式向紫光公司销售一批产品,开出的增值税专用发票上注明售价为 200 000 元,增值税税额为 34 000 元;该批商品成本为 160 000 元。公司在销售该批商品时已得知紫光公司资金流转发生暂时困难,但为了减少存货积压,同时为了维持与紫光公司长期以来建立的商业关系,公司仍将商品发出,并办妥托收手续。假定公司销售该批商品的纳税义务已经发生。公司应作如下会计分录:

(1) 发出商品时:

借:发出商品——紫光公司　160 000
　　贷:库存商品　160 000

(2) 同时,因公司销售该批商品的纳税义务已经发生,应确认应交的增值税销项税额。公司应作如下会计分录:

借:应收账款——紫光公司　34 000
　　贷:应交税费——应交增值税(销项税额)　34 000

(注:如果销售该批商品的纳税义务尚未发生,则不作这笔处理,待纳税义务发生时再作应交增值税处理)

(3) 假定 2012 年 11 月华夏公司得知紫光公司经营情况逐渐好转,紫光公司承诺近期付款,公司应在紫光公司承诺付款时确认收入。公司应作如下会计分录:

借:应收账款——紫光公司　200 000
　　贷:主营业务收入　200 000

同时结转成本:

借:主营业务成本　160 000
　　贷:发出商品　160 000

(4) 假定华夏公司于 2012 年 12 月 6 日收到紫光公司支付的货款。公司应作如下会计分录:

借:银行存款　234 000
　　贷:应收账款——紫光公司　234 000

三、商业折扣、现金折扣和销售折让的处理

企业销售商品收入的金额通常按照从购货方已收或应收的合同或协议价款确定。在确定销售商品收入的金额时,应注意区分商业折扣、现金折扣和销售折让及其不同的会计处理方法。总的来讲,确定销售商品收入的金额时,不应考虑预计可能发生的现金折扣、销售折让,即应按总价确认,但应是扣除商业折扣后的净额。商业折扣、现金折扣和销售折让的区别以及处理方法如下:

(一) 商业折扣

商业折扣是指企业为促进商品销售而给予的价格扣除。例如,企业为鼓励客户多买商

品,可能规定购买10件以上商品给予客户5%的折扣,或客户每买20件送1件。此外,企业为了尽快出售一些残次、陈旧、冷背的商品,也可能降价(即打折)销售。

商业折扣在销售时即已发生,并不构成最终成交价格的一部分。企业销售商品涉及商业折扣的,应当按照扣除商业折扣后的金额确定销售商品收入金额。

(二)现金折扣

现金折扣是指债权人为鼓励债务人在规定的期限内付款而向债务人提供的债务扣除。

现金折扣一般用符号"折扣率/付款期限"表示,例如,"2/10,1/20,N/30"表示:销货方允许客户最长的付款期限为30天,如果客户在10天内付款,销货方可按商品售价给予客户2%的折扣;如果客户在20天内付款,销货方可按商品售价给予客户1%的折扣;如果客户在21天至30天内付款,将不能享受现金折扣。

现金折扣发生在企业销售商品之后,企业销售商品后现金折扣是否发生以及发生多少要视买方的付款情况而定,企业在确认销售商品收入时不能确定现金折扣金额。因此,企业销售商品涉及现金折扣的,应当按照扣除现金折扣前的金额确定销售商品收入金额。现金折扣实际上是企业为了尽快回笼资金而发生的理财费用,应在实际发生时计入当期财务费用。

在计算现金折扣时,还应注意销售方式是按不包含增值税的价款提供现金折扣,还是按包含增值税的价款提供现金折扣,两种情况下购买方享有的折扣金额不同。例如,销售价格为1 000元的商品,增值税税额为170元,如不包含增值税,按1%折扣率计算,购买方享有的现金折扣金额为10元;如果购销双方约定计算现金折扣时一并考虑增值税,则购买方享有的现金折扣金额为11.7元。

【例13-5】 华厦公司为增值税一般纳税企业,2012年3月1日销售甲商品1 000件,每件商品的标价为120元(不含增值税),每件商品的实际成本为100元,甲商品适用的增值税税率为17%;由于是成批销售,公司给予购货方10%的商业折扣,并在销售合同中规定现金折扣条件为"2/10,1/20,N/30";甲商品于3月1日发出,符合销售实现条件,购货方于3月9日付款。假定计算现金折扣时考虑增值税。公司应作如下会计分录:

本例涉及商业折扣和现金折扣问题,首先需要计算确定销售商品收入的金额。根据销售商品收入金额确定的有关规定,销售商品收入的金额应是未扣除现金折扣但扣除商业折扣后的金额,现金折扣应在实际发生时计入当期财务费用。因此,公司应确认的销售商品收入金额为108 000(120×1 000-120×1 000×10%)元,增值税销项税额为18 360 (108 000×17%)元。购货款于销售实现后的10日内付款,享有的现金折扣为2 527.2 [(108 000+18 360)×2%]元。

(1) 3月1日销售实现时:

借:应收账款　126 360
　　贷:主营业务收入　108 000
　　　　应交税费——应交增值税(销项税额)　18 360

借:主营业务成本　100 000
　　贷:库存商品　100 000

(2) 3月9日收到货款时:

借:银行存款　123 832.8
　　财务费用　2 527.2
　　　贷:应收账款　126 360

本例中,若购货方于3月19日付款,则享受的现金折扣为1 263.6[(108 000+18 360)×1%]元,公司在收到货款时,应作如下会计分录:

借:银行存款　125 096.4
　　财务费用　1 263.6
　　　贷:应收账款　126 360

若购货方于3月底才付款,则应按全额付款。公司应作如下会计分录:

借:银行存款　126 360
　　　贷:应收账款　126 360

(三) 销售折让

销售折让是指企业因售出商品质量不符合要求等原因而在售价上给予的减让。企业将商品销售给买方后,如买方发现商品在质量、规格等方面不符合要求,可能要求卖方在价格上给予一定的减让。

销售折让如发生在确认销售收入之前,则应在确认销售收入时直接按扣除销售折让后的金额确认;已确认销售收入的售出商品发生销售折让,且不属于资产负债表日后事项的,应在发生时冲减当期销售商品收入,如按规定允许扣减增值税税额的,还应冲减已确认的应交增值税销项税额。

【例13-6】 2012年12月23日,华厦公司销售一批商品给毅力公司,开出的增值税专用发票上注明的售价为10 000元,增值税税额为1 700元。该批商品的成本为7 000元。货到后毅力公司发现商品质量不符合合同要求,要求在价格上给予5%的折让。毅力公司提出的销售折让要求符合原合同的约定,华厦公司同意并办妥了相关手续,开具了增值税专用发票(红字)。假定此前华厦公司已确认该批商品的销售收入,销售款项尚未收到,发生的销售折让允许扣减当期增值税销项税额。公司应作如下会计分录:

(1) 销售实现时:

借:应收账款　11 700
　　　贷:主营业务收入　10 000
　　　　　应交税费——应交增值税(销项税额)　1 700
借:主营业务成本　7 000
　　　贷:库存商品　7 000

(2) 发生销售折让时:

借:主营业务收入　500(10 000×5%)
　　应交税费——应交增值税(销项税额)　85(10 000×5%×17%)
　　　贷:应收账款　585

(3) 实际收到款项时:

借:银行存款　11 115
　　　贷:应收账款　11 115

本例中,假定发生销售折让前,因该项销售在货款收回上存在不确定性,华厦公司未确认该批商品的销售收入,纳税义务也未发生;发生销售折让后2个月,毅力公司承诺近期付款。公司应作如下会计分录:

(1)发出商品时:
借:发出商品　7 000
　　贷:库存商品　7 000

(2)毅力公司承诺付款,公司确认销售时:
借:应收账款　11 115
　　贷:主营业务收入　9 500
　　　　应交税费——应交增值税(销项税额)　1 615
借:主营业务成本　7 000
　　贷:发出商品　7 000

(3)实际收到款项时:
借:银行存款　11 115
　　贷:应收账款　11 115

四、销售退回的账务处理

销售退回是指企业销售出的商品,由于质量、到货时间、品种等不符合要求的原因而发生的退货。

销售退货可能发生在企业确认收入之前,这时处理比较简单,只要将已计入"发出商品"等账户的商品成本转回"库存商品"账户;如企业确认收入后,又发生销售退回的,不论是当年销售的,还是以前年度销售的,除特殊情况外,一般应冲减退回当月的销售收入,同时冲减退回当月的销售成本;如该项销售已经发生现金折扣或销售折让的,应在退回当月一并调整;企业发生销售退回时,如按规定允许扣减当期销项税额的,应同时用红字冲减"应交税费——应交增值税"账户的"销项税额"专栏。

(一)尚未确认销售商品收入的销售商品发生销售退回的处理

尚未确认销售商品收入的售出商品发生销售退回的,应将已记入"发出商品"科目的商品成本金额转入"库存商品"科目,借记"库存商品"科目,贷记"发出商品"科目。

【例13-7】华厦公司于2012年4月1日采用委托银行收款方式将一套设备出售给中国建筑公司,该设备不含税价200万元,成本140万元,增值税专用发票注明增值税34万元。该设备当日发出,双方商定,该设备有1个月的试用期,如不满意可以在1个月内退货。已知2012年4月15日因该设备不符合使用要求,中国建筑公司将设备退回给华厦公司。公司的会计处理如下:

(1)发出商品时:
借:发出商品——中国建筑公司　1 400 000
　　贷:库存商品　1 400 000

同时,根据发票注明金额作如下处理:
借:应收账款——中国建筑公司　340 000

贷:应交税费——应交增值税(销项税额)　340 000
　(2)发生退货时:
　①借:库存商品　1 400 000
　　　贷:发出商品——中国建筑公司　1 400 000
　②借:应交税费——应交增值税(销项税额)　340 000
　　　贷:应收账款——中国建筑公司　340 000

(二)已确认销售商品收入的售出商品发生销售退回的处理

已确认销售商品收入的售出商品发生销售退回的,除属于资产负债表日后事项外,一般应在发生时冲减当期销售商品收入,同时冲减当期销售商品成本,如按规定允许扣减增值税税额的,应同时冲减已确认的应交增值税销项税额。如该项销售退回已发生现金折扣的,应同时调整相关财务费用的金额。已确认收入的售出商品发生销售退回时,按应冲减的销售商品收入金额,借记"主营业务收入"科目,按增值税专用发票上注明的应冲减的增值税销项税额,借记"应交税费——应交增值税(销项税额)"科目,按实际支付或应退还的价款,贷记"银行存款"、"应收账款"等科目,如已发生现金折扣的,还应按相关财务费用的调整金额,贷记"财务费用"科目,同时,按退回的商品成本,借记"库存商品"科目,贷记"主营业务成本"科目。

【例13-8】 2012年3月20日,华厦公司销售甲商品一批,增值税专用发票上注明售价为700 000元,增值税税额是119 000元;该批商品成本为364 000元。甲商品于2012年3月20日发出,购货方于3月27日付款,公司对该项销售确认了销售收入。2012年9月15日,该商品质量出现严重问题,购货方将该批商品全部退回给华厦公司。公司同意退货,于退货当日支付了退货款,按规定向购货方开具了增值税专用发票(红字)。公司应作如下会计分录:

(1)销售实现时:
借:应收账款　819 000
　贷:主营业务收入　700 000
　　应交税费——应交增值税(销项税额)　119 000
借:主营业务成本　364 000
　贷:库存商品　364 000
(2)收到货款时:
借:银行存款　819 000
　贷:应收账款　819 000
(3)销售退回时:
借:主营业务收入　700 000
　　应交税费——应交增值税(销项税额)　119 000
　贷:银行存款　819 000
借:库存商品　364 000
　贷:主营业务成本　364 000

【例13-9】 2012年3月18日,华厦公司向毅力公司销售一批商品,开出的增值税专用发票上注明的售价为 500 000 元,增值税税额为 85 000 元。该批商品成本为 260 000 元。为及早收回货款,华厦公司和毅力公司约定的现金折扣条件为:2/10,1/20,N/30。毅力公司在 2012 年 3 月 27 日支付货款。2012 年 7 月 5 日,该批商品因质量问题被毅力公司退回,华厦公司当日支付有关退货款。假定计算现金折扣时不考虑增值税。公司应作如下会计分录:

(1) 2012 年 3 月 18 日,销售实现时:

借:应收账款　585 000
　　贷:主营业务收入　500 000
　　　　应交税费——应交增值税(销项税额)　85 000

借:主营业务成本　260 000
　　贷:库存商品　260 000

(2) 2012 年 3 月 27 日,收到货款时:

发生现金折扣 10 000(500 000×2‰)元,实际收款 575 000(585 000－10 000)元

借:银行存款　575 000
　　财务费用　10 000
　　贷:应收账款　585 000

(3) 2012 年 7 月 5 日,发生销售退回时:

借:主营业务收入　500 000
　　应交税费——应交增值税(销项税额)　85 000
　　贷:银行存款　575 000
　　　　财务费用　10 000

借:库存商品　260 000
　　贷:主营业务成本　260 000

(三)附有销售退回条件的商品销售的处理

附有销售退回条件的商品销售是指购买方依照合同或协议有权退货的销售方式。在这种销售方式下,企业根据以往经验能够合理估计退货可能性且确认与退货相关负债的,通常应在发出商品时确认收入;企业不能合理估计退货可能性的,通常应在售出商品退货期满时确认收入。

【例 13-10】　华厦公司是一家保健品销售公司。2012 年 5 月 1 日,华厦公司向冶建公司销售一批保健品 6 000 件,单位销售价格为 600 元,单位成本为 500 元,开出的增值税专用发票上注明的销售价格为 3 600 000 元,增值税额为 612 000 元。协议约定,冶建公司应于 6 月 1 日之前支付货款,在 7 月 1 日之前有权退还保健品。保健品已经发出,款项尚未收到。假定公司根据过去的经验,估计该批保健品退货率约为 10%;实际发生销售退回时有关的增值税额允许冲减;不考虑其他因素。公司应作如下会计分录:

(1) 5 月 1 日发出保健品时:

借:应收账款　4 212 000
　　贷:主营业务收入　3 600 000
　　　　应交税费——应交增值税(销项税额)　612 000

借:主营业务成本　3 000 000
　　贷:库存商品　3 000 000

(2) 5月1日确认估计的销售退回:
借:主营业务收入　360 000(3 600 000×10%)
　　贷:主营业务成本　300 000(3 000 000×10%)
　　　　预计负债(应付账款)　60 000

(3) 6月1日前收到货款时:
借:银行存款　4 212 000
　　贷:应收账款　4 212 000

(4) 7月1日,实际退货量为600件,款项已经支付时:
借:库存商品　300 000
　　应交税费——应交增值税(销项税额)　61 200
　　预计负债(应付账款)　60 000
　　贷:银行存款　421 200[600×600×(1+17%)]

(5) 如果实际退货量为400件时:
借:库存商品　200 000
　　应交税费——应交增值税(销项税额)　40 800
　　主营业务成本　100 000
　　预计负债(应付账款)　60 000
　　贷:银行存款　280 800[600×400×(1+17%)]
　　　　主营业务收入　120 000

(6) 如果实际退货量为800件时:
借:库存商品　400 000
　　应交税费——应交增值税(销项税额)　81 600
　　主营业务收入　120 000
　　预计负债(应付账款)　60 000
　　贷:主营业务成本　100 000
　　　　银行存款　561 600[600×800×(1+17%)]

接上例,假定公司无法根据过去的经验,估计该批保健品的退货率;保健品发出时纳税义务已经发生,不考虑其他因素。公司应作如下会计分录:

(1) 5月1日发出保健品时:
借:应收账款——冶建公司　612 000
　　贷:应交税费——应交增值税(销项税额)　612 000
借:发出商品——冶建公司　3 000 000
　　贷:库存商品　3 000 000

(2) 6月1日前收到货款时:
借:银行存款　4 212 000
　　贷:预收账款——冶建公司　3 600 000
　　　　应收账款——冶建公司　612 000

(3) 7月1日退货期满,没有发生退货时:
借:预收账款——冶建公司 3 600 000
　　贷:主营业务收入 3 600 000
借:主营业务成本 3 000 000
　　贷:发出商品——冶建公司 3 000 000
(4) 7月1日退货期满,发生2 000件退货时:
借:预收账款——冶建公司 3 600 000
　　应交税费——应交增值税(销项税额) 204 000
　　贷:主营业务收入 2 400 000(4 000×600)
　　　　银行存款 1 404 000[2 000×600×(1+17%)]
借:主营业务成本 2 000 000
　　库存商品——冶建公司 1 000 000
　　贷:发出商品——冶建公司 3 000 000

五、采用预收款方式销售商品的账务处理

预收款销售方式下,销售方直到收到最后一笔款项才将商品交付购货方,表明商品所有权上的主要风险和报酬只有在收到最后一笔款项时才转移给购货方,销售方通常应在发出商品时确认收入,在此之前预收的货款应确认为预收账款。

【例13-11】 2012年6月28日,华厦公司与毅力公司签订协议,采用预收款方式向毅力公司销售一批商品。该批商品的实际成本为500 000元。协议约定,该批商品销售价格为900 000元,增值税税额为153 000元;毅力公司应在协议签订时预付50%的货款(按销售价格计算),剩余款项于2个月后支付。公司应作如下会计分录:
(1) 收到预付款时:
借:银行存款 450 000
　　贷:预收账款——毅力公司 450 000
(2) 收到剩余货款及增值税税款并交付商品时:
借:预收账款——毅力公司 450 000
　　银行存款 603 000
　　贷:主营业务收入 900 000
　　　　应交税费——应交增值税(销项税额) 153 000
借:主营业务成本 500 000
　　贷:库存商品 500 000

六、采用支付手续费方式委托代销商品的账务处理

采用支付手续费委托代销方式下,委托方在发出商品时,商品所有权上的主要风险和报酬并未转移给受托方,委托方在发出商品时通常不应确认销售商品收入,而应在收到受托方开出的代销清单时确认为销售商品收入,同时将应支付的代销手续费计入销售费用;受托方应在代销商品销售后,按合同或协议约定的方式计算确定代销手续费,确认劳务收入。

受托方可通过"受托代销商品"、"受托代销商品款"或"应付账款"等科目,对受托代销商品进行核算。确认代销手续费收入时,借记"受托代销商品款"科目,贷记"其他业务收入"等科目。

【例 13-12】 2012年9月18日,华厦公司委托宁沪公司销售商品100件,商品已经发出,每件成本为60元。合同约定宁沪公司应按每件80元对外销售,公司按售价的10%向宁沪公司支付手续费。宁沪公司对外实际销售50件,开出的增值税专用发票上注明的销售价格为4 000元,增值税税额为680元,款项已收到。公司收到宁沪公司开具的代销清单时,向宁沪公司开具一张相同金额的增值税专用发票。假定公司发出商品时纳税义务尚未发生;公司采用实际成本核算,宁沪公司采用进价核算代销商品。公司应作如下会计分录:

(1) 发出商品时:
借:委托代销商品　6 000
　　贷:库存商品　6 000

(2) 收到代销清单时:
借:应收账款——宁沪公司　4 680
　　贷:主营业务收入　4 000
　　　　应交税费——应交增值税(销项税额)　680
借:主营业务成本　3 000
　　贷:委托代销商品　3 000
借:销售费用　400
　　贷:应收账款——宁沪公司　400
　　　　　代销手续费金额＝4 000×10％＝400元

(3) 收到宁沪公司支付的货款时:
借:银行存款　4 280(4 680－400)
　　贷:应收账款　4 280

宁沪公司的会计分录如下:

(1) 收到商品时:
借:受托代销商品　8 000
　　贷:受托代销商品款　8 000

(2) 对外销售时:
借:银行存款　4 680
　　贷:应付账款——华夏公司　4 000
　　　　应交税费——应交增值税(销项税额)　680

(3) 收到增值税专用发票时:
借:应交税费——应交增值税(进项税额)　680
　　贷:应付账款——华夏公司　680

(4) 支付货款并计算代销手续费时:
借:应付账款——华夏公司　4 680
　　贷:银行存款　4 280

其他业务收入　400

（5）冲减已销售的代销商品：

借：受托代销商品　4 000
　　贷：受托代销商品款　4 000

或作相反会计分录。

借：受托代销商品款　4 000
　　贷：受托代销商品　4 000

七、需要安装和检验的商品销售的账务处理

商品需要安装和检验的销售是指售出的商品需要经过安装、检验等过程的销售方式。在这种销售方式下，在购买方接受交货以及安装和检验完毕前一般不应确认收入。但如果安装程序比较简单，或检验是为了最终确定合同价格而必须进行的程序，则企业可以在商品发出时确认收入。

八、订货销售的账务处理

订货销售是指企业已收到全部或部分货款而库存没有现货，需要通过制造等程序才能将商品交付给购买方的销售方式。在这种销售方式下，企业通常应在发出商品时确认收入，收到的款项应确认为一项负债（预收账款）。

九、以旧换新销售的账务处理

以旧换新销售是指销售方在销售商品的同时，回收与所售商品相同的旧商品。

在这种销售方式下，销售的商品按商品销售的方法确认收入，回收的商品作为购进商品处理。

【例13-13】 华夏公司响应我国政府有关部门倡导的汽车家电以旧换新、搞活流通扩大消费、促进再生资源回收利用的相关政策，积极开展家电以旧换新业务。2012年6月，公司共销售LG型号彩色电视机100台，每台不含增值税销售价格2 400元，每台销售成本为1 600元；同时回收100台各种型号旧彩色电视机，每台不含增值税回收价格为100元；款项均已收付。公司应作如下会计分录：

（1）2012年6月，销售时：

借：库存现金　280 800
　　贷：主营业务收入——销售彩电　240 000
　　　　应交税费——应交增值税（销项税额）　40 800

借：主营业务成本——销售彩电　160 000
　　贷：库存商品——LG彩电　160 000

（2）2012年6月，回收彩电时：

借：原材料　10 000
　　应交税费——应交增值税（进项税额）　1 700
　　贷：库存现金　11 700

十、售后回购的账务处理

售后回购,是指销货方在售出商品后,在一定的期间内,按照合同的有关规定又将其售出的商品购买回来的一种交易方式。在售后回购交易方式下,对于销售方而言,其交易行为属于融资性质。由于销售与回购是以一揽子方式通过签订回购协议进行的,因此可以将销售与回购看做是一笔交易。回购价与销售价的差额本质上属于融资费用,支付的回购价格应视同偿还借款,因此销售方销售商品的售价与账面价值的差额不确认为当期损益,而应将其作为回购价的调整计入其他应付款,并在回购期限内平均摊销融资费用计入财务费用和其他应付款,在回购商品最终对外销售时确认一次收入。

【例13-14】 2012年1月1日,华厦公司与上电公司签订协议,向上电公司销售一批商品,增值税专用发票上注明销售价格为100万元,增值税额为17万元。该商品成本为80万元,商品已发出,款项已收到。协议规定,公司应在2012年5月31日将所售商品购回,回购价为110万元(不含增值税额)。不考虑其他相关税费。公司应作如下会计分录:

(1) 1月1日发出商品时:
借:银行存款   1 170 000
　　贷:其他应付款——上电公司   1 000 000
　　　　应交税费——应交增值税(销项税额)   170 000

同时结转成本:
借:发出商品   800 000
　　贷:库存商品   800 000

(2) 回购期间内利息费用:

由于回购价大于原售价,因而应在销售与回购期间内按期计提利息费用,并直接计入当期财务费用。本例中由于回购期间为5个月,货币时间价值影响不大,采用直线法计提利息费用。

1月至5月,每月应计提的利息费用=20 000(100 000÷5=20 000)元。每个月的会计处理如下。

借:财务费用   20 000
　　贷:其他应付款——上电公司   20 000

(3) 购回商品时:

5月31日,公司购回商品时,增值税专用发票上注明商品价款110万元,增值税额18.7万元。

① 购回商品,支付价款
借:其他应付款——上电公司   1 100 000
　　应交税费——应交增值税(进项税额)   187 000
　　贷:银行存款   1 287 000

② 产品验收入库
借:库存商品   800 000
　　贷:发出商品   800 000

十一、具有融资性质的分期收款销售商品的账务处理

对于采用延期方式分期收款、具有融资性质的销售商品满足收入确认条件的,企业应按应收合同或协议价款,借记"长期应收款"(本利和)科目,按应收合同或协议价款的公允价值(折现值),贷记"主营业务收入"(本金数)科目,按其差额,贷记"未实现融资收益"(利息)科目。(分摊用实际利率法)

【例13-15】 2013年1月1日,华厦公司采用分期收款方式向三峡公司销售发电设备一套,合同约定的销售价格为20 000 000元,分5次于每年12月31日等额收取。该大型设备成本为15 600 000元。在现销方式下,该大型设备的销售价格为16 000 000元。假定华厦公司发出商品时,其有关的增值税纳税义务尚未发生;在合同约定的收款日期,发生有关的增值税纳税义务。公司应作如下会计分录:

根据本例的资料,公司应当确认的销售商品收入金额为1 600万元。

根据下列公式:

$$未来五年收款额的现值 = 现销方式下应收款项金额$$

可以得出:

$$4\,000\,000 \times (P/A, r, 5) = 16\,000\,000$$

可在多次测试的基础上,用插值法计算折现率。

当 $r=7\%$ 时,$4\,000\,000 \times 4.100\,2 = 16\,400\,800 > 16\,000\,000$

当 $r=8\%$ 时,$4\,000\,000 \times 3.992\,7 = 15\,970\,800 < 16\,000\,000$

因此,$7\% < r < 8\%$。用插值法计算如下:

现值	利率
16 400 800	7%
16 000 000	r
15 970 800	8%

$$(16\,400\,800 - 16\,000\,000) \div (16\,400\,800 - 15\,970\,800) = (7\% - r) \div (7\% - 8\%)$$

$$r = 7.93\%$$

每期计入财务费用的金额如表13-1所示。

表13-1 财务费用计算表   单位:元

日 期	收现总额(a)	财务费用 (b)=期初(d)×7.93%	已收本金 (c)=(a)-(b)	未收本金 (d)=期初(d)-(c)
2013年1月1日				16 000 000
2013年12月31日	4 000 000	1 268 800	2 731 200	13 268 800
2014年12月31日	4 000 000	1 052 215.84	2 947 784.16	10 321 015.84
2015年12月31日	4 000 000	818 456.56	3 181 543.44	7 139 472.40
2016年12月31日	4 000 000	566 160.16	3 433 839.84	3 705 632.56
2017年12月31日	4 000 000	294 367.44*	3 705 632.56	0
合计	20 000 000	4 000 000	16 000 000	—

* 尾数调整:4 000 000-1 268 800-1 052 215.84-818 456.56-566 160.16=294 367.44

注：未实现的融资收益的分摊与税金无关。

未实现的本金与增值税无关。

根据表13-1的计算结果，公司各期的账务处理如下：

(1) 2013年1月1日，销售实现

借：长期应收款——三峡公司　20 000 000

　　贷：主营业务收入——发电设备　16 000 000

　　　　未实现融资收益——发电设备　4 000 000

借：主营业务成本——发电设备　15 600 000

　　贷：库存商品——发电设备　15 600 000

(2) 2013年12月31日，收取货款和增值税税额

借：银行存款　4 680 000

　　贷：长期应收款——三峡公司　4 000 000

　　　　应交税费——应交增值税（销项税额）　680 000

借：未实现融资收益——发电设备　1 268 800

　　贷：财务费用——分期收款销售商品　1 268 800

(3) 2014年12月31日收取货款和增值税税额

借：银行存款　4 680 000

　　贷：长期应收款——三峡公司　4 000 000

　　　　应交税费——应交增值税（销项税额）　680 000

借：未实现融资收益——发电设备　1 052 215.84

　　贷：财务费用——分期收款销售商品　1 052 215.84

(4) 2015年12月31日收取货款和增值税税额

借：银行存款　4 680 000

　　贷：长期应收款——三峡公司　4 000 000

　　　　应交税费——应交增值税（销项税额）　680 000

借：未实现融资收益——发电设备　818 456.56

　　贷：财务费用——分期收款销售商品　818 456.56

(5) 2016年12月31日收取货款和增值税税额

借：银行存款　4 680 000

　　贷：长期应收款——三峡公司　4 000 000

　　　　应交税费——应交增值税（销项税额）　680 000

借：未实现融资收益——发电设备　566 160.16

　　贷：财务费用——分期收款销售商品　566 160.16

(6) 2017年12月31日收取货款和增值税税额

借：银行存款　4 680 000

　　贷：长期应收款——三峡公司　4 000 000

　　　　应交税费——应交增值税（销项税额）　680 000

借：未实现融资收益——发电设备　294 367.44

　　贷：财务费用——分期收款销售商品　294 367.44

十二、售后租回的账务处理

售后租回,是指销售商品的同时,销售方同意在日后再将同样的商品租回的销售方式。在这种方式下,销售方应根据合同或协议条款判断企业是否已将商品所有权上的主要风险和报酬转移给购货方,以确定是否确认销售商品收入。在大多数情况下,售后租回属于融资交易,企业不应确认销售商品收入,售价与资产账面价值之间的差额应当分别不同情况进行处理。

(1) 如果售后租回交易认定为融资租赁,售价与资产账面价值之间的差额应当予以递延,并按照该项租赁资产的折旧进度进行分摊,作为折旧费用的调整。

(2) 如果售后租回交易认定为经营租赁,应当分别情况处理:

① 有确凿证据表明售后租回交易是按照公允价值达成的,售价与资产账面价值的差额应当计入当期损益。

② 售后租回交易如果不是按照公允价值达成的(谨慎性原则),售价低于公允价值的差额,应计入当期损益;但若该损失将由低于市价的未来租赁付款额补偿时,有关损失应予以递延(递延收益),并按与确认租金费用相一致的方法在租赁期内进行分摊;如果售价大于公允价值,其大于公允价值的部分应计入递延收益(公允价值部分确认收益),并在租赁期内分摊。

十三、销售材料等存货的账务处理

企业在日常活动中还可能发生对外销售不需用的原材料、随同商品对外销售单独计价的包装物等业务。企业销售原材料、包装物等存货也视同商品销售,其收入确认和计量原则比照商品销售。企业销售原材料、包装物等存货实现的收入作为其他业务收入处理,结转的相关成本作为其他业务成本处理。

企业销售原材料、包装物等存货实现的收入以及结转的相关成本,通过"其他业务收入"、"其他业务成本"科目核算。

"其他业务收入"科目核算企业除主营业务活动以外的其他经营活动实现的收入,包括销售材料、出租包装物和商品、出租固定资产、出租无形资产等实现的收入。该科目贷方登记企业实现的各项其他业务收入,借方登记期末转入"本年利润"科目的其他业务收入,结转后该科目应无余额。

"其他业务成本"科目核算除主营业务活动以外的其他经营活动所产生的成本,包括销售材料的成本、出租固定资产的折旧额、出租无形资产的摊销额、出租包装物的成本或摊销额。该科目借方登记企业结转或发生的其他业务成本,贷方登记期末结转入"本年利润"科目的其他业务成本,结转后该科目应无余额。

【例 13-16】 2012 年 10 月 17 日,华夏公司销售一批原材料,开出的增值税专用发票上注明的售价为 30 000 元,增值税税额为 5 100 元,款项已由银行收妥。该批原材料的实际成本为 20 000 元。公司应作如下会计分录:

(1) 取得原材料销售收入:

借:银行存款　35 100
　　贷:其他业务收入　30 000

　　　　应交税费——应交增值税(销项税额)　5 100
　(2) 结转已销原材料的实际成本:
借:其他业务成本　20 000
　　贷:原材料　20 000

第二节　提供劳务收入的会计处理

　　企业提供劳务的种类很多,如旅游、运输、饮食、广告、咨询、代理、培训、产品安装等,有的劳务一次就能完成,且一般为现金交易,如饮食、理发、照相等;有的劳务需要花费一段较长的时间才能完成,如安装、旅游、培训、远洋运输等。
　　企业提供劳务收入的确认原则因劳务完成时间的不同而不同。

一、在同一会计期间内开始并完成劳务的账务处理

　　对于一次就能完成的劳务,或在同一会计期间内开始并完成的劳务,应在提供劳务交易完成时确认收入,确认的金额通常为从接受劳务方已收或应收的合同或协议价款,确认原则可参照销售商品收入的确认原则。
　　企业对外提供劳务,如属于企业的主营业务,所实现的收入应作为主营业务收入处理,结转的相关成本应作为主营业务成本处理;如属于主营业务以外的其他经营活动,所实现的收入应作为其他业务收入处理,结转的相关成本应作为其他业务成本处理。企业对外提供劳务发生的支出一般通过"劳务成本"科目予以归集,待确认为费用时,从"劳务成本"科目转入"主营业务成本"或"其他业务成本"科目。
　　对于一次就能完成的劳务,企业应在提供劳务完成时确认收入及相关成本。对于持续一段时间但在同一会计期间内开始并完成的劳务,企业应在为提供劳务发生相关支出时确认劳务成本,劳务完成时再确认劳务收入,并结转相关劳务成本。
　　[例13-17]　2012年3月10日,华厦公司接受一项设备安装任务,该安装任务可一次完成,完成时收到款项。合同总价款为190 000元,实际发生安装成本150 000元。假定安装业务属于公司的主营业务,不考虑相关税费。公司应作如下会计分录:
借:银行存款　190 000
　　贷:主营业务收入　190 000
借:主营业务成本　150 000
　　贷:银行存款等　150 000

二、劳务的开始和完成分属不同会计期间的账务处理

　(一) 提供劳务交易结果能够可靠估计
　　如劳务的开始和完成分属不同的会计期间,且企业在资产负债表日提供劳务交易结果能够可靠估计的,应采用完工百分比法确认提供劳务收入。同时满足下列条件的,为提供劳务交易结果能够可靠估计:
　　1. 收入的金额能够可靠地计量
　　收入的金额能够可靠地计量,是指提供劳务收入的总额能够合理估计。通常情况下,

企业应当按照从接受劳务方已收入或应收入的合同或协议价款确定提供劳务收入总额。随着劳务的不断提供,可能会根据实际情况增加或减少已收或应收的合同或协议价款,此时,企业应及时调整提供劳务收入总额。

2. 相关的经济利益很可能流入企业

相关的经济利益很可能流入企业,是指提供劳务收入总额收回的可能性大于不能收回的可能性。企业在确定提供劳务收入总额能否收回时,应当结合接受劳务方的信誉、以前的经验以及双方就结算方式和期限达成的合同或协议条款等因素,综合进行判断。通常情况下,企业提供的劳务符合合同或协议要求,接受劳务方承诺付款,就表明提供劳务收入总额收回的可能性大于不能收回的可能性。

3. 交易的完工进度能够可靠地确定

企业可以根据提供劳务的特点,选用下列方法确定提供劳务交易的完工进度:

(1)已完工作的测量,这是一种比较专业的测量方法,由专业测量师对已经提供的劳务进行测量,并按一定方法计算确定提供劳务交易的完工程度。

(2)已经提供的劳务占应提供劳务总量的比例,这种方法主要以劳务量为标准确定提供劳务交易的完工程度。

(3)已经发生的成本占估计总成本的比例,这种方法主要以成本为标准确定提供劳务交易的完工程度。只有反映已提供劳务的成本才能包括在已经发生的成本中,只有反映已提供或将提供劳务的成本才能包括在估计总成本中。

4. 交易中已发生和将发生的成本能够可靠地计量

交易中已发生和将发生的成本能够可靠地计量,是指交易中已经发生和将要发生的成本能够合理的估计。企业应当建立完善的内部成本核算制度和有效的内部财务预算及报告制度,准确地提供每期发生的成本,并对完成剩余劳务将要发生的成本作出科学、合理的估计。同时应随着劳务的不断提供或外部情况的不断变化,随时对将要发生的成本进行修订。

【例13-18】 2011年12月25日,华夏公司接受永生公司委托,为其培训一批学员,培训期为6个月,2012年1月1日开学。协议约定,永生公司应向公司支付的培训费总额为120 000元,分三次等额支付,第一次在开学时预付,第二次在2012年3月1日支付,第三次在培训结束时支付。

2012年1月1日,永生公司预付第一次培训费。至2012年2月29日,公司发生培训成本60 000元,均为培训人员薪酬。2012年3月1日,公司得知永生公司经营发生困难,后两次培训费能否收回难以确定。假定不考虑相关税费。公司应作如下会计分录:

(1) 2012年1月1日,收到培训费:

借:银行存款   40 000

　　贷:预收账款   40 000

(2) 实际发生培训成本:

借:劳务成本   60 000

　　贷:应付职工薪酬   60 000

(3) 2012年2月29日,确认提供劳务收入并结转劳务成本:

借:预收账款   40 000

贷:主营业务收入　40 000
　　借:主营业务成本　60 000
　　　　贷:劳务成本　60 000

(二)提供劳务交易结果不能可靠估计

如劳务的开始和完成分属不同的会计期间,且企业在资产负债表日提供劳务交易结果不能可靠估计的,即不能同时满足上述四个条件的,不能采用完工百分比法确认提供劳务收入。此时,企业应当正确预计已经发生的劳务成本能否得到补偿,分别下列情况处理:

1. 发生的劳务成本预计全部能够得到补偿

已经发生的劳务成本预计全部能够得到补偿的,应按已收或预计能够收回的金额确认提供劳务收入,并结转已经发生的劳务成本。

2. 发生的劳务成本预计部分能够得到补偿

已经发生的劳务成本预计部分能够得到补偿的,应按能够得到部分补偿的劳务成本金额确认提供劳务收入,并结转已经发生的劳务成本。

【例 13-19】仍以例 13-18 资料为例,华厦公司已于开始时预收培训款 40 000 元,其他款项为培训结束后一次收到。至 2012 年 2 月 29 日,公司发生培训成本 60 000 元,均为培训人员薪酬。2012 年 3 月 1 日,公司得知永生公司经营发生困难,余下的培训费能否收回难以确定。假定不考虑相关税费。公司应作如下会计分录:

华厦公司已经发生的劳务成本 60 000 元预计只能部分得到补偿,即只能按预收款项得到补偿,应按预收账款 40 000 元确认劳务收入,并将已经发生的劳务成本 60 000 元结转入当期损益。

(1)预收培训款时:
　　借:银行存款　40 000
　　　　贷:预收账款　40 000
(2)实际发生培训成本:
　　借:劳务成本　60 000
　　　　贷:应付职工薪酬　60 000
(3)确认收入:
　　借:预收账款　40 000
　　　　贷:主营业务收入　40 000

2012 年 2 月 29 日,确认并结转劳务成本:
　　借:主营业务成本　60 000
　　　　贷:劳务成本　60 000

3. 发生的劳务成本预计全部不能得到补偿

已经发生的劳务成本预计全部不能得到补偿的,应将已经发生的劳务成本计入当期损益(主营业务成本或其他业务成本),不确认提供劳务收入。

【例 13-20】仍以例 13-18 资料为例,假定华厦公司没有预收账款,所有收入均为培训结束后一次收到。至 2012 年 2 月 29 日,公司发生培训成本 60 000 元(假定均为培训人员薪酬)。2012 年 2 月 29 日,公司得知永生公司经营发生困难,后两次培训费能否收回难以

确定。假定不考虑相关税费。公司应作如下会计分录:
(1) 实际发生培训成本:
借:劳务成本　60 000
　　贷:应付职工薪酬　60 000
(2) 2012 年 2 月 29 日,确认并结转劳务成本:
借:主营业务成本　60 000
　　贷:劳务成本　60 000

三、同时销售商品和提供劳务的账务处理

企业与其他企业签订的合同或协议包括销售商品和提供劳务时,如销售设备的同时负责安装工作等。

(1) 销售商品部分和提供劳务部分能够区别且能够单独计量的,应将销售商品部分作为销售商品处理,将提供劳务部分作为提供劳务处理。

(2) 销售商品部分和提供劳务部分不能够区分的,或虽能区分但不能单独计量的,应将销售商品部分和提供劳务部分全部作为销售商品处理。

【例 13-21】 华厦公司与白山公司签订合同,向白山公司销售一部电梯并负责安装。公司开出的增值税专用发票上注明的价款合计为 3 000 000 元,其中电梯销售价格为 2 800 000 元,安装费为 200 000 元,增值税额为 510 000 元。电梯的成本为 2 300 000 元;电梯安装过程中发生安装费 150 000 元,均为安装人员薪酬。假定电梯已经安装完成并经验收合格,款项尚未收到;安装工作是销售合同的重要组成部分。公司应作如下会计分录:

(1) 电梯发出时:
借:发出商品　2 300 000
　　贷:库存商品　2 300 000
(2) 实际发生安装费用时:
借:劳务成本　150 000
　　贷:应付职工薪酬　150 000
(3) 销售实现确认收入并结转成本时:
借:应收账款　3 510 000
　　贷:主营业务收入　3 000 000
　　　　应交税费——应交增值税(销项税额)　510 000
借:主营业务成本　2 300 000
　　贷:发出商品　2 300 000
(4) 确认安装费收入并结转成本时:
借:应收账款　200 000
　　贷:主营业务收入　200 000
借:主营业务成本　150 000
　　贷:劳务成本　150 000

四、特殊劳务交易的账务处理

下列提供劳务满足收入确认条件的,应按规定确认收入:

(1) 安装费 安装费,在资产负债表日根据安装的完工进度确认收入。安装工作是商品销售附带条件的,安装费在确认商品销售实现时确认收入。

(2) 宣传媒介收费 宣传媒介的收费,在相关的广告或商业行为开始出现于公众面前时确认收入。广告的制作费,在资产负债表日根据制作广告的完工进度确认收入。

(3) 为特定客户开发软件收费 为特定客户开发软件的收费,在资产负债表日根据开发的完工进度确认收入。

(4) 包括在商品售价内可区分的服务费 包括在商品售价内可区分的服务费,在提供服务的期间内分期确认收入。

(5) 艺术表演、招待宴会和其他特殊活动的收费 艺术表演、招待宴会和其他特殊活动的收费,在相关活动发生时确认收入。收费涉及几项活动的,预收的款项应合理分配给每项活动,分别确认收入。

(6) 申请入会费和会员费 申请入会费和会员费只允许取得会籍,所有其他服务或商品都要另行收费的,在款项收回不存在重大不确定性时确认收入。申请入会费和会员费能使会员在会员期内得到各种服务或商品,或者以低于非会员的价格销售商品或提供服务的,在整个收益期内分期确认收入。

(7) 特许权费 属于提供设备和其他有形资产的特许权费,在交付资产或转移资产所有权时确认收入。属于提供初始及后续服务的特许权费,在提供服务时确认收入。

(8) 长期收费 长期为客户提供重复的劳务收取的劳务费,在相关劳务活动发生时确认收入。

五、授予客户奖励积分的账务处理

企业存在授予客户奖励积分的,在销售产品或提供劳务的同时,应当将销售取得的货款或应收货款在本次商品销售或劳务提供产生的收入与奖励积分的公允价值之间进行分配,将取得的货款或应收货款扣除奖励积分公允价值的部分确认为收入、奖励积分的公允价值确认为递延收益。在客户兑换奖励积分时,授予企业应将原计入递延收益的与所兑换积分相关的部分确认为收入。

【例 13-22】2012 年 1 月 1 日,某百货公司董事会批准了管理层提出的客户忠诚度计划。该客户忠诚度计划为:办理积分卡的客户在公司消费一定金额时,公司向其授予奖励积分,客户可以使用奖励积分(每一奖励积分的公允价值为 0.01 元)购买公司经营的任何一种商品;奖励积分自授予之日起 3 年内有效,过期作废;公司采用先进先出法确定客户购买商品时使用的奖励积分。

2012 年度,公司销售各类商品共计 70 000 万元(不包括客户使用奖励积分购买的商品,下同),授予客户奖励积分共计 70 000 万分,客户使用奖励积分共计 36 000 万分。2012 年末,公司估计 2012 年度授予的奖励积分将有 60% 被使用。根据上述资料,不考虑增值税因素。公司应作如下会计分录:

2012年授予奖励积分的公允价值＝70 000×0.01＝700万元

因销售商品应当确认的收入＝70 000－700＝69 300万元

因客户使用奖励积分应当确认的收入＝36 000/(70 000×60％)×700＝600万元

借：银行存款　　700 000 000
　　贷：主营业务收入　　693 000 000
　　　　递延收益　　7 000 000
借：递延收益　　6 000 000
　　贷：主营业务收入　　6 000 000

第三节　让渡资产使用权收入的会计处理

让渡资产使用权收入主要指让渡无形资产等资产使用权的使用费收入，出租固定资产取得的租金，进行债权投资收取的利息，进行股权投资取得的现金股利等，也构成让渡资产使用权收入。此处主要介绍让渡无形资产等资产使用权的使用费收入的核算。

一、让渡资产使用权收入的确认和计量

让渡资产使用权的使用费收入同时满足下列条件的，才能予以确认：

（一）相关的经济利益很可能流入企业

企业在确定让渡资产使用权的使用费收入金额是否很可能收回时，应当根据对方企业的信誉和生产经营情况、双方就结算方式和期限等达成的合同或协议条款等因素，综合进行判断。如果企业估计使用费收入金额收回的可能性不大，就不应确认收入。

（二）收入的金额能够可靠的计量

当让渡资产使用权的使用费收入金额能够可靠估计时，企业才能确认收入。让渡资产使用权的使用费收入金额，应按照有关合同或协议约定的收费时间和方法计算确定。如果合同或协议规定一次性收取使用费，且不提供后续服务的，应当视同销售该项资产一次性确认收入；提供后续服务的，应在合同或协议规定的有效期内分期确认收入。如果合同或协议规定分期收取使用费的，应按合同或协议规定的收款时间和金额或规定的收费方法计算确定的金额分期确认收入。

二、让渡资产使用权收入的账务处理

企业让渡资产使用权的使用费收入，一般通过"其他业务收入"科目核算；所让渡资产计提的摊销额等，一般通过"其他业务成本"科目核算。

企业确认让渡资产使用权的使用费收入时，按确定的收入金额，借记"银行存款"、"应收账款"等科目，贷记"其他业务收入"科目。企业对所让渡资产计提摊销以及所发生的与让渡资产有关的支出等，借记"其他业务成本"科目，贷记"累计摊销"等科目。

【例13-23】　2012年1月11日，华厦公司向黎明公司转让某软件的使用权，一次性收取使用费80 000元，不提供后续服务。款项已经收回，存入工商银行。假定不考虑相关税

费。公司应作如下会计分录:

借:银行存款——工商银行　80 000
　　贷:其他业务收入　80 000

【例13-24】　2013年1月1日,华厦公司向海尔公司转让某专利权的使用权,协议约定转让期为5年,每年年末收取使用费250 000元。2013年该专利权计提的摊销额为150 000元。假定不考虑其他因素和相关税费。公司应作如下会计分录:

(1) 2013年年末确认使用费收入:

借:应收账款　250 000
　　贷:其他业务收入　250 000

(2) 2013年每月计提专利权摊销额:

借:其他业务成本　12 500
　　贷:累计摊销　12 500

【例13-25】　2012年3月14日,华厦公司向宝钢公司转让某商品的商标使用权,约定宝钢公司每年年末按年销售收入的10%支付使用费,使用期10年。第一年,宝钢公司实现销售收入1 500 000元;第二年,宝钢公司实现销售收入2 200 000元。假定公司均于每年年末收到使用费,不考虑相关税费。公司应作如下会计分录:

(1) 第一年年末确认使用费收入:

应确认的使用费收入=1 500 000×10%=150 000元

借:银行存款　150 000
　　贷:其他业务收入　150 000

(2) 第二年年末确认使用费收入:

应确认的使用费收入=2 200 000×10%=220 000元

借:银行存款　220 000
　　贷:其他业务收入　220 000

第四节　政府补助收入的会计处理

一、政府补助的概念和特征

政府补助是指企业从政府无偿取得货币性资产或非货币性资产,但不包括政府作为企业所有者投入的资本。其中,"政府"包括各级人民政府以及政府组成部门(如财政、卫生部门)、政府直属机构(如税务、环保部门)等。联合国、世界银行等类似国际组织,也视同为政府。

政府补助具有以下特征:

(一) 政府补助是无偿的

政府向企业提供补助属于非互惠交易,政府并不因此而享有企业的所有权,企业未来也不需要以提供服务、转让资产等方式偿还。无偿性是政府补助的基本特征。

(二) 政府补助通常附有条件

政府补助通常附有一定的条件,主要包括政策条件和使用条件。

1. 政策条件

政府补助是政府为了鼓励或扶持某个行业、区域或领域的发展而给予企业的一种财政支持,具有很强的政策性。因此,政府补助的政策条件(即申报条件)是不可缺少的。企业只有符合相关政府补助政策的规定,才有资格申报政府补助。符合政策规定的,不一定都能够取得政府补助;不符合政策规定、不具备申报政府补助资格的,不能取得政府补助。例如,政府向企业提供的产业技术研究与开发资金补助,其政策条件为企业申报的产品或技术必须是符合国家产业政策的新产品、新技术。

2. 使用条件

企业已获批准取得政府补助的,应当按照政府相关文件等规定的用途使用政府补助。否则,政府有权按规定责令其改正、终止资金拨付,甚至收回已拨付的资金。例如,企业从政府无偿取得的农业产业化资金,必须用于相关政策文件中规定的农业产业化项目。

(三) 政府补助不包括政府的资本性投入

政府如以企业所有者身份向企业投入资本,享有企业相应的所有权,企业有义务向投资者分配利润,政府与企业之间是投资者与被投资者的关系,属于互惠交易。这与其他单位或个人对企业的投资在性质上是一致的。财政投入的投资补助等专项拨款中,相关政策明确规定作为"资本公积"处理的部分,也属于资本性投入的性质。政府的资本性投入无论采用何种形式,均不属于政府补助的范畴。

例如,按照规定,科技型中小企业技术创新基金对少数起点高、具有较广创新内涵、较高创新水平并有后续创新潜力、预计投产后具有较大市场需求、有望形成新兴产业的项目,可以采用资本金投入方式,这里的"资本金投入"就不属于政府补助的范畴。

此外,政府代第三方支付非企业的款项,对于收款企业而言不属于政府补助,因为这项收入不是企业无偿取得的。例如,政府代农民交付供货企业的农机具购买资金,属于供货企业的产品销售收入,不属于政府补助。

二、政府补助的主要形式

政府补助通常为货币性资产形式,最常见的就是通过银行转账的方式;但由于历史原因也存在无偿划拨非货币性资产的情况,随着市场经济的逐步完善,这种情况已经趋于消失。

(一) 财政拨款

财政拨款是政府为了支持企业而无偿拨付的款项。为了体现财政拨款的政策引导作用,这类拨款通常具有严格的政策条件,只有符合申报条件的企业才能申请拨款;同时附有明确的使用条件,政府在批准拨款时就规定了资金的具体用途。

财政拨款可以是事前支付,也可以是事后支付。前者是指符合申报条件的企业,经申请取得拨款之后,将拨款用于规定用途或其他用途。比如,符合申请科技型中小企业技术创新基金的企业,取得拨付资金后,用于购买设备等规定用途。后者是指符合申报条件的企业,从事相关活动、发生相关费用之后,再向政府部门申请拨款。例如,为支持中小企业参与国际竞争,政府给予中小企业的国际市场开拓资金可以采用事后支付的方式,企业完成开拓市场活动(如举办或参加境外展览会等)后,根据政府批复的支持金额获得资助资金。

(二) 财政贴息

财政贴息是指政府为支持特定领域或区域发展,根据国家宏观经济形势和政策目标,对承贷企业的银行贷款利息给予的补贴。财政贴息的补贴对象通常是符合申报条件的某类项目,例如农业化项目、中小企业技术创新项目等。贴息项目通常是综合性项目,包括设备购置、人员培训、研发费用、人员开支、购买服务等;也可以是单向的,比如仅限于固定资产贷款项目。

目前,财政贴息主要有两种方式。一是财政将贴息资金直接支付给受益企业。例如,政府为支持中小企业专业化发展,对中小企业以银行贷款为主投资的项目提供的贷款贴息。二是财政将贴息资金直接拨付贷款银行,由贷款银行以低于市场利率的政策性优惠利率向企业提供贷款。例如,某些扶贫资金,由农行系统发放贴息贷款,财政部与农业银行总行结算贴息资金,承贷企业按照实际发生的利率计算和确认利息费用。

(三) 税收返还

税收返还是政府向企业返还的税款,属于以税收优惠形式给予的一种政府补助。税收返还主要包括先征后返的所得税和先征后退、即征即退的流转税,其中,流转税包括增值税、消费税和营业税等。实务中,还存在税收奖励的情况,若采用先据实征收、再以现金返还的方式,在本质上也属于税收返还。

除了税收返还之外,税收优惠还包括直接减征、免征、增加计税抵扣额、抵免部分税额等形式。这类税收优惠体现了政府导向,但政府并未直接向企业无偿提供资产,因此不作为企业会计准则规范的政府补助处理。

三、与资产相关的政府补助的账务处理

与资产相关的政府补助,是指企业取得的、用于购建或以其他方式形成长期资产的政府补助。这类补助一般以银行转账的方式拨付,如政府拨付的用于企业购买无形资产的财政拨款、政府对企业用于建造固定资产的相关贷款给予的财政贴息等,应当在实际收到款项时按照到账的实际金额确认和计量。在很少的情况下,这类补助也可能表现为政府向企业无偿划拨长期非货币性资产,应当在实际取得资产并办妥相关受让手续时按照其公允价值确认和计量,公允价值不能可靠取得的,按照名义金额(即1元人民币)计量。

根据配比原则,企业取得与资产相关的政府补助,不能全额确认为当期收益,应当随着相关资产的使用逐渐计入以后各期的收益。也就是说与资产相关的政府补助应当确认为递延收益,然后自相关资产可供使用时起,在该项资产使用寿命期内平均分配,计入当期营业外收入。

这里需要说明两点:

(1) 递延收益分配的起点是"相关资产可供使用时",对于应计提折旧或摊销的长期资产,即为资产开始折旧或摊销的时点。

(2) 递延收益分配的终点是"资产使用寿命结束或资产被处置时(孰早)"。

相关资产在使用寿命结束前被处置(出售、转让、报废等),尚未分配的递延收益余额应当一次性转入资产处置当期的收益,不再予以递延。

【例13-26】 2012年2月,华厦公司需购置一台环保设备,预计价款为500万元,因资金不足,按相关规定向有关部门提出补助210万元的申请。2012年3月1日,政府批准了公司的申请并拨付公司210万元财政拨款(同日到账)。2012年4月30日,公司购入不需安装环保设备,实际成本为480万元,使用寿命10年,采用直线法计提折旧,无残值。2020年4月,公司出售了这台设备,取得价款120万元,假定不考虑其他因素。公司应作如下会计分录:

(1) 2012年3月1日实际收到财政拨款,确认政府补助:
借:银行存款　2 100 000
　　贷:递延收益　2 100 000

(2) 2012年4月30日购入设备:
借:固定资产　4 800 000
　　贷:银行存款　4 800 000

(3) 自2012年5月起每个资产负债表日(月末)计提折旧,同时分摊递延收益:
① 计提折旧:
借:管理费用　40 000(4 800 000÷10÷12)
　　贷:累计折旧　40 000
② 分摊递延收益(月末):
借:递延收益　17 500(2 100 000÷10÷12)
　　贷:营业外收入　17 500

(4) 2020年4月出售设备,同时转销递延收益余额:
① 出售设备:
借:固定资产清理　960 000
　　累计折旧　3 840 000(4 800 000÷10×8)
　　贷:固定资产　4 800 000
借:银行存款　1 200 000
　　贷:固定资产清理　960 000
　　　　营业外收入　240 000
② 转销递延收益余额:
借:递延收益　420 000(2 100 000÷10×2)
　　贷:营业外收入　420 000

【例13-27】 2011年1月1日,华厦公司为建造一项环保工程向银行贷款500万元,期限1.5年,年利率6%。当年12月31日,公司向当地政府提出财政贴息申请。经审核,当地政府批准按照实际贷款额500万元给予华厦公司年利率3%的财政贴息,共计30万元,分两次支付。2012年1月15日,第一笔财政贴息资金12万元到账。2012年7月1日,工程完工,第二笔财政贴息资金18万元到账。该工程预计使用寿命10年。公司应作如下会计分录:

(1) 2012年1月15日实际收到财政贴息,确认政府补助:

借:银行存款　120 000
　　贷:递延收益　120 000
(2) 2012年7月1日实际收到财政贴息,确认政府补助:
借:银行存款　180 000
　　贷:递延收益　180 000
(3) 2012年7月1日工程完工,开始分配递延收益,自2012年7月1日起,每个月资产负债表日:
借:递延收益　2 500
　　贷:营业外收入　2 500(300 000÷10÷12)

四、与收益相关的政府补助的账务处理

与收益相关的政府补助,是指除与资产相关的政府补助之外的政府补助。这类补助通常以银行转账的方式拨付,应当在实际收到款项时按照到账的实际金额确认和计量。比如,按照有关规定对企业先征后返的增值税,企业应当在实际收到返还的增值税税款时将其确认为收益,而不应当在确认应付增值税时确认应收税收返还款。只有存在确凿证据表明该项补助是按照固定的定额标准拨付的,才可以在这项补助成为应收款时予以确认并按照应收的金额计量。例如,按储备量和补助定额计算及拨付给企业的储备量存储费用补贴,可以按照实际储备量和补贴定额计算应收政府补助款。

与收益相关的政府补助应当在其补偿的相关费用或损失发生的期间计入当期损益,即:用于补偿企业以后期间的相关费用或损失的,在取得时先确认为递延收益,然后在确认相关费用的期间计入当期营业外收入;用于补偿企业已发生的相关费用或损失的,取得时直接计入当期营业外收入。

在有些情况下,企业可能不容易分清与收益相关的政府补助是用于补偿已发生费用,还是用于补偿以后将发生的费用。根据重要性原则,企业通常可以将与收益相关的政府补助直接计入当期营业外收入,对于金额较大的补助,可以分期计入营业外收入。

【例13-28】华厦公司生产一种先进的模具产品,按照国家相关规定,该企业的这种产品适用增值税先征后返政策,即先按规定征收增值税,然后按实际缴纳增值税税额返还70%。2012年1月,公司实际缴纳增值税税额120万元。2012年2月,实际收到返还的增值税税额84万元。公司应作如下会计分录:
借:银行存款　840 000
　　贷:营业外收入　840 000

【例13-29】华厦公司为一家粮食储备企业,2012年实际粮食储备量1亿斤。根据国家有关规定,财政部门按照企业的实际储备量给予每斤0.039元/季的粮食保管费补贴,于每个季度初支付。公司应作如下会计分录:
(1) 2012年1月,公司收到财政拨付的补贴款时:
借:银行存款　3 900 000
　　贷:递延收益　3 900 000
(2) 2012年1月,将补偿1月份保管费的补贴计入当期收益:
借:递延收益　1 300 000

贷：营业外收入　1 300 000

【例13-30】 按照相关规定,粮食储备企业需要根据有关主管部门每季度下达的轮换计划出售陈粮,同时购入新粮。为弥补粮食储备企业发生的轮换费用,财政部门按照轮换计划中规定的轮换量支付给企业0.02元/斤的轮换费补贴。假设按照轮换计划,公司需要在2012年第一季度轮换储备粮1.2亿斤,款项尚未收到。公司应作如下会计分录：

(1) 2012年1月,计算和确认其他应收款：

借：其他应收款　（120 000 000×0.02）　2 400 000
　　贷：递延收益　2 400 000

(2) 2012年1月,将补偿1月份轮换费补贴计入当期收益：

借：递延收益　800 000
　　贷：营业外收入　800 000

(2012年2月和3月的会计分录同上)

【例13-31】 2012年3月,华夏公司为储备国家粮食从国家农业发展银行贷款2 000万元,同期银行贷款利率为6%。自2012年4月开始,财政部门于每季度初,按照公司的实际贷款额和贷款利率拨付公司贷款利息,公司收到财政部门拨付的贷款利息后再支付给银行。公司应作如下会计分录：

(1) 2012年4月,实际收到财政贴息时：

借：银行存款　300 000
　　贷：递延收益　300 000

(2) 将补偿2012年4月份利息费用的补贴计入当期收益：

借：递延收益　100 000
　　贷：营业外收入　100 000

(2012年5月和6月的会计分录同上)

五、与资产和收益均相关的政府补助的账务处理

政府补助的对象常常是综合性项目,可能既包括设备等长期资产的购置,也包括人工费、购买服务费、管理费等费用化支出的补偿,这种政府补助与资产和收益均相关。

以研发补贴为例,大部分研发补贴的对象是符合政策规定的特定研发项目,企业取得补贴后可以用于购置该研发项目所需的设备,或者购买试剂、支付劳务费等。例如,集成电路产业研究与开发专项资金的补贴内容包括：①人工费,含集成电路人才培养、引进和奖励费；②专用仪器及设备费；③专门用于研发活动的咨询和等效服务费用；④因研发活动而直接发生的如材料、供应品等日常费用；⑤因研发活动而直接发生的间接支出；⑥为管理研发资金而发生的必要费用。

企业取得这类政府补助时,需要将其分解为与资产相关的部分和与收益相关的部分,分别进行会计处理。但在实务中,政府常常只补贴整个项目开支的一部分,企业可能确实难以区分某项政府补助中哪些与资产相关、哪些与收益相关,或者对其进行划分不符合重要性原则或成本效益原则。这种情况下,企业可以将整项政府补助归类为与收益相关的政府补助,视情况不同计入当期损益,或者在项目期内分期确认当期收益。

【例13-32】 华夏公司2012年12月申请某国家级研发补贴。申报书中的有关内容如

下:本公司于2012年1月启动数字印刷技术开发项目,预计总投资360万元,为期3年,已投入资金120万元。项目还需新增投资240万元,其中,购置固定资产80万元、场地租赁费40万元、人工费100万元、市场营销费20万元。计划自筹资金120万元,申请财政拨款120万元。

2013年1月1日,主管部门批准了公司的申报,签订的补贴协议规定:批准公司补贴申请,共补贴款项120万元,分两次拨付。合同签订日拨付60万元,结项验收时支付60万元,若不能通过验收,则不支付第二笔款项。公司应作如下会计分录:

(1) 2013年1月1日,实际收到拨款:

借:银行存款　600 000
　　贷:递延收益　600 000

(2) 自2013年1月1日至2014年1月1日,每个资产负债表日,分配递延收益:

借:递延收益　300 000
　　贷:营业外收入　300 000

(3) 2014年年末通过验收,收到拨款:

借:银行存款　600 000
　　贷:营业外收入　600 000

第十四章

费 用

费用是指企业在日常活动中发生的、会导致所有者权益减少的、与向所有者分配利润无关的经济利益的总流出。

费用包括企业日常活动所产生的经济利益的总流出,主要指企业为取得营业收入进行产品销售等营业活动所发生的企业货币资金的流出,具体包括成本费用和期间费用。企业为生产产品、提供劳务等发生的可归属于产品成本、劳务成本等的费用,应当在确认销售商品收入、提供劳务收入等时,将已销售商品、已提供劳务的成本等计入当期损益。成本费用包括主营业务成本、其他业务成本、营业税金及附加等。期间费用是指企业日常活动发生的不能计入特定核算对象的成本,而应计入发生当期损益的费用。期间费用发生时直接计入当期损益。期间费用包括销售费用、管理费用和财务费用。

第一节 营业成本的会计处理

营业成本是指企业为生产产品、提供劳务等发生的可归属于产品成本、劳务成本等的费用,应当在确认销售商品收入、提供劳务收入等时,将已销售商品、已提供劳务的成本等计入当期损益。营业成本包括主营业务成本和其他业务成本。

一、主营业务成本的处理

主营业务成本是指企业销售商品、提供劳务等经常性活动所发生的成本。企业一般在确认销售商品、提供劳务等主营业务收入时,或在月末,将已销售商品、已提供劳务的成本转入主营业务成本。主营业务成本按主营业务的种类进行明细核算,期末,将主营业务成本的余额转入"本年利润"科目,结转后本科目无余额。

【例14-1】 2012年1月20日,华夏公司向长城公司销售一批产品,开出的增值税专用发票上注明售价为500 000元,增值税税额为85 000元;华夏公司已收到长城公司支付的货款585 000元,并将提货单送交长城公司;该批产品成本为390 000元。公司应作如下会计分录:

(1)销售实现时:
借:银行存款　585 000
　　贷:主营业务收入　500 000
　　　　应交税费——应交增值税(销项税额)　85 000
借:主营业务成本　390 000
　　贷:库存商品　390 000

(2)期末结转损益:

借:本年利润 390 000
　　贷:主营业务成本 390 000

【例14-2】 2012年3月10日,华厦公司销售甲产品1 000件,单价1 200元,单位成本1 000元,增值税专用发票上注明售价1 200 000元,增值税税额204 000元,购货方尚未付款,销售成立。当月25日,因产品质量问题购货方退货。公司应作如下会计分录:

(1) 销售产品时:

借:应收账款 1 404 000
　　贷:主营业务收入 1 200 000
　　　　应交税费——应交增值税(销项税额) 204 000
借:主营业务成本 1 000 000
　　贷:库存商品——甲产品 1 000 000

(2) 销售返回时:

借:主营业务收入 1 200 000
　　应交税费——应交增值税(销项税额) 204 000
　　贷:应收账款 1 404 000
借:库存商品——甲产品 1 000 000
　　贷:主营业务成本 1 000 000

【例14-3】 2012年3月末,华厦公司计算已销售的甲、乙、丙三种产品的实际成本,分别为100 000元、200 000元和250 000元。该公司月末结转已销甲、乙、丙产品成本。公司应作如下会计分录:

借:主营业务成本 550 000
　　贷:库存商品——甲产品 100 000
　　　　　　　　——乙产品 200 000
　　　　　　　　——丙产品 250 000

【例14-4】 铁建安装公司于2012年2月10日接受一项设备安装任务,该任务可一次完成,合同总价款为80 000元,实际发生安装成本60 000元。假定安装业务属于该公司的主营业务,该公司在安装完成时收到款项,不考虑相关税费。铁建公司应作如下会计分录:

借:银行存款 80 000
　　贷:主营业务收入 80 000
借:主营业务成本 60 000
　　贷:银行存款等 60 000

若上述安装任务需花费一段时间(不超过会计当期)才能完成,则应在发生劳务相关支出时,先计入"劳务成本"科目,安装任务完成时再转入"主营业务成本"科目,假如第一次发生劳务支出20 000元。公司应作如下会计分录:

(1) 第一次发生劳务支出时:

借:劳务成本 20 000
　　贷:银行存款等 20 000

(2) 确认提供劳务的收入并结转成本时:

借:银行存款 80 000

贷：主营业务收入　80 000
　借：主营业务成本　60 000
　　贷：劳务成本　60 000
（3）期末，将主营业务成本结转本年利润：
　借：本年利润　60 000
　　贷：主营业务成本　60 000

【例14-5】　2012年3月2日，华厦公司向河北公司销售一批商品，开出的增值税专用发票上注明的销售价格为40 000元，增值税税额为6 800元，款项尚未收到；这批商品的成本为30 000元。河北公司收到商品后，经过验收发现，该批商品存在一定的质量问题，外观存在一定的瑕疵，但基本上不影响使用，因此，河北公司要求公司在价格上（含增值税税额）给予一定的折让，折让率10%，公司表示同意。假定公司已经确认收入，与销售折让有关的增值税税额税务机关允许扣减，销售折让也不属于资产负债表日后事项。公司应作如下会计分录：

（1）2012年3月2日销售收入实现时：
　借：应收账款　46 800
　　贷：主营业务收入　40 000
　　　　应交税费——应交增值税（销项税额）　6 800
　借：主营业务成本　30 000
　　贷：库存商品　30 000

（2）发生销售折让时：

　　　　计算折让的收入金额＝40 000×10%＝4 000元
　　　　折让的增值税税额＝4 000×17%＝680元
　　　　合计冲减应收账款额＝4 000+680＝4 680元

　借：主营业务收入　4 000
　　　应交税费——应交增值税（销项税额）　680
　　贷：应收账款　4 680
　或：
　借：应收账款　4 680
　　贷：主营业务收入　4 000
　　　　应交税费——应交增值税（销项税额）　680

（3）收到款项时：

　　　　收到金额＝46 800−4 680＝42 120元

　借：银行存款　42 120
　　贷：应收账款　42 120

二、其他业务成本的账务处理

其他业务成本是指企业确认的除主营业务活动以外的其他经营活动所发生的支出。

其他业务成本包括销售材料的成本、出租固定资产的折旧额、出租无形资产的摊销额、出租包装物的成本或摊销额等。本科目按其他业务成本的种类进行明细核算。期末,本科目余额转入"本年利润"科目,结转后本科目无余额。

【例14-6】 2012年5月2日,华厦公司销售一批原材料,开具的增值税专用发票上注明的售价为70 000元,增值税税额为11 900元,款项已由银行收妥。该批原材料的实际成本为60 000元。公司应作如下会计分录:

(1) 销售实现时:

借:银行存款　81 900
　　贷:其他业务收入　70 000
　　　　应交税费——应交增值税(销项税额)　11 900
借:其他业务成本　60 000
　　贷:原材料　60 000

(2) 期末结转成本到本年利润:

借:本年利润　60 000
　　贷:其他业务成本　60 000

【例14-7】 2012年1月1日,华厦公司将自行开发完成的非专利技术出租给另一家公司,该非专利技术成本为360 000元,双方约定的租赁期限为10年。公司应作如下会计分录:

$$公司每月应摊销 = 360\,000 \div 10 \div 12 = 3\,000\,元$$

(1) 每月摊销时:

借:其他业务成本　3 000
　　贷:累计摊销　3 000

(2) 期末结转成本到本年利润:

借:本年利润　3 000
　　贷:其他业务成本　3 000

【例14-8】 2012年11月22日,华厦公司销售商品领用单独计价的包装物成本90 000元,增值税专用发票上注明销售收入120 000元,增值税税额为20 400元,款项已存入银行。假设不考虑材料成本差异。公司应作如下会计分录:

(1) 出售包装物时:

借:银行存款　140 400
　　贷:其他业务收入　120 000
　　　　应交税费——应交增值税(销项税额)　20 400

(2) 结转出售包装物成本:

借:其他业务成本　90 000
　　贷:周转材料——包装物　90 000

(3) 期末结转本年利润:

借:本年利润　90 000
　　贷:其他业务成本　90 000

【例 14-9】 2012 年 5 月 11 日,华厦公司出租一幢办公楼给宏伟公司使用,已确认为投资性房地产,采用成本模式进行后续计量。假设出租的办公楼成本为 4 800 万元,按直线法计提折旧,使用寿命为 40 年,预计净残值为零。按照合同规定,宏伟公司按月支付公司租金。公司应作如下会计分录:

计算每月应计提的折旧额＝48 000 000÷40÷12＝10 万元

借:其他业务成本　100 000
　　贷:投资性房地产累计折旧　100 000

第二节　营业税金及附加的会计处理

一、营业税金及附加概述

营业税金及附加是指企业经营活动应负担的相关税费。包括营业税、消费税、城市维护建设税、教育费附加和资源税等。

营业税是对提供应税劳务、转让无形资产或销售不动产所征收的一种税。其中,应税劳务是指交通运输、建筑安装、金融保险、邮电通讯、旅游服务和文化娱乐业所提供的劳务;转让无形资产是指转让无形资产的所有权或使用权;销售不动产是指非房产单位有偿转让不动产的所有权和使用权,以及将不动产无偿赠与他人的行为。

消费税是对生产、委托加工及进口应税消费品(主要指烟、酒、化妆品、高档次及高能耗的消费品)征收的一种税。消费税的计税方法主要有从价定率、从量定额及从价定率和从量定额复合计税三种。从价定率是根据商品销售价格和规定的税率计算应交消费税;从量定额是根据商品销售数量和规定的单位税额计算应交的消费税;复合计税是两者的结合。

城市维护建设税(以下简称城建税)和教育费附加是对从事生产经营活动的单位和个人,以其实际缴纳的增值税、消费税、营业税为依据,按纳税人所在地适用的不同税率计算征收的一种税。

资源税是对在我国境内开采国家规定的矿产资源和生产用盐单位、个人征收的一种税,按应税数量和规定的单位税额计算。如开采石油、煤炭、天然气企业需按开采的数量计算缴纳资源税。

二、营业税金及附加的账务处理

设置"营业税金及附加"科目核算企业经营活动应负担的相关税费。包括营业税、消费税、城市维护建设税、教育费附加和资源税等。该科目核算企业经营活动发生的营业税、消费税、城市维护建设税、资源税和教育费附加等相关税费。房产税、车船使用税、土地使用税、印花税在"管理费用"科目核算,但与投资性房地产相关的房产税、土地使用税在本科目核算。企业按规定计算确定的与经营活动相关的税费,借记本科目,贷记"应交税费"科目。期末,应将本科目余额转入"本年利润"科目,结转后本科目无余额。

【例 14-10】 2012 年 2 月 1 日,华厦公司取得应纳消费税的销售商品收入 5 000 000 元,该产品适用的消费税税率为 5%。公司应作如下会计分录:

(1) 计算应交消费税额：

$$消费税额 = 5\,000\,000 \times 5\% = 250\,000 元$$

借：营业税金及附加　250 000
　　贷：应交税费——应交消费税　250 000

(2) 交纳消费税时：

借：应交税费——应交消费税　250 000
　　贷：银行存款　250 000

【例 14-11】　2012 年 1 月 1 日，华厦公司对外提供运输业务，获得劳务收入 400 000 元，营业税税率 5%，款项已存入银行。公司应作如下会计分录：

(1) 收到款项时：

借：银行存款　400 000
　　贷：主营业务收入　400 000

(2) 计算应交营业税：

$$营业税额 = 400\,000 \times 5\% = 20\,000 元$$

借：营业税金及附加　20 000
　　贷：应交税费——应交营业税　20 000

(3) 交纳营业税时：

借：应交税费——应交营业税　20 000
　　贷：银行存款　20 000

【例 14-12】　2012 年 4 月，华厦公司当月实际应交增值税为 500 000 元，应交消费税 50 000 元，应交营业税为 10 000 元，城建税税率 7%，教育费附加 3%。公司应作如下会计分录：

(1) 计算应交城建税和教育费附加时：

$$计算城建税 = (500\,000 + 50\,000 + 10\,000) \times 7\% = 39\,200 元$$

$$教育费附加 = (500\,000 + 50\,000 + 10\,000) \times 3\% = 16\,800 元$$

借：营业税金及附加　56 000
　　贷：应交税费——应交城建税　39 200
　　　　　　　　——应交教育费附加　16 800

(2) 实际缴纳城建税和教育费附加时：

借：应交税费——应交城建税　39 200
　　　　　　——应交教育费附加　16 800
　　贷：银行存款　56 000

第三节　期间费用的会计处理

一、期间费用概述

期间费用是指企业日常活动发生的不能计入特定核算对象的成本，而应计入发生当期损益的费用。

期间费用包含以下两种情况:一是企业发生的支出不产生经济利益,或者即使产生经济利益但不符合或者不再符合资产确认条件的,应当在发生时确认为费用,计入当期损益。二是企业发生的交易或者事项导致其承担了一项负债,而又不确认为一项资产的,应当在发生时确认为费用计入当期损益。

期间费用是企业日常活动中所发生的经济利益的流出。之所以不计入一定的成本核算对象,主要是因为期间费用是为组织和管理企业整个经营活动所发生的费用,与可以确定一定成本核算对象的材料采购、产成品生产等支出没有直接关系,因而期间费用不计入有关核算对象的成本,而是直接计入当期损益。

二、期间费用的账务处理

期间费用包括销售费用、管理费用和财务费用。

(一)销售费用

销售费用是指企业销售商品和材料、提供劳务的过程中发生的各种费用,包括保险费、包装费、展览费和广告费、商品维修费、预计产品质量保证损失、运输费、装卸费等以及为销售本企业商品而专设的销售机构(含销售网点、售后服务网点等)的职工薪酬、业务费、折旧费等经营费用。企业发生的与专设销售机构相关的固定资产修理费用等后续支出属于销售费用。

销售费用是与企业销售商品活动有关的费用,但不包括销售商品本身的成本和劳务成本。销售商品的成本属于"主营业务成本",提供劳务的成本属于"劳务成本"。

企业应通过"销售费用"科目,核算销售费用的发生和结转情况。该科目借方登记企业所发生的各项销售费用,贷方登记期末转入"本年利润"科目的销售费用,结转后该科目应无余额。该科目应按销售费用的费用项目进行明细核算。

【例14-13】 2012年3月1日,华厦公司为宣传新产品发生广告费70 000元,用银行存款支付。公司应作如下会计分录:

借:销售费用——广告费　70 000
　　贷:银行存款　70 000

【例14-14】 2012年8月,华厦公司销售部共发生费用400 000元,其中:销售人员薪酬200 000元,销售部专用办公设备折旧费80 000元,以银行存款支付业务费120 000元。公司应作如下会计分录:

借:销售费用　400 000
　　贷:应付职工薪酬　200 000
　　　　累计折旧　80 000
　　　　银行存款　120 000

【例14-15】 2012年1月12日,华厦公司销售一批产品,销售过程中发生运输费5 000元、装卸费2 000元,均用银行存款支付。公司应作如下会计分录:

借:销售费用——运输费　5 000
　　　　　　——装卸费　2 000

　　　　贷：银行存款　7 000

　　【例14-16】 2012年3月1日,华厦公司用银行存款支付产品保险费25 000元。公司应作如下会计分录：

　　　　借：销售费用——保险费　25 000
　　　　　　贷：银行存款　25 000

　　【例14-17】 2012年3月31日,华厦公司计算出本月应付给为销售本企业商品而专设的销售机构的职工工资总额为80 000元。公司应作如下会计分录：

　　　　借：销售费用——工资　80 000
　　　　　　贷：应付职工薪酬　80 000

　　【例14-18】 2012年3月31日,华厦公司按专设销售机构的职工工资总额提取当月职工福利费20 000元。公司应作如下会计分录：

　　　　借：销售费用——职工福利　20 000
　　　　　　贷：应付职工薪酬　20 000

　　【例14-19】 2012年3月31日,华厦公司计算出当月专设销售机构使用房屋应提取的折旧18 800元。公司应作如下会计分录：

　　　　借：销售费用——折旧费　18 800
　　　　　　贷：累计折旧　18 800

　　【例14-20】 2012年3月31日,华厦公司将本月"销售费用"科目余额257 800元,结转到"本年利润"科目。公司应作如下会计分录：

　　　　借：本年利润　257 800
　　　　　　贷：销售费用　257 800

（二）管理费用

　　管理费用是指企业为组织和管理企业生产经营发生的各种费用,包括企业董事会和行政管理部门在企业的经营管理中发生的,或者应由企业统一负担的公司经费（包括行政管理部门职工工资、修理费、物料消耗、低值易耗品摊销、办公费和差旅费等）、工会经费、待业保险费、劳动保险费、董事会会费（包括董事会成员津贴、会议费和差旅费等）、聘请中介机构费、咨询费（含顾问费）、诉讼费、业务招待费、房产税、车船税、土地使用税、印花税、技术转让费、矿产资源补偿费、研究费用、排污费以及企业生产车间和行政管理部门发生的固定资产修理费用等。

　　企业应通过"管理费用"科目,核算管理费用的发生和结转情况。该科目借方登记企业发生的各项管理费用,贷方登记期末转入"本年利润"科目的管理费用,结转后该科目应无余额。该科目按管理费用的费用项目进行明细核算。

　　【例14-21】 2012年7月22日,华厦公司为拓展产品销售市场发生业务招待费70 000元,用银行存款支付。公司应作如下会计分录：

　　　　借：管理费用——业务招待费　70 000
　　　　　　贷：银行存款　70 000

　　【例14-22】 2012年4月5日,华厦公司就一项产品的设计方案向有关专家进行咨询,以现金支付咨询费20 000元。公司应作如下会计分录：

借:管理费用——咨询费 20 000
　　贷:库存现金 20 000

【例 14-23】 2012 年 9 月,华厦公司行政部共发生费用 250 000 元,其中:行政人员薪酬 150 000 元,行政部专用办公设备折旧费 45 000 元,报销行政人员差旅费 31 000 元(假定报销人员均未预借差旅费),其他办公水电费 24 000 元(用银行存款支付)。公司应作如下会计分录:

借:管理费用 250 000
　　贷:应付职工薪酬 150 000
　　　　累计折旧 45 000
　　　　库存现金 31 000
　　　　银行存款 24 000

【例 14-24】 2012 年 12 月 31 日,华厦公司将"管理费用"科目余额 340 000 元转入"本年利润"科目。公司应作如下会计分录:

借:本年利润 340 000
　　贷:管理费用 340 000

(三) 财务费用

财务费用是指企业为筹集生产经营所需资金等而发生的筹资费用,包括利息支出(减利息收入)、汇兑损益以及相关的手续费、企业发生或收到的现金折扣等。

企业应通过"财务费用"科目,核算财务费用的发生和结转情况。该科目借方登记企业发生的各项财务费用,贷方登记期末转入"本年利润"科目的财务费用。结转后该科目应无余额。该科目应按财务费用的费用项目进行明细核算。

【例 14-25】 2012 年 4 月 30 日,华厦公司用银行存款支付本月应负担的短期借款利息 14 000 元。公司应作如下会计分录:

借:财务费用——利息支出 14 000
　　贷:银行存款 14 000

【例 14-26】 2012 年 9 月 2 日,华厦公司用银行存款支付银行手续费 1 400 元。公司应作如下会计分录:

借:财务费用——手续费 1 400
　　贷:银行存款 1 400

【例 14-27】 2012 年 8 月 7 日,华厦公司在购买材料业务中,根据对方规定的现金折扣条件提前付款,获得对方给予的现金折扣 2 000 元。公司应作如下会计分录:

借:应付账款 2 000
　　贷:财务费用 2 000

【例 14-28】 2012 年 1 月 1 日,华厦公司向银行借入生产经营用短期借款 600 000 元,期限 6 个月,年利率 5%,该借款本金到期后一次归还,利息分月预提,按季支付。公司应作如下会计分录:

每月末,预提当月应计利息:600 000×5%÷12=2 500 元

借:财务费用——利息支出 2 500

贷：应付利息　　2 500

【例14-29】　2012年3月31日,华厦公司将"财务费用"科目余额19 900元结转到"本年利润"科目。公司应作如下会计分录：

　　借：本年利润　　19 900
　　　　贷：财务费用　　19 900

第十五章 利润

利润是指企业在一定会计期间的经营成果。利润包括收入减去费用后的净额、直接计入当期利润的利得和损失等。未计入当期利润的利得和损失扣除所得税影响后的净额计入其他综合收益项目。净利润与其他综合收益的合计金额为综合收益总额。利得是指由企业非日常活动所形成的、会导致所有者权益增加的、与所有者投入资本无关的经济利益的流入。损失是指由企业非日常活动所发生的、会导致所有者权益减少的、与向所有者分配利润无关的经济利益的流出。

与利润相关的计算公式主要如下：

（一）营业利润

营业利润＝营业收入－营业成本－营业税金及附加－销售费用－管理费用－财务费用－资产减值损失＋公允价值变动收益（－公允价值变动损失）＋投资收益（－投资损失）

营业收入＝主营业务收入＋其他业务收入

营业成本＝主营业务成本＋其他业务成本

期间费用＝销售费用＋管理费用＋财务费用

（二）利润总额

利润总额＝营业利润＋营业外收入－营业外支出

（三）净利润

净利润＝利润总额－所得税费用

第一节 营业外收支的会计处理

一、营业外收入的账务处理

（一）营业外收入核算的内容

营业外收入是指企业确认的与其日常活动无直接关系的各项利得。营业外收入并不是企业经营资金耗费所产生的，实际上是经济利益的净流入，不需要与有关的费用进行配比。营业外收入主要包括非流动资产处置利得、政府补助、盘盈利得、捐赠利得、非货币性资产交换利得、债务重组利得等。其中，非流动资产处置利得包括固定资产处置利得和无形资产出售利得。固定资产处置利得，指企业出售固定资产所取得价款，或报废固定资产的材料价值和变价收入等，扣除被处置固定资产的账面价值、清理费用、与处置相关的税费后的净收益；无形资产出售利得，指企业出售无形资产所取得价款，扣除被出售无形资产的账面价值、与出售相关的税费后的净收益。

政府补助，指企业从政府无偿取得货币性资产或非货币性资产形成的利得，不包括政府作为所有者对企业的资本投入。

盘盈利得，指企业对现金等资产清查盘点时发生盘盈，报经批准后计入营业外收入的金额。

捐赠利得，指企业接受捐赠产生的利益流入。

（二）营业外收入的会计处理

企业应通过"营业外收入"科目，核算营业外收入的取得及结转情况。该科目可按营业外收入项目进行明细核算。

1. 企业确认处置非流动资产利得

借记"固定资产清理"、"银行存款"、"待处理财产损益"、"无形资产"、"原材料"等科目，贷记"营业外收入"科目。

【例 15-1】 2012 年 12 月 31 日，华夏公司将固定资产报废清理的净收益 18 000 元转作营业外收入。公司应作如下会计分录：

借：固定资产清理　18 000
　　贷：营业外收入——非流动资产处置利得　18 000

2. 确认政府补助利得

（1）与资产相关的政府补助

是企业取得的、用于购建或以其他方式形成长期资产的政府补助。确认与资产相关的政府补助，借记"银行存款"等科目，贷记"递延收益"科目，分配递延收益时，借记"递延收益"科目，贷记"营业外收入"科目。

根据配比原则，企业取得与资产相关的政府补助，不能全额确认为当期收益，应当随着相关资产的使用逐渐计入以后各期的收益。也就是说，收到与资产相关的政府补助应当确认为递延收益，然后自长期资产可供使用时起，按照长期资产的预计使用期限，将递延收益平均分摊入当期损益，计入营业外收入。

【例 15-2】 2009 年 1 月 1 日，财政局拨付华夏公司 6 000 000 元补助款（同日到账），用于购买环保设备 1 台，并规定若有结余，留归企业自行支配。2009 年 2 月 28 日，该企业购入 1 台环保设备（假定从 2009 年 3 月 1 日开始使用，不考虑安装费用），购置设备的实际成本为 5 400 000 元，使用寿命为 5 年，直线法计提折旧，2012 年 2 月 29 日，公司出售了这台设备。公司应作如下会计分录：

① 2009 年 1 月 1 日收到财政拨款，确认政府补助：

借：银行存款　6 000 000
　　贷：递延收益　6 000 000

② 2009 年 2 月 28 日购入设备：

借：固定资产　5 400 000
　　贷：银行存款　5 400 000

③ 该项固定资产使用期间折旧处理：

每月应计提折旧＝5 400 000/5/12＝90 000元

每月应分配递延收益＝6 000 000/5/12＝100 000元

借:制造费用　90 000
　　贷:累计折旧　90 000
借:递延收益　100 000
　　贷:营业外收入　100 000

④ 2012年2月29日出售该设备时:

已计提折旧数额＝90 000×(10＋12＋12＋2)＝3 240 000元

借:固定资产清理　2 160 000
　　累计折旧　3 240 000
　　贷:固定资产　5 400 000
借:营业外支出　2 160 000
　　贷:固定资产清理　2 160 000

已分配递延收益＝100 000×(10＋12＋12＋2)＝3 600 000元

尚未分配的递延收益＝6 000 000－3 600 000＝2 400 000元

将尚未分配的递延收益直接转入当期损益:

借:递延收益　2 400 000
　　贷:营业外收入　2 400 000

(2) 与收益相关的政府补助

是指除与资产相关的政府补助之外的政府补助。

企业确认与收益相关的政府补助,借记"银行存款"等科目,贷记"营业外收入"科目,或通过"递延收益"科目分期计入当期损益。

【例15-3】 2012年2月28日,华厦公司完成政府下达的技能培训任务,收到财政补助资金450 000元。公司应作如下会计分录:

借:银行存款　450 000
　　贷:营业外收入　450 000

【例15-4】 华厦集团为一家农业产业化龙头企业,享受银行贷款月利率0.6％的地方财政贴息补助。2012年1月,从国家农业发展银行获半年期贷款10 000 000元,银行贷款月利率为0.6％,同时收到财政部门拨付的一季度贴息款90 000元。4月初又收到二季度的贴息款90 000元。公司应作如下会计分录:

① 2012年1月,实际收到财政贴息时:

借:银行存款　90 000
　　贷:递延收益　90 000

② 2012年1～3月,分别将补偿当月利息费用的补贴计入当期收益:

借:递延收益　30 000
　　贷:营业外收入　30 000

(2012年4～6月的会计分录与1～3月的相同)

3. 企业确认盘盈利得、捐赠利得

借记"库存现金"、"待处理财产损益"等科目,贷记"营业外收入"科目。

【例15-5】 2012年12月28日,华厦公司在现金清查中盘盈200元,按管理权限报经批准后转入营业外收入。公司应作如下会计分录:

(1) 发现盘盈时:

借:库存现金　200
　　贷:待处理财产损益——待处理流动资产损益　200

(2) 经批准转入营业外收入时:

借:待处理财产损益——待处理流动资产损益　200
　　贷:营业外收入　200

4. 期末的会计处理

应将"营业外收入"科目余额转入"本年利润"科目,借记"营业外收入"科目,贷记"本年利润"科目。结转后本科目应无余额。

【例15-6】 2012年2月29日,华厦公司本期营业外收入总额为2 800 000元,期末结转本年利润。公司应作如下会计分录:

借:营业外收入　2 800 000
　　贷:本年利润　2 800 000

二、营业外支出的账务处理

(一) 营业外支出的核算内容

营业外支出是指企业发生的与其日常活动无直接关系的各项损失,主要包括非流动资产处置损失、公益性捐赠支出、盘亏损失、罚款支出、非货币性资产交换损失、债务重组损失等。

其中,非流动资产处置损失包括固定资产处置损失和无形资产出售损失。固定资产处置损失,指企业出售固定资产所取得价款,或报废固定资产的材料价值和变价收入等,抵补处置固定资产的账面价值、清理费用、处置相关税费后的净损失;无形资产出售损失,指企业出售无形资产所取得价款,抵补出售无形资产的账面价值、出售相关税费后的净损失。

公益性捐赠支出,指企业对外进行公益性捐赠发生的支出。

盘亏损失,主要指对于财产清查盘点中盘亏的资产,查明原因并报经批准计入营业外支出的损失。

非常损失,指企业对于因客观因素(如自然灾害等)造成的损失,扣除保险公司赔偿后应计入营业外支出的净损失。

罚款支出,是指企业支付的行政罚款、税务罚款,以及其他违反法律法规、合同协议等而支付的罚款、违约金、赔偿金等支出。

(二) 营业外支出的会计处理

企业应通过"营业外支出"科目,核算营业外支出的发生及结转情况。该科目可按营业外支出项目进行明细核算。

1. 企业确认处置非流动资产损失

借记"营业外支出"科目,贷记"固定资产清理"、"无形资产"、"原材料"等科目。

【例 15-7】 2012年1月1日,华厦公司取得一项价值 2 000 000 元的非专利技术,出售时已累计摊销 100 000 元,未计提减值准备,出售时取得价款 1 900 000 元,应交的营业税为 100 000 元。不考虑其他因素。公司应作如下会计分录:

借:银行存款   1 900 000
    累计摊销   100 000
    营业外支出   100 000
    贷:无形资产   2 000 000
        应交税费——应交营业税   100 000

2. 确认盘亏、罚款支出

确认盘亏、罚款支出时,借记"营业外支出"科目,贷记"待处理财产损益"、"库存现金"等科目。

【例 15-8】 2012年2月28日,华厦公司发生 M7 原材料意外灾害损失 170 000 元,经批准全部转作营业外支出。不考虑相关税费。公司应作如下会计分录:

(1) 发生原材料意外灾害损失时:

借:待处理财产损益——待处理流动资产损益   170 000
    贷:原材料——M7 材料   170 000

(2) 批准处理时:

借:营业外支出——M7 材料损失   170 000
    贷:待处理财产损益——待处理流动资产损益   170 000

【例 15-9】 2012年4月28日,华厦公司用银行存款支付税款滞纳金 12 000 元。公司应作如下会计分录:

借:营业外支出   12 000
    贷:银行存款   12 000

3. 期末的会计处理

应将"营业外支出"科目余额转入"本年利润"科目,借记"本年利润"科目,贷记"营业外支出"科目。结转后本科目应无余额。

【例 15-10】 2012年7月28日,华厦公司本期营业外支出总额为 140 000 元,期末结转本年利润。公司应作如下会计分录:

借:本年利润   140 000
    贷:营业外支出   140 000

第二节 所得税费用的会计处理

企业的所得税费用包括当期所得税和递延所得税两个部分,其中,当期所得税是指当期应交所得税。

一、应交所得税的计算

应交所得税是指企业按照税法规定计算确定的针对当期发生的交易和事项,应交纳给税务部门的所得税金额,即当期应交所得税。应纳税所得额是在企业税前会计利润(即利

润总额)的基础上调整确定的,计算公式为:

$$应纳税所得额＝税前会计利润＋纳税调整增加额－纳税调整减少额$$

纳税调整增加额主要包括税法规定允许扣除项目中,企业已计入当期费用但超过税法规定扣除标准的金额(如超过税法规定标准的职工福利费、工会经费、职工教育经费、业务招待费、公益性捐赠支出、广告费和业务宣传费等),以及企业已计入当期损失但税法规定不允许扣除项目的金额(如税收滞纳金、罚金、罚款)。

纳税调整减少额主要包括按税法规定允许弥补的亏损和准予免税的项目,如前五年内未弥补亏损和国债利息收入等。企业当期所得税的计算公式为:

$$应交所得税＝应纳税所得额\times 所得税税率$$

【例 15-11】 华厦公司 2012 年度按企业会计准则计算的税前会计利润为 20 000 000 元,所得税税率为 25%。公司全年实发工资、薪金为 2 000 000 元,职工福利费 300 000 元,工会经费 50 000 元,职工教育经费 100 000 元;经查,公司当年营业外支出中有 120 000 元为税收滞纳罚金。假定公司全年无其他纳税调整因素。

税法规定,企业发生的合理的工资、薪金支出准予据实扣除;企业发生的职工福利费支出,不超过工资、薪金总额 14% 的部分准予扣除;企业拨缴的工会经费,不超过工资、薪金总额 2% 的部分准予扣除;除国务院财政、税务主管部门另有规定外,企业发生的职工教育经费支出,不超过工资、薪金总额 2.5% 的部分准予扣除,超过部分准予结转以后纳税年度扣除。

本例中,按税法规定,企业在计算当期应纳税所得额时,可以扣除工资、薪金支出 2 000 000 元,扣除职工福利费支出 280 000(2 000 000×14%)元,工会经费支出 40 000(2 000 000×2%)元,职工教育经费支出 50 000(2 000 000×2.5%)元。公司有两种纳税调整因素,一是已计入当期费用但超过税法规定标准的费用支出;二是已计入当期营业外支出但按税法规定不允许扣除的税收滞纳金。这两种因素均应调整增加应纳税所得额。公司当期所得税的计算如下:

$$纳税调整数＝(300\ 000-280\ 000)+(50\ 000-40\ 000)+$$
$$(100\ 000-50\ 000)+120\ 000=200\ 000 元$$
$$应纳税所得额＝20\ 000\ 000+200\ 000=20\ 200\ 000 元$$
$$当期应交所得税额＝20\ 200\ 000\times 25\%＝5\ 050\ 000 元$$

【例 15-12】 华厦公司 2012 年全年利润总额(即税前会计利润)为 10 000 000 元,其中包括本年收到的国债利息收入 200 000 元,所得税税率为 25%。假定公司全年无其他纳税调整因素。

按照税法的有关规定,企业购买国债的利息收入免交所得税,即在计算应纳税所得额时可将其扣除。公司当期所得税的计算如下:

$$应纳税所得额＝10\ 000\ 000-200\ 000=9\ 800\ 000 元$$
$$当期应交所得税额＝9\ 800\ 000\times 25\%＝2\ 450\ 000 元$$

二、所得税费用的账务处理

企业根据会计准则的规定,计算确定的当期所得税和递延所得税之和,即为应从当期利润总额中扣除的所得税费用。计算公式如下:

$$所得税费用＝当期所得税＋递延所得税$$

企业应通过"所得税费用"科目,核算企业所得税费用的确认及其结转情况。期末,应将"所得税费用"科目的余额转入"本年利润"科目,借记"本年利润"科目,贷记"所得税费用"科目,结转后本科目应无余额。

【例 15-13】 承例 15-11,华厦公司递延所得税负债年初数为 300 000 元,年末数为 500 000 元,递延所得税资产年初数为 350 000 元,年末数为 200 000 元。公司应作如下会计分录:

公司所得税费用的计算如下:

递延所得税＝(500 000－300 000)＋(350 000－200 000)＝350 000 元

所得税费用＝当期所得税＋递延所得税＝5 050 000＋350 000＝5 400 000 元

借:所得税费用　5 400 000
　　贷:应交税费——应交所得税　5 050 000
　　　　递延所得税负债　200 000
　　　　递延所得税资产　150 000

递延所得税资产是指企业按照税法的规定当期和以前期间已缴纳的企业所得税额,大于按照会计准则规定处理应缴纳的企业所得税额,这一差异在未来期间会计转回处理时,会减少未来期间按照会计准则处理确定的应纳税所得额和应缴所得税,对于企业来说是一项递延资产,称为递延所得税资产。

递延所得税负债是指企业按照企业所得税法的规定当期和以前期间已缴纳的企业所得税额,小于按照会计准则规定处理应缴纳的企业所得税额,这一差异在未来期间会计转回处理时会增加未来期间按照会计准则处理确定的应纳税所得额和应缴所得税,这对于企业来说是一项递延负债,称为递延所得税负债。

第三节　本年利润的会计处理

一、结转本年利润的方法

会计期末结转本年利润的方法有表结法和账结法两种。

(一)表结法

表结法下,各损益类科目每月月末只需结计出本月发生额和月末累计余额,不结转到"本年利润"科目,只有在年末时才将全年累计余额结转入"本年利润"科目。但每月月末要将损益类科目的本月发生额合计数填入利润表的本月数栏,同时将月末累计余额填入利润表的本年累计数栏,通过利润表计算反映各期的利润(或亏损)。用表结法时,年中损益类科目无需结转入"本年利润"科目,从而减少了转账环节和工作量,同时并不影响利润表的编制及有关损益指标的利用。

(二)账结法

账结法下,每月月末均需编制转账凭证,将在账上结计出的各损益类科目的余额结转入"本年利润"科目。结转后"本年利润"科目的本月余额反映当月实现的利润或发生的亏损,"本年利润"科目的本年余额反映本年累计实现的利润或发生的亏损。账结法在各月均可通过"本年利润"科目提供当月及本年累计的利润(或亏损)额,但增加了转账环节和工作量。

二、结转本年利润的账务处理

企业应设置"本年利润"科目,核算企业本年度实现的净利润(或发生的净亏损)。

会计期末,企业应将"主营业务收入"、"其他业务收入"、"营业外收入"等科目的余额分别转入"本年利润"科目的贷方,将"主营业务成本"、"其他业务成本"、"营业税金及附加"、"销售费用"、"管理费用"、"财务费用"、"资产减值损失"、"营业外支出"、"所得税费用"等科目的余额分别转入"本年利润"科目的借方。企业还应将"公允价值变动损益"、"投资收益"科目的净收益转入"本年利润"科目的贷方,将"公允价值变动损益"、"投资收益"科目的净损失转入"本年利润"科目的借方。结转后"本年利润"科目如为贷方余额,表示当年实现的净利润;如为借方余额,表示当年发生的净亏损。

年度终了,企业还应将"本年利润"科目的本年累计余额转入"利润分配——未分配利润"科目。如"本年利润"为贷方余额,借记"本年利润"科目,贷记"利润分配——未分配利润"科目;如为借方余额,作相反的会计分录。结转后"本年利润"科目应无余额。

【例15-14】 华厦公司2012年有关损益类科目的年末余额如表15-1所示(该企业采用表结法年末一次结转损益类科目,所得税税率为25%)。

表15-1 损益类科目的年末余额表　　　　　　　　　　　　　单位:元

科目名称	借或贷	结账前余额
主营业务收入	贷	5 200 000
其他业务收入	贷	600 000
公允价值变动损益	贷	250 000
投资收益	贷	60 000
营业外收入	贷	10 000
主营业务成本	借	3 200 000
其他业务成本	借	350 000
营业税金及附加	借	60 000
销售费用	借	420 000
管理费用	借	650 000
财务费用	借	180 000
资产减值损失	借	70 000
营业外支出	借	30 000

公司2012年年末结转本年利润,应编制如下会计分录:
(1) 将各损益类科目年末余额结转入"本年利润"科目
① 结转各项收入、利得类科目:
借:主营业务收入　5 200 000
　　营业外收入　10 000
　　其他业务收入　600 000
　　公允价值变动损益　250 000
　　投资收益　60 000
　　贷:本年利润　6 120 000
② 结转各项费用、损失类科目:
借:本年利润　4 960 000
　　贷:主营业务成本　3 200 000
　　　　其他业务成本　350 000
　　　　营业税金及附加　60 000
　　　　销售费用　420 000
　　　　管理费用　650 000
　　　　财务费用　180 000
　　　　资产减值损失　70 000
　　　　营业外支出　30 000
(2) 计算税前会计利润

经过上述结转后,"本年利润"科目的贷方发生额合计6 120 000元减去借方发生额合计4 960 000元即为税前会计利润1 160 000元。

(3) 考虑所得税纳税调整因素

假设公司2012年度不存在所得税纳税调整因素。

(4) 计算应交所得税

$$应交所得税 = 1\ 160\ 000 \times 25\% = 290\ 000\ 元$$

① 确认所得税费用:
借:所得税费用　290 000
　　贷:应交税费——应交所得税　290 000
② 将所得税费用结转入"本年利润"科目:
借:本年利润　290 000
　　贷:所得税费用　200 000
(5) 结转本年利润

将"本年利润"科目年末余额870 000(6 120 000－4 960 000－290 000)元转入"利润分配——未分配利润"科目:

借:本年利润　870 000
　　贷:利润分配——未分配利润　870 000

三、计提盈余公积及分配利润的账务处理

【例 15-15】 承例 15-14,2012 年 12 月 31 日,华厦公司按法定比例 10%计提盈余公积。公司应作如下会计分录:

借:利润分配——计提盈余公积(870 000×10%)　87 000
　　贷:盈余公积——法定公积金　87 000

【例 15-16】 承例 15-14,2012 年 12 月 31 日,华厦公司决定按本年盈利的 40%分配现金股利。公司应作如下会计分录:

借:利润分配——分配现金股利(870 000×40%)　348 000
　　贷:应付股利　348 000

【例 15-17】 承例 15-15、例 15-16,2012 年 12 月 31 日,华厦公司结转已计提的公积金和现金股利。公司应作如下会计分录:

借:利润分配——未分配利润　870 000
　　贷:利润分配——分配现金股利(870 000×40%)　348 000
　　　　利润分配——计提盈余公积(870 000×10%)　87 000

【例 15-18】 承例 15-17,2013 年 2 月 27 日,华厦公司以工商银行存款支付现金股利。公司应作如下会计分录:

借:应付股利　348 000
　　贷:银行存款——工商银行　348 000

第十六章
财务报告

第一节 财务报告概述

一、财务报告及其目标

财务报告是企业对外提供的反映企业某一特定日期的财务状况和某一会计期间的经营成果、现金流量等会计信息的文件。

财务会计报告包括会计报表及其附注和其他应当在财务会计报告中披露的相关信息和资料。会计报表至少应当包括资产负债表、利润表、现金流量表等报表。

小企业编制的会计报表可以不包括现金流量表。

企业应当编制财务会计报告。财务会计报告的目标是向财务会计报告使用者提供与企业财务状况、经营成果和现金流量等有关的会计信息,反映企业管理层受托责任履行情况,有助于财务会计报告使用者作出经济决策。

财务报告的目标,是向财务报告使用者提供与企业财务状况、经营成果和现金流量等有关的会计信息,反映企业管理层受托责任履行情况,有助于财务报告使用者作出经济决策。财务报告使用者通常包括投资者、债权人、政府及其有关部门和社会公众等。

二、财务报表的组成

财务报表是对企业财务状况、经营成果和现金流量的结构性表述。一套完整的财务报表至少应当包括资产负债表、利润表、现金流量表、所有者权益(或股东权益)变动表以及附注。

资产负债表、利润表和现金流量表分别从不同角度反映企业的财务状况、经营成果和现金流量。

所有者权益变动表反映构成所有者权益的各组成部分当期的增减变动情况。企业的净利润及其分配情况是所有者权益变动的组成部分,相关信息已经在所有者权益变动表及其附注中反映,企业不需要再单独编制利润分配表。

附注是财务报表不可或缺的组成部分,是对在资产负债表、利润表、现金流量表和所有者权益变动表等报表中列示项目的文字描述或明细资料,以及对未能在这些报表中列示项目的说明等。

三、财务报告编报的要求

(1)企业应当以持续经营为基础,根据实际发生的交易和事项,按照企业会计准则的规定进行确认和计量,在此基础上编制财务报表。企业不应以附注披露代替确认和计量。

如果企业已进入破产清算阶段,应该按照破产清算会计来处理,属于另外一个体系。

这里所讲的财务报告不考虑非持续经营下的情况。

(2) 财务报表项目的列报应当在各个会计期间保持一致,不得随意变更,但下列情况除外:

① 企业会计准则要求改变财务报表项目的列报。

② 企业经营业务的性质发生重大变化后,变更财务报表项目的列报能够提供更可靠、更相关的会计信息。

(3) 在编制财务报表的过程中,企业应当考虑报表项目的重要性。

如果把财务会计工作比作一个加工部门,那么可以将财务报告看做财务工作的最终产品。前面章节所介绍的会计核算只是一个加工的过程,报告中体现的内容才是最终需要给投资者、债权人看的。所以项目的列报应该满足报表使用者的需要。

对于性质或功能类似的项目,如原材料、材料采购、低值易耗品、委托加工物资、库存商品等,应当予以合并,作为存货项目列报;对于性质或功能不同的项目,如长期股权投资、固定资产等,应当在财务报表中单独列报,但不具有重要性的项目除外。

(4) 财务报表中的资产项目和负债项目的金额、收入项目和费用项目的金额不得相互抵销,但满足抵销条件的除外。

比如主营业务收入与主营业务成本的金额一般不得抵销,应分别列示。

下列两种情况不属于抵销,可以净额列示:①资产项目按扣除减值准备后的净额列示,不属于抵销。对资产计提减值准备,表明资产的价值已经发生减损,按扣除减值准备后的净额列示,能够反映资产给企业带来的经济利益,不属于抵销。②营业外收支项目的列示不属于抵销。非日常活动的发生具有偶然性,不是企业的经常性活动以及与经常性活动相关的其他活动,不影响营业利润。故非日常活动产生的损益以收入扣减费用后的净额列示,更有利于财务报告使用者的经济决策,不属于抵销。

满足抵销条件的,可以抵销,比如双方互有购销活动,且合同约定以应收应付的净额结算。

(5) 当期财务报表的列报,至少应当提供所有列报项目上一可比会计期间的比较数据,以及与理解当期财务报表相关的说明,但另有规定的除外。具体来讲,资产负债表中应有年初数和期末数,利润表中有本年数和上年数。比如,在编制2009年的财务报告时,至少应提供2008年的相关比较信息。

(6) 企业应当在财务报表的显著位置至少披露下列各项:

① 编报企业的名称。

② 资产负债表日或财务报表涵盖的会计期间。

③ 人民币金额单位。

④ 财务报表是合并财务报表的,应当予以标明。

(7) 企业至少应当按年编制财务报表。年度财务报表涵盖的期间短于一年的,应当披露年度财务报表的涵盖期间,以及短于一年的原因。

我国的上市公司一般需要编制季报、半年报、年报等。

四、财务报表的分类

1. 按服务对象,可以分为对外报表和内部报表

(1) 对外报表是企业不得不定期编制、定期向上级主管部门、投资者、财税部门等报送或按规定向社会公布的财务报表。这是一种主要的,定期规范化的财务报表。它要求有统一的报表格式、指标体系和编制时间等,资产负债表、利润表和现金流量表等均属于对外报表。

(2) 内部报表是企业根据其内部经营治理的需要而编制的,供其内部治理人员使用的财务报表。它不要求统一格式,没有统一指标体系,如成本报表属于内部报表。

2. 按报表所提供会计信息的重要性,可以分为主表和附表

(1) 主表即主要财务报表,是指所提供的会计信息比较全面、完整,能基本满足各种信息需要者的不同要求的财务报表。现行的主表主要有三张,即资产负债、利润表和现金流量表。

(2) 附表即从属报表,是指对主表中不能或难以详细反映的一些重要信息所做的补充说明的报表。现行的附表主要有:利润分配表和分部报表,是利润表的附表;应交增值税明细表和资产减值准备明细表,是资产负债表的附表。主表与有关附表之间存在着勾稽关系,主表反映企业的主要财务状况、经营成果和现金流量,附表则对主表进一步补充说明。

3. 按编制和报送的时间分类,可分为中期财务报表和年度财务报表

中期财务报表,广义的中期财务报表包括月份、季度、半年期财务报表。狭义的中期财务报表仅指半年期财务报表。

年度财务报表是具体反映企业整个会计年度的经营成果、现金流量情况及年末财务状况的财务报表。企业每年年底不得不编制并报送年度财务报表。

4. 按编报单位不同,分为基层财务报表和汇总财务报表

基层财务报表是由独立核算的基层单位编制的财务报表,用以反映本单位财务状况和经营成果的报表。

汇总报表是指上级和主管部门将本身的财务报表与其所属单位报送的基层报表汇总编制而成的财务报表。

5. 按编报的会计主体不同,分为个别报表和合并报表

个别报表是指在以母公司和子公司组成的具有控股关系的企业集团中,由母公司和子公司各自为主体分别单独编制的报表,用以分别反映母公司和子公司本身各自的财务状况和经营成果。

合并报表是以母公司和子公司组成的企业集团为一会计主体,以母公司和子公司单独编制的个别财务报表为基础,由母公司编制的综合反映企业集团经营成果、财务状况及其资金变动情况的财务报表。

五、财务报告目标的作用

财务会计作为对外报告会计,其目的是为了通过向外部会计信息使用者提供有用的信息,以反映企业财务信息,帮助使用者作出相关决策。承担这一信息载体和功能的便是企业编制的财务报告,它是财务会计确认和计量的最终成果,是沟通企业管理层与外部信使用者之间的桥梁和纽带。因此，财务报告的目标定位十分重要。

（1）财务报告的目标定位决定着财务报告应当向谁提供有用的会计信息，应当保护谁的经济利益。这既是财务报告编制的出发点，也是企业会计准则建设与发展的立足点。因此，需要清楚地界定企业财务报告的使用者及这些使用者具有哪些特征；进行什么样的经济决策，在决策过程中需要什么样的会计信息等。在这种情况下，财务报告"按需定产"，为使用者提供有用信息，不仅可以有效地调和企业管理层与外部信息使用者之间的关系，还可以提高使用者的决策水平与质量，降低资金成本，提高市场效率。

（2）财务报告的目标定位决定着财务报告所要求会计信息的质量特征，决定着会计要素的确认与计量原则，是财务会计系统的核心与灵魂。通常认为财务报告目标有经管责任观和决策有用观两种，并为经管责任观和会计准则体系的完善确立方向。

第二节　资产负债表

一、资产负债表概述

资产负债表是指反映企业在某一特定日期的财务状况的报表。资产负债表主要反映资产、负债和所有者权益三方面的内容，并满足"资产＝负债＋所有者权益"平衡式。

（一）资产

资产，反映由过去的交易或事项形成并由企业在某一特定日期所拥有或控制的，预期会给企业带来经济利益的资源。资产应当按照流动资产和非流动资产两大类别在资产负债表中列示，在流动资产和非流动资产类别下进一步按性质分项列示。

流动资产是指预计在一个正常营业周期中变现、出售或耗用，或者主要为交易目的而持有，或者预计在资产负债表日起一年内（含一年）变现的资产，或者自资产负债表日起一年内交换其他资产或清偿负债的能力不受限制的现金或现金等价物。资产负债表中列示的流动资产项目通常包括：货币资金、交易性金融资产、应收票据、应收账款、预付款项、应收利息、应收股利、其他应收款、存货和一年内到期的非流动资产等。

非流动资产是指流动资产以外的资产。资产负债表中列示的非流动资产项目，通常包括：长期股权投资、固定资产、在建工程、工程物资、固定资产清理、无形资产、开发支出、长期待摊费用以及其他非流动资产等。

（二）负债

负债，反映在某一特定日期企业所承担的、预期会导致经济利益流出企业的现时义务。负债应当按照流动负债和非流动负债在资产负债表中进行列示，在流动负债和非流动负债类别下再进一步按性质分项列示。

流动负债是指预计在一个正常营业周期中清偿，或者主要为交易目的而持有，或者自资产负债表日起一年内（含一年）到期应予以清偿，或者企业无权自主地将清偿推迟至资产负债表日后一年以上的负债。资产负债表中列示的流动负债项目，通常包括：短期借款、应付票据、应付账款、预收款项、应付职工薪酬、应交税费、应付利息、应付股利、其他应付款、一年内到期的非流动负债等。

非流动负债是指流动负债以外的负债。非流动负债项目,通常包括:长期借款、应付债券和其他非流动负债等。

(三)所有者权益

所有者权益,是企业资产扣除负债后的剩余权益,反映企业在某一特定日期股东(投资者)拥有的净资产的总额,它一般按照实收资本、资本公积、盈余公积和未分配利润分项列示。

二、资产负债表的结构

资产负债表有账户式结构和报告式结构两类。

我国企业的资产负债表采用账户式结构。账户式资产负债表分左右两方,左方为资产项目,大体按资产的流动性大小排列,流动性大的资产如"货币资金"、"交易性金融资产"等排在前面,流动性小的资产如"长期股权投资"、"固定资产"等排在后面。右方为负债及所有者权益项目,一般按要求清偿时间的先后顺序排列,"短期借款"、"应付票据"、"应付账款"等需要在一年以内或者长于一年的一个正常营业周期内偿还的流动负债排在前面,"长期借款"等在一年以上才需偿还的非流动负债排在中间,在企业清算之前不需要偿还的所有者权益项目排在后面。

账户式资产负债表中的资产各项目的合计等于负债和所有者权益各项目的合计,即资产负债表左方和右方平衡。因此,通过账户式资产负债表,可以反映资产、负债、所有者权益之间的内在关系,即"资产=负债+所有者权益"。

我国企业资产负债表格式如表 16-1 所示。

表 16-1　资产负债表　　　　　会企 01 表

编制单位:　　　　　　年度　　　　　　单位:元

资产	期末余额	年初余额	负债和所有者权益 (或股东权益)	期末余额	年初余额
流动资产:			流动负债:		
货币资金			短期借款		
交易性金融资产			交易性金融负债		
应收票据			应付票据		
应收账款			应付账款		
预付款项			预收款项		
应收利息			应付职工薪酬		
应收股利			应交税费		
其他应收款			应付利息		
存货			应付股利		
一年内到期的非流动资产			其他应付款		
其他流动资产			一年内到期的非流动负债		
流动资产合计			其他流动负债		

续表 16-1

资　产	期末余额	年初余额	负债和所有者权益 （或股东权益）	期末余额	年初余额
非流动资产：			流动负债合计		
可供出售金融资产			非流动负债：		
持有至到期投资			长期借款		
长期应收款			应付债券		
长期股权投资			长期应付款		
投资性房地产			专项应付款		
固定资产			预计负债		
在建工程			递延所得税负债		
工程物资			其他非流动负债		
固定资产清理			非流动负债合计		
生产性生物资产			负债合计		
油气资产			所有者权益(或股东权益)：		
无形资产			实收资本(或股本)		
开发支出			资本公积		
商誉			减：库存股		
长期待摊费用			盈余公积		
递延所得税资产			未分配利润		
其他非流动资产			所有者权益 （或股东权益）合计		
非流动资产合计					
资产总计			负债和所有者权益 （或股东权益）总计		

三、资产负债表的编制

（一）资产负债表项目的填列方法

资产负债表各项目均需填列"年初余额"和"期末余额"两栏。其中"年初余额"栏内各项数字，应根据上年末资产负债表的"期末余额"栏内所列数字填列。"期末余额"栏主要有以下几种填列方法：

1. 根据总账科目余额填列

如"交易性金融资产"、"短期借款"、"应付票据"、"应付职工薪酬"等项目，根据"交易性金融资产"、"应付职工薪酬"各总账科目的余额直接填列。有些项目则需根据几个总账科目的期末余额计算填列，如"货币资金"项目，需根据"库存现金"、"银行存款"、"其他货币资金"三个总账科目的期末余额的合计数填列。

2. 根据明细账科目余额计算填列

如"应付账款"项目，需要根据"应付账款"和"预付款项"两个科目所属的相关明细科目的期末贷方余额计算填列;"应收账款"项目,需要根据"应收账款"和"预收款项"两个科目所属的相关明细科目的期末借方余额计算填列。

3. 根据总账科目和明细账科目余额分析计算填列

如"长期借款"项目,需要根据"长期借款"总账科目余额扣除"长期借款"科目所属的明细科目中将在一年内到期且企业不能自主地将清偿义务展期的长期借款后的金额计算填列。

4. 根据有关科目余额减去其备抵科目余额后的净额填列

如资产负债表中"应收票据"、"应收账款"、"长期股权投资"、"在建工程"等项目,应当根据"应收票据"、"应收账款"、"长期股权投资"、"在建工程"等科目的期末余额减去"坏账准备"、"长期股权投资减值准备"、"在建工程减值准备"等科目余额后的净额填列;"固定资产"、"投资性房地产"项目,应当根据"固定资产"、"投资性房地产"科目的期末余额减去"固定资产减值准备"、"投资性房地产累计折旧"备抵科目余额后的净额填列;"无形资产"项目,应当根据"无形资产"科目的期末余额减去"累计摊销"填列。

5. 综合运用上述填列方法分析填列

如资产负债表中的"存货"项目,需要根据"原材料"、"材料成本差异"等总账科目期末余额的分析汇总数,再减去"存货跌价准备"科目余额后的净额填列。

(二) 资产负债表项目的填列说明

资产负债表中资产、负债和所有者权益主要项目的填列说明如下:

1. 资产项目的填列说明

(1)"货币资金"项目,反映企业库存现金、银行结算户存款、外埠存款、银行汇票存款、银行本票存款、信用卡存款、信用证保证金存款等的合计数。本项目应根据"库存现金"、"银行存款"、"其他货币资金"科目期末余额的合计数填列。

(2)"交易性金融资产"项目,反映企业持有的以公允价值计量且其变动计入当期损益的为交易目的所持有的债券投资、股票投资、基金投资、权证投资等金融资产。本项目应当根据"交易性金融资产"科目的期末余额填列。

(3)"应收票据"项目,反映企业因销售商品、提供劳务等而收到的商业汇票,包括银行承兑汇票和商业承兑汇票。本项目应根据"应收票据"科目的期末余额,减去"坏账准备"科目中有关应收票据计提的坏账准备期末余额后的金额填列。

(4)"应收账款"项目,反映企业因销售商品、提供劳务等经营活动应收取的款项。本项目应根据"应收账款"和"预收账款"科目所属各明细科目的期末借方余额合计减去"坏账准备"科目中有关应收账款计提的坏账准备期末余额后的金额填列。如"应收账款"科目所属明细科目期末有贷方余额的,应在资产负债表"预收款项"项目内填列。

(5)"预付款项"项目,反映企业按照购货合同规定预付给供应单位的款项等。本项目应根据"预付账款"和"应付账款"科目所属各明细科目的期末借方余额合计数,减去"坏账准备"科目中有关预付款项计提的坏账准备期末余额后的金额填列。如"预付账款"科目所属明细科目期末有贷方余额的,应在资产负债表"应付账款"项目内填列。

(6)"应收利息"项目,反映企业应收取的债券投资等的利息。本项目应根据"应收利息"科目的期末余额,减去"坏账准备"科目中有关应收利息计提的坏账准备期末余额后的金额填列。

(7)"应收股利"项目,反映企业应收取的现金股利和应收取其他单位分配的利润。本项目应根据"应收股利"科目的期末余额,减去"坏账准备"科目中有关应收股利计提的坏账准备期末余额后的金额填列。

(8)"其他应收款"项目,反映企业除应收票据、应收账款、预付账款、应收股利、应收利息等经营活动以外的其他各种应收、暂付的款项。本项目应根据"其他应收款"科目的期末余额,减去"坏账准备"科目中有关其他应收款计提的坏账准备期末余额后的金额填列。

(9)"存货"项目,反映企业期末在库、在途和在加工中的各种存货的可变现净值。存货包括各种材料、商品、在产品、半成品、包装物、低值易耗品、委托代销商品等。本项目应根据"材料采购"、"原材料"、"低值易耗品"、"库存商品"、"周转材料"、"委托加工物资"、"委托代销商品"、"代销商品款"、"存货跌价准备"科目期末余额后的金额填列。材料采用计划成本核算,以及库存商品采用计划成本核算或售价核算的企业,还应按加或减材料成本差异、商品进销差价后的金额填列。

(10)"一年内到期的非流动资产"项目,反映企业将于一年内到期的非流动资产项目金额。本项目应根据有关科目的期末余额填列。

(11)"长期股权投资"项目,反映企业持有的对子公司、联营企业和合营企业的长期股权投资。本项目应根据"长期股权投资"科目的期末余额,减去"长期股权投资减值准备"科目的期末余额后的金额填列。

(12)"固定资产"项目,反映企业各种固定资产原价减去累计折旧和累计减值准备后的净额。本项目应根据"固定资产"科目的期末余额,减去"累计折旧"和"固定资产减值准备"科目期末余额后的金额填列。

(13)"在建工程"项目,反映企业期末各项未完工程的实际支出,包括交付安装的设备价值、未完建筑安装工程已经耗用的材料、工资和费用支出、预付出包工程的价款等的可收回金额。本项目应根据"在建工程"科目的期末余额,减去"在建工程减值准备"科目期末余额后的金额填列。

(14)"工程物资"项目,反映企业尚未使用的各项工程物资的实际成本。本项目应根据"工程物资"科目的期末余额填列。

(15)"固定资产清理"项目,反映企业因出售、毁损、报废等原因转入清理但尚未清理完毕的固定资产的净值,以及固定资产清理过程中所发生的清理费用和变价收入等各项金额的差额。本项目应根据"固定资产清理"科目的期末借方余额填列,如"固定资产清理"科目期末为贷方余额,以"一"号填列。

(16)"无形资产"项目,反映企业持有的无形资产,包括专利权、非专利技术、商标权、著作权、土地使用权等。本项目应根据"无形资产"科目的期末余额,减去"累计摊销"和"无形资产减值准备"科目期末余额后的金额填列。

(17)"开发支出"项目,反映企业开发无形资产过程中能够资本化形成无形资产成本的支出部分。本项目应当根据"研发支出"科目中所属的"资本化支出"明细科目期末余额填列。

(18)"长期待摊费用"项目,反映企业已经发生但应由本期和以后各期负担的分摊期限在一年以上的各项费用。长期待摊费用中在一年内(含一年)摊销的部分,在资产负债表"一年内到期的非流动资产"项目填列。本项目应根据"长期待摊费用"科目的期末余额减去将于一年内(含一年)摊销的数额后的金额填列。

(19)"其他非流动资产"项目,反映企业除长期股权投资、固定资产、在建工程、工程物资、无形资产等以外的其他非流动资产。本项目应根据有关科目的期末余额填列。

2. 负债项目的填列说明

(1)"短期借款"项目,反映企业向银行或其他金融机构等借入的期限在一年以下(含一年)的各种借款。本项目应根据"短期借款"科目的期末余额填列。

(2)"应付票据"项目,反映企业因购买材料、商品和接受劳务供应等而开出、承兑的商业汇票,包括银行承兑汇票和商业承兑汇票。本项目应根据"应付票据"科目的期末余额填列。

(3)"应付账款"项目,反映企业因购买材料、商品和接受劳务供应等经营活动应支付的款项。本项目应根据"应付账款"和"预付账款"科目所属各明细科目的期末贷方余额合计数填列;如"应付账款"科目所属明细科目期末有借方余额的,应在资产负债表"预付款项"项目内填列。

(4)"预收款项"项目,反映企业按照购货合同规定预付给供应单位的款项。本项目应根据"预收账款"和"应收账款"科目所属各明细科目的期末贷方余额合计数填列。如"预收账款"科目所属明细科目期末有借方余额的,应在资产负债表"应收账款"项目内填列。

(5)"应付职工薪酬"项目,反映企业根据有关规定应付给职工的工资、职工福利、社会保险费、住房公积金、工会经费、职工教育经费、非货币性福利、辞退福利等各种薪酬。外商投资企业按规定从净利润中提取的职工奖励及福利基金,也在本项目列示。

(6)"应交税费"项目,反映企业按照税法规定计算应交纳的各种税费,包括增值税、消费税、营业税、所得税、资源税、土地增值税、城市维护建设税、房产税、土地使用税、车船税、教育费附加、矿产资源补偿费等。企业代扣代交的个人所得税,也通过本项目列示。企业所交纳的税金不需要预计应交数的,如印花税、耕地占用税等,不在本项目列示。本项目应根据"应交税费"科目的期末贷方余额填列,如"应交税费"科目期末为借方余额,应以"一"号填列。

(7)"应付利息"项目,反映企业按照规定应当支付的利息,包括分期付息到期还本的长期借款应支付的利息、企业发行的企业债券应支付的利息等。本项目应根据"应付利息"科目的期末余额填列。

(8)"应付股利"项目,反映企业分配的现金股利或利润。企业分配的股票股利,不通过本项目列示。本项目应根据"应付股利"科目的期末余额填列。

(9)"其他应付款"项目,反映企业除应付票据、应付账款、预收款项、应付职工薪酬、应付股利、应付利息、应交税费等经营活动以外的其他各项应付、暂收的款项。本项目应根据"其他应付款"科目的期末余额填列。

(10)"一年内到期的非流动负债"项目,反映企业非流动负债中将于资产负债表日后一年内到期部分的金额,如将于一年内偿还的长期借款。本项目应根据有关科目的期末余额填列。

(11)"长期借款"项目,反映企业向银行或其他金融机构借入的期限在一年以上(不含一年)的各项借款。本项目应根据"长期借款"科目的期末余额填列。

(12)"应付债券"项目,反映企业为筹集长期资金而发行的债券本金和利息。本项目应根据"应付债券"科目的期末余额填列。

(13)"其他非流动负债"项目,反映企业除长期借款、应付债券等项目以外的其他非流动负债。本项目应根据有关科目的期末余额填列。其他非流动负债项目应根据有关科目期末余额减去将于一年内(含一年)到期偿还数后的余额填列。非流动负债各项目中将于一年内(含一年)到期的非流动负债,应在"一年内到期的非流动负债"项目内单独反映。

3. 所有者权益项目的填列说明

(1)"实收资本(或股本)"项目,反映企业各投资者实际投入的资本(或股本)总额。本项目应根据"实收资本(或股本)"科目的期末余额填列。

(2)"资本公积"项目,反映企业资本公积的期末余额。本项目应根据"资本公积"科目的期末余额填列。

(3)"盈余公积"项目,反映企业盈余公积的期末余额。本项目应根据"盈余公积"科目的期末余额填列。

(4)"未分配利润"项目,反映企业尚未分配的利润。本项目应根据"本年利润"科目和"利润分配"科目的余额计算填列。未弥补的亏损在本项目内以"一"号填列。

第三节 利润表

一、利润表概述

利润表是指反映企业在一定会计期间的经营成果的报表。

通过利润表,可以反映企业在一定会计期间收入、费用、利润(或亏损)的数额和构成情况,帮助财务报表使用者全面了解企业的经营成果,分析企业的获利能力及盈利增长趋势,从而为其作出经济决策提供依据。

利润表格式有多步式和单步式格式两种。

我国企业的利润表采用多步式格式,如表16-2所示。

表16-2 利润表　　　　　　　会企02表

编制单位:　　　　　　年度　　　　　　单位:元

项　目	本期金额	上期金额
一、营业收入		
减:营业成本		
营业税金及附加		
销售费用		
管理费用		
财务费用		
资产减值损失		
加:公允价值变动收益(损失以"一"号填列)		
投资收益(损失以"一"号填列)		
其中:对联营企业和合营企业的投资收益		
二、营业利润(亏损以"一"号填列)		
加:营业外收入		
减:营业外支出		

续表 16-2

项　　目	本期金额	上期金额
其中:非流动资产处置损失		
三、利润总额（亏损总额以"一"号填列）		
减:所得税费用		
四、净利润（净亏损以"一"号填列）		
五、每股收益:		
（一）基本每股收益		
（二）稀释每股收益		

二、利润表的编制

（一）利润表项目的填列方法

我国企业利润表的主要项目编制步骤和内容如下:

(1) 以营业收入为基础,减去营业成本、营业税金及附加、销售费用、管理费用、财务费用、资产减值损失,加上公允价值变动收益（减去公允价值变动损失）、投资收益（减去投资损失）,计算出营业利润;

(2) 以营业利润为基础,加上营业外收入,减去营业外支出,计算出利润总额;

(3) 以利润总额为基础,减去所得税费用,计算出净利润额（或亏损）。

利润表各项目均需填列"本期金额"和"上期金额"两栏。其中"上期金额"栏内各项数字,应根据上年该期利润表的"本期金额"栏内所列数字填列。"本期金额"栏内各项数字,除"基本每股收益"和"稀释每股收益"项目外,应当按照相关的发生额分析计算填列。如"营业收入"项目,根据"主营业务收入"和"其他业务收入"科目的发生额分析计算填列。"营业成本"项目,根据"主营业务成本"和"其他业务成本"科目的发生额分析计算填列。

（二）利润表项目的填列说明

(1) "营业收入"项目,反映企业经营主要业务和其他业务所确认的收入总额。本项目应根据"主营业务收入"和"其他业务收入"科目的发生额分析填列。

(2) "营业成本"项目,反映企业经营主要业务和其他业务所发生的成本总额。本项目应根据"主营业务成本"和"其他业务成本"科目的发生额分析填列。

(3) "营业税金及附加"项目,反映企业经营业务应负担的消费税、营业税、城市维护建设税、资源税、土地增值税和教育费附加等。本项目应根据"营业税金及附加"科目的发生额分析填列。

(4) "销售费用"项目,反映企业在销售商品过程中发生的包装费、广告费等费用和为销售本企业商品而专设的销售机构的职工薪酬、业务费等经营费用。本项目应根据"销售费用"科目的发生额分析填列。

(5) "管理费用"项目,反映企业为组织和管理生产经营发生的管理费用。本项目应根据"管理费用"科目的发生额分析填列。

(6)"财务费用"项目,反映企业筹集生产经营所需资金等而发生的筹资费用。本项目应根据"财务费用"科目的发生额分析填列。

(7)"资产减值损失"项目,反映企业各项资产发生的减值损失。本项目应根据"资产减值损失"科目的发生额分析填列。

(8)"公允价值变动收益"项目,反映企业应当计入当期损益的资产或负债公允价值变动收益。本项目应根据"公允价值变动损益"科目的发生额分析填列,如为净损失,本项目以"一"号填列。

(9)"投资收益"项目,反映企业以各种方式对外投资所取得的收益。本项目应根据"投资收益"科目的发生额分析填列。如为投资损失,本项目以"一"号填列。

(10)"营业利润"项目,反映企业实现的营业利润。如为亏损,本项目以"一"号填列。

(11)"营业外收入"项目,反映企业发生的与经营业务无直接关系的各项收入。本项目应根据"营业外收入"科目的发生额分析填列。

(12)"营业外支出"项目,反映企业发生的与经营业务无直接关系的各项支出。本项目应根据"营业外支出"科目的发生额分析填列。

(13)"利润总额"项目,反映企业实现的利润。如为亏损,本项目以"一"号填列。

(14)"所得税费用"项目,反映企业应从当期利润总额中扣除的所得税费用。本项目应根据"所得税费用"科目的发生额分析填列。

(15)"净利润"项目,反映企业实现的净利润。如为亏损,本项目以"一"号填列。

第四节 现金流量表

一、现金流量表概述

现金流量表是反映企业在一定会计期间现金和现金等价物流入和流出的报表。

通过现金流量表,可以为报表使用者提供企业一定会计期间内现金和现金等价物流入和流出的信息,便于使用者了解和评价企业获取现金和现金等价物的能力,据以预测企业未来现金流量。

现金流量是指一定会计期间内企业现金和现金等价物的流入和流出。企业从银行提取现金、用现金购买短期到期的国债等现金和现金等价物之间的转换不属于现金流量。

现金是指企业库存现金以及可以随时用于支付的存款,包括库存现金、银行存款和其他货币资金(如外埠存款、银行汇票存款、银行本票存款等)等。不能随时用于支付的存款不属于现金。

现金等价物是指企业持有的期限短、流动性强、易于转换为已知金额现金、价值变动风险很小的投资。期限短,一般是指从购买日起三个月内到期。现金等价物通常包括三个月内到期的债券投资等。权益性投资变现的金额通常不确定,因而不属于现金等价物。企业应当根据具体情况,确定现金等价物的范围,一经确定不得随意变更。

企业产生的现金流量分为三类:

(一)经营活动产生的现金流量

经营活动是指企业投资活动和筹资活动以外的所有交易和事项。经营活动主要包括销售商品、提供劳务、购买商品、接受劳务、支付工资和交纳税款等流入和流出现金和现金等价物的活动或事项。

（二）投资活动产生的现金流量

投资活动是指企业长期资产的购建和不包括在现金等价物范围内的投资及其处置活动。投资活动主要包括购建固定资产、处置子公司及其他营业单位等流入和流出现金和现金等价物的活动或事项。

（三）筹资活动产生的现金流量

筹资活动是指导致企业资本及债务规模和构成发生变化的活动。筹资活动主要包括吸收投资、发行股票、分配利润、发行债券、偿还债务等流入和流出现金和现金等价物的活动或事项。偿付应付账款、应付票据等商业应付款属于经营活动，不属于筹资活动。

二、现金流量表的结构

我国企业现金流量表采用报告式结构，分类反映经营活动产生的现金流量、投资活动产生的现金流量和筹资活动产生的现金流量，最后汇总反映企业某一期间现金及现金等价物的净增加额。

我国企业现金流量表的格式如表 16-3 所示。

表 16-3　现金流量表　　　　　会企 03 表

编制单位：　　　　　　　　　年度　　　　　　　　　　单位：元

项　目	本期金额	上期金额
一、经营活动产生的现金流量：		
销售商品、提供劳务收到的现金		
收到的税费返还		
收到其他与经营活动有关的现金		
经营活动现金流入小计		
购买商品、接受劳务支付的现金		
支付给职工以及为职工支付的现金		
支付的各项税费		
支付其他与经营活动有关的现金		
经营活动现金流出小计		
经营活动产生的现金流量净额		
二、投资活动产生的现金流量：		
收回投资收到的现金		
取得投资收益收到的现金		
处置固定资产、无形资产和其他长期资产收回的现金净额		
处置子公司及其他营业单位收到的现金净额		
收到其他与投资活动有关的现金		

续表 16-3

项　目	本期金额	上期金额
投资活动现金流入小计		
购建固定资产、无形资产和其他长期资产支付的现金		
投资支付的现金		
取得子公司及其他营业单位支付的现金净额		
支付其他与投资活动有关的现金		
投资活动现金流出小计		
投资活动产生的现金流量净额		
三、筹资活动产生的现金流量：		
吸收投资收到的现金		
取得借款收到的现金		
收到其他与筹资活动有关的现金		
筹资活动现金流入小计		
还债务支付的现金		
分配股利、利润或偿付利息支付的现金		
支付其他与筹资活动有关的现金		
筹资活动现金流出小计		
筹资活动产生的现金流量净额		
四、汇率变动对现金及现金等价物的影响		
五、现金及现金等价物净增加额		
加：期初现金及现金等价物余额		
六、期末现金及现金等价物余额		

三、现金流量表的编制

（一）现金流量表的编制方法

企业应当采用直接法列示经营活动产生的现金流量。直接法是指通过现金收入和现金支出的主要类别列示经营活动的现金流量。采用直接法编制经营活动的现金流量时,一般以利润表中的营业收入为起算点,调整与经营活动有关的项目的增减变动,然后计算出经营活动的现金流量。采用直接法具体编制现金流量表时,可以采用工作底稿法或T型账户法,也可以根据有关科目记录分析填列。

（二）现金流量表主要项目说明

1. 经营活动产生的现金流量

（1）"销售商品、提供劳务收到的现金"项目,反映企业本年销售商品、提供劳务收到的现金,以及前期销售商品、提供劳务本期收到的现金(包括应向购买者收取的增值税销项税额)和本期预收的款项,减去本年销售本期退回商品和前期销售本期退回商品支付的现金。

企业销售材料和代购代销业务收到的现金,也在本项目反映。

(2)"收到的税费返还"项目,反映企业收到返还的所得税、增值税、营业税、消费税、关税和教育费附加等各种税费返还款。

(3)"收到其他与经营活动有关的现金"项目,反映企业经营租赁收到的租金等其他与经营活动有关的现金流入,金额较大的应当单独列示。

(4)"购买商品、接受劳务支付的现金"项目,反映企业本期购买商品、接受劳务实际支付的现金(包括增值税进项税额),以及本期支付前期购买商品、接受劳务的未付款项和本期预付款项,减去本期发生的购货退回收到的现金。企业购买材料和代购代销业务支付的现金,也在本项目反映。

(5)"支付给职工以及为职工支付的现金"项目,反映企业实际支付给职工的工资、奖金、各种津贴和补贴等职工薪酬(包括代扣代缴的职工个人所得税)。

(6)"支付的各项税费"项目,反映企业发生并支付、前期发生本期支付以及预交的各项税费,包括所得税、增值税、营业税、消费税、印花税、房产税、土地增值税、车船税、教育费附加等。

(7)"支付其他与经营活动有关的现金"项目,反映企业经营租赁支付的租金、支付的差旅费、业务招待费、保险费、罚款支出等其他与经营活动有关的现金流出,金额较大的应当单独列示。

2. 投资活动产生的现金流量

(1)"收回投资收到的现金"项目,反映企业出售、转让或到期收回除现金等价物以外的对其他企业长期股权投资等收到的现金,但处置子公司及其他营业单位收到的现金净额除外。

(2)"取得投资收益收到的现金"项目,反映企业除现金等价物以外的对其他企业的长期股权投资等分回的现金股利和利息等。

(3)"处置固定资产、无形资产和其他长期资产收回的现金净额"项目,反映企业出售、报废固定资产、无形资产和其他长期资产所取得的现金(包括因资产毁损而收到的保险赔偿收入),减去为处置这些资产而支付的有关费用后的净额。

(4)"处置子公司及其他营业单位收到的现金净额"项目,反映企业处置子公司及其他营业单位所取得的现金,减去相关处置费用以及子公司及其他营业单位持有的现金和现金等价物后的净额。

(5)"购建固定资产、无形资产和其他长期资产支付的现金"项目,反映企业购买、建造固定资产、取得无形资产和其他长期资产所支付的现金(含增值税款等),以及用现金支付的应由在建工程和无形资产负担的职工薪酬。

(6)"投资支付的现金"项目,反映企业取得除现金等价物以外的对其他企业的长期股权投资等所支付的现金以及支付的佣金、手续费等附加费用,但取得子公司及其他营业单位支付的现金净额除外。

(7)"取得子公司及其他营业单位支付的现金净额"项目,反映企业购买子公司及其他营业单位购买出价中以现金支付的部分,减去子公司及其他营业单位持有的现金和现金等价物后的净额。

(8)"收到其他与投资活动有关的现金"、"支付其他与投资活动有关的现金"项目,反映企业除上述(1)至(7)项目外收到或支付的其他与投资活动有关的现金,金额较大的应当单独列示。

3. 筹资活动产生的现金流量

（1）"吸收投资收到的现金"项目，反映企业以发行股票、债券等方式筹集资金实际收到的款项（发行收入减去支付的佣金等发行费用后的净额）。

（2）"取得借款收到的现金"项目，反映企业举借各种短期、长期借款而收到的现金。

（3）"偿还债务支付的现金"项目，反映企业为偿还债务本金而支付的现金。

（4）"分配股利、利润和偿付利息支付的现金"项目，反映企业实际支付的现金股利、支付给其他投资单位的利润或用现金支付的借款利息、债券利息。

（5）"收到其他与筹资活动有关的现金"、"支付其他与筹资活动有关的现金"项目，反映企业除上述(1)至(4)项目外收到或支付的其他与筹资活动有关的现金，金额较大的应当单独列示。

4. 汇率变动对现金及现金等价物的影响

"汇率变动对现金及现金等价物的影响"项目，反映下列项目之间的差额：

（1）企业外币现金流量折算为记账本位币时，采用现金流量发生日的即期汇率或按照系统合理的方法确定的、与现金流量发生日即期汇率近似的汇率折算的金额（编制合并现金流量表时折算境外子公司的现金流量，应当比照处理）。

（2）企业外币现金及现金等价物净增加额按资产负债表日即期汇率折算的金额。

第五节　所有者权益变动表

一、所有者权益变动表的概念和作用

所有者权益变动表是指反映构成所有者权益各组成部分当期增减变动情况的报表。

通过所有者权益变动表，既可以为报表使用者提供所有者权益总量增减变动的信息，也能为其提供所有者权益增减变动的结构性信息，特别是能够让报表使用者理解所有者权益增减变动的根源。

二、所有者权益变动表的内容和结构

在所有者权益变动表上，企业至少应当单独列示反映下列信息的项目：

（1）净利润。

（2）直接计入所有者权益的利得和损失项目及其总额。

（3）会计政策变更和差错更正的累积影响金额。

（4）所有者投入资本和向所有者分配利润等。

（5）提取的盈余公积。

（6）实收资本或资本公积、盈余公积、未分配利润的期初和期末余额及其调节情况。其中，反映"直接计入所有者权益的利得和损失"的项目即为其他综合收益项目。

所有者权益变动表以矩阵的形式列示：一方面，列示导致所有者权益变动的交易或事项，即所有者权益变动的来源，对一定时期所有者权益的变动情况进行全面反映；另一方面，按照所有者权益各组成部分（实收资本、资本公积、盈余公积、未分配利润和库存股）列示交易或事项对所有者权益各部分的影响。

我国企业所有者权益变动表的格式如表16-4所示。

表 16-4 所有者权益变动表

编制单位： 年度 会企 04 表 单位：元

项 目	本年金额						上年金额					
	实收资本（股本）	资本公积	减：库存股	盈余公积	未分配利润	所有者权益合计	实收资本（股本）	资本公积	减：库存股	盈余公积	未分配利润	所有者权益合计
一、上年年末余额												
加：会计政策变更												
前期差错更正												
二、本年年初余额												
三、本年增减变动金额（减少以"-"号填列）												
（一）净利润												
（二）直接计入所有者权益的利得和损失												
1. 可供出售金融资产公允价值变动净额												
2. 权益法下被投资单位其他所有者权益变动的影响												
3. 与计入所有者权益项目相关的所得税影响												
4. 其他												
上述（一）和（二）小计												
（三）所有者投入和减少资本												
1. 所有者投入资本												

续表 16-4

项目	本年金额							上年金额						
	实收资本（股本）	资本公积	减:库存股	盈余公积	未分配利润	所有者权益合计		实收资本（股本）	资本公积	减:库存股	盈余公积	未分配利润	所有者权益合计
2. 股份支付计入所有者权益的金额													
3. 其他													
(四) 利润分配													
1. 提取盈余公积													
2. 对所有者（或股东）的分配													
3. 其他													
(五) 所有者权益内部结转													
1. 资本公积转增资本（或股本）													
2. 盈余公积转增资本（或股本）													
3. 盈余公积弥补亏损													
4. 其他													
四、本年年末余额													

三、所有者权益变动表的编制

(一) 所有者权益变动表项目的填列方法

所有者权益变动表各项目均需填列"本年金额"和"上年金额"两栏。

所有者权益变动表"上年金额"栏内各项数字,应根据上年度所有者权益变动表"本年金额"栏内所列数字填列。上年度所有者权益变动表规定的各个项目的名称和内容同本年度不一致的,应对上年度所有者权益变动表各项目的名称和数字按照本年度的规定进行调整,填入所有者权益变动表的"上年金额"栏内。

所有者权益变动表"本年金额"栏内各项数字一般应根据"实收资本"(或股本)、"资本公积"、"盈余公积"、"利润分配"、"库存股"、"以前年度损益调整"科目的发生额分析填列。

企业的净利润及其分配情况作为所有者权益变动的组成部分,不需要单独编制利润分配表列示。

(二) 所有者权益变动表主要项目说明

(1) "上年年末余额"项目,反映企业上年资产负债表中实收资本(或股本)、资本公积、库存股、盈余公积、未分配利润的年末余额。

(2) "会计政策变更"、"前期差错更正"项目,分别反映企业采用追溯调整或处理的会计政策变更的累积影响金额和采用追溯调整重述法处理的会计差错更正的累积影响金额。

(3) "本年增减变动金额"项目:

① "净利润"项目,反映企业当年实现的净利润(或净亏损)金额。

② "直接计入所有者权益的利得和损失"项目,反映企业当年直接计入所有者权益的利得和损失金额。

A. "权益法下被投资单位其他所有者权益变动的影响"项目,反映企业对按照权益法核算的长期股权投资,在被投资单位除当年实现的净损益以外其他所有者权益变动中应享有的份额。

B. "与计入所有者权益项目相关的所得税影响"项目,反映企业根据所得税会计准则规定应计入所有者权益项目的当年所得税影响金额。

③ "所有者投入和减少资本"项目,反映企业当年所有者投入的资本和减少的资本。

A. "所有者投入资本"项目,反映企业接受投资者投入形成的实收资本(或股本)和资本溢价或股本溢价。

B. "股份支付计入所有者权益的金额"项目,反映企业处于等待期中的权益结算的股份支付当年计入资本公积的金额。

④ "利润分配"项目,反映企业当年的利润分配金额。

⑤ "所有者权益内部结转"项目,反映企业构成所有者权益的组成部分之间的增减变动情况。

A. "资本公积转增资本(或股本)"项目,反映企业以资本公积转增资本或股本的金额。

B. "盈余公积转增资本(或股本)"项目,反映企业以盈余公积转增资本或股本的金额。

C. "盈余公积弥补亏损"项目,反映企业以盈余公积弥补亏损的金额。

第六节 财务报表附注

一、附注的概念和作用

附注是对资产负债表、利润表、现金流量表和所有者权益变动表等报表中列示项目的文字描述或明细资料,以及对未能在这些报表中列示项目的说明等。

通过附注与资产负债表、利润表、现金流量表和所有者权益变动表列示项目的相互参照关系,以及对未能在报表中列示项目的说明,可以使报表使用者全面了解企业的财务状况、经营成果和现金流量。

二、附注的主要内容

附注是财务报表的重要组成部分。企业应当按照如下顺序披露附注的内容:

(一)企业的基本情况

(1)企业注册地、组织形式和总部地址。
(2)企业的业务性质和主要经营活动。
(3)母公司以及集团最终母公司的名称。
(4)财务报告的批准报出者和财务报告批准报出日。

(二)财务报表的编制基础

财务报表的编制基础是指财务报表是在持续经营基础上还是非持续经营基础上编制的。企业一般是在持续经营基础上编制财务报表。清算、破产属于非持续经营基础。

(三)遵循企业会计准则的声明

企业应当声明编制的财务报表符合企业会计准则的要求,真实、完整地反映了企业的财务状况、经营成果和现金流量等有关信息。

(四)重要会计政策和会计估计

企业应当披露采用的重要会计政策和会计估计,不重要的会计政策和会计估计可以不披露。在披露重要会计政策和会计估计时,企业应当披露重要会计政策的确定依据和财务报表项目的计量基础,以及会计估计中所采用的关键假设和不确定因素。

会计政策的确定依据,主要是指企业在运用会计政策过程中所作的对报表中确认的项目金额最具影响的判断。财务报表项目的计量基础,是指企业计量该项目采用的是历史成本、重置成本、可变现净值、现值还是公允价值。

在确定报表中确认的资产和负债的账面金额过程中,企业有时需要对不确定的未来事项在资产负债表日对这些资产和负债的影响加以估计,如企业预计固定资产未来现金流量采用的折现率和假设。这类假设的变动对这些资产和负债项目金额的确定影响很大,有可能会在下一个会计年度内作出重大调整,因此,强调这一披露要求,有助于提高财务报表的可理解性。

(五)会计政策和会计估计变更以及差错更正的说明

企业应当按照会计政策、会计估计变更和差错更正会计准则的规定,披露会计政策和会计估计变更以及差错更正的有关情况。

（六）报表重要项目的说明

企业对报表重要项目的说明，应当按照资产负债表、利润表、现金流量表、所有者权益变动表及其项目列示的顺序，采用文字和数字描述相结合的方式进行披露。报表重要项目的明细金额合计，应当与报表项目金额相衔接，主要包括以下重要项目：

（1）交易性金融资产。企业应当披露交易性金融资产的构成及期初、期末公允价值等信息。

（2）应收款项。企业应当披露应收款项的账龄结构和客户类别以及期初、期末账面余额等信息。

（3）存货。企业应当披露下列信息：

① 存货的分类，取得和发出的计价方法。

② 存货的盘存制度以及周转材料（包括低值易耗品和包装物等）的摊销方法。

③ 存货跌价准备的确认标准和计提方法、可变现净值的确定依据。

（4）长期股权投资。企业应当披露下列信息：

① 长期股权投资初始计量，后续计量及收益确认方法。

② 成本法与权益法的适用范围及具体核算方法。

③ 长期股权投资权益法核算与成本法核算的转换。

④ 长期股权投资的处置。

⑤ 长期股权投资减值准备的确认标准、计提方法。

（5）投资性房地产。企业应当披露下列信息：

① 投资性房地产的界定标准、依据。

② 后续计量及后续计量模式的变更。

③ 房地产转换情况、理由，以及对损益或所有者权益的影响。

④ 当期处置的投资性房地产及其对损益的影响。

（6）固定资产。企业应当披露下列信息：

① 固定资产的确认条件、分类、计量基础和折旧方法。

② 各类固定资产的使用寿命、预计净残值和折旧率。

③ 各类固定资产的期初原价、累计折旧额及固定资产减值准备累计金额。

④ 当期确认的折旧费用。

⑤ 对固定资产所有权的限制及金额和用于担保的固定资产账面价值。

⑥ 准备处置的固定资产名称、账面价值、公允价值、预计处置费用和预计处置时间等。

（7）无形资产。企业应当披露下列信息：

① 无形资产的期初和期末账面余额、累计摊销额及减值准备累计金额。

② 使用寿命有限的无形资产，其使用寿命的估计情况；使用寿命不确定的无形资产，其使用寿命不确定的判断依据。

③ 无形资产的摊销方法。

④ 用于担保的无形资产账面价值、当期摊销额等情况。

⑤ 计入当期损益和确认为无形资产的研究开发支出金额。

(8) 职工薪酬。企业应当披露下列信息：

① 应当支付给职工的工资、奖金、津贴和补贴，及其期末应付未付金额。

② 应当为职工缴纳的医疗保险费、养老保险费、失业保险费、工伤保险费和生育保险费等社会保险费，及其期末应付未付金额。

③ 应当为职工缴存的住房公积金，及其期末应付未付金额。

④ 为职工提供的非货币性福利，及其计算依据。

⑤ 应当支付的因解除劳务关系给予的补偿，及其期末应付未付金额。

⑥ 其他职工薪酬。

(9) 应交税费。企业应当披露应交税费的构成及期初、期末账面余额等信息。

(10) 短期借款和长期借款。企业应当披露短期借款、长期借款的构成及期初、期末账面余额等信息。对于期末逾期借款，应分别贷款单位、借款金额、逾期时间、年利率、逾期未偿还原因和预期还款期等进行披露。

(11) 应付债券。企业应当披露应付债券的构成及期初、期末账面余额等信息。

(12) 长期应付款。企业应当披露长期应付款的构成及期初、期末账面余额等信息。

(13) 营业收入。企业应当披露营业收入的构成及本期、上期发生额等信息。

(14) 公允价值变动收益。企业应当披露公允价值变动收益的来源及本期、上期发生额等信息。

(15) 投资收益。企业应当披露投资收益的来源及本期、上期发生额等信息。

(16) 减值损失。企业应当披露各项资产的减值损失及本期、上期发生额等信息。

(17) 营业外收入。企业应当披露营业外收入的构成及本期、上期发生额等信息。

(18) 营业外支出。企业应当披露营业外支出的构成及本期、上期发生额等信息。

(19) 所得税。企业应当披露下列信息：

① 所得税费用(收益)的主要组成部分。

② 所得税费用(收益)与会计利润关系的说明。

(20) 政府补助。企业应当披露下列信息：

① 政府补助的种类及金额。

② 计入当期损益的政府补助金额。

③ 本期返还的政府补助金额及原因。

(21) 借款费用。企业应当披露下列信息：

① 当期资本化的借款费用金额。

② 当期用于计算确定借款费用资本化金额的资本化率。

(七) 其他需要说明的重要事项

这些重要事项主要包括或有事项、资产负债表日后非调整事项、关联方关系及其交易等。

第七节 主要财务指标分析

财务分析是以企业财务报告及其他相关资料为主要依据，对企业的财务状况和经营成果进行评价和剖析,反映企业在运营过程中的利弊得失和发展趋势,从而为改进企业财务管理工作和优化经济决策提供重要的依据。

总结和评价企业财务状况与经营成果的分析指标包括偿债能力、运营能力、获利能力、发展能力和综合指标。

一、偿债能力指标

偿债能力是指企业偿还到期债务(包括本息)的能力。偿债能力指标包括短期偿债能力指标和长期偿债能力指标。

(一)短期偿债能力指标

短期偿债能力是指企业流动资产对流动负债及时足额偿还的保证程度,是衡量企业当期财务能力,特别是流动资产变现能力的重要标志。企业短期偿债能力的衡量指标主要有两项:流动比率和速动比率。

1. 流动比率

流动比率是流动资产与流动负债的比率,它表明企业每一元流动负债有多少流动资产作为偿还保证,反映企业用可在短期内转变为现金的流动资产偿还到期流动负债的能力。其计算公式为:

$$流动比率 = 流动资产/流动负债$$

一般情况下,流动比率越高,说明企业短期偿债能力越强,债权人的权益越有保证。国际上通常认为,流动比率的下限为100%;而流动比率等于200%时较为适当,它表明企业财务状况稳定可靠,除了满足日常生产经营的流动资金需要外,还有足够的财力偿付到期短期债务。如果比例过低,则表明企业可能捉襟见肘,难以如期偿还债务。但是,流动比率也不可以过高,过高则表明企业流动资产占用较多,会影响资金的使用效率和企业的筹资成本,进而影响获利能力。究竟应保持多高水平的流动比率,主要视企业对待风险与收益的态度予以确定。

运用流动比率时,必须注意以下几个问题:

(1)虽然流动比率越高企业偿还短期债务的流动资产保证程度越强,但这并不等于说企业已有足够的现金或存款用来偿债。流动比率高也可能是存货积压、应收账款增多且收账期延长,以及待摊费用和待处理财产损失增加所致,而真正可用来偿债的现金和存款却严重短缺。所以,企业应在分析流动比率的基础上,进一步对现金流量加以考察。

(2)从短期债权人的角度,自然希望流动比率越高越好。但从企业经营角度看,过高的流动比率通常意味着企业闲置资金的持有量过多,必然造成企业机会成本的增加和获利能力的降低。因此,企业应尽可能将流动比率维持在不使货币资金闲置的水平。

(3)流动比率是否合理,不同的企业以及同一企业不同时期的评价标准是不同的,因此,不应用统一的标准来评价各企业流动比率合理与否。

(4)在分析流动比率时应剔除一些虚假因素的影响。

2. 速动比率

速动比率是企业速动资产与流动负债的比率。所谓速动资产,是指流动资产减去变现能力较差且不稳定的存货、预付账款、一年内到期的非流动资产和其他流动资产等之后的余额。由于剔除了存货等变现能力较弱且不稳定的资产,因此,速动比率较之流动比率能够更加准确、可靠地评价企业资产的流动性及其偿还短期负债的能力。其计算公式为:

$$速动比率＝速动资产/流动负债$$

其中:

$$速动资产＝货币资金＋交易性金融资产＋应收账款＋应收票据$$
$$速动资产＝流动资产－存货－预付账款－一年内到期的非流动资产－其他流动资产$$

注:报表中如有应收利息、应收股利和其他应收款项目,可视情况归入速动资产项目。

一般情况下,速动比率越高,说明企业偿还流动负债的能力越强。国际上通常认为,速动比率等于100%时较为适当。如果速动比率小于100%,必然使企业面临很大的偿债风险。如果速动比率大于100%,尽管企业偿还的安全性很高,但却会因企业现金及应收账款占用过多而大大增加企业的机会成本。

(二) 长期偿债能力指标

长期偿债能力是指企业偿还长期负债的能力。企业长期偿债能力的衡量指标主要有两项:资产负债率和产权比率。

1. 资产负债率

资产负债率又称负债比率,指企业负债总额对资产总额的比率。它表明在企业资产总额中,债权人提供资金所占的比重,以及企业资产对债权人权益的保障程度。其计算公式为:

$$资产负债率(又称负债比率)＝负债总额/资产总额$$

一般情况下,资产负债率越小,说明企业长期偿债能力越强。但是,也并非说该指标对谁都是越小越好。从债权人来说,该指标越小越好,这样企业偿债越有保证。从企业所有者来说,如果该指标较大,说明利用较少的自有资本投资形成较多的生产经营用资产,不仅扩大了生产经营规模,而且在经营状况良好的情况下,还可以利用财务杠杆的原理,得到较多的投资利润,如果该指标过小则表明企业对财务杠杆利用不够。但资产负债率过大,则表明企业的债务负担重,企业资金实力不强,不仅对债权人不利,而且企业有濒临倒闭的危险。此外,企业的长期偿债能力与获利能力密切相关,因此企业的经营决策者应当将偿债能力指标(风险)与获利能力指标(收益)结合起来分析,予以平衡考虑。保守的观点认为资产负债率不应高于50%,而国际上通常认为资产负债率等于60%时较为适当。

2. 产权比率

产权比率是指企业负债总额与所有者权益总额的比率,是企业财务结构稳健与否的重要标志,也称资本负债率。它反映企业所有者权益对债权人权益的保障程度。其计算公式为:

$$产权比率＝负债总额/所有者权益$$

一般情况下,产权比率越低,说明企业长期偿债能力越强,债权人权益的保障程度越高、承担的风险越小,但企业不能充分发挥负债的财务杠杆效应。所以,企业在评价产权比率适度与否时,应从获利能力与增强偿债能力两个方面综合进行,即在保障债务偿还安全的前提下,应尽可能提高产权比率。

二、运营能力指标

运营能力是指企业基于外部市场环境的约束,通过内部人力资源和生产资料的配置组合而对财务目标实现所产生作用的大小。运营能力指标主要包括生产资料运营能力指标。

企业拥有或控制的生产资料表现为对各项资产的占用。因此,生产资料的运营能力实际上就是企业的总资产及其各个组成要素的运营能力。资产运营能力的强弱取决于资产的周转速度、资产运行状况、资产管理水平等多种因素。比如说资产的周转速度,一般说来,周转速度越快,资产的使用效率越高,则资产运营能力越强;反之,运营能力就越差。资产周转速度通常用周转率和周转期来表示。所谓周转率,即企业在一定时期内资产的周转额与平均余额的比率,它反映企业资产在一定时期的周转次数。周转次数越多,表明周转速度越快,资产运营能力越强。这一指标的反指标是周转天数,它是周转次数的倒数与计算期天数的乘积,反映资产周转一次所需要的天数。周转天数越少,表明周转速度越快,资产运营能力越强。两者的计算公式分别如下:

$$周转率(周转次数) = 周转额/资产平均余额$$

$$周转期(周转天数) = 计算期天数 \div 周转次数 = 资产平均余额 \times 计算期天数 \div 周转额$$

具体地说,生产资料运营能力分析可以从以下几个方面进行:流动资产周转情况分析、固定资产周转情况分析以及总资产周转情况分析等。

1. 流动资产周转情况

反映流动资产周转情况的指标主要有应收账款周转率、存货周转率和流动资产周转率。

(1) 应收账款周转率

它是企业一定时期营业收入(或销售收入,本章下同)与平均应收账款余额的比率,是反映应收账款周转速度的指标。其计算公式为:

$$应收账款周转率(周转次数) = 营业收入/平均应收账款余额$$

其中:平均应收账款余额 = (应收账款余额年初数 + 应收账款余额年末数) ÷ 2

$$应收账款周转期(周转天数) = 平均应收账款余额 \times 360/营业收入$$

应收账款周转率反映了企业应收账款变现速度的快慢及管理效率的高低,周转率高表明:①收账迅速,账龄较短;②资产流动性强,短期偿债能力强;③可以减少收账费用和坏账损失,从而相对增加企业流动资产的投资收益。同时借助应收账款周转期与企业信用期限的比较,还可以评价购买单位的信誉程度,以及企业原定的信用条件是否适当。

利用上述公式计算应收账款周转率时,需要注意以下几个问题:

① 公式中的应收账款包括会计核算中"应收账款"和"应收票据"等全部赊销账款在内。

② 如果应收账款余额的波动性较大,应尽可能使用更详尽的计算资料,如按每月的应收账款余额来计算其平均占用额。

③ 分子、分母的数据应注意时间的对应性。

(2) 存货周转率

它是企业一定时期营业成本(或销售成本,本章下同)与平均存货余额的比率,是反映企业流动资产流动性的一个指标,也是衡量企业生产经营各环节中存货运营效率的一个综合性指标。其计算公式为:

$$存货周转率(周转次数)=营业成本/平均存货余额$$

其中: 平均存货余额＝(存货余额年初数＋存货余额年末数)÷2

$$存货周转期(周转天数)=平均存货余额\times 360/营业成本$$

存货周转速度的快慢不仅反映出企业采购、储存、生产、销售各环节管理工作状况的好坏,而且对企业的偿债能力及获利能力产生决定性的影响。一般来讲,存货周转率越高越好,存货周转率越高,表明其变现的速度越快,周转额越大,资金占用水平越低。因此,通过存货周转分析,有利于找出存货管理存在的问题,尽可能降低资金占用水平。存货既不能储存过少,否则可能造成生产中断或销售紧张;又不能储存过多,而形成呆滞、积压。一定要保持结构合理、质量可靠。其次,存货是流动资产的重要组成部分,其质量和流动性对企业流动比率具有举足轻重的影响,并进而影响企业的短期偿债能力。因此,一定要加强存货的管理,来提高其投资的变现能力和获利能力。

在计算存货周转率时应注意以下 2 个问题:①存货计价方法对存货周转率具有较大的影响,因此,在分析企业不同时期或不同企业的存货周转率时,应注意存货计价方法的口径是否一致;②分子、分母的数据应注意时间的对应性。

(3) 流动资产周转率

它是企业一定时期营业收入与平均流动资产总额的比率,是反映企业流动资产周转速度的指标。其计算公式为:

$$流动资产周转率(周转次数)=营业收入/平均流动资产总额$$

其中:平均流动资产总额＝(流动资产总额年初数＋流动资产总额年末数)÷2

$$流动资产周转期(周转天数)=平均流动资产总额\times 360/营业收入$$

在一定时期内,流动资产周转次数越多,表明以相同的流动资产完成的周转额越多,流动资产利用效果越好。从流动资产周转天数来看,周转一次所需要的天数越少,表明流动资产在经历生产和销售各阶段时所占用的时间越短。生产经营任何一个环节上的工作改善,都会反映到周转天数的缩短上来。

2. 固定资产周转情况

反映固定资产周转情况的主要指标是固定资产周转率,它是企业一定时期营业收入与平均固定资产净值的比值,是衡量固定资产利用效率的一项指标。其计算公式为:

$$固定资产周转率(周转次数)=营业收入/平均固定资产净值$$

其中:平均固定资产净值＝(固定资产净值年初数＋固定资产净值年末数)÷2

$$固定资产周转期(周转天数)=平均固定资产净值\times 360/营业收入$$

需要说明的是,与固定资产有关的价值指标有固定资产原价、固定资产净值和固定资产净额等。其中,固定资产原价是指固定资产的历史成本。固定资产净值为固定资产原价扣除已计提的累计折旧后的金额(即,固定资产净值＝固定资产原价－累计折旧)。固定资产净额则是固定资产原价扣除已计提的累计折旧以及已计提的减值准备后的余额(即,固定资产净额＝固定资产原价－累计折旧－已计提减值准备)。

一般情况下,固定资产周转率越高,表明企业固定资产利用越充分,同时也能表明企业固定资产投资得当,固定资产结构合理,能够充分发挥效率;反之,如果固定资产周转率不高,则表明固定资产使用效率不高,提供的生产成果不多,企业的运营能力不强。

运用固定资产周转率时,需要考虑固定资产因计提折旧其净值在不断减少,以及因更新重置其净值突然增加的影响。同时,由于折旧方法的不同,可能影响其可比性。故在分析时,一定要剔除掉这些不可比因素。

3. 总资产周转情况

反映总资产周转情况的主要指标是总资产周转率,它是企业一定时期营业收入与平均资产总额的比值,可以用来反映企业全部资产的利用效率。其计算公式为:

$$总资产周转率(周转次数)＝营业收入/平均资产总额$$

其中： 平均资产总额＝(资产总额年初数＋资产总额年末数)÷2

$$总资产周转期(周转天数)＝平均资产总额×360/营业收入$$

总资产周转率越高,表明企业全部资产的使用效率越高;反之,如果该指标较低,则说明企业利用全部资产进行经营的效率较差,最终会影响企业的获利能力。企业应采取各项措施来提高企业的资产利用程度,比如提高销售收入或处理多余的资产。

三、获利能力指标

对增值的不断追求是企业资金运动的动力源泉与直接目的。获利能力就是企业资金增值的能力,通常表现为企业收益数额的大小与水平的高低。由于企业会计的六大要素有机统一于企业资金运动过程,并通过筹资、投资活动取得收入,补偿成本费用,从而实现利润目标。因此,可以按照会计基本要素设置营业利润率、成本费用利润率、总资产报酬率和净资产收益率四项指标,借以评价企业各要素的获利能力及资本保值增值情况。此外,上市公司经常使用的获利能力指标还有每股股利和每股净资产等。

(一)营业利润率

营业利润率是企业一定时期营业利润与营业收入的比率。其计算公式为:

$$营业利润率＝营业利润/营业收入$$

营业利润率越高,表明企业市场竞争力越强,发展潜力越大,盈利能力越强。

需要说明的是,从利润表来看,企业的利润包括营业利润、利润总额和净利润三种形式。而营业收入包括主营业务收入和其他业务收入,收入的来源有商品销售收入、提供劳务收入和资产使用权让渡收入等。因此,在实务中也经常使用营业净利率、营业毛利率等指标(计算公式如下)来分析企业经营业务的获利水平。此外,通过考察营业利润占整个利润总额比重的升降,可以发现企业经营理财状况的稳定性、面临的危险或者可能出现的转机迹象。

$$营业净利率＝净利润/营业收入$$

$$营业毛利率＝(营业收入－营业成本)/营业收入$$

（二）成本费用利润率

成本费用利润率是企业一定时期利润总额与成本费用总额的比率。其计算公式为：

$$成本费用利润率＝利润总额/成本费用总额$$

其中：成本费用总额＝营业成本＋营业税金及附加＋销售费用＋管理费用＋财务费用

该指标越高，表明企业为取得利润而付出的代价越小，成本费用控制得越好，获利能力越强。同利润一样，成本费用的口径也可以分为不同的层次，比如主营业务成本、营业成本等。在评价成本费用开支效果时，应当注意成本费用与利润之间在计算层次和口径上的对应关系。

（三）总资产报酬率

总资产报酬率是企业一定时期内获得的报酬总额与平均资产总额的比率。它是反映企业资产综合利用效果的指标，也是衡量企业利用债权人和所有者权益总额所取得盈利的重要指标。其计算公式为：

$$总资产报酬率＝息税前利润总额/平均资产总额$$

其中：息税前利润总额＝利润总额＋利息支出＝净利润＋所得税＋利息支出

总资产报酬率全面反映了企业全部资产的获利水平，企业所有者和债权人对该指标都非常关心。一般情况下，该指标越高，表明企业的资产利用效益越好，整个企业获利能力越强，经营管理水平越高。企业还可以将该指标与市场资本利率进行比较，如果前者较后者大，则说明企业可以充分利用财务杠杆，适当举债经营，以获得更多的收益。

（四）净资产收益率

净资产收益率是企业一定时期净利润与平均净资产的比率。它是反映企业自有资金投资收益水平的指标。其计算公式为：

$$净资产收益率＝净利润/平均净资产$$

其中：　　　平均净资产＝（所有者权益年初数＋所有者权益年末数）/2

净资产收益率是评价企业自有资本及其积累获取报酬水平的最具综合性与代表性的指标，反映企业资本运营的综合收益。该指标通用性强，适用范围广，不受行业局限，在国际上的企业综合评价中使用率非常高。通过对该指标的综合对比分析，可以看出企业获利能力在同行业中所处地位，以及与同类企业的差异水平。一般认为，净资产收益率越高，企业自有资本获取收益的能力越强，运营效益越好，对企业投资人、债权人利益的保证程度越高。

四、发展能力指标

发展能力是企业在生存的基础上，扩大规模、壮大实力的潜在能力。分析发展能力主要考察以下四项指标：营业收入增长率、资本保值增值率、总资产增长率和营业利润增长率。

（一）营业收入增长率

营业收入增长率是企业本年营业收入增长额与上年营业收入总额的比率。它反映企业营业收入的增减变动情况，是评价企业成长状况和发展能力的重要指标。其计算公式为：

$$营业收入增长率＝本年营业收入增长额/上年营业收入总额$$

其中：　本年营业收入增长额＝本年营业收入总额－上年营业收入总额

营业收入增长率是衡量企业经营状况和市场占有能力、预测企业经营业务拓展趋势的重要标志。不断增加的营业收入，是企业生存的基础和发展的条件。该指标若大于零，表明企业本年营业收入有所增长，指标值越高，表明增长速度越快，企业市场前景越好。若该指标小于零，则说明产品或服务不适销对路、质次价高，或是在售后服务等方面存在问题，市场份额萎缩。该指标在实际操作时，应结合企业历年的营业收入水平、企业市场占有情况、行业未来发展及其他影响企业发展的潜在因素进行前瞻性预测，或者结合企业前三年的营业收入增长率作出趋势性分析判断。

（二）资本保值增值率

资本保值增值率是企业扣除客观因素后的本年末所有者权益总额与年初所有者权益总额的比率，反映企业当年资本在企业自身努力下实际增减变动的情况。其计算公式为：

资本保值增值率＝扣除客观因素后的本年末所有者权益总额/年初所有者权益总额

一般认为，资本保值增值率越高，表明企业的资本保全状况越好，所有者权益增长越快，债权人的债务越有保障。该指标通常应当大于100%。

（三）总资产增长率

总资产增长率是企业本年总资产增长额同年初资产总额的比率，它反映企业本期资产规模的增长情况。其计算公式为：

总资产增长率＝本年总资产增长额/年初资产总额

其中：　本年总资产增长额＝资产总额年末数－资产总额年初数

总资产增长率是从企业资产总量扩张方面衡量企业的发展能力，表明企业规模增长水平对企业发展后劲的影响。该指标越高，表明企业一定时期内资产经营规模扩张的速度越快。但在实际分析时，应注意考虑资产规模扩张质和量的关系，以及企业的后续发展能力，避免资产盲目扩张。

（四）营业利润增长率

营业利润增长率是企业本年营业利润增长额与上年营业利润总额的比率，反映企业营业利润的增减变动情况。其计算公式为：

营业利润增长率＝本年营业利润增长额/上年营业利润总额

其中：　本年营业利润增长额＝本年营业利润总额－上年营业利润总额

五、综合指标分析

（一）综合指标分析概述

财务分析的最终目的在于全方位地了解企业经营理财的状况，并借以对企业经济效益的优劣作出系统、合理的评价。单独分析任何一项财务指标，都难以全面评价企业的财务状况和经营成果，要想对企业财务状况和经营成果有一个总的评价，就必须进行相互关联的分析，采用适当的标准进行综合性的评价。所谓综合指标分析，就是将运营能力、偿债能力、获利能力和发展能力指标等诸方面纳入一个有机的整体之中，全面地对企业经营状况、财务状况进行揭示和披露，从而对企业经济效益的优劣作出准确的判断和评价。

综合指标分析的特点,体现在其财务指标体系的要求上。一个健全有效的综合财务指标体系必须具备三个基本要素:

1. 指标要素齐全适当

这是指所设置的评价指标必须能够涵盖企业运营能力、偿债能力和获利能力等诸方面总体考核的要求。

2. 主辅指标功能匹配

这里要强调两个方面:①在确立运营能力、支付能力和获利能力诸方面评价的主要指标与辅助指标的同时,进一步明晰总体结构中各项指标的主辅地位;②不同范畴的主要考核指标所反映的企业经营状况、财务状况的不同侧面与不同层次的信息有机统一,应当能够全面而详实地揭示出企业经营理财实绩。

3. 满足多方信息需要

这是要求评价指标体系必须能够提供多层次、多角度的信息资料,既能满足企业内部管理当局实施决策对充分而具体的财务信息的需要,同时又能满足外部投资者和政府凭以决策和实施宏观调控的要求。

(二) 综合指标的分析方法

综合指标分析的方法很多,其中应用比较广泛的有杜邦财务分析体系。

杜邦财务分析体系,是利用各财务指标间的内在关系,对企业综合经营理财及经济效益进行系统分析评价的方法。其最初由美国杜邦公司创立并成功运用而得名。该体系以净资产收益率为核心,将其分解为若干财务指标,通过分析各分解指标的变动对净资产收益率的影响来揭示企业获利能力及其变动原因。

杜邦体系各主要指标之间的关系如下:

$$净资产收益率 = 总资产净利率 \times 权益乘数$$
$$= 营业净利率 \times 总资产周转率 \times 权益乘数$$

其中:
$$营业净利率 = 净利润 \div 营业收入$$
$$总资产周转率 = 营业收入 \div 平均资产总额$$
$$权益乘数 = 资产总额 \div 所有者权益总额$$
$$= 1 \div (1 - 资产负债率)$$

在具体运用杜邦体系进行分析时,可以采用因素分析法,首先确定营业净利率、总资产周转率和权益乘数的基准值,然后顺次代入这三个指标的实际值,分别计算分析这三个指标的变动对净资产收益率的影响方向和程度,还可以使用因素分析法进一步分解各个指标并分析其变动的深层次原因找出解决的方法。

第八节 综合举例

一、华厦公司的基础数据

华厦公司为一般纳税人,适用的增值税税率为17%,所得税税率为25%;原材料采用计划成本进行核算。该公司2011年12月31日的资产负债表见表16-5。其中"应收账款"科目的期末余额为4 000 000元,"坏账准备"科目的期末余额为9 000元。其他诸如存货、长期股权投资、固定资产、无形资产等资产都没有计提资产减值准备。

表 16-5　资产负债表　　　　会企01表

编制单位:华厦公司　　　　2011年12月31日　　　　单位:元

资　产	金　额	负债和所有者权益(或股东权益)	金　额
流动资产:		流动负债:	
货币资金	14 063 000	短期借款	3 000 000
交易性金融资产	150 000	交易性金融负债	
应收票据	2 460 000	应付票据	2 000 000
应收账款	3 991 000	应付账款	9 548 000
预付款项	1 000 000	预收款项	
应收利息		应付职工薪酬	1 100 000
应收股利		应交税费	366 000
其他应收款	3 050 000	应付利息	
存货	25 800 000	应付股利	
一年内到期的非流动资产		其他应付款	500 000
其他流动资产		一年内到期的非流动负债	
流动资产合计	50 514 000	其他流动负债	10 000 000
非流动资产:		流动负债合计	26 514 000
可供出售金融资产		非流动负债:	
持有至到期投资		长期借款	6 000 000
长期应收款		应付债券	
长期股权投资	2 500 000	长期应付款	
投资性房地产		专项应付款	
固定资产	8 000 000	预计负债	
在建工程	15 000 000	递延所得税负债	
工程物资		其他非流动负债	
固定资产清理		非流动负债合计	6 000 000
生产性生物资产		负债合计	32 514 000
油气资产		所有者权益(或股东权益):	
无形资产	6 000 000	实收资本(或股本)	50 000 000
开发支出		资本公积	
商誉		减:库存股	
长期待摊费用		盈余公积	1 000 000
递延所得税资产		未分配利润	500 000
其他非流动资产	2 000 000	所有者权益合计	51 500 000
非流动资产合计	33 500 000		
资产总计	84 014 000	负债和所有者权益总计	84 014 000

2012年,华厦公司共发生如下经济业务:

(1) 收到银行通知,用银行存款支付到期的商业承兑汇票1 000 000元。

(2) 购入原材料一批,收到的增值税专用发票上注明的原材料价款为1 500 000元,增值税进项税额为255 000元,款项已通过银行转账支付,材料尚未验收入库。

(3) 收到原材料一批,实际成本 1 000 000 元,计划成本 950 000 元,材料已验收入库,货款已于上月支付。

(4) 用银行汇票支付采购材料价款,公司收到开户银行转来银行汇票多余款收账通知,通知上填写的多余款为 2 340 元,购入材料及运费 998 000 元,支付的增值税进项税额 169 660 元,原材料已验收入库,该批原材料计划成本 1 000 000 元。

(5) 销售产品一批,开出的增值税专用发票上注明的销售价款为 3 000 000 元,增值税销项税额为 510 000 元,货款尚未收到。该批产品实际成本 1 800 000 元,产品已发出。

(6) 公司将交易性金融资产(股票投资)兑现 165 000 元,该投资的成本为 130 000 元,公允价值变动为增值 20 000 元,处置收益为 15 000 元,均存入银行。

(7) 购入不需安装的设备一台,收到的增值税专用发票上注明的设备价款为 854 700 元,增值税进项税额为 145 300 元,支付包装费、运费 10 000 元。价款及包装费、运费均以银行存款支付。设备已交付使用。

(8) 购入工程物资一批用于建造厂房,收到的增值税专用发票上注明的物资价款和增值税进项税额合计为 1 500 000 元,款项已通过银行转账支付。

(9) 工程应付薪酬 2 280 000 元。

(10) 一项工程完工,交付生产使用,已办理竣工手续,固定资产价值 14 000 000 元。

(11) 基本生产车间一台机床报废,原价 2 000 000 元,已提折旧 1 800 000 元,清理费用 5 000 元,残值收入 8 000 元,均通过银行存款收支。该项固定资产已清理完毕。

(12) 从银行借入三年期借款 10 000 000 元,借款已存入银行账户。

(13) 销售产品一批,开出的增值税专用发票上注明的销售价款为 7 000 000 元,增值税销项税额为 1 190 000 元,款项已存入银行。销售产品的实际成本为 4 200 000 元。

(14) 公司将要到期的一张面值为 2 000 000 元的无息银行承兑汇票(不含增值税),连同解讫通知和进账单交银行办理转账。收到银行盖章返回的进账单一联。款项银行已收妥。

(15) 公司出售一台不需用设备,收到价款 3 000 000 元,该设备原价 4 000 000 元,已提折旧 1 500 000 元。该项设备已由购入单位运走,不考虑相关税费。

(16) 取得交易性金融资产(股票投资),价款 1 030 000 元,交易费用 20 000 元,已用银行存款支付。

(17) 支付工资 5 000 000 元,其中包括支付在建工程人员的工资 2 000 000 元。

(18) 分配应支付的职工工资 3 000 000 元(不包括在建工程应负担的工资),其中生产人员薪酬 2 750 000 元,车间管理人员薪酬 100 000 元,行政管理部门人员薪酬 150 000 元。

(19) 提取职工福利费 420 000 元(不包括在建工程应负担的福利费 280 000 元),其中生产工人福利费 385 000 元,车间管理人员福利费 14 000 元,行政管理部门福利费 21 000 元。

(20) 基本生产车间领用原材料,计划成本为 7 000 000 元,领用低值易耗品,计划成本 500 000 元,采用一次摊销法摊销。

(21) 结转领用原材料应分摊的材料成本差异。材料成本差异率为 5%。

(22) 计提无形资产摊销 600 000 元;以银行存款支付基本生产车间水电费 900 000 元。

(23) 计提固定资产折旧 1 000 000 元,其中计入制造费用 800 000 元,管理费用 200 000

元。计提固定资产减值准备 300 000 元。

(24) 收到应收账款 510 000 元,存入银行。计提应收账款坏账准备 9 000 元。

(25) 用银行存款支付产品展览费 100 000 元。

(26) 计算并结转本期完工产品成本 12 824 000 元。期末没有在产品,本期生产的产品全部完工入库。

(27) 广告费 100 000 元,已用银行存款支付。

(28) 公司采用商业承兑汇票结算方式销售产品一批,开出的增值税专用发票上注明的销售价款为 2 500 000 元,增值税销项税额为 425 000 元,收到 2 925 000 元的商业承兑汇票一张。产品实际成本为 1 500 000 元。

(29) 公司将上述承兑汇票到银行办理贴现,贴现息为 200 000 元。

(30) 公司本期产品销售应交纳的教育费附加为 20 000 元。

(31) 用银行存款交纳增值税 1 000 000 元;教育费附加 20 000 元。

(32) 本期在建工程应负担的长期借款利息费用 2 000 000 元,长期借款为分期付息。

(33) 提取应计入本期损益的长期借款利息费用 100 000 元,长期借款为分期付息。

(34) 归还短期借款本金 2 500 000 元。

(35) 支付长期借款利息 2 100 000 元。

(36) 偿还长期借款 6 000 000 元。

(37) 上年度销售产品一批,开出的增值税专用发票上注明的销售价款为 100 000 元,增值税销项税额为 17 000 元,购货方开出商业承兑汇票。本期由于购货方发生财务困难,无法按合同规定偿还债务,经双方协议,公司同意购货方用产品抵偿该应收票据。用于抵债的产品市价为 80 000 元,增值税税率为 17%。

(38) 持有的交易性金融资产的公允价值为 1 050 000 元。

(39) 结转本期产品销售成本 7 500 000 元。

(40) 假设本例中,除计提固定资产减值准备 300 000 元造成固定资产账面价值与其计税基础存在差异外,不考虑其他项目的所得税影响。企业按照税法规定计算确定的应交所得税为 948 650 元,递延所得税资产为 75 000 元。

(41) 将各收支科目结转本年净利润。

(42) 按照净利润的 10% 提取法定盈余公积金。

(43) 将利润分配各明细科目的余额转入"未分配利润"明细科目,结转本年利润。

(44) 用银行存款交纳当年应交所得税。

要求:编制公司 2012 年度经济业务的会计分录,并在此基础上编制资产负债表、利润表、现金流量表和所有者权益变动表,并对主要财务指标进行分析。

二、编制会计分录

(1) 借:应付票据　1 000 000
　　　贷:银行存款　1 000 000

(2) 借:材料采购　1 500 000
　　　应交税费——应交增值税(进项税额)　255 000
　　　贷:银行存款　1 755 000

(3) 借:原材料　950 000
　　　材料成本差异　50 000
　　贷:材料采购　1 000 000

(4) 借:材料采购　998 000
　　　银行存款　2 340
　　　应交税费——应交增值税(进项税额)　169 660
　　贷:其他货币资金　1 170 000
　　借:原材料　1 000 000
　　贷:材料采购　998 000
　　　材料成本差异　2 000

(5) 借:应收账款　3 510 000
　　贷:主营业务收入　3 000 000
　　　应交税费——应交增值税(销项税额)　510 000

(6) 借:银行存款　165 000
　　贷:交易性金融资产——成本　130 000
　　　　　　　　　　　——公允价值变动　20 000
　　　投资收益　15 000
　　借:公允价值变动损益　20 000
　　贷:投资收益　20 000

(7) 借:固定资产　854 700
　　　应交税费——应交增值税(进项税额)　145 300
　　　包装费、运费　10 000
　　贷:银行存款　1 010 000

(8) 借:工程物资　1 500 000
　　贷:银行存款　1 500 000

(9) 借:在建工程　2 280 000
　　贷:应付职工薪酬　2 280 000

(10) 借:固定资产　14 000 000
　　　贷:在建工程　14 000 000

(11) 借:固定资产清理　200 000
　　　　累计折旧　1 800 000
　　　贷:固定资产　2 000 000
　　　借:固定资产清理　5 000
　　　　贷:银行存款　5 000
　　　借:银行存款　8 000
　　　　贷:固定资产清理　8 000
　　　借:营业外支出——处置固定资产净损失　197 000

　　　　　贷:固定资产清理　197 000
　（12）借:银行存款　10 000 000
　　　　　贷:长期借款　10 000 000
　（13）借:银行存款　8 190 000
　　　　　贷:主营业务收入　7 000 000
　　　　　　　应交税费——应交增值税(销项税额)1 190 000
　（14）借:银行存款　2 000 000
　　　　　贷:应收票据　2 000 000
　（15）借:固定资产清理　2 500 000
　　　　　累计折旧　1 500 000
　　　　　贷:固定资产　4 000 000
　　　　借:银行存款　3 000 000
　　　　　贷:固定资产清理　3 000 000
　　　　借:固定资产清理　500 000
　　　　　贷:营业外收入——处置固定资产净收益　500 000
　（16）借:交易性金融资产　1 030 000
　　　　　投资收益　20 000
　　　　　贷:银行存款　1 050 000
　（17）借:应付职工薪酬　5 000 000
　　　　　贷:银行存款　5 000 000
　（18）借:生产成本　2 750 000
　　　　　制造费用　100 000
　　　　　管理费用　150 000
　　　　　贷:应付职工薪酬——工资　3 000 000
　（19）借:生产成本　385 000
　　　　　制造费用　14 000
　　　　　管理费用　21 000
　　　　　贷:应付职工薪酬——职工福利　420 000
　（20）借:生产成本　7 000 000
　　　　　贷:原材料　7 000 000
　　　　借:制造费用　500 000
　　　　　贷:周转材料　500 000
　（21）借:生产成本　350 000
　　　　　制造费用　25 000
　　　　　贷:材料成本差异　375 000
　（22）借:管理费用——无形资产摊销　600 000
　　　　　贷:累计摊销　600 000

借:制造费用——水电费　900 000
　　贷:银行存款　900 000

(23) 借:制造费用——折旧费　800 000
　　　　管理费用——折旧费　200 000
　　　贷:累计折旧　1 000 000
　　借:资产减值损失——计提的固定资产减值　300 000
　　　贷:固定资产减值准备　300 000

(24) 借:银行存款　510 000
　　　贷:应收账款　510 000
　　借:资产减值损失——坏账准备　9 000
　　　贷:坏账准备　9 000

(25) 借:销售费用——展览费　100 000
　　　贷:银行存款　100 000

(26) 借:生产成本　2 339 000
　　　贷:制造费用　2 339 000
　　借:库存商品　12 824 000
　　　贷:生产成本　12 824 000

(27) 借:销售费用——广告费　100 000
　　　贷:银行存款　100 000

(28) 借:应收票据　2 925 000
　　　贷:主营业务收入　2 500 000
　　　　　应交税费——应交增值税(销项税额)　425 000

(29) 借:财务费用　200 000
　　　　银行存款　2 725 000
　　　贷:应收票据　2 925 000

(30) 借:营业税金及附加　20 000
　　　贷:应交税费——应交教育费附加　20 000

(31) 借:应交税费——应交增值税(已交税金)　1 000 000
　　　　　　　　——应交教育费附加　20 000
　　　贷:银行存款　1 020 000

(32) 借:在建工程　2 000 000
　　　贷:应付利息　2 000 000

(33) 借:财务费用　100 000
　　　贷:应付利息　100 000

(34) 借:短期借款　2 500 000
　　　贷:银行存款　2 500 000

(35) 借:应付利息　2 100 000

　　　　贷:银行存款　2 100 000
(36) 借:长期借款　6 000 000
　　　　贷:银行存款　6 000 000
(37) 借:库存商品　80 000
　　　　应交税费——应交增值税(进项税额)　13 600
　　　　营业外支出——债务重组损失　23 400
　　　　贷:应收票据　117 000
(38) 借:交易性金融资产——公允价值变动　20 000
　　　　贷:公允价值变动损益　20 000
(39) 借:主营业务成本　7 500 000
　　　　贷:库存商品　7 500 000
(40) 借:所得税费用——当期所得税费用　948 650
　　　　贷:应交税费——应交所得税　948 650
　　借:递延所得税资产　75 000
　　　　贷:所得税费用——递延所得税费用　75 000
(41) 借:主营业务收入　12 500 000
　　　　营业外收入　500 000
　　　　投资收益　15 000
　　　　贷:本年利润　13 015 000
　　借:本年利润　9 520 400
　　　　贷:主营业务成本　7 500 000
　　　　　　营业税金及附加　20 000
　　　　　　销售费用　200 000
　　　　　　管理费用　971 000
　　　　　　财务费用　300 000
　　　　　　资产减值损失　309 000
　　　　　　营业外支出　220 400
　　借:本年利润　873 650
　　　　贷:所得税费用　873 650
(42) 借:利润分配——提取法定盈余公积　262 095
　　　　贷:盈余公积——法定盈余公积　262 095
　　提取法定盈余公积数额=(13 015 000-9 520 400-873 650)×10%=262 095元
(43) 借:利润分配——未分配利润　262 095
　　　　贷:利润分配——提取法定盈余公积　262 095
　　借:本年利润　2 620 950
　　　　贷:利润分配——未分配利润　2 620 950
(44) 借:应交税费——应交所得税　948 650
　　　　贷:银行存款　948 650

三、编制资产负债表

资产负债表如表 16-6 所示。

表 16-6　资产负债表　　　会企 01 表

编制单位:华厦公司　　2012 年度　　单位:元

资　产	年末余额	年初余额	负债和所有者权益	年末余额	年初余额
流动资产:			流动负债:		
货币资金	14 504 690	14 063 000	短期借款	500 000	3 000 000
交易性金融资产	1 050 000	150 000	交易性金融负债		
应收票据	343 000	2 460 000	应付票据	1 000 000	2 000 000
应收账款	6 982 000	3 991 000	应付账款	9 548 000	9 548 000
预付款项	1 000 000	1 000 000	预收款项		
应收利息			应付职工薪酬	1 800 000	1 100 000
应收股利			应交税费	907 440	366 000
其他应收款	3 050 000	3 050 000	应付利息		
存货	25 827 000	25 800 000	应付股利		
一年内到期的非流动资产			其他应付款	500 000	500 000
其他流动资产			一年内到期的非流动负债		
流动资产合计	52 756 690	50 514 000	其他流动负债	10 000 000	10 000 000
非流动资产:			流动负债合计	24 255 440	26 514 000
可供出售金融资产			非流动负债:		
持有至到期投资			长期借款	10 000 000	6 000 000
长期应收款			应付债券		
长期股权投资	2 500 000	250 000	长期应付款		
投资性房地产			专项应付款		
固定资产	18 864 700	8 000 000	预计负债		
在建工程	5 280 000	15 000 000	递延所得税负债		
工程物资	1 500 000		其他非流动负债		
固定资产清理			非流动负债合计	10 000 000	6 000 000
生产性生物资产			负债合计	34 255 440	32 514 000
油气资产			所有者权益(或股东权益):		
无形资产	5 400 000	6 000 000	实收资本(或股本)	50 000 000	50 000 000
开发支出			资本公积		
商誉			减:库存股		
长期待摊费用			盈余公积	1 262 095	1 000 000
递延所得税资产	75 000		未分配利润	2 858 855	500 000
其他非流动资产	2 000 000	2 000 000	所有者权益合计	54 120 950	51 500 000
非流动资产合计	35 619 700	33 500 000			
资产总计	88 376 390	84 014 000	负债和所有者权益总计	88 376 390	84 014 000

注:"应收账款"科目的年末余额为 7 000 000 元,"坏账准备"科目的期末余额为 18 000 元。

四、编制年度利润表

(1) 根据对之前业务的上述会计处理,华厦公司 2012 年度利润表科目本年累计发生额如表 16-7 所示。

表 16-7　利润表科目本年累计发生额　　　　　　　　单位：元

科目名称	借方发生额	贷方发生额
营业收入		12 500 000
营业成本	7 500 000	
营业税金及附加	20 000	
销售费用	200 000	
管理费用	971 000	
财务费用	300 000	
资产减值损失	309 000	
投资收益		15 000
营业外收入		500 000
营业外支出	220 400	
所得税费用	873 650	

（2）根据本年相关科目发生额编制利润表，见表 16-8。

表 16-8　利润表　　　　　　会企 02 表
编制单位：华厦公司　　　　2012 年度　　　　　　单位：元

项　目	本期金额
一、营业收入	12 500 000
减：营业成本	7 500 000
营业税金及附加	20 000
销售费用	200 000
管理费用	971 000
财务费用	300 000
资产减值损失	309 000
加：公允价值变动收益（损失以"－"号填列）	
投资收益（损失以"－"号填列）	15 000
其中：对联营企业和合营企业的投资收益	
二、营业利润（亏损以"－"号填列）	3 215 000
加：营业外收入	500 000
减：营业外支出	220 400
其中：非流动资产处置损失	
三、利润总额（亏损总额以"－"号填列）	3 494 600
减：所得税费用	873 650
四、净利润（净亏损以"－"号填列）	2 620 950

五、编制年度现金流量表

(一)经营活动产生的现金流量

1. 销售商品、提供劳务收到的现金

(1)项目内容:本项目反映企业销售商品、提供劳务实际收到的现金,包括销售收入和应向购买者收取的增值税销项税额,具体包括:本期销售商品、提供劳务收到的现金,以及前期销售商品、提供劳务本期收到的现金和本期预收的款项,减去本期销售本期退回的商品和前期销售本期退回的商品支付的现金。企业销售材料和代购代销业务收到的现金,也在本项目反映。

(2)计算:销售商品、提供劳务收到的现金=营业收入+本期发生的增值税销项税额+应收账款(期初余额-期末余额)(不扣除坏账准备)+应收票据(期初余额-期末余额)+预收款项项目(期末余额-期初余额)-本期由于收到非现金资产抵债减少的应收账款、应收票据的金额-本期发生的现金折扣-本期发生的票据贴现利息(不附追索权)+收到的带息票据的利息±其他特殊调整业务。

2. 收到的税费返还

(1)项目内容:本项目反映企业收到返还的各种税费,如收到的增值税、营业税、所得税、消费税、关税和教育费附加返还款等。

(2)计算:收到的税费返还=返还的(增值税+消费费+营业税+关税+所得税+教育费附加)等。

3. 收到的其他与经营活动有关的现金

(1)项目内容:本项目反映企业除上述各项目外,收到的其他与经营活动有关的现金,如罚款收入、经营租赁固定资产收到的现金、投资性房地产收到的租金收入、流动资产损失中由个人赔偿的现金收入、除税费返还外的其他政府补助收入等。其他与经营活动有关的现金,如果价值较大的,应单列项目反映。

(2)计算:收到的其他与经营活动有关的现金=除上述经营活动以外的其他经营活动有关的现金流入。包括企业收到的罚款收入、属于流动资产的现金赔款收入、经营租赁的租金和押金收入、银行存款的利息收入、除税费返还以外的其他政府补助收入等。

4. 购买商品、接受劳务支付的现金

(1)项目内容:具体包括本期购买商品、接受劳务支付的现金以及本期支付前期购买商品、接受劳务的未付款项和本期预付款项,减去本期发生的购货退回收到的现金。为购置存货而发生的借款利息资本化部分,应在"分配股利、利润或偿付利息支付的现金"项目中反映。

(2)计算:购买商品、接受劳务支付的现金=营业成本+存货项目(期末余额-期初余额)(不扣除存货跌价准备)+本期发生的增值税进项税额+应付账款项目(期初余额-期末余额)+应付票据项目(期初余额-期末余额)+预付款项项目(期末余额-期初余额)-本期以非现金资产抵债减少的应付账款、应付票据的金额+本期支付的应付票据的利息-本期取得的现金折扣+本期毁损的外购商品成本-本期销售产品成本和期末存货中产品成本中所包含的不属于购买商品、接受劳务支付现金的费用(如未支付的工资、职工福利费和制造费用中除材料以外的其他费用)±其他特殊调整业务。

5. 支付给职工以及为职工支付的现金

(1) 项目内容：本项目反映企业实际支付给职工的现金以及为职工支付的现金，包括企业为获得职工提供的服务，本期实际给予各种形式的报酬以及其他相关支出，如支付给职工的工资、奖金、各种津贴和补贴等，以及为职工支付的其他费用，不包括支付给在建工程人员的工资。支付的在建工程人员的工资，在"购建固定资产、无形资产和其他长期资产所支付的现金"项目中反映。

企业为职工支付的医疗、养老、失业、工伤、生育等社会保险基金、补充养老保险、住房公积金，企业为职工交纳的商业保险金，因解除与职工劳动关系给予的补偿，现金结算的股份支付，以及企业支付给职工或为职工支付的其他福利费用等，应根据职工的工作性质和服务对象，分别在"购建固定资产、无形资产和其他长期资产所支付的现金"和"支付给职工以及为职工支付的现金"项目中反映。

(2) 计算：支付给职工以及为职工支付的现金＝本期产品成本及费用中的职工薪酬＋应付职工薪酬(除在建工程人员)(期初余额－期末余额)。

6. 支付的各项税费

(1) 项目内容：本项目反映企业按规定支付的各项税费，包括本期发生并支付的税费，以及本期支付以前各期发生的税费和预交的税金，如支付的营业税、增值税、所得税、教育费附加、印花税、房产税、土地增值税、车船使用税等。

(2) 计算：支付的各项税费＝营业税金及附加＋所得税费用＋管理费用中的印花税等税金＋已交纳的增值税＋应交税费(不包括增值税)(期初余额－期末余额)。

7. 支付的其他与经营活动有关的现金

(1) 项目内容：本项目反映企业除上述各项目外，支付的其他与经营活动有关的现金，如罚款支出、支付的差旅费、业务招待费、保险费、经营租赁支付的现金等。其他与经营活动有关的现金，如果金额较大的，应单列项目反映。

(2) 计算：支付的其他与经营活动有关的现金＝"管理费用"中除职工薪酬、支付的税金和未支付现金的费用外的费用(即支付的其他费用)＋"制造费用"中除职工薪酬和未支付现金的费用外的费用(即支付的其他费用)＋"销售费用"中除职工薪酬和未支付现金的费用外的费用(即支付的其他费用)＋"财务费用"中支付的结算手续费＋"其他应收款"中支付职工预借的差旅费＋"其他应付款"中支付的经营租赁的租金＋"营业外支出"中支付的罚款支出等。

(二) 投资活动产生的现金流量

1. 收回投资所收到的现金

本项目反映企业出售、转让或到期收回除现金等价物以外的交易性金融资产、持有至到期投资、可供出售金融资产、长期股权投资等而收到的现金。不包括债权性投资收回的利息、收回的非现金资产，以及处置子公司及其他营业单位收到的现金净额。债权性投资收回的本金，在本项目反映，债权性投资收回的利息，不在本项目中反映，而在"取得投资收益所收到的现金"项目中反映。处置子公司及其他营业单位收到的现金净额单设项目反映。

2. 取得投资收益收到的现金

本项目反映企业因股权性投资而分得的现金股利,因债权性投资而取得的现金利息收入。股票股利由于不产生现金流量,不在本项目中反映;包括在现金等价物范围内的债券性投资,其利息收入在本项目中反映。

3. 处置固定资产、无形资产和其他长期资产收到的现金

本项目反映企业出售固定资产、无形资产和其他长期资产(如投资性房地产)所取得的现金,减去为处置这些资产而支付的有关税费后的净额。处置固定资产、无形资产和其他长期资产所收到的现金,与处置活动支付的现金,两者在时间上比较接近,以净额更能准确反映处置活动对现金流量的影响。

由于自然灾害等原因所造成的固定资产等长期资产报废、毁损而收到的保险赔偿收入,在本项目中反映。如处置固定资产、无形资产和其他长期资产所收回的现金净额为负数,应作为投资活动产生的现金流量,在"支付的其他与投资活动有关的现金"项目中反映。

4. 处置子公司及其他营业单位收到的现金净额

本项目反映企业处置子公司及其他营业单位所取得的现金减去子公司或其他营业单位持有的现金和现金等价物以及相关处置费用后的净额。

处置子公司及其他营业单位收到的现金净额如为负数,则将该金额填列至"支付其他与投资活动有关的现金"项目中。

5. 收到的其他与投资活动有关的现金

本项目反映企业除上述各项外,收到的其他与投资活动有关的现金。其他与投资活动有关的现金,如果价值较大的,应单列项目反映。

6. 购建固定资产、无形资产和其他长期资产支付的现金

本项目反映企业购买、建造固定资产,取得无形资产和其他长期资产(如投资性房地产)支付的现金,包括购买机器设备所支付的现金、建造工程支付的现金、支付在建工程人员的工资等现金支出,不包括为购建固定资产、无形资产和其他长期资产而发生的借款利息资本化部分(在"分配股利、利润或偿付利息支付的现金"项目中反映),以及融资租入固定资产所支付的租赁费。

7. 投资所支付的现金

本项目反映企业进行权益性投资和债权性投资所支付的现金,包括企业取得的除现金等价物以外的交易性金融资产、持有至到期投资、可供出售金融资产而支付的现金,以及支付的佣金、手续费等交易费用。

企业购买股票和债券时,实际支付的价款中包含的已宣告但尚未领取的现金股利或已到付息期但尚未领取的债券利息,应在"支付其他与投资活动有关的现金"项目中反映。

收回购买股票和债券时支付的已宣告但尚未领取的现金股利或已到付息期但尚未领取的债券利息,应在"收到其他与投资活动有关的现金"项目中反映。

8. 取得子公司及其他营业单位支付的现金净额

本项目反映企业取得子公司及其他营业单位购买出价中以现金支付的部分,减去子公司或其他营业单位持有的现金和现金等价物后的净额,如为负数,应在"收到其他与投资活动有关的现金"项目中反映。

9. 支付的其他与投资活动有关的现金

本项目反映企业除上述各项目外,支付的其他与投资活动有关的现金。其他与投资活动有关的现金,如果价值较大的,应单列项目反映。

(三) 筹资活动产生的现金流量

1. 吸收投资收到的现金

本项目反映企业以发行股票等方式筹集资金实际收到的款项净额。以发行股票等方式筹集资金而由企业直接支付的审计、咨询等费用,在"支付其他与筹资活动有关的现金"项目中反映。

2. 取得借款收到的现金

本项目反映企业举借各种短期、长期借款而收到的现金,以及发行债券实际收到的款项净额。但本期偿还借款支付的现金不能从本项目扣除。

3. 收到的其他与筹资活动有关的现金

本项目反映企业除上述各项目外,收到的其他与筹资活动有关的现金。其他与筹资活动有关的现金,如果价值较大的,应单列项目反映。

4. 偿还债务所支付的现金

本项目反映企业以现金偿还债务的本金,包括:归还金融企业的借款本金、偿付企业到期的债券本金等。企业偿还的借款利息、债券利息,在"分配股利、利润或偿付利息所支付的现金"项目中反映。

5. 分配股利、利润或偿付利息支付的现金

本项目反映企业实际支付的现金股利、支付给其他投资单位的利润或用现金支付的借款利息、债券利息。不同用途的借款,其利息的开支渠道不一样,如在建工程、财务费用等,均在本项目中反映。

6. 支付的其他与筹资活动有关的现金

本项目反映企业除上述各项目外,支付的其他与筹资活动有关的现金,如以发行股票、债券等方式筹集资金而由企业直接支付的审计、咨询等费用,融资租赁各期支付的现金、以分期付款方式购建固定资产、无形资产等各期支付的现金等。其他与筹资活动有关的现金,如果价值较大的,应单列项目反映。

(四) 汇率变动对现金及现金等价物的影响

现金流量表准则规定,外币现金流量以及境外子公司的现金流量,应当采用现金流量发生日的即期汇率或即期汇率近似的汇率折算。汇率变动对现金的影响额应当作为调节项目,在现金流量表中单独列报。

汇率变动对现金的影响,指企业外币现金流量及境外子公司的现金流量折算成记账本位币时,所采用的是现金流量发生日的汇率或即期汇率近似的汇率,而现金流量表"现金及现金等价物净增加额"项目中外币现金净增加额是按资产负债表日的即期汇率折算。这两者的差额即为汇率变动对现金的影响。

根据上述会计资料,编制现金流量表见表16-9所示。

表 16-9 现金流量表   企会03表

编制单位:华厦公司   2012年度   单位:元

项目	本期金额
一、经营活动产生的现金流量:	
销售商品、提供劳务收到的现金	13 425 000
收到的税费返还	0
收到其他与经营活动有关的现金	0
经营活动现金流入小计	13 425 000
购买商品、接受劳务支付的现金	4 967 960
支付给职工以及为职工支付的现金	3 000 000
支付的各项税费	1 968 650
支付其他与经营活动有关的现金	200 000
经营活动现金流出小计	10 136 610
经营活动产生的现金流量净额	3 288 390
二、投资活动产生的现金流量:	
收回投资收到的现金	165 000
取得投资收益收到的现金	0
处置固定资产、无形资产和其他长期资产收回的现金净额	3 003 000
处置子公司及其他营业单位收到的现金净额	
收到其他与投资活动有关的现金	0
投资活动现金流入小计	3 168 000
购建固定资产、无形资产和其他长期资产支付的现金	4 364 700
投资支付的现金	1 050 000
取得子公司及其他营业单位支付的现金净额	
支付其他与投资活动有关的现金	0
投资活动现金流出小计	5 414 700
投资活动产生的现金流量净额	−2 246 700
三、筹资活动产生的现金流量:	
吸收投资收到的现金	0
取得借款收到的现金	10 000 000
收到其他与筹资活动有关的现金	0
筹资活动现金流入小计	10 000 000
偿还债务所支付的现金	8 500 000
分配股利、利润或偿付利息支付的现金	2 100 000
支付其他与筹资活动有关的现金	0
筹资活动现金流出小计	10 600 000
筹资活动产生的现金流量净额	−600 000
四、汇率变动对现金及现金等价物的影响	0
五、现金及现金等价物净增加额	441 690
加:期初现金及现金等价物余额	14 063 000
六、期末现金及现金等价物余额	14 504 690

六、现金流量表补充资料的编制

（一）将净利润调节为经营活动现金流量的编制

将净利润调节为经营活动现金流量即以企业的净利润为基础，调整为企业经营活动现金流量的信息。

1. 资产减值准备

这里所指的资产减值准备是指当期计提扣除转回的减值准备，包括：坏账准备、存货跌价准备、投资性房地产减值准备、长期股权投资减值准备、持有至到期投资减值准备、固定资产减值准备、在建工程减值准备、工程物资减值准备、生物性资产减值准备、无形资产减值准备、商誉减值准备等。企业当期计提和按规定转回的各项资产减值准备，包括在利润表中，属于利润的减除项目，但没有发生现金流出。所以，在将净利润调节为经营活动现金流量时，需要加回。

2. 固定资产折旧、油气资产折耗、生产性生物资产折旧

企业计提的固定资产折旧，有的包括在管理费用中，有的包括在制造费用中。

计入管理费用中的部分，作为期间费用在计算净利润时从中扣除，但没有发生现金流出，在将净利润调节为经营活动现金流量时，需要予以加回。

计入制造费用中已经变现的部分，在计算净利润时通过销售成本予以扣除，但没有发生现金流出；计入制造费用中的没有变现的部分，既不涉及现金收支，也不影响企业当期净利润。由于在调节存货时，已经从中扣除，在此处将净利润调节为经营活动现金流量时，需要予以加回。

3. 无形资产摊销和长期待摊费用摊销

企业对使用寿命有限的无形资产计提摊销时，计入管理费用或制造费用。长期待摊费用摊销时，可以计入管理费用、销售费用、制造费用。计入管理费用等期间费用和计入制造费用中的已变现的部分，在计算净利润时已从中扣除，但没有发生现金流出；计入制造费用中的没有变现的部分，在调节存货时已经从中扣除，但不涉及现金收支，所以，在此处将净利润调节为经营活动现金流量时，需要予以加回。这个项目可根据"累计摊销"、"长期待摊费用"科目的贷方发生额分析填列。

4. 处置固定资产、无形资产和其他长期资产的损失（减：收益）

企业处置固定资产、无形资产和其他长期资产发生的损益，属于投资活动产生的损益，不属于经营活动产生的损益，所以，在将净利润调节为经营活动现金流量时，需要予以剔除。如为损失，在将净利润调节为经营活动现金流量时，应当加回；如为收益，在将净利润调节为经营活动现金流量时，应当扣除。本项目可根据"营业外收入"、"营业外支出"等科目所属有关明细科目的记录分析填列；如为净收益，以"－"号填列。

5. 固定资产报废损失

企业发生的固定资产报废损益，属于投资活动产生的损益，不属于经营活动产生的损益，所以，在将净利润调节为经营活动现金流量时，需要予以剔除。如为净损失，在将净利润调节为经营活动现金流量时，应当加回；如为净收益，在将净利润调节为经营活动现金流量时，应当扣除。本项目可根据"营业外支出"、"营业外收入"等科目所属有关明细科目的记录分析填列。

6. 公允价值变动损失

公允价值变动损失反映企业交易性金融资产、投资性房地产等公允价值变动形成的应计入当期损益的利得或损失。企业发生的公允价值变动损益,通常与企业的投资活动或筹资活动有关,而且并不影响企业当期的现金流量。为此,应当将其从净利润中剔除。本项目可以根据"公允价值变动损益"科目的发生额分析填列。如为持有损失,在将净利润调节为经营活动现金流量时,应当加回;如为持有利得,在将净利润调节为经营活动现金流量时,应当扣除。

7. 财务费用

企业发生的财务费用中不属于经营活动的部分,应当在将净利润调节为经营活动现金流量时将其加回。本项目可根据"财务费用"科目的本期借方发生额分析填列。

8. 投资损失(减:收益)

企业发生的投资损益,属于投资活动产生的损益,不属于经营活动产生的损益,所以,在将净利润调节为经营活动现金流量时,需要予以剔除。如为净损失,在将净利润调节为经营活动现金流量时,应当加回;如为净收益,在将净利润调节为经营活动现金流量时,应当扣除。本项目可根据利润表中"投资收益"项目的数字填列;如为投资损失,以"一"号填列。

9. 递延所得税资产减少(减:增加)

递延所得税资产减少使计入所得税费用的金额大于当期应交的所得税金额,其差额没有发生现金流出,但在计算净利润时已经扣除,在将净利润调节为经营活动现金流量时,应当加回。递延所得税资产增加使计入所得税费用的金额小于当期应交的所得税金额,二者之间的差额并没有发生现金流入,但在计算净利润时已经包括在内,在将净利润调节为经营活动现金流量时,应当扣除。本项目可以根据资产负债表"递延所得税资产"项目期初、期末余额分析填列。

10. 递延所得税负债增加(减:减少)

递延所得税负债增加使计入所得税费用的金额大于当期应交的所得税金额,其差额没有发生现金流出,但在计算净利润时已经扣除,在将净利润调节为经营活动现金流量时,应当加回。递延所得税负债减少使计入当期所得税费用的金额小于当期应交的所得税金额,其差额并没有发生现金流入,但在计算净利润时已经包括在内,在将净利润调节为经营活动现金流量时,应当扣除。本项目可以根据资产负债表"递延所得税负债"项目期初、期末余额分析填列。

11. 存货的减少(减:增加)

期末存货比期初存货减少,说明本期生产经营过程耗用的存货有一部分是期初的存货,耗用这部分存货并没有发生现金流出,但在计算净利润时已经扣除,所以,在将净利润调节为经营活动现金流量时,应当加回。期末存货比期初存货增加,说明当期购入的存货除耗用外,还剩余了一部分,这部分存货也发生了现金流出,但在计算净利润时没有包括在内,所以,在将净利润调节为经营活动现金流量时,需要扣除。当然,存货的增减变化过程还涉及应付项目,这一因素在"经营性应付项目的增加(减:减少)"中考虑。本项目可根据资产负债表中"存货"项目的期初数、期末数之间的差额填列;期末数大于期初数的差额,以

"一"号填列。如果存货的增减变化过程属于投资活动,如在建工程领用存货,应当将这一因素剔除。

12. 经营性应收项目的减少(减:增加)

经营性应收项目包括应收票据、应收账款、预付账款、长期应收款和其他应收款中与经营活动有关的部分,以及应收的增值税销项税额等。经营性应收项目期末余额小于经营性应收项目期初余额,说明本期收回的现金大于利润表中所确认的销售收入,所以,在将净利润调节为经营活动现金流量时,需要加回。经营性应收项目期末余额大于经营性应收项目期初余额,说明本期销售收入中有一部分没有收回现金,但是,在计算净利润时这部分销售收入已包括在内,所以,在将净利润调节为经营活动现金流量时,需要扣除。本项目应当根据有关科目的期初、期末余额分析填列;如为增加,以"一"号填列。

13. 经营性应付项目的增加(减:减少)

经营性应付项目包括应付票据、应付账款、预收账款、应付职工薪酬、应交税费、应付利息、长期应付款、其他应付款中与经营活动有关的部分,以及应付的增值税进项税额等。经营性应付项目期末余额大于经营性应付项目期初余额,说明本期购入的存货中有一部分没有支付现金,但是,在计算净利润时却通过销售成本包括在内,在将净利润调节为经营活动现金流量时,需要加回;经营性应付项目期末余额小于经营性应付项目期初余额,说明本期支付的现金大于利润表中所确认的销售成本,在将净利润调节为经营活动产生的现金流量时,需要扣除。本项目应当根据有关科目的期初、期末余额分析填列;如为减少,以"一"号填列。

(二) 不涉及现金收支的重大投资和筹资活动的披露

不涉及现金收支的重大投资和筹资活动,反映企业一定期间内影响资产或负债但不形成该期现金收支的所有投资和筹资活动的信息。这些投资和筹资活动虽然不涉及当期现金收支,但对以后各期的现金流量有重大影响。例如,企业融资租入设备,将形成的负债计入"长期应付款"账户,当期并不支付设备款及租金,但以后各期必须为此支付现金,从而在一定期间内形成了一项固定的现金支出。

表 16-10 现金流量表补充资料

企业负责人:　　　主管会计:　　　制表:　　　报出日期:　　年　月　日

补充资料	金 额
1. 将净利润调节为经营活动现金流量:	
净利润	
加:计提的资产减值准备	
固定资产折旧	
无形资产摊销	
长期待摊费用摊销	
待摊费用减少(减:增加)	
预提费用增加(减:减少)	
处置固定资产、无形资产和其他长期资产的损失(减:收益)	
固定资产报废损失	
财务费用	
投资损失(减:收益)	

续表 16-10

补充资料	金　额
递延税款贷项(减:借项)	
存货的减少(减:增加)	
经营性应收项目的减少(减:增加)	
经营性应付项目的增加(减:减少)	
其他	
经营活动产生的现金流量净额	
2. 不涉及现金收支的投资和筹资活动:	
债务转为资本	
一年内到期的可转换公司债券	
融资租入固定资产	
3. 现金及现金等价物净增加情况:	
现金的期末余额	
减:现金的期初余额	
加:现金等价物的期末余额	
减:现金等价物的期初余额	
现金及现金等价物净增加额	

七、编制所有者权益变动表

根据上述会计资料编制所有者权益变动表如表 16-11 所示。

表 16-11　所有者权益变动表　　　　　　　　企会 04 表

编制单位:华夏公司　　　　　2012 年度　　　　　　单位:元

项目	本年数额						上年数额(略)
	实收资本	资本公积	减:库存股	盈余公积	未分配利润	所有者权益合计	……
一、上年年末余额	50 000 000			1 000 000	500 000	51 500 000	
加:会计政策变更							
前期差错更正							
二、本年年初余额	50 000 000			1 000 000	500 000	51 500 000	
三、本年增减变动金额(减少以"-"号填列)						2 620 950	
(一)净利润						2 620 950	
(二)直接计入所有者权益的利得和损失							
1. 可供出售金融资产公允价值变动净额							
2. 权益法下被投资单位其他所有者权益变动的影响							
3. 与计入所有者权益项目相关的所得税影响							
4. 其他							

续表 16-11

项目	本年数额					上年数额(略)
	实收资本	资本公积	减:库存股	盈余公积	未分配利润	所有者权益合计	……
上述(一)和(二)小计						2 620 950	
(三)所有者投入和减少资本							
1. 所有者投入资本							
2. 股份支付计入所有者权益的金额							
3. 其他							
(四)利润分配							
1. 提取盈余公积				262 095	−262 095		
2. 对所有者的分配							
3. 其他							
(五)所有者权益内部结转							
1. 资本公积转增资本							
2. 盈余公积转增资本							
3. 盈余公积弥补亏损							
4. 其他							
四、本年年末余额						54 120 950	

八、主要财务指标分析

1. 短期偿债能力指标

(1) 流动比率

根据上述资产负债表资料,该公司 2012 年的流动比率如下(计算结果保留小数点后两位,下同):

$$年初流动比率 = 50\,514\,000/26\,514\,000 \times 100\% = 190.52\%$$

$$年末流动比率 = 52\,756\,690/24\,255\,440 \times 100\% = 216.21\%$$

该公司 2012 年年初和年末的流动比率均接近于一般公认标准,年末流动比率比年初有所好转。公司应该继续采取措施,以提高其短期偿债能力。

(2) 速动比率

根据上述资产负债表资料,同时假设该公司 2011 年度和 2012 年度的其他应收款流动性较差,该公司 2012 年的速动比率如下:

年初速动比率=(14 063 000+150 000+2 460 000+3 991 000)/26 514 000×100%=77.94%

年末速动比率=(14 504 690+1 050 000+343 000+6 982 000)/24 255 440×100%=93.77%

分析表明该公司 2012 年年末的速动比率比年初有所增加,虽然该公司流动比率接近一一般公认标准,但由于流动资产中的存货所占比重过大,导致公司速动比率远低于一般公认标准,公司的实际短期偿债能力并不理想,需采取措施加以扭转。

在分析时需注意的是:尽管速动比率较之流动比率更能反映出流动负债偿还的安全性和稳定性,但并不能认为速动比率较低的企业的流动负债到期绝对不能偿还。实际上,如果企业存货流转顺畅,变现能力较强,即使速动比率较低,只要流动比率高,企业仍然有望偿还到期的债务本息。

2. 长期偿债能力指标

(1) 资产负债率

根据上述资产负债表资料,该公司2012年的资产负债率如下:

$$年初资产负债率 = 32\,514\,000/84\,014\,000 \times 100\% = 38.70\%$$
$$年末资产负债率 = 34\,255\,440/88\,376\,390 \times 100\% = 38.76\%$$

该公司2012年年初和年末的资产负债率均不高,说明公司长期偿债能力较强,这样有助于增强债权人对公司出借资金的信心。

(2) 产权比率

根据上述资产负债表资料,该公司2012年的产权比率如下:

$$年初产权比率 = 32\,514\,000/51\,500\,000 \times 100\% = 63.13\%$$
$$年末产权比率 = 34\,255\,440/54\,120\,950 \times 100\% = 63.29\%$$

该公司2012年年初和年末的产权比率均不高,同资产负债率的计算结果可相互印证,说明公司长期偿债能力较强,债权人的保障程度较高。

产权比率与资产负债率对评价偿债能力的作用基本相同,两者的主要区别是:资产负债率侧重于分析债务偿付安全性的物质保障程度,产权比率则侧重于揭示财务结构的稳健程度以及自有资金对偿债风险的承受能力。

3. 运营能力指标

(1) 流动资产周转情况

① 应收账款周转率

根据上述资产负债表资料和利润表资料,同时假定2010年年末的应收账款(包括"应收票据")余额为5 003 000元,2011年度营业收入为10 400 000元。该公司2011年度和2012年度应收账款周转率的计算如表16-12所示。

表16-12 应收账款周转率计算表　　　　　　　　　　　　　单位:元

项目	2010年	2011年	2012年
营业收入		10 400 000	12 500 000
应收账款年末余额	5 003 000	6 451 000	7 325 000
平均应收账款余额		5 727 000	6 888 000
应收账款周转率(次)		1.82	1.81
应收账款周转期(天)		198.24	198.37

以上结果表明,该公司 2011 年度及 2012 年度应收账款周转率均较低,同时该公司 2012 年度的应收账款周转率比 2011 年度略微降低。这说明公司的运营能力进一步恶化。

② 存货周转率

根据上述资产负债表资料和利润表资料,同时假定 2011 年年末的存货余额为 24 000 000 元,2011 年度营业成本为 6 500 000 元。该公司 2011 年度和 2012 年度存货周转率的计算如表 16-13 所示。

表 16-13　存货周转率计算表　　　　　　　　　　　　　单位:元

项目	2010 年	2011 年	2012 年
营业成本		6 500 000	7 500 000
存货年末余额	24 000 000	25 800 000	25 827 000
平均存货余额		24 900 000	25 813 500
存货周转率(次)		0.26	0.29
存货周转期(天)		1 379.08	1 239.05

由此可见,该公司 2011 年度及 2012 年度存货周转率均非常低,这反映出存货管理效率很低。但 2012 年度存货周转率比 2011 年度有所加快,存货周转次数由 0.26 次增为 0.29 次,周转天数由 1 379.08 天降为 1 239.05 天,其原因可能与 2012 年营业成本的增长有关。

③ 流动资产周转率

根据上述资产负债表资料和利润表资料,同时假定 2010 年年末的流动资产总额为 49 300 000 元,2011 年度营业收入为 10 400 000 元。该公司 2011 年度和 2012 年度流动资产周转率的计算如表 16-14 所示。

表 16-14　流动资产周转率计算表　　　　　　　　　　　单位:元

项目	2010 年	2011 年	2012 年
营业收入		10400 000	12 500 000
流动资产年末总额	49 300 000	50 514 000	52 756 690
平均流动资产总额		49 907 000	51 635 345
流动资产周转率(次)		0.21	0.24
流动资产周转期(天)		1 727.55	1 487.10

由此可见,该公司 2011 年度及 2012 年度流动资产周转率均非常低,这反映出流动资产管理效率很低。但 2012 年度流动资产周转率比 2011 年度有所加快,流动资产周转次数由 0.21 次增为 0.24 次,周转天数由 1 727.55 天降为 1 487.10 天,其原因可能与 2012 年营业收入的增长有关。

(2) 固定资产周转情况

根据上述资产负债表资料和利润表资料,同时假定 2010 年年末的固定资产净值为 6 800 000 元,2011 年度营业收入为 10 400 000 元。该公司 2011 年度和 2012 年度固定资产周转率的计算如表 16-15 所示。

表 16-15　流动资产周转率计算表　　　　　　　　　　　　单位:元

项　目	2010年	2011年	2012年
营业收入		10 400 000	12 500 000
固定资产年末净值	6 800 000	8 000 000	18 864 700
平均固定资产净值		7 400 000	13 432 350
固定资产周转率(次)		1.41	0.93
固定资产周转期(天)		256.15	386.85

以上计算结果表明,公司 2012 年度固定资产周转率比 2011 年度有所延缓,固定资产周转次数由 1.41 次降为 0.93 次,周转天数由 256.15 天升为 386.85 天,其主要原因是固定资产净值的增加幅度高于营业收入增长幅度所引起的。这表明公司的运营能力有所降低。

(3) 总资产周转情况:

根据上述资产负债表资料和利润表资料,同时假定 2010 年年末的资产总额为 75 600 000 元,2011 年度营业收入为 10 400 000 元。该公司 2011 年度和 2012 年度总资产周转率的计算如表 16-16 所示。

表 16-16　总资产周转率的计算表　　　　　　　　　　　　单位:元

项　目	2010年	2011年	2012年
营业收入		10 400 000	12 500 000
资产年末总值	75 600 000	84 014 000	88 376 390
平均资产总值		79 807 000	86 195 195
总资产周转率(次)		0.13	0.15
总资产周转期(天)		2 762.55	2 482.42

以上计算结果表明,公司 2012 年度总资产周转率比 2011 年度略有加快。这是因为该公司存货平均余额的增长程度(3.67%)虽远低于营业收入的增值程度(20.19%),但固定资产平均净值的增长程度(81.5%)却以更大幅度高于营业收入的增值程度,所以总资产的利用效果难以大幅提高。

需要说明的是,在上述指标的计算中均以年度作为计算期,在实际中,计算期应视分析的需要而定,但应保持分子与分母在时间口径上的一致。如果资金占用的波动性较大,企业应采用更详细的资料进行计算。如果各期占用额比较稳定,波动不大,季度、年度的平均资金占用额也可直接用(期初数+期末数)÷2 的公式来计算。

4. 获利能力指标

(1) 营业利润率

根据上述利润表资料,并假定该公司 2011 年度营业收入为 10 400 000 元,营业利润为 2 751 000 元,该公司 2011 年度和 2012 年度营业利润率的计算如表 16-17 所示。

表 16-17 营业利润率计算表 单位:元

项目	2011 年	2012 年
营业利润	2 751 000	3 215 000
营业收入	10 400 000	12 500 000
营业利润率	26.45%	25.72%

以上计算结果表明,公司 2012 年度营业利润率比 2011 年度略有下降。

(2) 成本费用利润率

根据上述利润表资料,假定该公司 2011 年度营业成本为 6 500 000 元,营业税金及附加为 19 000 元,销售费用为 150 000 元,管理费用为 690 000 元,财务费用为 235 000 元,资产减值损失为 280 000 元,利润总额为 3 020 000 元。公司 2011 年度和 2012 年度成本费用利润率计算如表 16-18 所示。

表 16-18 成本费用利润率的计算表 单位:元

项 目	2011 年	2012 年
营业成本	6 500 000	7 500 000
营业税金及附加	19 000	20 000
销售费用	150 000	200 000
管理费用	690 000	971 000
财务费用	235 000	300 000
资产减值损失	280 000	309 000
成本费用总额	7 874 000	9 300 000
利润总额	3 020 000	3 494 600
成本费用利润率	38.35%	37.58%

以上计算结果表明,公司 2012 年度成本费用利润率比 2011 年度有所下降,公司应当深入检查导致成本费用上升的因素,改进有关工作,以便扭转效益指标下降的状况。

(3) 总资产报酬率

根据上述利润表资料,同时假定表中财务费用全部为利息支出,而且该公司 2010 年度的年末资产总额为 75 600 000 元,2011 年度利息支出为 235 000 元,利润总额为 3 020 000 元。该公司 2011 年度和 2012 年度总资产报酬率的计算如表 16-19 所示。

表 16-19 总资产报酬率的计算表 单位:元

项 目	2010 年	2011 年	2012 年
利润总额		3 020 000	3 494 600
利息支出		235 000	300 000
息税前利润总额		3 255 000	3 794 600
年末资产总额	75 600 000	84 014 000	88 376 390
平均资产总额		79 807 000	86 195 195
总资产报酬率		4.08%	4.40%

以上计算结果表明,公司2012年度综合利用效率略微高于2011年度,说明公司资产的使用情况、增产节约工作等情况有略微改进。

(4) 净资产收益率

根据上述利润表资料,同时假定该公司2010年度的年末净资产为49 476 600元,2011年利润为2 023 400元。该公司2011年和2012年净资产收益率的计算如表16-20所示。

表16-20　净资产收益率的计算表　　　　　　　　　　单位:元

项　目	2010年	2011年	2012年
净利润		2 023 400	2 620 950
年末净资产	49 476 600	51 500 000	54 120 950
平均净资产		50 488 300	52 810 475
净资产收益率		4.01%	4.96%

以上计算结果表明,公司2012年度净资产收益率略微高于2011年度,这是由于该公司净利润的增长高于所有者权益的增长所引起的,根据上述资料可以求得,该公司的净利润增长率为:(2 620 950－2 023 400)÷2 023 400×100%＝29.53%,而其所有者权益增长率为:(52 810 475－50 488 300)÷50 488 300×100%＝4.60%。

5. 发展能力指标

(1) 营业收入增长率:

根据上述利润表资料,并假定2011年度营业收入为10 400 000元,计算该公司2012年度营业增长率为:

$$(12\ 500\ 000 - 10\ 400\ 000) \div 10\ 400\ 000 \times 100\% = 20.19\%$$

(2) 资本保值增值率

根据上述资产负债表资料,计算该公司2012年度资本保值增值率为:

$$54\ 120\ 950 \div 51\ 500\ 000 \times 100\% = 105.09\%$$

(3) 总资产增长率

根据上述资产负债表资料,计算该公司2012年度总资产增长率为:

$$(88\ 376\ 390 - 84\ 014\ 000) \div 84\ 014\ 000 \times 100\% = 5.19\%$$

(4) 营业利润增长率

根据上述利润表资料,并假定该公司2011年度营业利润为2 751 000元。计算该公司2012年度营业利润增长率为:

$$(3\ 215\ 000 - 2\ 751\ 000) \div 2\ 751\ 000 \times 100\% = 16.87\%$$

6. 综合指标分析

由于净资产收益率、总资产净利率、营业净利率和总资产周转率都是时期指标,而权益乘数和资产负债率是时点指标,因此,为使这些指标具有可比性,权益乘数和资产负债率均采用2012年年初和年末的平均值。

根据资产负债表和利润表以及前述中的假定,同时假定2012年年末负债总额为26 123 400

元,资产总额为 75 600 000 元。运用连环替代法对该公司 2012 年度的净资产收益率进行分析。

$$净资产收益率＝营业净利率×总资产周转率×权益乘数$$

2011 年度指标：

$$营业净利率＝2\,023\,400÷10\,400\,000×100\%＝19.46\%$$

$$总资产周转率＝10\,400\,000÷79\,807\,000＝0.13$$

$$资产负债率＝[(26\,123\,400＋32\,514\,000)÷2]÷$$
$$[(75\,600\,000＋84\,014\,000)÷2]×100\%＝36.74\%$$

$$权益乘数＝1÷(1－36.74\%)＝1.58$$

2011 年度净资产收益率：19.46%×0.13×1.58＝4.00%　　　①
第一次替代：20.97%×0.13×1.58＝4.31%　　　②
第二次替代：20.97%×0.14×1.58＝4.64%　　　③
第三次替代：20.97%×0.14×1.64＝4.81%　　　④
②－①＝4.31%－4.00%＝0.31%营业净利率上升的影响
③－②＝4.64%－4.31%＝0.33%总资产周转率上升的影响
④－③＝4.81%－4.64%＝0.17%权益乘数上升的影响

上述指标之间的关系如下：

(1) 净资产收益率是一个综合性最强的财务比率,是杜邦体系的核心。其他各项指标都是围绕这一核心,通过研究彼此之间的依存制约关系,可以揭示企业的获利能力及其前因后果。财务管理的目标是使所有者财富最大化,净资产收益率反映所有者投入资金的获利能力,反映企业筹资、投资、资产运营等活动的效率,提高净资产收益率是实现财务管理目标的基本保证。该指标的高低取决于营业净利率、总资产周转率与权益乘数。

(2) 营业净利率反映了企业净利润与营业收入的关系。提高营业净利率是提高企业盈利的关键,主要有两个途径：一是扩大营业收入,二是降低成本费用。

(3) 总资产周转率揭示企业资产总额实现营业收入的综合能力。企业应当联系营业收入分析企业资产的使用是否合理,资产总额中流动资产和非流动资产的结构安排是否适当。此外,还必须对资产内部结构以及影响资产周转率的各种具体因素进行分析。

(4) 权益乘数反映所有者权益与总资产的关系。权益乘数越大,说明企业负债程度较高,能给企业带来较大的财务杠杆利益,但同时也带来了较大的偿债风险。因此,企业既要合理使用全部资产,又要妥善安排资本结构。

通过杜邦体系自上而下的分析,不仅可以揭示出企业各项财务指标间的结构关系,查明各项主要指标变动的影响因素,而且为决策者优化经营理财状况、提高企业经营效益提供了思路。提高权益资本净利率的根本在于扩大销售、节约成本、合理投资配置、加速资金周转、优化资本结构、确立风险意识等。

杜邦分析方法的指标设计也具有一定的局限性,它更偏重于企业所有者的利益角度。从杜邦指标体系来看,在其他因素不变的情况下,资产负债率越高,净资产收益率就越高。这是因为利用较多负债,从而利用财务杠杆作用的结果,但是没有考虑财务风险的因素,负债越多,财务风险越大,偿债压力越大。因此,企业还要结合其他指标进行综合分析。

参考文献

[1] 财政部. 企业会计准则. 2007年1月
[2] 财政部. 企业会计准则——应用指南(2006). 2007年1月
[3] 财政部. 企业会计准则解释第3号. 2009年1月
[4] 财政部. 企业会计准则解释第4号. 2010年1月
[5] 财政部会计资格评价中心. 中级会计实务. 北京:经济科学出版社,2011
[6] 财政部会计资格评价中心. 初级会计实务. 北京:经济科学出版社,2011
[7] 张维宾. 中级财务会计学. 上海:立信会计出版社,2010
[8] 罗新远. 中级财务会计. 北京:高等教育出版社,2010
[9] 杜兴强. 中级财务会计学. 北京:高等教育出版社,2007
[10] 刘永泽. 中级财务会计. 大连:东北财经大学出版社,2009